Pneumatófaro: Escritos Políticos (1981-2018)

Para o Miguel Real

Com a admiração de sempre e um abraço,

Boaventura

BOAVENTURA DE SOUSA SANTOS

Pneumatóforo: Escritos Políticos (1981-2018)

2018

PNEUMATÓFORO: ESCRITOS
POLÍTICOS (1981-2018)
AUTOR
Boaventura de Sousa Santos
EDITOR
EDIÇÕES ALMEDINA, S.A.
Rua Fernandes Tomás, n.ᵒˢ 76-80 – 3000-167 Coimbra
Tel.: 239 851 904 · Fax: 239 851 901
www.almedina.net · editora@almedina.net
DESIGN DE CAPA
FBA.
PAGINAÇÃO
João Jegundo
REVISÃO
Cátia Loureiro
IMPRESSÃO E ACABAMENTO
PAPELMUNDE

Maio, 2018
DEPÓSITO LEGAL
441311/18

Os dados e as opiniões inseridos na presente publicação são da exclusiva responsabilidade do(s) seu(s) autor(es).
Toda a reprodução desta obra, por fotocópia ou outro qualquer processo, sem prévia autorização escrita do Editor, é ilícita e passível de procedimento judicial contra o infrator.

 GRUPOALMEDINA

BIBLIOTECA NACIONAL DE PORTUGAL – CATALOGAÇÃO NA PUBLICAÇÃO

SANTOS, Boaventura de Sousa, 1940-

Pneumatóforo : escritos políticos (1981-2018)
ISBN 978-972-40-7436-8

CDU   32

ÍNDICE

PREFÁCIO 11
INTRODUÇÃO
A incerteza entre o medo e a esperança 33
Que tipo de época é a nossa? 34
Quais as incertezas? 35

PARTE I
AS REVOLUÇÕES

CAPÍTULO 1
Pensar o socialismo depois da Revolução de 1974 45
De que partimos?, que o mesmo é perguntar: que riscos corremos? 46
 Consequências nos países centrais das alterações na estrutura da economia mundial 49
 Consequências nos países periféricos das alterações na estrutura da economia mundial 53
Para onde vamos? Com que armas? Em que companhia? 56
 A crise do paradigma 56
 Por um novo paradigma 62
  A relação homem/natureza 63
  O poder e a política 65
  A revolução e a reforma 68
A frente cultural 71

CAPÍTULO 2
A renovação do Partido Comunista Português (PCP)
e do Partido Socialista (PS) 73
Sobre a Convenção da Esquerda Democrática 78

CAPÍTULO 3
A longa marcha da esquerda 87
A esquerda e a direita 88
As esquerdas 91

CAPÍTULO 4
Teses para a renovação do sindicalismo em Portugal e o debate que suscitaram   97
As teses   97
Um apelo   119

O Debate
Álvaro Cunhal, *Avante!*, 13 de Abril de 1995
A batalha ideológica trava-se no concreto?   120
Sobre o movimento sindical   120
Sobre os partidos   124

Domingos Abrantes, Membro da Comissão Política, *Avante!*, 18 de Maio de 1995
Os problemas do movimento sindical e as "contribuições" do Prof. Boaventura Santos (1)   127
"Equidistâncias"...   128
"Civilizar o capitalismo"?!   130
As tendências reformistas   131

Domingos Abrantes, *Avante!*, 25 de Maio de 1995
Ainda a propósito das "contribuições" do Prof. Boaventura Santos (2)   134
A questão da solidariedade   135
Uma concepção romântica   137
A divisão do movimento   138
1º de Maio e Unidade   139

Manuel Graça, *Combate*, Junho de 1995
Sindicatos, mudar ou morrer   141

CAPÍTULO 5
Porque é que Cuba se transformou num problema difícil para a esquerda?   145
O que é "esquerda" e o que é "problema difícil"?   145
A resistência e a alternativa   147
O carisma revolucionário e o sistema reformista   148
Que fazer?   150
Principais caminhos de renovação da esquerda socialista nos últimos cinquenta anos   150

Possíveis pontos de partida para uma discussão sem outro objectivo
    que não o de contribuir para um futuro socialista viável em Cuba   155
Um vasto e excitante campo de experimentação social e política a partir
    do qual Cuba pode voltar a contribuir para a renovação da esquerda
    mundial   157

CAPÍTULO 6
A revolução bolivariana da Venezuela e a revolução cidadã do Equador   165
Hugo Chávez: o legado e os desafios (Março de 2013)   165
    O legado de Chávez   166
    Os desafios para a Venezuela e o continente   169
Em defesa da Venezuela (26 de Julho de 2017)   171
Equador: a revolução cidadã tem quem a defenda? (6 de Maio de 2014)   175

PARTE II
AS DEMOCRACIAS

CAPÍTULO 7
As concepções hegemónicas e contra-hegemónicas de democracia   185
As concepções hegemónicas de democracia   188
As concepções contra-hegemónicas de democracia   190
Onde estamos e o que fazer?   193

CAPÍTULO 8
Politizar a política e democratizar a democracia   197
Interpretação da democracia, participação, Estado, emancipação social   197
Contributos do movimento alterglobal, nova esquerda, socialismo, sujeito
    social   224
Interculturalidade, reconhecimento, diálogo, plurinacionalidade,
    multiculturalismo   239

CAPÍTULO 9
Populismo, democracia e insurgência   251

CAPÍTULO 10
Uma reflexão difícil sobre a democracia na Europa: o crime contra o jornal
    satírico francês Charlie Hebdo (2015)   267

CAPÍTULO 11
A Colômbia entre a paz neoliberal e a paz democrática   273
Democracia e condições da democracia   273
Democracia e violência   275
Democracia e paz   276
Democracia e religião   277
Democracia e participação   278
Democracia e imperialismo   281
Democracia e direitos humanos   283
Democracia e diferença etnocultural   284
Democracia e diferença sexual   287
Democracia e modelo de desenvolvimento   291
Democracia e diferença ética   294
Democracia e renovação política   295

PARTE III
AS ESQUERDAS

CAPÍTULO 12
O Fórum Social Mundial e o futuro da democracia e das esquerdas   299
Das utopias realistas às alternativas   299
As alternativas   306
Pensar as esquerdas depois do FSM   318
    A relação fantasmática entre teoria e prática   318
A esquerda do séc. XXI: pluralidades despolarizadas   326
    Despolarização pelo incremento da inteligibilidade recíproca   329
    Despolarização pela busca de formas organizativas inclusivas   330
    Despolarização pela concentração em questões produtivas   332
    Questões improdutivas   332
    Questões produtivas   336

CAPÍTULO 13
Catorze Cartas às Esquerdas   347
Ideias básicas para um recomeço das esquerdas   347
Ante o neoliberalismo   350
A urgência de esquerdas reflexivas   352
Colonialismo, democracia e esquerdas   355
Democratizar, desmercantilizar, descolonizar   357
À esquerda do possível   359

A mudança de paradigma 363
Os direitos humanos: as últimas trincheiras 365
Ante a conjuntura: as esquerdas europeias 370
Democracia ou capitalismo? 373
Ecologia ou extractivismo? 379
O significado da onda Podemos 384
As esquerdas: pactos, Constituição e hegemonia 391
Manifesto incompleto 396

CAPÍTULO 14
A democracia brasileira na encruzilhada 405
A conjuntura eleitoral 405
O Brasil profundo 406
A intervenção imperial 407
Resistência e alternativa 412
Os desafios 413

CAPÍTULO 15
Unidade das esquerdas: quando, como, onde e porquê? 417
Introdução 417
O novo interregno 419
O significado histórico deste interregno 425
As forças de esquerda perante o novo interregno 428
    A articulação entre forças de esquerda. O caso português 432
    Qual o significado mais global desta inovação política? Onze teses para articulações limitadas entre forças políticas de esquerda 435
Alguns cenários incertos para a articulação das forças de esquerda 438
    Brasil: a fractura do desgaste da governação 439
    Colômbia: a fractura da luta armada sob a vigilância do império 444
    México: a fractura entre a institucionalidade e a extra-institucionalidade 451
    Espanha: a fractura da identidade nacional 456
Adenda sobre outros contextos 466
Conclusão 468

EPÍLOGO
Para ler em 2050: uma reflexão sobre a utopia ou sobre a sociologia das ausências das esquerdas 473

BIBLIOGRAFIA 479

PREFÁCIO

O título deste livro tem origem na botânica. Pneumatóforo é o nome que a botânica dá às raízes respiratórias. São raízes de algumas plantas que se desenvolvem em locais alagadiços, como os mangais, onde o solo é geralmente muito pobre em *oxigénio*. Essas raízes partem de outras existentes no solo e crescem verticalmente, emergindo da *água*; possuem *poros* que permitem a absorção de oxigénio atmosférico. Tal como as raízes respiratórias, os textos incluídos neste livro foram escritos em contextos em que o autor sentiu falta de oxigénio político e cultural e escreveu para poder respirar. Os contextos variaram muito ao longo dos trinta e seis anos em que os textos foram sendo redigidos e publicados em Portugal e em vários países de língua portuguesa e, depois de traduzidos, em diferentes países. Mas todos os contextos tiveram em comum o mesmo *Zeitgeist*, o espírito de um tempo caracterizado por uma crescente descredibilização de alternativas ao *statu quo*, um domínio cada vez mais global e asfixiante da ortodoxia neoliberal.

Esta ortodoxia foi convertendo o capitalismo e um certo tipo de (des)regulação do capitalismo no único futuro possível para todos os povos do mundo, independentemente da sua história ou das suas aspirações; foi apostando numa forma de democracia de baixa intensidade capaz de conviver e legitimar todos os atropelos à soberania popular e à deliberação democrática por parte de forças minoritárias, nacionais e internacionais, suficientemente poderosas para escapar ao controlo das instituições ou, se necessário, para as controlar; foi criando, muito além da economia ou da política, e mediante a ideologia do consumo e do controlo dos grandes meios de comunicação, um modo de viver individual e colectivamente saturado pelos valores do egoísmo individualista que foram transformando a coesão social, a solidariedade, a reciprocidade, a proporcionalidade em excrescências pietistas próprias do voluntarismo religioso ou filantrópico; e, finalmente, uma ortodoxia que, por via do direito de intervenção e de um entendimento instrumentalista dos direitos humanos, foi criando novas formas de colonialismo e de imperialismo e de discriminação racial e sexual crescentemente mais violentas, desde as guerras irregulares e não declaradas, em que só morrem civis inocentes, até ao racismo, à xenofobia, à islamofobia, ao femicídio e à apologia do fascismo político.

Este livro foi escrito com a permanente sensação de que esta ortodoxia avançava com tão grande arrogância e tamanha intensidade, que a atmosfera política, social e cultural estava a tornar-se irrespirável para todos aqueles e aquelas que, como eu, se sentiam inconformados com a eliminação e descredibilização das alternativas e com a consequente naturalização da injustiça, da discriminação, da exclusão e da violência. Daí a necessidade de respirar fora do pântano a que fomos sendo confinados, daí a necessidade de pensar como quem busca um ar mais respirável, daí a necessidade de escrever em forma de raiz respiratória.

Além dos seus propósitos analíticos, este livro tem um carácter testemunhal e, por isso, a sua objectividade não pode ser confundida com neutralidade. Mas, por outro lado, as suas opções políticas tão-pouco podem ser confundidas com assinaturas de cruz, cheques em branco, lealdades e dogmatismos acríticos. Em cada momento, em cada contexto, procurei pensar por mim, o que, como se pode imaginar, fez de mim uma voz incómoda que muitos procuraram calar ou desacreditar, recorrendo ao insulto do silêncio quando o insulto da palavra não pareceu eficaz. Mas também houve muito debate e, no meu caso, os momentos de debate que as minhas posições suscitaram foram e são particularmente preciosos, e como tal estão registados ao longo das páginas que se seguem.

Ofereço aos leitores e às leitoras um testemunho da época da nossa contemporaneidade, os últimos (quase) quarenta anos, em que significativas transformações ocorreram em Portugal e no mundo e em que, ao mesmo tempo, se foi vincando a ideia de que afinal tudo mudava para que, no melhor dos casos, tudo continuasse na mesma. A linha do tempo é aqui muito importante. O livro mostra que, no início da época, o mundo era mais diverso, mais plural, e os debates reflectiam isso mesmo. Não quer dizer que fosse melhor ou pior, era diferente, e as diferentes regiões do mundo viviam intensamente as suas especificidades. O discurso e a política globalizantes que o neoliberalismo estava a começar a disseminar e a impor no mundo chocava ainda com histórias, memórias, trajectórias, clivagens e aspirações muito diversificadas de país para país. O sistema da ONU ainda parecia um instrumento realista de contenção dos conflitos e uma plataforma em que vozes muito diferentes podiam ser escutadas com credibilidade e produzir efeitos. Portugal, por exemplo, acabava de sair de uma crise revolucionária, como então caracterizei a Revolução do 25 de Abril,[1] e os debates das décadas de 1980 e 1990 reflectiam as clivagens que se tinham gerado, manifestado ou agudizado no período imediatamente anterior. Neste domínio (correspondente aos quatro primeiros capítulos), este livro conta ser útil a dois tipos de leitor. Aos leitores mais velhos, que talvez já se tenham esquecido dos debates de então, este livro ajudará a reavivar a memória e a contrastar esse tempo com o de hoje. O livro dá-lhes toda a liberdade para se reconfortarem ou, pelo contrário, se inquietarem com o contraste a que chegarem. Aos leitores mais jovens, que não viveram este período, este livro pode simplesmente ser um modo de satisfazer a curiosidade de conhecer um tempo aparentemente muito remoto que nada lhes diz. Será uma leitura reconfortante.

[1] João Martins Pereira, sem dúvida um dos intelectuais mais lúcidos que o país teve neste período, caracterizou a Revolução do 25 de Abril como típica de uma fase pré--revolucionária (Pereira, 1976). As minhas análises da revolução foram publicadas em livros e artigos. Ver Santos (1990). Algumas das análises foram recentemente reeditadas no volume 3 da minha colecção Sociologia Crítica do Direito, intitulado *As Bifurcações da ordem: revolução, cidade, campo e indignação* (Santos, 2017a).

Mas também pode ser o acicate para uma leitura inquietante que lhes mostre como foram mudando e estreitando os termos dos debates na nossa sociedade e como, à medida que se esbateram as diferenças ideológicas, se foi abrindo o espaço para comentadores especializados em ignorância e insulto fácil.

A partir da década de 2000, os meus interesses de análise política e os meus compromissos com as lutas sociais e políticas assumem uma dimensão vincadamente internacional. Esta viragem internacionalista teve a sua origem em dois factores principais. O primeiro factor reside em que comecei a minha carreira como sociólogo no estrangeiro, com investigação e trabalho de campo realizado no Brasil. A minha dissertação de doutoramento na Universidade de Yale (1973) baseou-se num prolongado trabalho de arquivo sobre bairros da lata, periféricos, assentamentos informais, na América Latina em geral e sobre as favelas do Rio de Janeiro em especial – realizado em parte no Brasil e em parte no Texas (EUA), no arquivo pessoal do antropólogo norte-americano Anthony Leeds –, seguido de quatro meses de observação participante na favela do Jacarezinho.[2] Nos anos seguintes, ao mesmo tempo que, já depois da Revolução do 25 de Abril iniciava os estudos sobre a sociedade portuguesa no âmbito do Centro de Estudos Sociais da Universidade de Coimbra (fundado em 1978),[3] a investigação empírica rumou frequentemente ao estrangeiro: a Cabo Verde (1984-85),[4] Macau, então ainda uma colónia portuguesa de tipo muito específico (1989-1991),[5] Moçambique (1997-1999)[6] e Colômbia

---

[2] Ver Santos (1974; 1995; 2014a).
[3] Santos et al. (1993); Santos et al. (1996); Santos (org.) (2001); Reis e Baganha (orgs.) (2002); Hespanha e Carapinheiro (orgs.) (2002); Pureza e Ferreira (orgs.) (2002); Nunes e Gonçalves (orgs.) (2002); Stoer, Cortesão e Correia (orgs.) (2001); Fortuna e Silva (orgs.) (2001); Ramalho e Ribeiro (orgs.) (2002).
[4] Ver Santos (2015).
[5] Ver Santos e Gomes (1998).
[6] Santos e Trindade (2003).

(1995-1999).[7] O segundo factor da minha internacionalização foi a minha participação muito activa no Fórum Social Mundial desde a sua fundação em Porto Alegre (Brasil) em Janeiro de 2001. A partir daí, o meu interesse científico nas realidades sociológicas de outros países ampliou-se e enriqueceu-se com o envolvimento político nas lutas sociais e nos processos de transformação social em curso em diferentes países. A partir do capítulo 4, o meu envolvimento internacional está bem patente.

Devo, no entanto, salientar que ao longo de todo o período correram sempre em paralelo dois tipos de envolvimento internacional: o científico e o político. É importante fazer a este propósito uma precisão. Tenho sempre defendido que, se é verdade que toda a actividade científica, sobretudo no campo das ciências sociais, tem uma dimensão política, não se pode confundir ciência com política. A dimensão política da ciência decorre do facto de a distinção entre objectividade e neutralidade ser demasiado problemática para ser epistemologicamente aceite. A ciência é objectiva na medida em que obedece a protocolos metodológicos reconhecidos por uma comunidade científica relevante; mas essa obediência não implica que a ciência possa ser neutra perante os problemas sociais que analisa. Pelo contrário, toma sempre posição, e a posição mais insidiosa é aquela que surge disfarçada de neutralidade.

No comentário político não se põe a questão da neutralidade. Porém, quando o comentário é feito por um cientista social e visa poder ser lido além da conjuntura em que é escrito, também ele é habitado por uma tensão, a tensão entre espírito crítico e solidariedade. A solidariedade com determinadas lutas ou opções políticas não pode deixar de ser feita com espírito crítico. A tensão entre uma e outro faz com que o comentarista seja uma voz incómoda, tenha poucos aliados, frequentemente pregue no deserto, e, no melhor dos casos, tenda a ver-lhe reconhecida alguma razão anos

[7] Santos e Villegas (2001).

mais tarde. Penso que os escritos políticos coligidos neste livro viveram intensamente a tensão entre solidariedade e espírito crítico. E talvez por isso ouso dizer que estes escritos sobreviveram às circunstâncias e ao tempo, e por isso os republico agora, muitos anos depois, sem alterações. Têm valor que não é apenas histórico ou memorialista. Muitas das reflexões que fiz então continuam válidas hoje, quer porque os problemas não mudaram assim tanto, quer porque, mesmo quando mudaram, as perspectivas ou os ângulos que usei para analisar os problemas de ontem podem ser úteis para analisar os problemas de hoje.

O espírito crítico que atravessa estes escritos decorre de três princípios fundamentais. O primeiro pode designar-se como dúvida metódica e consiste numa persistente busca das discrepâncias entre discursos e práticas (entre retórica e eficácia), dos efeitos perversos, das consequências intencionais e não declaradas da acção política e das consequências não-intencionais frequentemente mais gravosas para as populações que são vítimas delas. O segundo pode designar-se por contexto espácio-temporal. Os conflitos ocorrem em específicos contextos, raramente são explicáveis sem considerar a história e a trajectória das forças políticas que em certo momento os protagonizam, sem ter em conta a cultura política dominante e os aliados internos e externos cuja interferência pode ser mais ou menos oculta. O terceiro princípio pode designar-se por hermenêutica da suspeita. Trata-se de ter presente a possível razão do adversário ou mesmo do inimigo. Consiste em estar atento a todas as dimensões da conflitualidade, com a consciência de que não há posições políticas puras ou impecavelmente justas e que a distribuição das razões e justificações num dado conflito, sendo sempre desigual, nunca é de soma zero, isto é, nunca nenhuma das partes no conflito tem a verdade toda.

Esta precisão tornou-se necessária para mostrar que, depois do ano de 2000, a minha intervenção política internacional aqui documentada correu em paralelo com a minha investigação científica internacional, normalmente no âmbito de grandes projectos de investigação.[8] O primeiro, realizado entre 1999 e 2002, foi maioritariamente financiado pela Fundação MacArthur dos EUA com um contributo adicional da Fundação Calouste Gulbenkian. Intitulou-se *Reinventar a Emancipação Social: Para Novos Manifestos* e abrangeu os seguintes países: África do Sul, Brasil, Colômbia, Índia, Moçambique e Portugal.[9] O segundo projecto, realizado entre 2011 e 2016, foi financiado pelo European Research Council. Intitulou-se *ALICE – Espelhos Estranhos, Lições Imprevistas: Definindo para a Europa um novo modo de partilhar as experiências do Mundo*, e abrangeu os seguintes países não-europeus: África do Sul, Bolívia, Brasil, Equador, Índia e Moçambique, fazendo comparações não sistemáticas com vários países europeus: Portugal, Espanha, Inglaterra, Itália e França.[10]

Os temas tratados neste livro são recorrentes nos diferentes capítulos. Constituem as minhas obsessões e podem agrupar-se em

---

[8] Normalmente, mas não sempre, como se pode documentar com a investigação realizada em Angola, em que tive o gosto de dirigir uma equipa de investigadores angolanos, portugueses e moçambicanos, à semelhança do que tinha feito anos antes em Moçambique, neste caso envolvendo investigadores portugueses e moçambicanos. Sobre o projecto de Angola, ver Santos e Van-Dúnem (2012); Gomes e Araújo (2012); Meneses e Lopes (2012).

[9] Os resultados desta investigação foram publicados em vários livros e em várias línguas. Em Portugal constaram de seis livros publicados pelas edições Afrontamento: *Democratizar a democracia: os caminhos da democracia participativa* (2003a); *Produzir para viver: os caminhos da produção não capitalista* (2003b); *Reconhecer para libertar: os caminhos do cosmopolitismo multicultural* (2004a); *Semear outras soluções: os caminhos da biodiversidade e dos conhecimentos rivais* (2004b); *Trabalhar o mundo: os caminhos do novo internacionalismo operário* (2004c); *As vozes do mundo* (2008).

[10] Tal como aconteceu no projeto anterior, os resultados serão publicados em várias línguas e em vários volumes. A edição portuguesa será publicada pelas Edições 70 e consta de uma série de nove livros, compondo uma nova coleção da editora, intitulada "Epistemologias do Sul", que eu próprio dirigirei. O primeiro livro já está publicado: Santos e Mendes (orgs.), *Demodiversidade: imaginar novas possibilidades democráticas*. Lisboa: Edições 70 (2017).

três grandes temas: revoluções, democracias, esquerdas. É muito significativo que os temas sejam formulados no plural, porque um dos objectivos deste livro é identificar a pluralidade e a diversidade onde o pensamento dominante vê unidade e homogeneidade. Os três grandes temas constituem as três partes do livro. De notar, no entanto, que o livro se inicia com uma introdução muito geral, inspirada em Espinosa, um dos meus filósofos favoritos, sobre os dois afectos ou emoções básicas dos seres humanos: o medo e a esperança. Nela mostro a minha preocupação com o facto de nas nossas sociedades contemporâneas o medo sobrepujar cada vez mais a esperança, pelo menos para a esmagadora maioria da população. Sem esperança, não é possível lutar por uma sociedade mais justa, nem sequer é possível imaginá-la. Este livro pretende repor a esperança sem deixar de reconhecer os factores portadores de medo com que as grandes maiorias se confrontam no seu quotidiano.

Na primeira parte, intitulada *Revoluções*, analiso e comento alguns processos revolucionários ou autodesignados como revolucionários. Os primeiros quatro capítulos foram escritos entre 1981 e 1995 e constituem diferentes abordagens das consequências políticas da crise revolucionária de 1974-1975, a Revolução do 25 de Abril. O capítulo 1, escrito em 1981, é uma reflexão pessoal sobre o sentido do projecto socialista que nos foi legado pela Revolução do 25 de Abril e que ficou consagrado na Constituição Política de 1976. Os temas que então abordo vão aparecer recorrentemente nos meus escritos posteriores.

O capítulo 2 é composto de dois textos, publicados em 1986, um sobre o PCP e outro sobre o PS. Trata-se de um comentário sobre os processos de renovação por que aparentemente passavam ao tempo ambos os partidos. Traz-nos um tempo distante. Mesmo assim, os mais interessados na vida partidária poderão assistir à génese de contradições que se vieram a manifestar bastante mais tarde.

O capítulo 3, escrito na mesma altura, é uma reflexão muito mais ampla sobre a esquerda do futuro ou o futuro da esquerda.

São aqui anunciados problemas e necessidades de transformação que viriam mais tarde a assumir muita acuidade, mas que na altura eram pouco visíveis ou considerados pouco relevantes para as forças políticas. Já então via o perigo de as esquerdas perderem a sua identidade e de virem a ter de enfrentar a questão de saber o que as distinguia da direita.

O capítulo 4 tem uma história muito acidentada, já que o texto que serve de base foi aquele que mais debate suscitou entre as forças políticas de esquerda. Tudo começou com o convite do então Secretário-Geral da CGTP-IN, Manuel Carvalho da Silva, para apresentar uma comunicação no colóquio "Sindicalismo, os Novos Caminhos da Sociedade", organizado pela central sindical para celebrar os vinte e cinco anos da sua fundação. Apresentei uma comunicação intitulada "Teses para a Renovação do Sindicalismo". Poucos dias depois, Álvaro Cunhal, então Secretário-Geral do PCP, teceu duras críticas ao meu texto durante uma reunião de trabalho em Coimbra. As suas palavras foram transcritas e publicadas no jornal do partido, *Avante*. Aos seus olhos, eu representava o desvio de direita típico dos intelectuais supostamente de esquerda. Tal desvio consistia em ser reformista e não revolucionário, e em ter abandonado o projecto socialista e abraçado o do "capitalismo civilizado". Não partilhando de muitas das ideias de Álvaro Cunhal, eu tinha por ele um grande respeito, não só como activista político que pagou um preço muito alto pela sua coragem e coerência na luta contra o fascismo salazarista, mas também como intelectual, sem dúvida um dos mais lúcidos do século xx português. Foi duro ler as críticas dele, sobretudo porque continham distorções óbvias do meu pensamento, como se pode constatar ao ler os dois textos. Três semanas depois, foi a vez de Domingos Abrantes, então membro da Comissão Política do partido, de criticar muito mais detalhada e analiticamente as minhas teses em duas edições seguidas do *Avante*. Quero agradecer vivamente a Domingos Abrantes o ter-me autorizado a publicar aqui os seus textos. Apesar de o seu argumento ser, no essencial, muito semelhante ao de Álvaro Cunhal, as análises que faz para me rebater são muito mais ricas e continuam a ser uma leitura relevante. Entretanto, a revista *Combate* dá notícia da polémica, resume as diferentes posições e acrescenta a de Manuel Graça, que era, à data, dirigente do Sindicato dos Trabalhadores do Calçado, Malas e Afins dos Distritos de Aveiro e Coimbra, filiado na Confederação Geral dos Trabalhadores Portugueses – Intersindical Nacional (CGTP-IN), em que este sindicalista faz uma análise mais desapaixonada do debate e, em meu entender mais justa, dos problemas em discussão.

O capítulo 5 foi escrito no final de 2008 e publicado em diferentes línguas no ano seguinte. Analiso e comento nele um processo revolucionário totalmente distinto do português. Trata-se da Revolução Cubana, que desempenhou um papel central no imaginário das esquerdas na segunda metade do século xx. Este texto também tem uma história com alguns incidentes. Foi escrito para participar no debate que então começava sobre as transformações necessárias a introduzir no processo revolucionário cubano. Tratava-se de um comentário crítico, mas solidário com a revolução cubana. Destinava-se a contribuir para o debate interno que existia ao tempo em Cuba e, por esta razão, foi escrito para ser publicado na revista cultural cubana, *Casa de las Américas*, uma das revistas mais prestigiadas da América Latina. O artigo foi aprovado para publicação, mas, à última hora e aparentemente por "ordens superiores", a sua publicação foi suspensa. A julgar pelos acontecimentos mais recentes, a Revolução Cubana tem vindo a seguir um caminho diferente do imaginado neste texto. Nesse sentido, pode alertar-nos contra os excessivos voluntarismos de que as esquerdas estão hoje a tentar curar-se. Mas também nos pode advertir do perigo de a luta contra os excessos terminar matando o voluntarismo, sem o qual não existe pensamento e prática de esquerda.

O capítulo 6 é uma reflexão sobre um novo tipo de processo revolucionário ou autodesignado como revolucionário, talvez não totalmente novo se tivermos em mente o governo popular de Salvador Allende (1970-1973). Trata-se da ascensão ao poder de governo, por via democrática, de forças políticas progressistas que se propõem levar a cabo profundas transformações políticas e sociais que envolvem a promulgação de novas Constituições Políticas com o objectivo de produzir uma "refundação do Estado". Nos primeiros anos do novo milénio são identificáveis três desses processos: a revolução bolivariana na Venezuela, iniciada em 1998 sob a liderança de Hugo Chávez; a revolução comunitária na Bolívia protagonizada por Evo Morales, o primeiro presidente indígena de um país, eleito em 2005; e a revolução cidadã no Equador conduzida por Rafael Correa a partir das eleições de 2006. Estas três autodesignadas revoluções promoveram novos processos constitucionais para poder realizar as profundas reformas que se propunham, reformas que em todas elas se vieram a condensar na designação "socialismo do século XXI". Dediquei um livro à análise das transformações do Estado propostas na Bolívia e no Equador (Santos, 2010).[11] O capítulo 6 é constituído por breves comentários sobre os processos venezuelano e equatoriano. O primeiro foi escrito após a morte de Hugo Chávez em 2013. Nesse texto mostro os desafios e as dificuldades de prosseguir a revolução bolivariana sem o seu líder carismático. Muitas dessas dificuldades foram-se avolumando e outras foram, entretanto, surgindo, de tal modo que, a partir de 2015, a revolução bolivariana começou a dar sinais de exaustão. As dificuldades internas foram agravadas com interferências externas, sobretudo por parte dos EUA e de alguns países da União Europeia, da Espanha em particular. Daí que tenha escrito, já em 2017, um novo comentário sobre a Venezuela, também incluído aqui, centrado nos perigos

---

[11] Parte dessa análise, até agora inédita em português, será publicada no volume 4 da minha colecção Sociologia Crítica do Direito, intitulado *A diversidade jurídica do mundo* (Almedina, 2018).

da intervenção externa. O terceiro comentário, escrito em 2014, é dedicado ao processo equatoriano e nele analiso as contradições entre o disposto na Constituição de 2008 e a prática política dos anos subsequentes, sobretudo no que diz respeito ao modelo de desenvolvimento e ao reconhecimento dos direitos ancestrais dos povos indígenas, suas autoridades e sistema de justiça.

A Parte II, intitulada *Democracias*, é dedicada ao tema da democracia. Como referi acima, uso plural no título porque toda esta parte se destina a mostrar e a reivindicar a diversidade interna do regime político a que chamamos democracia contra o pensamento dominante que tem vindo a tentar impor um certo tipo de democracia, a democracia liberal de baixa intensidade, como sendo o único legítimo ou possível. Esta reivindicação tem cada vez mais adversários, mas isso só revela a importância crescente de a sustentar. É o que procuro fazer nesta Parte.

Para onde vai a democracia? Um pouco por toda a parte, dos EUA a Moçambique, da África do Sul à Tunísia, da Grécia ao Brasil, da Argentina à Índia, a pergunta é feita com cada vez mais insistência por grupos sociais cada vez mais amplos e diversos. Entre 2011 e 2013, o período das revoltas da indignação (movimentos *Occupy* nos EUA, movimentos dos indignados no Sul da Europa, Primavera Árabe na Tunísia e Egipto, protestos de Junho de 2013 no Brasil, etc.) foi dominado, na maioria dos casos, pela reivindicação da "democracia real" ou "democracia já", o que implicava que a democracia ou não existia ou, se existia, tinha sido sequestrada por forças antidemocráticas que a tinham pervertido ou esvaziado do seu conteúdo popular. Cinco anos depois, domina o desencanto e as expectativas de renovação democrática redundaram em frustração na maioria dos casos. Como foi isto possível? Há futuro para a democracia num mundo dominado pelo capitalismo financeiro global, pelo colonialismo e pelo patriarcado nas relações sociais? Em caso afirmativo, a democracia do futuro romperá com o modelo democrático actualmente dominante? Este livro pretende apontar alguns caminhos de resposta. Muitas das análises e propostas nele contidas inserem-se num longo debate que ocupou todo o século passado. Mas procuro, acima de tudo, formular respostas à luz da experiência concreta de países que, no sul da Europa e na América Latina, de acordo com a teoria do sistema mundial proposta por Immanuel Wallerstein, ocupam uma posição semiperiférica no sistema mundial. Dado o seu papel de intermediação entre os países periféricos e os países centrais, os países semiperiféricos tendem a ser caracterizados por grande instabilidade política. E, de facto, ao longo do século xx, estes países tiveram um percurso político particularmente turbulento, oscilando entre períodos de democracia mais ou menos restritiva e períodos de ditadura civil ou militar que, no caso português e espanhol, duraram quase metade do século considerado o século do triunfo da democracia.

O capítulo 7 é uma reflexão teórica sobre diferentes concepções de democracia, distinguindo entre as hegemónicas e as contra-hegemónicas. Esta reflexão tem estado presente em todos os projectos de investigação que tenho dedicado ao tema.[12]

O capítulo 8 é uma ampla reflexão política sobre a democracia em geral. Apresento-a sob a forma de uma longa entrevista que me foi feita pelo meu colega Antoni Aguiló, publicada em espanhol na *Revista Internacional de Filosofia Política* (nº 35, out. 2010, 117-148). Publico-a aqui pela primeira vez em Portugal.

O capítulo 9, também baseado numa entrevista realizada por Gianfranco Ferraro y Francesco Biagi e publicada em 2016 na revista italiana *Il Ponte*, trata especificamente do tema do populismo, um tema que entrou nos debates sobre a democracia em tempos recentes e que, em meu entender, constitui mais uma armadilha que o pensamento neoliberal armou à esquerda e em que alguma esquerda caiu. Também esta entrevista é inédita em Portugal.

---

[12] Ver, por último, Santos e Mendes (2017).

O capítulo 10 é uma reflexão sobre um dos temas mais dilemáticos dos debates democráticos no Norte Global: o terrorismo. Tal como está a ser tratado pelas forças políticas dominantes, na Europa e nos EUA, o terrorismo transformou-se num problema que parece só poder ser resolvido reduzindo cada vez mais os direitos democráticos. O terrorismo é hoje no Norte Global o tema que justifica mais eficazmente a ideia de que a melhor defesa da democracia é menos democracia. Note-se que esta justificação tem sido evocada pela ortodoxia neoliberal a respeito de outros temas, do desenvolvimento económico à guerra de intervenção noutros países. Se não for controlada, esta deriva autoritária pode conduzir a um perigoso choque entre fundamentalismos de sinal contrário, mas ambos violentos e profundamente antidemocráticos. Este texto foi escrito e publicado uma semana depois do atentado terrorista contra o jornal satírico francês *Charlie Hebdo* e, como seria de esperar, causou muita polémica. Como o próprio título indica, é uma reflexão difícil, mas nela procuro dar conta do contexto histórico em que esta violência hedionda contra vítimas inocentes está a ocorrer. Não foi possível então e muito menos será possível neste momento (escrevo este prefácio em Agosto de 2017, menos de uma semana depois de mais um atentado terrorista, desta vez em Barcelona e noutras cidades europeias) fazer uma discussão serena e ampla sobre as causas do terrorismo e os meios mais eficazes de o enfrentar. Mas continuo a reivindicar que, enquanto o Norte Global não for capaz de enfrentar o seu passado de violência colonial e imperial, de pilhagem das riquezas dos países do Sul Global e de humilhação de culturas outras que se opuseram às suas imposições unilaterais, não é provável que o terrorismo termine.

O capítulo 11 é dedicado ao tema da paz na Colômbia e especificamente às relações entre o processo de paz actualmente em curso com os grupos de guerrilha e um possível aprofundamento da democracia concebido como dividendo da paz. O meu interesse pela Colômbia vem de há mais de vinte anos, quando ali dirigi um projecto de investigação na área de sociologia do direito, congregando ao meu redor um conjunto extraordinário de jovens investigadores que hoje ocupam posições de muito relevo na comunidade científica colombiana.[13] Depois de mais de cinquenta anos de violência, de centenas de milhares de mortos e desaparecidos e de milhões de deslocados internamente, o processo de paz passa por um momento de incerteza em que se opõem dois conceitos de paz antagónicos: a paz neoliberal e a paz democrática. Defendo no texto que só a paz democrática pode garantir a paz. A paz neoliberal, infelizmente a concepção dominante no governo colombiano, será um disfarce para dar continuidade à violência, mediante a transição de uma violência política para uma violência aparentemente despolitizada, mas não menos assassina de vítimas inocentes.

A Parte III é dedicada ao meu tema de sempre, a esquerda enquanto luta radicalmente democrática por uma sociedade mais justa. Daí, o título desta parte, *Esquerdas*, um título bem significativo da pluralidade interna que sempre reivindiquei para esta orientação política geral.

O capítulo 12 é uma longa reflexão sobre o impacto que o processo do Fórum Social Mundial teve nas minhas concepções de democracia e de esquerda. Ouso pensar que este texto tem hoje uma actualidade talvez maior do que a que tinha quando foi escrito e publicado, em 2006,[14] e isto por razões que talvez escapem aos leitores. Vejamos. Desde meados da década de 1990, tenho vindo a defender que a integração de Portugal na União Europeia não permitiria ao nosso país deixar a sua condição semiperiférica e ascender ao centro do bloco europeu.[15] Apenas lhe permitiria

---

[13] Os resultados do projecto estão publicados em Santos e Villegas (2001).
[14] É um texto composto de dois textos publicados em livros diferentes: *Fórum Social Mundial: Manual de Uso*. Porto: Edições Afrontamento, 2005; *The Rise of the Global Left. The World Social Forum and Beyond*. Londres: Zed Books, 2006.
[15] Ver as minhas análises desde Santos (1994) até Santos (2011). Ver ainda Santos, 2013.

renegociá-la sem sair dela. É hoje evidente que esta previsão se veio a verificar. Os países centrais da Europa, incluindo os países nórdicos, a única periferia europeia que, desde o século xiv, acedeu ao centro, assumem que a melhor maneira de preservar para si as políticas de inclusão social típicas da social-democracia (educação e saúde públicas de qualidade, previdência social e transportes públicos, criação e sustentação de classes médias significativas, etc.) reside em impedir que elas sejam adoptadas nas periferias europeias. Esta lógica tem, aliás, uma longa duração histórica, pois, no passado (desde o fim da Segunda Guerra Mundial), a social--democracia europeia, no seu conjunto, só foi possível devido à exploração violenta das colónias e ex-colónias. A lógica internacional da Europa reproduz-se agora como lógica interna.

Entre 2011 e 2015, os Portugueses viveram amargamente a experiência de um violento programa de austeridade destinado precisamente a bloquear qualquer saída ascendente da posição semiperiférica. Contudo, este processo não ocorreu sem contradições nem sem a emergência de novas possibilidades. Uma das possibilidades, que resgatei do processo do FSM, envolveria uma mudança de paradigma nas relações entre as diferentes forças de esquerda.

No capítulo 12, escrito e publicado em várias línguas em 2006, digo a dado passo: "O FSM é eloquente em mostrar que nenhuma totalidade pode conter a inesgotável diversidade das práticas e teorias da esquerda mundial actual. Em vez de síntese, propõe-nos a busca de *pluralidades despolarizadas*. Trata-se de inverter uma tradição fortemente enraizada na esquerda, assente na ideia de que politizar as diferenças equivale a polarizá-las. Ao contrário, o FSM abre a possibilidade para que a politização se passe a dar por via da despolarização. Consiste em dar prioridade à construção de coligações e articulações para *práticas* colectivas concretas e discutir as diferenças teóricas no âmbito exclusivo dessa construção. O objectivo é fazer do reconhecimento das diferenças um factor de agregação e de inclusão ao retirar-lhes a possibilidade de inviabilizarem acções colectivas, criando assim um contexto de disputa política em que o reconhecimento das diferenças vai de par com a celebração e o aproveitamento das semelhanças. Por outras palavras, trata-se de criar contextos de debate em que a pulsão da união e da semelhança tenha a mesma intensidade que a pulsão da separação e da diferença. As acções colectivas pautadas por pluralidades despolarizadas suscitam uma nova concepção de 'unidade de acção', na medida em que a unidade deixa de ser a expressão de uma vontade monolítica para passar a ser o ponto de encontro mais ou menos amplo e duradouro de uma pluralidade das vontades. A concepção de pluralidades despolarizadas contraria todos os automatismos de disputa política no seio da esquerda. Não será por isso fácil de aplicar."

Como se pode imaginar, quando escrevi este passo não estava a pensar especificamente nas esquerdas europeias. Acontece que, por coincidência, dez anos depois a esquerda portuguesa dá ao mundo uma prova muito convincente das virtualidades do que chamei de "pluralidades despolarizadas". Recapitulemos um pouco apenas para benefício dos leitores de língua portuguesa menos familiarizados com a política portuguesa.

Nas eleições de 4 de Outubro de 2015, a coligação dos partidos de direita (PSD, Partido Social Democrata e CDS, Centro Democrático Social), que estava no poder desde 2011, obteve 38,5% dos votos, o que lhe não permitiu ter a maioria parlamentar. O PS, Partido Socialista, de centro-esquerda, obteve 32,3% dos votos e, numa acção sem precedentes na democracia portuguesa, dois partidos de esquerda, o Partido Comunista Português (PCP), que obtivera 8,3% dos votos, e o Bloco de Esquerda (BE), que obtivera 10,2% dos votos, decidiram dar apoio parlamentar a um governo liderado pelo PS. O mérito desta solução assentou tanto na clarividência política das lideranças dos diferentes partidos envolvidos[16]

---

[16] O PS é liderado por António Costa, que, enquanto Presidente da Câmara de Lisboa, ensaiara anteriormente alianças com partidos de esquerda em vez de alianças com

como na pressão das suas bases para travar, na medida do possível, as políticas de austeridade (o mal-chamado ajustamento estrutural) que vinham a degradar a qualidade de vida dos portugueses e a destruir a já frágil classe média nos quatro anos anteriores. As negociações entre os três partidos foram surpreendentemente rápidas e viriam a revelar-se razoavelmente sólidas (escrevo em Agosto de 2017). Assentaram nas seguintes ideias fundamentais: a luta prioritária é travar o caminho à direita reaccionária ultraneoliberal que se vangloriara de executar medidas de austeridade além do que era exigido pela tutela externa da *troika* (Comissão Europeia, Banco Central Europeu e FMI); o Tribunal Constitucional chumbou vários orçamentos do governo de direita, havendo, assim, alguma legitimidade e algum espaço de manobra para propor soluções alternativas com respeito pela Constituição e sem violar as regras europeias de disciplina orçamental; é importante aprender a lição da Grécia e evitar a confrontação directa com as instituições europeias, sobretudo tendo em mente que o PS, um fiel membro europeísta da Internacional Socialista, poderá eventualmente contar com a simpatia de alguns partidos socialistas europeus importantes. Desde Novembro de 2015, Portugal tem o único governo de esquerda da Europa a governar à esquerda com

os partidos de direita, como era habitual no partido socialista. O PCP – que se apresentou às eleições sob a sigla CDU, Coligação Democrática Unitária, coligado com o pequeno partido ecológico "Os Verdes" – é liderado por Jerónimo de Sousa, um líder da velha guarda comunista que sentiu como poucos o perigo de deriva fascista que o país corria com mais quatro anos de governo de ultradireita neoliberal. O BE é liderado por Catarina Martins, uma jovem líder que tem hoje um peso decisivo na condução da vida política portuguesa. O BE já nos habituara a líderes de grande qualidade como Francisco Louçã ou Miguel Portas, prematuramente falecido. Hoje tem na sua liderança as três jovens políticas de esquerda mais brilhantes da Europa: Catarina Martins, 42 anos, Marisa Matias, 40 anos, eurodeputada que nas últimas eleições presidenciais obteve 10,1% dos votos, e Mariana Mortágua, 30 anos, deputada no parlamento português.

credibilidade, o que não acontece com o Syriza na Grécia nem acontecia, até há pouco, com François Hollande na França.

Curiosamente, a maior oposição a esta solução política vem de dentro, do Presidente da República de então, Aníbal Cavaco Silva, que, de forma algo patética, tentou opor-se à constituição de um governo de esquerda apesar da sua legitimidade constitucional.

Obviamente, não há nenhuma razão para excessivo optimismo no que respeita à sustentabilidade de uma solução governativa deste tipo no contexto europeu. Como tenho vindo a defender, o neoliberalismo e a lógica disciplinar e antidemocrática do capital financeiro internacional entraram na Europa por via das instituições europeias e tratados europeus, e não por via directa dos governos nacionais em que havia mais resistência política, com a excepção parcial da Inglaterra e de alguns países da Europa de Leste. As instituições europeias são hoje o principal agente de imposição da lógica neoliberal em contradição explícita com a tradição social-democrática que presidia ao projecto europeu. Isto não quer dizer que a social-democracia tenha desaparecido totalmente. Significa apenas que, em poucos anos, deixou de ser um desígnio europeu e factor de coesão europeia para passar a ser um privilégio dos poucos países que "merecem" ser sociais-democratas. Assim, a Alemanha, que é hoje o país dirigente da União Europeia, defende internamente as mesmas políticas sociais-democráticas que "proíbe" nos países do sul da Europa, seu protectorado informal. Não há hoje projecto europeu, há tão-só uma inércia que é tanto mais ruinosa quanto menos se reconhece como ruína.

No entendimento desta jaula de ferro ideológico, ser europeísta e ser de esquerda parece ser uma contradição de termos. Isto significa que um governo de esquerda num país periférico europeu é "por natureza" um elemento de perturbação, um obstáculo a vencer. Foi esta a lição que se pretendeu dar à Grécia governada por uma coligação política dominada por um partido de esquerda, o Syriza, e apostada em combater o austeritarismo europeu.

Nos meses seguintes à inauguração do novo governo português, e apesar dos resultados económicos positivos que se começaram a sentir, a saga das possíveis sanções da Comissão Europeia a Portugal continuou a ser ruidosamente repetida. Com o tempo, não parecia ter outra interpretação credível do que a tentativa de neutralizar o governo de esquerda em Portugal e impedir que os Espanhóis contemplassem a possibilidade de ser governados por uma coligação semelhante à portuguesa, entre o partido socialista espanhol (PSOE) e o partido Podemos, agora coligado com a Esquerda Unida.

Pairará sobre a cabeça e o bem-estar dos europeus periféricos a mesma ameaça enquanto eles teimarem em não seguir o rebanho da direita neoliberal que vai comendo o pasto da política em toda a Europa (e em todo o mundo). O último ano e meio da política portuguesa revela que, se é verdade que Portugal isoladamente não pode superar o horizonte de possibilidades próprio de um país semiperiférico no contexto europeu, não é menos verdade que dentro desse horizonte há possibilidades qualitativamente diferentes com impactos diferenciados no bem-estar dos portugueses. É na selecção dessas possibilidades que se distinguirá no futuro próximo um governo de esquerda de um governo de direita.

O capítulo 13 é constituído por catorze cartas às esquerdas, escritas entre 2011 e 2016 e amplamente divulgadas em diferentes línguas. Elas resumem todo o meu trajecto de intelectual e activista político de esquerda ao longo dos últimos quarenta anos, um intelectual que se viu sempre como um intelectual de retaguarda e não como intelectual de vanguarda.

O capítulo 14, escrito na primeira semana de Fevereiro de 2018, centra-se na análise da dramática situação em que se encontram a sociedade e a democracia brasileiras depois do golpe institucional de 2016, que depôs a Presidente Dilma Rousseff, prosseguido com a perseguição político-judicial do ex-Presidente Lula da Silva, uma situação que podemos definir como golpe continuado. Por sua vez, a forte componente político-judicial desta situação leva-me a sugerir que estamos a entrar numa fase de pós-justiça, por analogia com o conceito de pós-democracia cunhado por Colin Crouch.

O capítulo 15 ilustra bem o que tentei fazer em alguns dos capítulos anteriores: uma análise não conjuntural da conjuntura. Tendo lutado há muito pela despolarização das divergências entre as forças de esquerda e pela promoção da vontade de articulação ou de unidade entre elas, constato que nos últimos tempos tem havido alguns sinais nesse sentido. Neste capítulo analiso a conjuntura internacional e debruço-me sobre algumas situações que ou mostram a concretização dessa articulação entre forças de esquerda (Portugal), ou mostram as dificuldades de tal articulação mesmo quando a sua necessidade é sentida pelos cidadãos como solução para mudar as políticas dos governos de direita (Brasil, Colômbia, México e Espanha). Este capítulo foi escrito em Janeiro de 2018.

O livro termina com um Epílogo ironicamente intitulado "Para ler em 2050". É uma reflexão utópica sobre o desperdício da experiência social e política no nosso tempo, a que as esquerdas não são imunes. As categorias e as teorias que teimamos em não questionar criam invisibilidades e ausências que amanhã nos podem bater à porta com tanta veemência, que nem sequer terão de pedir licença para entrar.

Não quero terminar este prefácio sem fazer alguns agradecimentos. Antes de tudo às revistas, jornais, blogues em que estes textos foram publicados e amplamente divulgados. Neste domínio, os meus tradutores, todos meus amigos, deram um contributo fundamental. Em especial, Antoni Aguiló e José Luis Exeni, ambos meus colegas no Centro de Estudos Sociais, para as traduções em espanhol, e ao João Paulo Moreira, pelas traduções em inglês. Não vou referir aqui muitos colegas e assistentes que me leram os textos antes de os publicar ou que os comentaram depois de publicados. Alguns dos textos foram escritos há tantos anos, que me é impossível agora recordar todas e todos os que me ajudaram nos tempos mais recuados. Mas não quero deixar de mencionar algumas pessoas. Antes de tudo, a Maria Irene Ramalho, minha companheira de cinquenta e dois anos, que leu, corrigiu e comentou todos os textos incluídos neste livro. A Lassalete Simões, minha amiga, secretária e assistente há mais de vinte anos, preparou todos os textos para publicação e organizou este livro com uma extraordinária dedicação e competência. A Natércia Coimbra, minha amiga e cúmplice, que comigo "inventou" o Centro de Documentação 25 de Abril da Universidade de Coimbra, deu-me informações preciosas para a preparação de alguns dos textos. A todas e todos o meu mais sincero agradecimento.

INTRODUÇÃO
A INCERTEZA ENTRE O MEDO E A ESPERANÇA

Diz Espinosa que as duas emoções básicas dos seres humanos são o medo e a esperança. A incerteza é a vivência das possibilidades que emergem das múltiplas relações que podem existir entre o medo e a esperança. Sendo diferentes essas relações, diferentes são os tipos de incerteza. O medo e a esperança não estão igualmente distribuídos por todos os grupos sociais ou épocas históricas. Há grupos sociais em que o medo sobrepuja de tal modo a esperança, que o mundo lhes acontece sem que eles possam fazer acontecer o mundo. Vivem em espera, mas sem esperança. Estão vivos hoje, mas vivem em condições tais, que podem estar mortos amanhã. Alimentam os filhos hoje, mas não sabem se os poderão alimentar amanhã. A incerteza em que vivem é uma incerteza descendente, porque o mundo lhes acontece de modos que pouco dependem deles. Quando o medo é tal que a esperança desapareceu de todo, a incerteza descendente torna-se abissal e converte-se no seu oposto: na certeza do destino, por mais injusto que seja. Há, por outro lado, grupos sociais em que a esperança sobrepuja de tal modo o medo, que o mundo lhes é oferecido como um campo de possibilidades que podem gerir a seu bel-prazer. A incerteza em que vivem é uma incerteza ascendente, na medida em que tem lugar entre opções portadoras de resultados em geral desejados, mesmo que nem sempre totalmente positivos. Quando a esperança é tão excessiva que perde a noção do medo, a incerteza ascendente torna-se abissal e transforma-se no seu oposto: na certeza da missão de apropriar o mundo por mais arbitrária que seja.

    A maioria dos grupos sociais vive entre esses dois extremos, com mais ou menos medo, com mais ou menos esperança, passando por períodos em que dominam as incertezas descendentes e outros em que dominam as incertezas ascendentes. As épocas distinguem-se pela preponderância relativa do medo e da esperança e das incertezas a que as relações entre um e outra dão azo.

Que tipo de época é a nossa?
Vivemos numa época em que a pertença mútua do medo e da esperança parece colapsar perante a crescente polarização entre o mundo do medo sem esperança e o mundo da esperança sem medo, ou seja, um mundo em que as incertezas, descendentes ou ascendentes, se transformam cada vez mais em incertezas abissais, isto é, em destinos injustos para os pobres e sem poder e missões de apropriação do mundo para os ricos e poderosos. Uma percentagem cada vez maior da população mundial vive correndo riscos iminentes contra os quais não há seguros ou, se os há, são financeiramente inacessíveis, como o risco de morte em conflitos armados em que não participam ativamente, o risco de doenças causadas por substâncias perigosas usadas de modo maciço, legal ou ilegalmente, o risco de violência causada por preconceitos raciais, sexistas, religiosos ou outros, o risco de pilhagem dos seus magros recursos, sejam eles salários ou pensões, em nome de políticas de austeridade sobre as quais não têm nenhum controlo, o risco de expulsão das suas terras ou das suas casas por imperativos de políticas de desenvolvimento das quais nunca se beneficiarão, o risco de precariedade no emprego e de colapso de expectativas suficientemente estabilizadas para planear a vida pessoal e familiar ao arrepio da propaganda da autonomia e do empreendedorismo.

Em contrapartida, grupos sociais cada vez mais minoritários em termos demográficos acumulam poder económico, social e político cada vez maior, um poder quase sempre baseado no domínio do capital financeiro. Essa polarização vem de longe, mas é hoje mais transparente e talvez mais virulenta. Consideremos a seguinte citação:

Se uma pessoa não soubesse nada acerca da vida do povo deste nosso mundo cristão e lhe fosse perguntado "há um certo povo que organiza o modo de vida de tal forma, que a esmagadora maioria das pessoas, noventa e nove por cento delas, vive de trabalho físico sem descanso e sujeita a necessidades opressivas, enquanto um por cento da população vive na ociosidade e na opulência. Se o tal um por cento da população professar uma religião, uma ciência e uma arte, que religião, arte e ciência serão essas?" A resposta não poderá deixar de ser: "uma religião, uma ciência e uma arte pervertidas".

Dir-se-á que se trata de um extracto dos manifestos do Movimento *Occupy* ou do Movimento dos Indignados do início da presente década. Nada disso. Trata-se de uma entrada do diário de Lev Tolstói no dia 17 de Março de 1910, pouco tempo antes de morrer.

Quais as incertezas?
Como acabei de referir, as incertezas não estão igualmente distribuídas, nem quanto ao tipo nem quanto à intensidade, entre os diferentes grupos e classes sociais que compõem as nossas sociedades. Há, pois, que identificar os diferentes campos em que tais desigualdades mais impacto têm na vida das pessoas e das comunidades.

A incerteza do conhecimento. Todas as pessoas são sujeitos de conhecimentos e a esmagadora maioria define e exerce as suas práticas com referência a outros conhecimentos que não o científico. Vivemos, no entanto, uma época, a época da modernidade eurocêntrica, que atribui total prioridade ao conhecimento científico e às práticas directamente derivadas dele: as tecnologias. Isso significa que a distribuição epistemológica e vivencial do medo e da esperança é definida por parâmetros que tendem a beneficiar os grupos sociais que têm mais acesso ao conhecimento científico e à tecnologia. Para estes grupos, a incerteza é sempre ascendente na medida em que a crença no progresso científico é uma esperança suficientemente forte para neutralizar qualquer medo quanto às limitações do conhecimento actual. Para esses grupos, o princípio da precaução é sempre algo negativo porque trava o progresso infinito da ciência. A injustiça cognitiva que isso cria é vivida pelos grupos sociais com menos acesso ao conhecimento científico como uma inferioridade geradora de incerteza quanto ao lugar deles num mundo definido e legislado com base em conhecimentos simultaneamente poderosos e estranhos que os afectam de modos sobre os quais têm pouco ou nenhum controlo. Trata-se de conhecimentos produzidos sobre eles e eventualmente contra eles e, em todo o caso, nunca produzidos com eles. A incerteza tem uma outra dimensão: a incerteza sobre a validade dos conhecimentos próprios, por vezes ancestrais, pelos quais têm pautado a vida. Terão de os abandonar e substituir por outros? Esses novos conhecimentos são-lhes dados, vendidos, impostos e, em todos os casos, a que preço e a que custo? Os benefícios trazidos pelos novos conhecimentos serão superiores aos prejuízos? Quem colherá os benefícios, e quem, os prejuízos? O abandono dos conhecimentos próprios envolverá um desperdício da experiência? Com que consequências? Ficarão com mais ou menos capacidade para representar o mundo como próprio e para o transformar de acordo com as suas aspirações?

A incerteza da democracia. A democracia liberal foi concebida como um sistema de governo assente na incerteza de resultados e na certeza dos processos. A certeza dos processos garantia que a incerteza dos resultados fosse igualmente distribuída por todos os cidadãos. Os processos certos permitiam que os diferentes interesses vigentes na sociedade se confrontassem em pé de igualdade e aceitassem como justos os resultados que decorressem desse confronto. Era esse o princípio básico da convivência democrática. Essa era a teoria, mas na prática as coisas foram sempre muito diferentes, e hoje a discrepância entre a teoria e a prática atinge proporções perturbadoras.

Em primeiro lugar, durante muito tempo só uma pequena parte da população podia votar e por isso, por mais certos e corretos que fossem os processos, eles nunca poderiam ser mobilizados de modo a ter em conta os interesses das maiorias. A incerteza dos resultados só em casos muito raros poderia beneficiar as maiorias: nos casos em que os resultados fossem o efeito colateral das rivalidades entre as elites políticas e os diferentes interesses das classes dominantes que elas representavam. Não admira, pois, que durante muito tempo as maiorias tenham visto a democracia de pernas para o ar: um sistema de processos incertos cujos resultados eram certos, sempre ao serviço dos interesses das classes e grupos dominantes. Por isso, durante muito tempo, as maiorias estiveram divididas: entre os grupos que queriam fazer valer os seus interesses por outros meios que não os da democracia liberal (por exemplo, a revolução), e os grupos que lutavam por ser incluídos formalmente no sistema democrático e assim esperar que a incerteza dos resultados viesse no futuro a favorecer os seus interesses. A partir de então, as classes e os grupos dominantes (isto é, com poder social e económico não sufragado democraticamente) passaram a usar outra estratégia para fazer funcionar a democracia a seu favor. Por um lado, lutaram para que fosse eliminada qualquer alternativa ao sistema democrático liberal, o que conseguiram simbolicamente em 1989 no dia em que caiu o Muro de Berlim.

Por outro lado, passaram a usar a certeza dos processos para os manipular, de modo que os resultados os favorecessem sistematicamente. Porém, ao eliminarem a incerteza dos resultados, acabaram por destruir a certeza dos processos. Ao poderem ser manipulados por quem tivesse poder social e económico para tal, os processos democráticos, supostamente certos, tornaram-se incertos. Pior do que isso, ficaram sujeitos a uma única certeza: a possibilidade de serem livremente manipulados por quem tivesse poder para tal.

Por essas razões, a incerteza das grandes maiorias é descendente e corre o risco de se tornar abissal. Tendo perdido a capacidade e mesmo a memória de uma alternativa à democracia liberal, que esperança podem ter no sistema democrático liberal? Será que o medo é de tal modo intenso, que só lhes reste a resignação perante o destino? Ou, pelo contrário, há na democracia um embrião de genuinidade que pode ser ainda usado contra aqueles que a transformaram numa farsa cruel?

A incerteza da natureza. Sobretudo desde a expansão europeia a partir do final do século xv, a natureza passou a ser considerada pelos Europeus um recurso natural desprovido de valor intrínseco e por isso disponível sem condições nem limites para ser explorado pelos humanos. Esta concepção, que era nova na Europa e não tinha vigência em nenhuma outra cultura do mundo, tornou-se gradualmente dominante à medida que o capitalismo, o colonialismo e o patriarcado (este último reconfigurado pelos anteriores) se foram impondo em todo o mundo considerado moderno. Esse domínio foi de tal modo profundo, que se converteu na base de todas as certezas da época moderna e contemporânea: o progresso. Sempre que a natureza pareceu oferecer resistência à exploração, tal foi visto, quando muito, como uma incerteza ascendente em que a esperança sobrepujava o medo. Foi assim que o Adamastor de Luís de Camões foi corajosamente vencido e a vitória sobre ele se chamou Cabo da Boa Esperança.

Houve povos que nunca aceitaram esta ideia da natureza porque aceitá-la equivaleria ao suicídio. Os povos indígenas, por exemplo, viviam em tão íntima relação com a natureza, que esta nem sequer lhes era exterior; era, pelo contrário, a mãe-terra, um ser vivente que os englobava a eles e a todos os seres vivos presentes, passados e futuros. Por isso, a terra não lhes pertencia; eles pertenciam à terra. Essa concepção era tão mais verosímil que a eurocêntrica e tão perigosamente hostil aos interesses colonialistas dos europeus, que o modo mais eficaz de a combater era eliminar os povos que a defendiam, transformando-os num obstáculo natural entre outros à exploração da natureza. A certeza desta missão era tal, que as terras dos povos indígenas eram consideradas terra de ninguém, livre e desocupada, apesar de nelas viver gente de carne e osso desde tempos imemoriais.

Essa concepção da natureza foi de tal modo inscrita no projecto capitalista, colonialista e patriarcal moderno, que *naturalizar* se tornou no modo mais eficaz de atribuir um carácter incontroverso à certeza. Se algo é *natural*, é assim porque não pode ser doutro modo, seja isso consequência da preguiça e da lascívia das populações que vivem entre os trópicos, da incapacidade das mulheres para certas funções ou da existência de raças e a "natural" inferioridade das populações de cor mais escura.

Essas certezas ditas naturais nunca foram absolutas, mas encontraram sempre meios eficazes para fazer crer que eram. Porém, nos últimos cem anos elas começaram a revelar zonas de incerteza e, em tempos mais recentes, as incertezas passaram a ser mais verosímeis que as certezas, quando não conduziram a novas certezas de sentido oposto. Muitos factores contribuíram para isso. Seleciono dois dos mais importantes. Por um lado, os grupos sociais declarados naturalmente inferiores nunca se deixaram vencer inteiramente e, sobretudo a partir da segunda metade do século passado, conseguiram fazer ouvir a sua plena humanidade de modo suficientemente alto e eficaz a ponto de a transformar num conjunto de reivindicações que entrou na agenda social política e cultural. Tudo o que era natural se desfez no ar, o que criou incertezas novas e surpreendentes aos grupos sociais considerados naturalmente superiores, acima de tudo a incerteza de não saberem como manter os seus privilégios senão enquanto não contestados pelas vítimas deles. Daqui nasce uma das incertezas mais tenazes do nosso tempo: será possível reconhecer simultaneamente o direito à igualdade e o direito ao reconhecimento da diferença? Porque continua a ser tão difícil aceitar o metadireito que parece fundar todos os outros e que se pode formular assim: temos o direito a ser iguais quando a diferença nos inferioriza, temos o direito a ser diferentes quando a igualdade nos descaracteriza?

O segundo factor é a crescente revolta da natureza perante tão intensa e prolongada agressão sob a forma das alterações climáticas que põem em risco a existência de diversas formas de vida na Terra, entre elas a dos humanos. Alguns grupos humanos estão já definitivamente afectados, quer por verem os seus *habitat* submersos pela elevação das águas do mar, quer por serem obrigados a deixar as suas terras desertificadas de modo irreversível. A terra-mãe parece estar a elevar a voz sobre as ruínas da casa que era dela para poder ser de todos e que os humanos modernos destruíram movidos pela cobiça, voracidade, irresponsabilidade, e, afinal, pela ingratidão sem limites. Poderão os humanos aprender a partilhar o que resta da casa que julgavam ser só sua e onde afinal habitavam por cedência generosa da terra-mãe? Ou preferirão o exílio dourado das fortalezas neofeudais enquanto as maiorias lhes rondam os muros e lhes tiram o sono, por mais legiões de cães, arsenais de câmaras de vídeo, quilómetros de cercas de arame farpado e de vidros à prova de bala que os protejam da realidade, mas nunca dos fantasmas da realidade? Estas são as incertezas cada vez mais abissais do nosso tempo.

A incerteza da dignidade. Todo o ser humano (e, se calhar, todo o ser vivo) aspira a ser tratado com dignidade, entendendo por tal o reconhecimento do seu valor intrínseco, independentemente do valor que outros lhe atribuam em função de fins instrumentais que lhe sejam estranhos. A aspiração da dignidade existe em todas as culturas e expressa-se segundo idiomas e narrativas muito distintos, tão distintos que por vezes são incompreensíveis para quem não comungue da cultura de que emergem. Nas últimas décadas, os direitos humanos transformaram-se numa linguagem e numa narrativa hegemónicas para nomear a dignidade dos seres humanos. Todos os Estados e organizações internacionais proclamam a exigência dos direitos humanos e propõem-se defendê-los. No entanto, qual Alice de Lewis Carrol, em *Through the Looking--Glass* [Através do Espelho], atravessando o espelho que esta narrativa consensual propõe, ou olhando o mundo com os olhos da Blimunda do romance de José Saramago, *Memorial do Convento*, que viam no escuro, deparamo-nos com inquietantes verificações:

a grande maioria dos seres humanos não é sujeito de direitos humanos, é antes objecto dos discursos estatais e não estatais de direitos humanos; há muito sofrimento humano injusto que não é considerado violação de direitos humanos; a defesa dos direitos humanos tem sido frequentemente evocada para invadir países, pilhar as suas riquezas, espalhar a morte entre vítimas inocentes; no passado, muitas lutas de libertação contra a opressão e o colonialismo foram conduzidas em nome de outras linguagens e narrativas emancipatórias e sem nunca fazerem referência aos direitos humanos. Essas inquietantes verificações, uma vez postas ao espelho das incertezas que tenho vindo a mencionar, dão azo a uma nova incerteza, também ela fundadora do nosso tempo. A primazia da linguagem dos direitos humanos é produto de uma vitória histórica ou de uma derrota histórica? A evocação dos direitos humanos é um instrumento eficaz na luta contra a indignidade a que tantos grupos sociais são sujeitos ou é antes um obstáculo que desradicaliza e trivializa a opressão em que se traduz a indignidade e adoça a má consciência dos opressores?

São tantas as incertezas do nosso tempo, e assumem um carácter descendente para tanta gente, que o medo parece estar a triunfar sobre a esperança. Deve esta situação levar-nos ao pessimismo de Albert Camus que em 1951 escreveu amargamente: "Ao fim de vinte séculos a soma do mal não diminuiu no mundo. Não houve nenhuma parusia, nem divina nem revolucionária"? Penso que não. Deve apenas levar-nos a pensar que, nas condições actuais, a revolta e a luta contra a injustiça que produz, difunde e aprofunda a incerteza descendente, sobretudo a incerteza abissal, têm de ser travadas com uma mistura complexa de muito medo e de muita esperança, contra o destino autoinfligido dos oprimidos e a missão arbitrária dos opressores. A luta terá mais êxito, e a revolta, mais adeptos, na medida em que mais e mais gente se for dando conta de que o destino sem esperança das maiorias sem poder é causado pela esperança sem medo das minorias com poder.

PARTE I
AS REVOLUÇÕES

CAPÍTULO 1
PENSAR O SOCIALISMO DEPOIS DA REVOLUÇÃO DE 1974[17]

Tempos houve, recentes, em que o processo sociopolítico português passou ou pareceu passar por uma fase de grandes opções. Hoje (1981) estamos nitidamente numa fase de pequenas opções que, de tão pequenas, mais parecem configurar uma fase de impasse.

No entanto, dado o carácter contraditório e complexo dos processos sociopolíticos nas sociedades contemporâneas, é possível que cada uma destas fases transporte, ou tenha transportado, em si o seu duplo. Assim, em pleno período revolucionário, na sombra da transição (ou transições) para o socialismo (ou socialismos), caminhou a transição para a recomposição do capitalismo português. No período que se seguiu, depois de 25 de Novembro de 1975, é certo que, na sombra da transição para o pragmatismo social-democrático, caminhou a reconstituição de uma classe política capaz de conduzir o projecto, já então definido, de capitalismo associado dependente. E hoje, em plena fase de impasse, é bem possível que a consolidação desse projecto transporte na sua sombra a constituição de um amplo espaço ideológico, político e cultural em que, pela primeira vez na história recente do país, seja possível a esquerda pensar o futuro sem ser em termos de tomada de poder.

Se assim for, é então possível que a fase de impasse o seja apenas para as forças que hoje detêm o poder no nosso país e não também, como tem acontecido, para as forças que estruturalmente se lhe opõem. O texto que se segue assenta na crença dessa possibilidade e procura reforçá-la.

---

[17] Escrito e publicado em 1981.

De que partimos?, que o mesmo é perguntar: que riscos corremos?
A medida dos perigos decorre da análise da realidade internacional e interna. A insistência excessiva, e por isso abstracta, do pensamento crítico e sobretudo marxista no diagnóstico de sucessivas crises cada vez mais profundas e definitivas do sistema capitalista mundial acabou por desacreditar o conceito de crise, transformando-o num dos arquétipos ideológicos do discurso pretensamente científico-crítico ou revolucionário. Por reacção, tem-se em tempos recentes caído no excesso oposto de ver em tudo a capacidade de sobrevivência e de expansão do capitalismo, o que, além de assentar igualmente em pressupostos ideológicos, conduz a uma atitude política quietista ou mesmo apologética. No curto circuito histórico do Portugal pós-1974, vimos operar sucessivamente as duas concepções, muitas vezes subscritas pelas mesmas pessoas, grupos ou organizações.

Por cima destes exageros é forçoso reconhecer que os países capitalistas centrais, em especial os europeus, atravessam um período difícil, um período de crise que, como não podia deixar de ser, se repercute com particular gravidade na classe operária e na pequena burguesia com rendimentos fixos.

Ao contrário do que geralmente se pensa, essa crise só marginalmente assenta na subida dos preços do petróleo. A chamada crise da energia foi provocada, não para beneficiar os países árabes – cujos benefícios são menos reais que fictícios e, em qualquer caso, só de curto prazo –, mas para produzir um reajustamento ou deslocação nos centros de reprodução do capital e, em última análise, uma reformulação do processo de acumulação julgada necessária para a estabilização a médio prazo do sistema capitalista mundial. A crise do petróleo foi, portanto, "funcional" para este sistema no seu todo, ainda que alguns ramos industriais (por exemplo, indústria automóvel) ou áreas (a Europa) tenham sido prejudicados pelas alterações produzidas. A crise do petróleo visou, no fundo, adiar uma outra, essa, sim, grave e antiga, cuja superação, mesmo do ponto de vista capitalista, pressupõe transformações bem mais profundas.

Essa crise assenta na mudança de estrutura da economia mundial nas duas últimas décadas e no consequente fim da ordem económica internacional estabelecida no pós-guerra. Os momentos principais desta mudança estrutural são os seguintes: rápido aumento da mobilidade dos factores de produção; constituição das empresas multinacionais em elemento básico da economia mundial; profundas alterações na oferta mundial da força de trabalho.

O aumento da mobilidade dos factores de produção deve-se a uma série de desenvolvimentos técnicos e organizacionais. Entre eles destacam-se: a tecnologia dos transportes (contentorização, carga aérea, etc.); sistema internacional de telecomunicações; técnicas de gestão; rápido progresso na taylorização do processo produtivo, através do qual produções altamente complexas são fraccionadas em fases de produção extremamente simples, tendo como consequência, hoje genericamente reconhecida, a "polarização das qualificações" (trabalho cada vez mais especializado ocupando cada vez menos gente contraposto a trabalho cada vez mais simples ocupando cada vez mais gente).

Além destes desenvolvimentos, há que ter ainda em conta as estruturas transnacionais capazes de garantir a mobilidade internacional do capital: Fundo Monetário Internacional, Banco Mundial, uniformização das medidas e normas industriais, convergência dos sistemas de ensino e de formação profissional, etc.

As empresas multinacionais (EMUS) são a consequência natural da tendência para a concentração do capital. Isto, porém, não basta para dar conta do papel que elas hoje desempenham na economia mundial. Para isso é necessário enumerar as múltiplas vantagens que as EMUS oferecem para a consolidação do sistema capitalista internacional. Entre elas destacam-se: diminuição da insegurança (quer para o produtor, quer para o consumidor) do mercado de produtos de alta tecnologia, sobretudo dos que envolvem vultosos investimentos em investigação e desenvolvimento; fuga às barreiras nacionais à exportação e à importação; utilização de vantagens produtivas locais, deslocando, por exemplo, para os países periféricos ou "em desenvolvimento" as produções trabalho-intensivas e deixando nos países centrais as produções capital-intensivas; seguro contra as nacionalizações.

As vantagens das EMUS concentram-se nas indústrias capital--intensivas e investigação/desenvolvimento-intensivas, nas quais é muito importante a sincronização dos desenvolvimentos parciais e a segurança da procura. A integração vertical operada pelas EMUS permite a distribuição multinacional das diferentes fases de produção em função das diferentes combinações de factores de produção usados em cada uma delas, utilizando ao máximo as diferenças internacionais dos preços desses factores.

Pela sua superioridade organizacional e pelo número elevado de postos de trabalho com que sempre jogam, as EMUS são o exemplo mais dramático do controlo do aparelho político por uma fracção da burguesia, o que por vezes causa fricções entre as EMUS e o Estado nacional. Além das vantagens no controlo da política económica nacional e das subvenções estatais, uma das demonstrações mais importantes da superioridade organizacional das EMUS reside na sua fuga aos impostos através da transferência de preços no seio da empresa por mecanismos altamente complexos, imperscrutáveis para os serviços fiscais dos Estados onde laboram ou onde têm a sua sede. Em relação aos sindicatos nacionais, as EMUS têm, entre outras, a vantagem de negociar os contratos de trabalho com a chantagem da ameaça da transferência da produção para outro país que ofereça condições mais favoráveis.

Por último, uma breve referência às *alterações na oferta mundial de força de trabalho*. Os países periféricos ou "em desenvolvimento" constituem hoje um exército de reserva industrial quase ilimitado e à escala mundial. Calcula-se entre 200 a 250 milhões o número de desempregados registados nesses países, isto é, um número superior ao dos postos de trabalho no mundo capitalista no seu todo. A nova mobilidade do capital permite às empresas dos países centrais deslocarem as suas produções, ou parte delas, para os países que melhores vantagens relativas ofereçam. A vantagem principal oferecida pelos países em desenvolvimento são os baixos salários e daí a transferência para estes países das produções que envolvem muita mão-de-obra. Mas, além dos baixos salários, os países em desenvolvimento oferecem ainda outras vantagens ligadas à força de trabalho: diminutas regalias sociais dos operários (do seguro contra acidentes de trabalho à assistência na doença e às pensões de reforma) e "paz no mundo do trabalho", obtida pela opressão brutal da classe operária e das classes populares em geral. Na maioria destes países não são permitidos sindicatos livres ou, pelo menos, não são permitidas as greves (ou só o são com grandes restrições). Acresce que em muitos desses países se criam zonas livres de produção e comércio com condições "ideais" para submeter a classe operária a um regime quase militar.

Consequências nos países centrais das alterações na estrutura da economia mundial
Haverá agora que perguntar pelas consequências sociopolíticas deste processo nos países centrais. A década de 1960 foi ainda um período de afluência nos países centrais. Foi também um período de grande contestação social e sobretudo um período em que, ao lado das formas tradicionais de contestação de classe, organizadas pelos sindicatos, surgiram novas formas de contestação envolvendo outros grupos sociais (estudantes, minorias étnicas, mulheres) e outros esquemas organizacionais (associações, movimentos, campanhas). As reivindicações no seu conjunto variaram de âmbito, mas tenderam em geral a não se limitar à esfera económica (lutas salariais). Lutou-se pelo desmantelamento do complexo militar-industrial, pela eliminação das diferentes formas de discriminação

social, pelo bem-estar social e pela qualidade de vida das classes trabalhadoras e lutou-se sobretudo pela democratização da vida colectiva, pela participação activa nos processos de decisão nas fábricas, nas burocracias, nas escolas, nas famílias. Este vasto movimento de contestação social foi expressão de uma grave crise de legitimação do Estado capitalista à qual este respondeu invariavelmente com o aumento das despesas públicas, com nova legislação social, com a criação de novas estruturas burocráticas, enfim, com a expansão da máquina do Estado.

No início da década de 1970, a conjuntura económica começou a inverter-se, com a perda de ritmo de crescimento acompanhada por elevadas taxas de inflação. Foi o resultado de muitos factores, diferentes de país para país, mas foi em geral o resultado dos efeitos de curto prazo da reestruturação então operada do processo de acumulação a nível mundial, com a chamada crise do petróleo e o alargamento da escala de multinacionalização do capital. O desemprego estrutural aumentou (atingindo sobretudo os candidatos ao primeiro emprego) e os salários reais tenderam para a estagnação, o que obrigou a transformações nas estratégias sindicais, que, das lutas políticas (controlo operário, por exemplo), em breve passaram para as lutas salariais e daí para as lutas pela segurança dos postos de trabalho. O Estado viu-se incapaz de fazer face às despesas (de bem-estar, por exemplo) resultantes da expansão do período anterior e a crise fiscal instalou-se. A expansão do Estado deixou, portanto, de ser funcional para a reprodução da estrutura económica em fase de recessão. A Comissão Trilateral, que a si mesma atribui o papel de zelar pela estabilidade das sociedades capitalistas e, portanto, pelas garantias do processo de acumulação capitalista a nível mundial, em breve traçou o diagnóstico e a terapêutica. Em relatórios e livros, sobretudo depois de 1975, ressaltam duas recomendações. Por um lado, o Estado expandiu-se desmesuradamente, usurpando, sem nenhum benefício colectivo, áreas de acção social que tradicionalmente pertenceram à sociedade civil e que esta está mais bem vocacionada para gerir; há, pois, que devolver à sociedade civil o que legitimamente lhe pertence, o que terá por resultado a diminuição das despesas públicas e a retracção do Estado. Por outro lado, a própria forma política do Estado sofreu alteração com a excessiva democratização da vida social produzida pela concessão sem precedentes de direitos sociais; há que eliminar esses excessos, combinando a forma política democrática com "uma dose saudável de autoritarismo".

Conclui-se, assim, que os Estados capitalistas centrais se encontram à beira de uma nova crise de legitimação. E como a resposta não pode ser a que foi dada no período anterior, ou seja, a expansão pródiga do Estado de bem-estar, outras respostas deverão ser dadas e têm de facto vindo a ser dadas. Entre elas devem ser salientadas as seguintes: em primeiro lugar, com incidência económica mais directa, têm vindo a ser reduzidas ou eliminadas algumas regalias sociais e outras, como os seguros sociais, têm vindo a ser privatizadas (desmantelamento dos serviços nacionais de saúde e sua substituição por empresas seguradoras privadas), o que dá azo a que se possa falar de uma certa privatização do Estado social. Em segundo lugar, com uma incidência político-ideológica directa, tem vindo a assistir-se, nas mais diferentes áreas de acção estatal, a uma série de reformas administrativas que convergem na tentativa de envolvimento dos cidadãos nas tarefas da administração. As medidas vão desde a descentralização do Estado, com a maior participação dos cidadãos na administração local, e a criação de estruturas comunitárias de assistência e de controlo social, até uma certa informalização e desprofissionalização do sistema judiciário. Por último, com incidência político-repressiva directa e aparentemente em contradição com as medidas acima mencionadas, têm vindo a acentuar-se certas características autoritárias da dominação política capitalista: a ineficácia crescente dos canais da representação e a consequente desertificação política dos parlamentos; a hipertrofia do controlo técnico-burocrático, quer dentro dos aparelhos de Estado, quer no próprio processo de trabalho nas fábricas; a militarização crescente das forças da polícia com vista a combater eficazmente os inimigos internos.

A lógica das medidas só é captável no conjunto de todas elas, já que todas visam resolver a crise de legitimação do Estado numa fase de recessão. As medidas económicas visam resolver directamente a crise fiscal do Estado, enquanto as medidas político-ideológicas, sem deixarem de desempenhar também esse objectivo (na medida em que a participação dos cidadãos faz baixar os custos da administração), procuram simultaneamente compensar ideologicamente a crise de legitimação resultante do corte das despesas de bem-estar. Através do envolvimento dos cidadãos nos escalões mais baixos da administração, o Estado reproduz os ideais e os símbolos da participação popular, da solidariedade, do comunitarismo, da paz e da estabilidade. Esta reprodução constitui em si uma expansão do Estado, ainda que diferente da do período anterior. Enquanto antes o Estado se expandira pela produção de bens económicos, agora expande-se pela produção de bens simbólicos. É por isso também que estas medidas só aparentemente constituem uma devolução à sociedade civil das tarefas administrativas do Estado, já que o processo de descentralização é altamente centralizado. Ou seja, o Estado expande-se sob a forma de sociedade civil. Trata-se, pois, de uma estratégia de legitimação dotada de grande fragilidade e é por isso que pressupõe um incremento paralelo do autoritarismo veiculado pelas medidas político-repressivas. Mas estas, por sua vez, para não agravarem em vez de atenuarem, como pretendem, a crise de legitimação, têm de ter uma referência democrática. Daí que o novo autoritarismo (ou neocorporativismo, como já se lhe tem chamado) seja compatível com a manutenção da democracia política, tanto mais que certos tipos mais antidemocráticos de controlo dos cidadãos podem ter lugar fora da esfera formal do Estado: a criação de polícias privadas e de agências de vigilância, os bancos de dados sobre a vida pública e privada dos cidadãos.

Em sentido pouco rigoroso, pode dizer-se que se assiste a uma certa privatização do fascismo (a reprodução por contrato de formas fascizantes de dominação).

Nestas circunstâncias, a manutenção das tensões sociais em níveis toleráveis torna-se precária e é isso que confere ao poder político nos países capitalistas centrais a actual instabilidade.

Consequências nos países periféricos das alterações na estrutura da economia mundial

É muito difícil estabelecer em geral as consequências nos países periféricos das alterações das duas últimas décadas na estrutura da economia mundial, dada a grande heterogeneidade das suas formações sociais. Para os efeitos que mais nos interessam, haveria, por exemplo, que distinguir entre países tradicionalmente considerados do Terceiro Mundo e os países da chamada periferia europeia, tais como Portugal, Espanha, Grécia, Irlanda. Muito em geral, pode dizer-se que as novas formas de multinacionalização do capital vieram demonstrar que a manutenção das relações de dependência é compatível com elevados níveis de industrialização, ao contrário do que anteriormente se cria. Por outro lado, no processo da sua penetração, o capital multinacional tece novas e complexas alianças (e por vezes também conflitos), não só com as diferentes fracções da burguesia nacional, como também, e sobretudo, com o próprio Estado nacional directamente. Agindo cada vez mais em nome próprio, o Estado periférico assume um papel cada vez mais preponderante no processo de acumulação de capital e dá origem a formações sociais, económicas e políticas novas. As desarticulações e rearticulações que daí resultam para a economia nacional não são o produto de um projecto de desenvolvimento autónomo; representam tão-só o impacto nacional (mais ou menos criativamente assumido) da produção a nível mundial das garantias (em mutação constante) da ordem capitalista internacional. As condições em que se têm dado as novas formas de politização do processo de acumulação encontraram nos regimes ditatoriais a matriz política mais adequada à sua reprodução, o que se concretizou em geral na década de setenta. O agravamento das condições de reprodução da força de trabalho (degradação dos salários reais e dos benefícios sociais) e o aprofundamento das desigualdades sociais fizeram com que só pela repressão brutal se pudesse manter a "paz laboral", particularmente exigida por um processo de industrialização relativamente acelerado. Assim se obteve o esmagamento social e político das classes populares que nas décadas anteriores tinham granjeado, através de soluções populistas várias, uma participação, ainda que escassa e em nome alheio, no exercício do poder político (veja-se, por exemplo, o caso do Brasil). Os novos regimes ditatoriais tenderam, no entanto, a ter uma estrutura política bastante distinta da dos que os precederam na história cruel de muitos destes países. A violência de sempre sobre as classes trabalhadoras foi associada à emergência de um novo grupo social, encarregado da gestão das actividades produtivas do Estado e em geral da planificação e execução das regras de jogo do capital multinacional dentro das fronteiras nacionais. Esta nova tecnocracia estatal criou novas formas de dependência para a burguesia nacional em relação ao Estado nacional.

No domínio das transformações políticas (aqui sobretudo, mas também em outros domínios) é necessário tratar especificamente a situação dos países da periferia europeia, alguns dos quais se libertaram precisamente na última década de períodos mais ou menos prolongados de regime ditatorial (Portugal, Espanha e Grécia). Nestes países, verificaram-se recentemente transformações, mais ou menos profundas, nas condições de acumulação do capital, sobretudo em virtude das alterações, mais ou menos significativas, na relação capital/trabalho. Concomitantemente, desarticularam-se, mais ou menos profundamente, as posições que esses países ocupavam no quadro da reprodução capitalista a nível mundial, e o processo da necessária reestruturação constitui hoje a questão política de maior premência e é objecto das lutas de classe mais decisivas, tanto em termos de conflitos interclassistas, como em termos de conflitos intraclassistas. Daí que os projectos sociais e políticos destes países se apresentem, neste momento, bastante vagos, incoerentes e instáveis. Em geral, pode dizer-se que, atraídos pelo modelo social-democrático hoje dominante na Europa capitalista (no âmbito da qual sempre se moveram contraditoriamente, quer a nível económico e social, quer a nível político e cultural), estes países procuram definir um projecto que poderíamos designar como *social-democracia dependente* e em que se tenta combinar alguns traços da repartição do produto típicos da social-democracia europeia com o achatamento geral (mas internamente diferenciado) na base da pirâmide dos rendimentos, ou seja, com a degradação relativa do nível de vida de amplas camadas da classe operária e da pequena burguesia com rendimentos fixos. Trata-se de um modelo político altamente instável e contraditório que, ao contrário do que sucede nos países centrais, tende a manter os conflitos e as tensões sociais mais próximos da ruptura do que do compromisso institucional estável. A contas com uma crise permanente de legitimação (de múltiplas origens) e incapaz de se expandir materialmente – a isso obsta a crise fiscal que comanda, por exemplo, a degradação progressiva dos serviços nacionais de saúde e de educação – ou simbolicamente – o que tem que ver com a longa socialização das populações em formas fascizantes do poder político –, o Estado tende a ver no aumento da repressão e da violência (física e simbólica) a única alternativa para o controlo dos conflitos sociais em constante processo de agravamento. A dinâmica autoritária de exclusão está assim presente (quiçá de forma mais intensa que nos países centrais) e tende a sobrepujar a dinâmica social-democrática da participação limitada no bloco do poder. A análise precedente não pretendeu caracterizar especificamente a situação dos diferentes países, de Portugal por exemplo, e por isso se manteve a um certo nível de abstracção e de generalização. A esse nível se deverá manter a discussão, dela decorrente, na secção seguinte.

Para onde vamos? Com que armas? Em que companhia?
A crise do paradigma
Não há meio "científico" de prever para onde vamos, pelo que a utopia é constitutiva de qualquer pensamento de transformação social. Para o ser autenticamente, a utopia tem de assentar numa análise cuidada e realista das condições presentes. Esta, por sua vez, terá de ser profunda no plano teórico e diversificada no plano analítico. E terá, sobretudo, de ser subtil e flexível de modo a dar conta das transformações constantes, e cada vez mais rápidas, das condições de acumulação capitalista, tanto a nível mundial como a nível nacional. A teoria marxista, que continua a ser um instrumento fundamental no pensamento de transformação social, não tem sabido dar conta dessas transformações enquanto processos sociais novos, procurando antes concebê-los como variações das transformações ocorridas em períodos anteriores. Isso tem dado azo a que por vezes se fale, com intuitos frequentemente nada científicos, na crise do marxismo. A solução, porém, não está em renunciar ao marxismo, porque se a crise existe, ela é afinal a manifestação local da crise bem mais ampla de todo o pensamento social europeu. Qualquer alternativa terá dificuldades em dissolver as preocupações teóricas, a menos que sob estas se esconda o propósito de renunciar totalmente à aspiração da transformação da sociedade no sentido do socialismo. Não sendo este o caso, parece-me mais correcto procurar enriquecer, sem dogmatismos nem sectarismos, a teoria marxista, fertilizá-la com os resultados científicos de outras tradições teóricas, numa atitude científica pluralista, ainda que não ecléctica, e sem abrir mão da lógica (que não apenas das categorias) da teoria marxista (para o que terá de se atender a condições tão diferentes como o nível cultural dos participantes em debates democráticos cada vez mais amplos e a materialidade das condições

políticas de cada país). Há que restituir à teoria marxista o seu carácter inacabado, conferir-lhe maior amplitude analítica e maior flexibilidade teórica, libertá-la definitivamente dos fantasmas que durante demasiado tempo a pretenderam agrilhoar a sistemas políticos sem futuro.

Ao contrário do que vai sendo moda dizer-se em Portugal e na Europa, em geral, (tanto na ocidental, como na de leste, entre grupos dissidentes), há hoje razões para pensar que, se de crise do marxismo se trata, há bons indícios para a sua superação. A materialidade política e social de tais indícios reside em grande parte na crise cada vez mais nítida do modelo de socialismo burocrático vigente em geral na Europa de Leste, ainda que com grandes diferenças de país para país.

Pela primeira vez na história contemporânea, surgem simultaneamente em crise os dois modelos dominantes de desenvolvimento, o modelo capitalista e o modelo socialista de Estado. Esta ocorrência é já hoje um facto político de primeira importância e será amanhã um facto teórico e científico também de primeira importância, sobretudo se os cientistas sociais e intelectuais socialistas dos países do Leste Europeu forem capazes de estabelecer um diálogo sério com o marxismo ocidental e não apenas com as correntes mais conservadoras (e há muito mortas) do pensamento burguês europeu.

A análise feita na secção precedente procurou sugerir que o modelo capitalista de desenvolvimento se encontra num impasse, do qual procura sair por meio de soluções autoritárias que não farão mais do que agravar a actual crise de legitimação e que, devidamente expostas pelas forças socialistas, poderão mesmo provocar uma crise de hegemonia, ou seja, uma crise em que, além de as soluções políticas e sociais do Estado capitalista deixarem de ser objecto de um consenso alargado (o que se cumpre na crise de legitimação), seja possível pensar uma alternativa política e social radicalmente diferente e traduzida em acções políticas organizadas. O impasse do modelo é visível nas múltiplas variantes históricas e, nomeadamente, na variante social-democrática a qual, depois de 1918 e durante muito tempo, se arvorou em alternativa socialista, o socialismo democrático, e que, podendo e devendo tê-lo sido (porque o socialismo ou é democrático ou não é socialismo), não o foi e antes se converteu na expressão histórica da inviabilidade de um projecto socialista alternativo ao projecto socialista do Estado entretanto consolidado.

Sucede, porém, que o modelo socialista burocrático de desenvolvimento se encontra igualmente mergulhado num impasse cujas proporções é ainda difícil determinar. Em grande parte, as razões desse impasse são diferentes das do impasse do modelo capitalista de desenvolvimento e têm vindo a ser progressivamente conhecidas, à medida que se aprofunda o debate no interior das sociedades dominadas por esse modelo. Há, no entanto, razões comuns e essas, pelo contrário, têm sido muito pouco conhecidas e ainda menos discutidas. É por isso, e por as considerarmos verdadeiramente importantes, que nos debruçaremos sobre elas a seguir.

É hoje possível pensar que a ambos os modelos subjaz a mesma matriz de desenvolvimento e que a análise da estrutura profunda das sociedades representativas de ambos os modelos mostra que essa matriz se encontra em crise. Designaremos essa matriz por paradigma do progresso e caracterizá-la-emos do seguinte modo: a nível económico, o princípio do crescimento económico infinito e a consequente prevalência das forças produtivas sobre as relações de produção; a nível social, o princípio da estratificação assente na participação desigual no controlo efectivo (jurídico, administrativo ou económico) dos meios de produção e a consequente tendência para a degradação do processo de trabalho dos produtores directos; a nível político, o princípio da democracia de massas baseado na nivelação horizontal dos cidadãos perante o Estado centralizado e forte e a consequente tendência para o desenvolvimento de grandes aparelhos burocráticos (públicos ou/e privados), ao serviço da reprodução dos esquemas de estratificação social legitimados pelos objectivos do crescimento infinito e pelos critérios de eficiência que a estes são próprios; a nível ideológico, o princípio da ciência neutra e objectiva como instrumento privilegiado da superação das diferenças ideológicas e a consequente concentração em políticas de consenso assentes na transformação dos problemas políticos em problemas técnicos.

Quer-me parecer que esta matriz está globalmente em crise e que daí resulta, mais do que de qualquer outro facto, o impasse a que chegaram ambos os modelos de desenvolvimento, tanto o capitalista como o socialista de Estado. Em traços muito gerais a crise revela-se dos seguintes modos:

A nível económico, a ênfase no crescimento económico não resolveu e antes agravou o problema da fome no mundo, apesar de o paradigma ter permitido o desenvolvimento de tecnologias que tornaram tecnicamente possível a resolução desse problema. Aliás, pode dizer-se que esta se tornou tanto mais politicamente inviável quanto mais tecnicamente possível. É certo que ambos os modelos obtiveram conquistas importantes na satisfação das necessidades da reprodução simples e alargada da força de trabalho nas sociedades centrais respectivas e, neste campo, os êxitos do modelo socialista de Estado são particularmente notáveis, tendo em conta as difíceis condições históricas em que se viu forçado a operar. No entanto, à medida que os modelos se expandiram para a periferia, não puderam cumprir os interesses de desenvolvimento das sociedades periféricas senão em termos da incorporação destes em esquemas previamente fixados e basicamente ao serviço dos interesses fundamentais das sociedades centrais. Esta incorporação dependente deu origem a relações económicas desiguais que se reproduziram a outros níveis da vida colectiva, interna e internacionalmente.

A nível social, o princípio da estratificação, acoplado aos critérios de eficiência decorrentes do princípio do crescimento infinito, conduziu à naturalização (rigidificação) das desigualdades sociais com sedimentações múltiplas na apropriação e uso desiguais dos equipamentos económicos, sociais, políticos e ideológicos colectivos. Essas desigualdades tenderam, aliás, a agravar-se, abrindo um fosso, cada vez mais difícil de transpor ideologicamente, entre elas e os princípios subjacentes aos modelos. A perda progressiva do controlo do processo de trabalho e do produto por parte dos produtores directos é a demonstração suprema da dinâmica estratificante em curso e não surpreende que se venham a concentrar aí as linhas de maior tensão dos modelos.

A nível político, o princípio da democracia de massas, que subjaz quer à teoria política liberal quer à teoria da democracia popular, não postula, ao contrário do que geralmente se julga, a participação activa e autónoma das massas. Não constituem, por isso, desvios ao princípio, as práticas políticas que, reclamando-se dele, tenderam a desenvolver canais de representação limitada e não autónoma por via do partido único ou de vários partidos, mas sempre concentrando nos partidos a representação política. Assim foi possível controlar a participação popular na conduta da vida colectiva. Daí não decorre que tal participação tenha sido formal ou mistificadora. Pelo contrário, constituiu um avanço histórico na democratização da sociedade, uma conquista popular que tornou muitas outras possíveis. A este nível, a crise do paradigma do progresso reside precisamente em que os princípios do crescimento económico infinito, da estratificação (do controlo) social e da ciência objectiva têm vindo a actuar concertadamente no sentido de restringir progressivamente o âmbito do politicamente discutível e, portanto, o significado da representação política das massas. Assiste-se, em ambos os modelos de desenvolvimento, à criação de formas cada vez mais intensas de concentração do poder no seio das quais as tecnocracias estatais se reproduzem e perpetuam, imunes à responsabilização política, quer perante os órgãos de representação popular, quer mesmo perante os governos a que sempre sobrevivem. O potencial autoritário e a dinâmica de exclusão que lhes é própria estão assim no cerne da crise de legitimação de ambos os modelos. É legítimo prever que ela possa vir a atingir níveis mais elevados no interior do modelo socialista do Estado, porque, tendo as teorias da democracia popular ido muito mais longe do que a teoria política liberal na tentativa de consagração de uma participação popular eficaz e autónoma, acabaram por ter de conviver com formas de concentração do poder social e práticas políticas autoritárias, cuja dinâmica de exclusão é mais forte que a das formas de concentração e práticas autoritárias nas formações capitalistas centrais.

A nível ideológico, a crise do paradigma é a crise do modelo científico saído da revolução científica do séc. XVI. Este modelo constitui uma conquista decisiva da humanidade, mas o facto de não ter sido capaz de formular a relação homem/natureza senão em termos da dominação do primeiro sobre a segunda criou as condições para, uma vez integrado no processo histórico de expansão do paradigma do progresso, se transformar em agente legitimador da dominação do homem pelo homem nas suas múltiplas formas. Progressivamente incorporada nos projectos de dominação, a ciência pôde legitimar, simultânea e contraditoriamente, tanto a neutralização política das classes trabalhadoras e seus aliados, em nome da neutralidade da ciência, como a realização de planos explicitamente políticos, em nome do progresso científico, desde o caso Lysenko[18] e o projecto Manhattan[19] até às tentativas de controlo genético dos

---

[18] Trofim Denisovich Lysenko foi um biólogo soviético. Conhecido como o "ditador" da biologia comunista, e apoiado firmemente pelo regime de Estaline, Lysenko elaborou a sua teoria biológica e conseguiu desacreditar na URSS a teoria cromossómica da hereditariedade e lançar o anátema sobre a genética mendeliana. As investigações em genética foram suspensas, investigadores foram destituídos das suas posições, tendo cessado o ensino da genética entre 1948 e 1964.

[19] O Projecto Manhattan foi um projecto de investigação e desenvolvimento que produziu as primeiras bombas atómicas durante a Segunda Guerra Mundial. Foi liderado pelos Estados Unidos, com o apoio do Reino Unido e Canadá.

cidadãos e outras quejandas. A crise profunda deste modelo científico reside no seguinte: o que antes era verosimilmente atribuível a desvios e confinável ao domínio da aplicação da ciência é hoje cada vez mais remetido para o modelo científico em si, para os seus pressupostos epistemológicos e para as condições sociológicas da criação (e não só da aplicação) científica.

Parecem ser estes os traços mais vincados da actual crise do paradigma do progresso, da qual decorrem, em grande parte, as crises por que vão passando os modelos capitalista e socialista burocrático de desenvolvimento. Só uma análise deste tipo permite compreender porque qualquer dos modelos procura cada vez mais fazer da presença histórica do outro a razão suficiente da sua própria sobrevivência. Dramatizam-se as diferenças para esconder as semelhanças A verdade é que os modelos (e os grupos sociais que deles se apropriaram) deixaram de acreditar em si próprios para se legitimarem apenas por aquilo que não são, e fazer disso a sua razão de ser.

Por um novo paradigma
Resulta da análise precedente que a luta por uma sociedade alternativa, para ser eficaz, tem de ser a luta pela substituição do paradigma do progresso por um outro, que provisoriamente designarei por paradigma da sobrevivência alargada. Não faria neste momento grande sentido tentar caracterizá-lo em pormenor, tanto mais que se correria o risco de o fazer por oposição simples ao paradigma do progresso. Há antes que partir realisticamente do que existe para, através da sua negação utópica, fazer prolongar e aprofundar, pela reflexão, as lutas das classes trabalhadoras por um quotidiano mais rico. As transições serão múltiplas e só conduzirão à transformação social profunda se os que lutam no seio delas as souberem tornar cumulativas. Porque não se trata de tomar o poder tal como existe, mas antes de o transformar radicalmente. Porque o poder, tal como existe, se manifesta e reproduz nas mais diversas áreas

da vida social e não apenas naquela que se convencionou chamar política, as lutas sociais serão muito diversas e mais diversas serão ainda as estruturas organizativas em que se vazarão. Daí que não faça sentido estabelecer elencos mais ou menos exaustivos das lutas e estratégias organizativas a empreender. Haverá, apenas, como se fará a seguir, que chamar a atenção para as armas teóricas que é necessário desenvolver para dar conta das lutas em seus ritmos e mutações e aprofundá-las. Por maioria de razão, não haverá que mencionar as lutas a travar pelas classes trabalhadoras e seus aliados nas sociedades dominadas pelo modelo de socialismo de Estado. Por um lado, não se conhecem com profundidade as realidades dessas sociedades. Por outro lado, e ainda que acreditando no desenvolvimento próximo de novas formas de cooperação entre as classes trabalhadoras e intelectuais socialistas das sociedades capitalistas e das sociedades socialistas de Estado, cada um terá sempre de concentrar as suas forças e as suas lutas na realidade que lhe está mais próxima, na sociedade com que se compromete mais profundamente, porque quotidianamente.

Há que reconhecer que as lutas socialistas se têm mantido em geral ao nível subparadigmático, ou seja, têm-se movido no interior do paradigma do progresso sem o questionar. Este facto, como deixei sugerido, é em grande parte o responsável pelo impasse em que se encontram, tal como os modelos que criticam. Compete, pois, às classes trabalhadoras e seus aliados aprofundar as lutas socialistas até ao nível paradigmático e, uma vez isso conseguido, tentar mantê-las a este nível.

A relação homem/natureza
Vejamos, por exemplo, a distinção homem/natureza. Desde o séc. XVI que o homem tem com a natureza uma relação estruturalmente pobre e desequilibrada, uma relação de exploração assente numa concepção unidimensional da natureza. Ao reduzir a natureza à matéria-prima sobre a qual o homem soberano inscreve o sentido

histórico do processo de desenvolvimento, a ciência moderna provoca uma ruptura ontológica entre o homem e a natureza na base da qual outras se constituem, tais como a ruptura entre o sujeito e o objecto do conhecimento e, mais tarde, a ruptura entre as ciências naturais e as ciências sociais. A natureza é desumanizada e o homem, desnaturalizado, e assim se criam as condições para que este último possa exercer sobre a natureza um poder arbitrário, ética e politicamente neutro. Mas esse homem desnaturalizado não é um homem qualquer, uma entidade abstracta, ainda que seja assim que a filosofia ocidental o concebe. Em termos sociológicos esse homem é o burguês, no sentido original da palavra, é a classe revolucionária que transporta em si o espírito emergente do capitalismo e que vai utilizar a relação de exploração da natureza para produzir um desenvolvimento das forças produtivas sem precedentes na história da humanidade. Daí que a relação de exploração da natureza seja a pré-condição da relação de exploração do homem pelo homem instaurada pelo modo de produção capitalista. As duas relações pertencem-se naturalmente e a acção sobre uma delas não deixará, por certo, intacta a outra.

Perante os resultados destrutivos, hoje evidentes, desta relação entre o homem e a natureza, uma luta socialista paradigmática terá de ser também uma luta por uma nova concepção da natureza e por uma relação mais rica e equilibrada entre o homem e a natureza. Sem cair nas concepções místicas ou alquímicas do pensamento medieval, é necessário reatar o diálogo com a natureza interrompido no séc. XVI, o que pressupõe a re-humanização da natureza e a renaturalização do homem. Convertida a natureza em a outra face do homem, o fetichismo tecnológico cai pela base e os processos técnicos conquistados e a conquistar serão avaliados e seleccionados em função da preservação dessa identidade.

As lutas sociais dirigidas a estes objectivos pressupõem (e ao mesmo tempo propiciam) uma reconversão profunda dos nossos processos e categorias do conhecimento científico e desde logo um apagamento progressivo da distinção entre ciências naturais e ciências humanas. Mas, a um nível mais global, essa reconversão acabará por pôr em causa a própria distinção entre ciência e senso comum, entre práticas científicas e práticas quotidianas. O socialismo paradigmático (o único por que merece a pena lutar e se não mesmo o único viável à luz da história do futuro) distingue-se do capitalismo pela qualidade do quotidiano que instaura, mais do que por qualquer outra coisa. E é por isso também que a luta pelo socialismo começa no quotidiano dos socialistas ou não começa nunca.

O poder e a política
Uma outra área em que as armas teóricas de que dispomos são muito deficientes e carecem de profunda reconversão é a área tradicionalmente designada de política. O princípio da democracia de massas assenta numa divisão interna do processo social nos termos da qual a uma das áreas é cometida especificamente a função de produção e distribuição do poder. Essa é a área política e a sua constituição é fundamental para a legitimação da participação limitada no exercício do poder por parte das classes populares que, como dissemos, é inerente ao princípio da democracia de massas. A conversão da política numa prática social específica atingiu a culminância na teoria política liberal, pois tanto impunha o controlo da incorporação da classe operária no exercício do poder político capitalista. A ideia de cidadania ficava à porta da fábrica para que a política das relações de produção não se reconhecesse nas relações de produção política. As teorias da democracia popular tentaram produzir uma alternativa radical aos esquemas de representação da teoria política liberal, estabelecendo múltiplos canais de exercício autónomo e potencialmente irrestrito do poder por parte da classe operária. Sucede, porém, que, como dissemos, o processo histórico do modelo socialista de Estado acabou por criar desvios e obstáculos ao acesso efectivo às formações de poder entretanto instituídas.

As lutas socialistas, que desde cedo surgiram nas sociedades dominadas pelo modelo capitalista de desenvolvimento, têm-se confinado em grande medida, e apesar das suas formulações radicais, à concepção de política da teoria liberal. Isso reflecte-se nas próprias estruturas organizativas que privilegiam, ou seja, os aparelhos e estruturas partidárias enquanto máquinas especializadas na produção de um artefacto igualmente especializado chamado oposição política.

É urgente questionar esta concepção de política e as que lhe servem de suporte, ou seja, a concepção de poder e a própria concepção de Estado. Para isso é necessário partir da ideia de que a política é uma prática social global porque os mecanismos de poder se reproduzem em toda a parte. Sem dúvida que o Estado capitalista é hoje uma entidade específica e dominante. Nele se condensam as contradições de classe e se accionam os mecanismos de poder necessários para as manter em níveis de tensão funcionais do ponto de vista da reprodução da dominação classista. Tem-se mesmo dito que, à medida que o Estado se constitui em garante das condições gerais de acumulação e juridifica as relações trabalho/capital até aos últimos detalhes, as lutas socialistas tendem a deslocar-se do local e processo de trabalho para a arena do Estado. Isto, que é verdade, não é, contudo, a verdade toda, porque o que sucede não é tanto a transferência do núcleo das lutas de classe do processo de trabalho para o Estado, mas antes a criação no processo de trabalho de sistemas de controlo semelhantes aos que subjazem ao poder do Estado. De facto, os estudos, hoje numerosos, sobre o processo de trabalho no modo de produção capitalista têm chegado a duas conclusões principais. Por um lado, o processo de trabalho tem-se degradado progressivamente com a perda de controlo do processo de trabalho por parte dos produtores directos, com a relação material e cognitiva cada vez mais remota entre o produtor e o produto acabado e com a crescente estandardização e monotonização das tarefas. Por outro lado, as formas de controlo sobre o processo de trabalho e sobre os produtores directos têm evoluído do controlo directo (exercido fisicamente pelo patrão ou capataz nos locais da produção) para o controlo técnico (exercido através da concepção e do ritmo das máquinas) e deste para o controlo burocrático (exercido através de regulamentações e orientações gerais sobre o comportamento no local de trabalho e até fora dele). Verifica-se que o controlo burocrático, dominante no sector produtivo mais avançado, é um controlo inteiramente juridificado, um controlo de tipo estatal. Um controlo estatal fora do Estado. O facto de as estruturas do poder estatal se reproduzirem além dos aparelhos de Estado revela as insuficiências das actuais concepções do Estado e das relações entre o Estado e a sociedade civil. Aliás, é sobretudo a distinção entre Estado e sociedade civil que está em causa e perde progressivamente o sentido. Neste processo o que importa, pois, não é tanto a deslocação do centro das lutas socialistas do processo de trabalho para outras arenas, mas antes a transformação das lutas no processo de trabalho em lutas políticas, e, portanto, em lutas pela transformação do poder que este processo gera. E saindo da área de produção para a área de reprodução, ou seja, para a família, a habitação, a educação, o lazer, os *mass media*, as relações homem/mulher, são detectáveis outras formas de poder que constituem aquilo a que noutro lugar designei por poder caósmico (Santos, 1980). Trata-se do poder emergente da multiplicidade das relações e intervenções sociais sempre e na medida em que estas assentam na desigualdade. É um micropoder, atomizado, acêntrico e sem localização específica. Distingue-se do poder jurídico, que, ao contrário, é um macropoder formal exercido em instituições hierarquicamente dispostas, um poder que designo por poder cósmico e que se consubstancia primordialmente no Estado. Em meu entender, a sociedade capitalista assenta nesta concepção dualista de poder. As duas formas de poder correspondem às duas formas básicas de desigualdade social, isto é, a macrodesigualdade de classe e a microdesigualdade da interacção social. O poder cósmico e o poder caósmico são complementares e cada um deles cria as condições para a reprodução e a tolerabilidade do outro. Não obstante, a teoria política liberal assenta na recusa militante do poder caósmico e dela parte para formular a distinção entre Estado (o reino do poder) e a sociedade civil (o reino da liberdade e da igualdade) e para, logicamente, reduzir a área da política ao espaço do poder cósmico.

Decorre da análise precedente que, neste domínio, a luta socialista paradigmática deve incidir na criação de uma alternativa à concepção liberal do poder e da política, na reivindicação da existência de diferentes formas de poder e alargamento da acção política a todas elas.

A revolução e a reforma
Para a concepção globalizante da política socialista aqui apresentada, a tomada do poder é o último estádio da transformação do poder e não o primeiro. Obviamente, a concretização desta ideia deve mergulhar nas condições históricas específicas das sociedades em que ocorre e a este nível é particularmente decisiva a distinção entre as formações de poder dos países centrais e dos países periféricos. De todo o modo, esta concepção não pode conviver facilmente com estratégias e tácticas que partem doutras concepções muito diferentes, se não mesmo opostas. Exige-se também aqui um profundo trabalho de reconstrução teórica. E no centro desse trabalho estão os conceitos de revolução e de reforma. As forças socialistas têm vivido sob o império da concepção leninista da revolução, tanto quando a adoptam como quando a combatem. Sendo um facto histórico explicável e compreensível, é hoje pernicioso – tanto quanto o conceito de reforma, que lhe é contraparte, e que foi historicamente apropriado pela social-democracia.

A revolução socialista é o processo social mais ou menos longo de transformação global das diferentes estruturas de poder das sociedades capitalistas, no sentido da democratização global da vida colectiva e individual. Não é assim possível pensar separadamente os conceitos de revolução e de reforma. Só que ambos têm de ser pensados de modo muito diferente do que até agora dominou no campo socialista.

Eis o que caracteriza a reforma socialista e a distingue claramente da reforma social-democrática. Em primeiro lugar, a reforma socialista não distingue entre o processo e o resultado da luta, no convencimento de que, em seu sentido e valor político, o resultado é sempre dependente do processo que lhe deu origem. As lutas pelo salário e pela habitação distinguem-se pelos objectos a que se dirigem, mas não necessariamente pelos processos em que se desenrolam. A distinção entre lutas primárias (na área de produção) e lutas secundárias (na área de reprodução social) deve ser abandonada, porque conduz à sobrevalorização dos resultados das lutas em detrimento dos processos que os produzem.

Em segundo lugar, estes processos, sendo diversificados nas circunstâncias concretas em que ocorrem, partilham, como característica essencial, o objectivo de maximizar o denominador comum de participação nas lutas e seus resultados. Ou seja, a opção de classe das reformas e a sua eficácia socialista avalia-se em função do aprofundamento do conteúdo democrático das relações sociais por elas obtido, tanto no processo de luta como na fruição dos resultados. Em suma, as reformas socialistas visam a ruptura democrática, ou seja, a revolução socialista, e esta por sua vez não é qualitativamente diferente das reformas que a precedem e a possibilitam. A revolução socialista será o que tiverem sido as reformas que a forem constituindo. Daí que a dicotomia reforma//revolução nos termos em que tem vigorado tenha de ser superada. É necessário revolucionar as reformas e reformar a revolução. Para que quem está maximamente interessado na ruptura revolucionária tenha de estar, sob pena de incoerência, maximamente interessado nas reformas, por mínimos que sejam os seus resultados parcelares.

Nesta perspectiva uma outra distinção deve colapsar: a distinção entre lutas democráticas e lutas socialistas, tal como foi concebida pela III Internacional. Esta distinção, embora tacticamente útil nos períodos de resistência antifascista, acabou por estabelecer uma ruptura entre democracia e socialismo, convertendo a primeira em fase preliminar do segundo. Esta exteriorização recíproca da democracia e do socialismo legitimou todas as formas de manipulação, viciação e até eliminação do exercício democrático, sempre que tal foi julgado necessário para a prossecução dos objectivos socialistas. A degradação da democracia acabou por se transformar em elemento constitutivo das estruturas e práticas partidárias da III Internacional. Os efeitos negativos destas concepções para as lutas socialistas começam hoje a ser conhecidos, avaliados e criticados. Num tempo histórico em que, como deixamos dito acima, as novas formas de autoritarismo pactuam com o exercício democrático, limitando-o sem o excluir, cabe aos socialistas lutar pelo aprofundamento desse exercício no sentido acima exposto, ou seja, no sentido da obtenção do máximo denominador comum de participação democrática autónoma em todas as áreas da acção social sobre que as lutas incidem. Sobretudo nos países da periferia europeia em que, como também se deixou dito, a dinâmica autoritária da exclusão tende a sobrepujar a dinâmica social-democrática da participação limitada, cabe às classes trabalhadoras empunhar a bandeira das lutas democráticas enquanto lutas pelo socialismo. O socialismo não é outra coisa senão a democracia sem fim. Deste modo, não se combate o capitalismo por ser democrático, mas antes por não o ser e não o poder ser plenamente. O uso das formas políticas da democracia liberal não é um mero expediente táctico a descartar logo que se recomende. Tais formas constituem um avanço histórico importante donde se há-de partir para novos aprofundamentos do exercício democrático. A democracia parlamentar é, pois, um ponto de partida (imprescindível, pelo menos nas condições históricas da Europa), mas não um ponto de chegada. A sua transformação no interior de uma política socialista levará por certo a integrá-la noutras formas democráticas, nomeadamente na democracia directa ou de base.

A frente cultural

Um programa de reflexão como o que acaba de ser exposto não pode ser um mero exercício intelectual para intelectuais. Para ter eficácia socialista, deverá plasmar as práticas concretas das classes trabalhadoras e seus aliados em luta pelo socialismo, conferindo--lhes maior profundidade e transparência, tanto nos processos como nos objectivos. Para isso é necessário transformar esta e outras reflexões em matéria de discussão com vista à criação de um projecto e de uma frente cultural socialistas. Não é tarefa fácil, sobretudo em países como Portugal onde o projecto cultural de direita continua dominante e intacto apesar das mudanças havidas depois de 25 de Abril de 1974. É ainda mais importante reconhecer que esse projecto, sendo de direita, habita tanto a esquerda como a direita. A frente cultural a empreender terá de ser uma frente *contra nós* antes de ser uma frente *contra os outros*.

Além dos condicionalismos específicos da sociedade portuguesa contemporânea, a criação de uma frente cultural socialista é uma tarefa difícil porque tem lugar num mundo dominado pela cultura de massas e porque tem de se afirmar contra esta, utilizando-a. A dificuldade torna-se óbvia quando se tomam em linha de conta as características da cultura de massas. Os artefactos da cultura de massas caracterizam-se em geral pela: busca do menor denominador cultural comum; trivialização pela repetição (repetição sem texto originário); variação mínima de padrões como princípio de mercadorização da narrativa; predominância da cultura reconfortante sobre a cultura inquietante. Em face desta caracterização, não é difícil descortinar que a frente cultural socialista se encontra nos antípodas da cultura de massas. A frente cultural socialista é um processo de produção cultural que visa: a superação da polarização e mesmo da distinção emissor/receptor; a horizontalização e especificação da comunicação em cada uma das práticas sociais em que se constitui; a persuasão assente na partilha da informação, do discurso e da argumentação; a busca do máximo denominador cultural comum; a recusa da trivialização pela introdução do sublime e do extraordinário (da utopia, em suma); a desmercadorização da narrativa pela criação de valores culturais de uso; o equilíbrio dinâmico entre a cultura inquietante e a cultura reconfortante.

Em suma, enquanto a cultura de massas assenta na distribuição do silêncio às classes populares, a frente cultural socialista luta por que estas retomem, ou melhor, recriem a palavra e façam dela o instrumento de produção cultural colectiva, e o sinal da sua presença na história. Isto não significa que a frente cultural socialista não possa e não deva utilizar a cultura de massas jogando nas contradições internas desta, tentando libertar para o uso autónomo das classes populares as imensas potencialidades técnicas que a cultura de massas acumulou.

A frente cultural socialista poderá e deverá integrar criativamente muitos dos processos e artefactos da cultura popular tradicional (que, como é óbvio, nada tem que ver com a cultura de massas). Numa formação social como a portuguesa, só pela articulação dos modos de produção cultural e simbólica se obtém o ajustamento e a flexibilidade desejáveis no interior das práticas sociais.

Acima de tudo, compete à frente cultural socialista transformar em experiência e vivência quotidianas a ideia de que a cultura é elemento constitutivo de todas as práticas sociais, inclusive das práticas mais "puramente" económicas. As distinções entre base e superestrutura ou entre as diferentes instâncias da prática social devem ser entendidas de modo a não pôr em causa esta ideia. É por isso que a luta pelo salário, por exemplo, pode e deve ser concebida como uma luta também cultural. Uma concepção amputada do marxismo levou-nos a pensar que cá em baixo está a economia e lá em cima a cultura. A sociedade não é um elevador, não deixemos que as nossas lutas o sejam.

CAPÍTULO 2
A RENOVAÇÃO DO PARTIDO COMUNISTA PORTUGUÊS (PCP) E DO PARTIDO SOCIALISTA (PS)[20]

O processo histórico da renovação do Partido Comunista Português (PCP) já começou. Marca o seu começo uma série de factores, de que distingo os seguintes: as transformações em curso nos países do Leste Europeu (o processo húngaro; a eleição de Gorbatchov para secretário-geral do Partido Comunista da União Soviética e, em especial, as recentes medidas do Soviete Supremo no sentido de uma certa – e marginal – privatização da iniciativa económica); a eleição de Vítor Constâncio para secretário-geral do Partido Socialista (PS); as discussões internas no seio do MDP/CDE com vista à recuperação da identidade política que terá sido perdida na prolongada aliança com o PCP, nos termos em que teve lugar.

Estes são os factores políticos em sentido estrito, mas o processo histórico da renovação do PCP é ainda propiciado por outros factores, quiçá mais decisivos, cuja produção social é mais lenta e profunda. Entre eles, as transformações que estão a ter lugar na composição social do operariado português em função de um modelo de acumulação capitalista de tipo semiperiférico que está actualmente a ser posto em prática no nosso país, modelo esse que, ao contrário do que diz o discurso político, não é o efeito, mas sim a causa da nossa integração no Mercado Comum, nos termos em que está a ser feita. Muito em geral, este modelo combina, de modo novo, a concentração do capital com a descentralização ou até a pulverização do processo produtivo através de vários mecanismos, entre os quais a subcontratação, o trabalho ao domicílio e as redes

[20] Este capítulo consta de dois textos publicados no *Diário de Notícias*, o primeiro em 2 de Dezembro de 1986 e o segundo em 24 de Dezembro do mesmo ano.

de produção computorizada. Esta combinação permite que a maior produtividade do trabalho, típica do capitalismo mais avançado, possa ocorrer no seio de relações de trabalho aparentemente típicas do capitalismo mais retrógrado, relações mais individualizadas e paternalistas, em que a hiper-exploração do trabalho convive com a proximidade e até a afectividade entre o patrão directo e o trabalhador. Por outro lado, este modelo, ao ruralizar a indústria ou ao industrializar os campos, cria uma nova relação cidade/campo ou indústria/agricultura, dando origem a um tipo de trabalhador que é simultaneamente operário e camponês. Por este duplo processo, o modelo de acumulação em curso tira peso social ao tipo de trabalhador proletário que obtém os seus rendimentos exclusivamente da (e de uma só) relação de trabalho e que está habituado à reivindicação frontal e colectiva contra o patronato. Ora, este último tipo de trabalhador, mais do que o votante médio do PCP, é o tipo ideal de militante no imaginário político do partido, pelo que o seu declínio social não pode deixar de se reflectir na estratégia partidária sob pena de esta se transformar numa máquina de produzir derrotas.

A eficácia destes factores na produção da renovação do PCP é uma questão em aberto. As razões para acreditar que a renovação está já em movimento são por enquanto meramente negativas. Por um lado, a veemência com que a actual liderança do PCP reage a qualquer sinal de renovação, bem documentada na resposta descabeladamente dura e intimidativa do Comité Central à recente entrevista de José Manuel Tengarrinha ao *Diário de Notícias,* sobretudo tendo em vista que se trata da resposta ao líder de um partido *irmão (não um inimigo de classe),* bem documentada também no epíteto de «iniciativazita falhada» dado por Álvaro Cunhal ao projecto da convenção da esquerda democrática. Uma tal veemência contra alvos de esquerda numa situação de hegemonia política da direita revela insegurança quanto a posições futuras num campo da esquerda renovada. A outra razão negativa para acreditar na renovação está na veemência igualmente descontrolada com que alguns anticomunistas ferrenhos se recusam a ver os sinais de renovação, por mais evidentes que sejam. Quase todos vindos do PCP ou da esquerda M-L do PCP, as suas trajectórias políticas estão tão marcadas pelo imobilismo do PCP, que admitir qualquer transformação neste último equivale a questionar um passado de contas aparentemente ajustadas. É bom que o PCP continue a ser o que tem sido para que eles continuem a ser e a escrever aquilo a que se habituaram nos últimos anos e nos habituaram a nós.

Deixando, por agora, de lado o factor Leste, passo a analisar as condições de eficácia dos outros factores políticos de renovação. Quanto ao factor Vítor Constâncio, a sua importância está em este ser um técnico competente e um político sério (às vezes demasiado sério para uma classe política habituada a campanhas alegres). A competência e a seriedade são dois ingredientes fundamentais para uma nova cultura política alternativa à cultura política de direita que tem dominado a política portuguesa e que hoje assume a sua mais refinada configuração no populismo autoritário de Cavaco Silva. Mas tais ingredientes só serão verdadeiramente eficazes se forem postos ao serviço de uma política alternativa e não de uma política de alternância. Trata-se de fazer coisas diferentes e não de fazer melhor as coisas que a direita fez. Neste contexto, a alternância só é aceitável enquanto transição para a alternativa. Por último, a seriedade e a competência, para serem eficazes, têm de ter eficácia organizativa e institucional, têm de ser servidas por uma equipa de líderes menos diletantes e mais trabalhadores. Se assim não for, Vítor Constâncio pode transformar-se na carne para canhão da travessia do deserto do PS, o que será um golpe de consequências irreversíveis no processo de renovação da esquerda em Portugal. E um dos testes é constituído pela próxima convenção da esquerda democrática. Nas condições em que foi preparada, esta tem de se propor objectivos modestos, mas deve empenhar-se em ter êxito neles. Por mais que o PS se distancie, o fracasso da convenção será o fracasso da política de renovação do PS protagonizada por Vítor Constâncio, e tanto Jaime Gama como Álvaro Cunhal não deixarão de colher os respectivos dividendos. Se o PS não se renovar à esquerda, o PCP tão-pouco se renovará, quando mais não seja porque não haverá perdas eleitorais suficientemente significativas para que a renovação se imponha como necessidade e não apenas como moda.

Quanto ao factor MDP/CDE, a sua possível eficácia na renovação do PCP é mais dramática, mesmo se não mais profunda. O drama consiste em que provavelmente o MDP/CDE terá de se dissolver para fazer vingar a prazo, num amplo sector da esquerda, as ideias da democracia socialista ou do socialismo democrático que agora defende com renovada convicção. O drama consiste ainda em que a entrevista de J. M. Tengarrinha dá por vezes a ideia de ser o testemunho de um líder comunista renovador que, por enquanto, é forçado a levar a cabo a política de renovação fora do PCP. Como se a renovação *dentro* do PCP tivesse de começar enquanto renovação *fora* do PCP.

As duas questões principais são as seguintes: em que medida uma possível autonomização do MDP/CDE acarreta quebra eleitoral do PCP? O que vão fazer os militantes do MDP/CDE no caso de essa autonomização ter lugar? Quanto à primeira questão, é evidente que o prestígio dos militantes do MDP contribuiu muito para a legitimação local e nacional do PCP. É de prever que em próximas eleições o PCP invista mais nos locais ou sectores em que tal contribuição foi mais decisiva para demonstrar que ela fora sempre dispensável. Duvido que tenha êxito. Quanto à segunda questão, a dificuldade está em que se, por um lado, a aliança com o PCP, nos termos em que foi feita, retirou identidade política ao MDP//CDE, enquanto partido nacional, por outro lado, conferiu essa mesma identidade a muitos militantes que anos a fio aceitaram essa aliança como natural e a primazia também natural do PCP como vanguarda das forças de esquerda que a aliança pressupunha.

Uma total (e desejável) autonomização do MDP/CDE provocará por certo uma profunda desorientação nesses militantes. Sobretudo os mais velhos e os mais isolados nos seus locais de trabalho ou de residência serão intimidados pelos quadros do PCP com o discurso da luta antifascista, da velha unidade de esquerda, da primazia natural do PCP. Aguentarão tal terror psicológico? Terão alguma alternativa para lhe resistir positivamente? Entrarão para o PCP? Despedir-se-ão da política?

É bem possível que o MDP/CDE esteja ainda suficientemente forte para tecer críticas ao PCP, mas já demasiadamente fraco para tirar delas as devidas consequências. Nem se pode esquecer de que, embora sejam justas e fundamentadas as críticas ao PCP, elas podem ser também o álibi para ocultar outras causas da desmotivação dos militantes que, entretanto, têm vindo a ter lugar. De qualquer modo, pelas reacções que já provocou dentro do partido e dentro do PCP, a discussão interna no MDP/CDE é um elemento importante da renovação da esquerda em geral. Só não o será da renovação do PCP em particular se o PS entretanto não souber assumir o seu papel decisivo na renovação da esquerda neste momento histórico da vida portuguesa.

Como se vê, a renovação do PS e do PCP não são dois processos históricos independentes. Se nos últimos anos o PS nada nos disse que fosse *próprio* da esquerda, o PCP nada nos disse que fosse *actual* da esquerda. Entre a descaracterização e o anacronismo criou-se um espaço vazio que é preciso preencher. No caso do PS, a próxima convenção da esquerda democrática poderá constituir o início da correcção de um erro que, de tão reiterado, quase parece constitutivo. No caso do PCP, o processo de renovação, apesar de *historicamente* já iniciado, está ainda muito atrasado *sociopsicologicamente*. E isto porque o PCP continua a ser o elemento sagrado da vida política portuguesa, para uns divino, para outros diabólico. O poder do PCP é um buraco negro de que apenas se tem medo, quer seja o medo da reverência ou o medo da repulsa. A necessidade e a urgência da renovação está em que uma democracia plenamente institucionalizada não se compadece com a sacralização da política. Se alguns a sacralizarem, outros a profanarão. É o que tem sucedido entre nós.

Sobre a Convenção da Esquerda Democrática

A cultura política é um dos problemas mais sérios da esquerda. A esquerda portuguesa está ideologicamente exangue. Mas há sinais de esperança. O jornal *Expresso,* de 13 de Dezembro de 1986, sob o título "À procura da família perdida" noticiava: "No primeiro fim-de-semana de Dezembro de 1986, realizou-se no cinema Império, em Lisboa, a Convenção da Esquerda Democrática. Central ao debate foi a reflexão sobre o que significa ser de esquerda e os caminhos para a sua renovação." O texto que Vítor Constâncio apresentou na Convenção pode tornar-se, se prosseguido por muitos, num texto fundador da cultura política de esquerda, que neste momento é quase inexistente no nosso país. A cultura política de esquerda não pode negligenciar o conjunto de ideias e princípios com que contribuiu para o património cultural da nossa civilização. Mas tem sobretudo de criar novas ideias e princípios e, mais do que isso, criar uma cultura de inovação permanente.

Duplamente impossibilitado de estar presente na Convenção da Esquerda Democrática, Jorge Luís Borges autorizou-me a elaborar uma classificação chinesa das pessoas que estiveram na convenção. Reza assim:

> 1. *Os que foram do PCP.* Bem na lógica desta classificação, não se incluem neste grupo todas as pessoas que pertenceram ao PCP, mas tão-só aquelas que ainda não superaram isso. Do ponto de vista sociológico, o PCP é um fenómeno político perturbadoramente importante e estranho. É, sem dúvida, uma instituição total, no sentido do sociólogo americano Erving Goffman, na medida em que envolve a totalidade da

personalidade dos seus militantes num universo de referências concêntricas, de tal modo que, quando aqueles procuram sair, a "libertação" é sempre traumática, e obriga a um ajuste de contas que chega a ser chocante e faz cometer injustiças. A reacção tem em geral as seguintes características: autoflagelação (que se distingue da autocrítica por não se referir ao indivíduo, mas antes à esquerda no seu todo); pessimismo niilista; agressividade, autoritarismo e triunfalismo na crítica do que até há pouco era verdade incontestada; vazio ideológico; atribuição à totalidade da esquerda do ideário e da prática políticos do PCP; ignorância de tudo o que se foi escrevendo no campo da renovação da esquerda enquanto viviam as delícias da ortodoxia. O mais importante, porém, é que neste tipo de reacção contra o PCP se revela muito do próprio PCP, pelo que ele só na aparência é um partido pouco transparente.

2. *Os que não lêem.* As condições da luta antifascistas, as exigências erráticas do Poder nos últimos doze anos e o nível de cultura geral da classe política portuguesa fizeram com que um grupo significativo tenha revelado na convenção uma pasmosa falta de cultura política. Quando eram marxistas, não liam Marx (talvez lessem a Marta Harnecker); agora, que são liberais, não lêem o riquíssimo pensamento liberal (talvez leiam a versão que tem dele a nova direita).

3. *Os que não se lembram.* Neste grupo cabem aqueles para quem a convenção foi uma espécie de *Twilight Zone*, que lhes permitiu esquecerem-se do que foram e do que outros foram e são, e desdizerem-se sem terem disso noção.

4. *Os que não são de esquerda.* Apesar de achar que é tão natural ser-se de esquerda como ser-se de direita, este grupo pensa que é natural que a gente o continue a considerar de esquerda, independentemente de tudo o que diz e faz. Dado o vazio ideológico em que pretende mergulhar a esquerda,

este grupo manifesta, pelo seu comportamento, a hegemonia cultural da direita. Hoje em dia, em Portugal, é fácil à direita ser de esquerda.

5. *Os que não são portugueses.* Neste grupo cabem aqueles que conhecem de Portugal o aeroporto, a banca de jornais, duas ou três livrarias, três ou quatro restaurantes, a Baixa lisboeta. O resto do País é igual a tudo o que conhecem, em detalhe, noutros países. São de esquerda, mas, de facto, da esquerda de outros países.

6. *Os que não estavam lá.* Entre estes contam-se muitos que lá não estavam e alguns que lá estavam. Estes últimos vieram visitar amigos ou, os mais pessimistas, em romagem ao cemitério depor flores, com laivos de masoquismo póstumo, na sua própria sepultura.

7. *Eduardo Lourenço.* Eduardo Lourenço representa o que de mais fundo e genuíno habita na nossa consciência colectiva destes últimos doze anos. Habita-a de muito longe, de um futuro que nem sequer sabemos se é nosso e de um passado que julgávamos resolvido. Daí também a nossa perplexidade perante a limpidez obsessiva da sua reflexão. O pensamento filosófico português de Teixeira de Pascoaes a Leonardo Coimbra e Sant'Ana Dionísio é atravessado pelo pessimismo da saudade. O específico de Eduardo Lourenço é que ele canta a saudade do futuro, de um futuro que, sabe, não existirá nunca. É que o seu discurso jeremiádico não encerra sequer a esperança da consolação do profeta. A sua lucidez chega a comover-nos, mas é trágico para a esquerda portuguesa que ela seja algo alienígena, que nos condene à triste condição de não podermos senão cometer hoje os erros que os outros cometeram ontem, e não nos deixe nenhum espaço para inventar soluções novas nesta sociedade que somos e que, não sendo bávara, também não é bárbara. A prazo, Eduardo Lourenço será provavelmente mais um

problema para a esquerda portuguesa. Sendo um pensador profundo e brilhante, não é um pensador sistemático e, por isso, dificilmente terá discípulos. Mas terá por certo adeptos e adversários. Nessa altura, é bem provável que Eduardo Lourenço se retire, com um sorriso irónico, para *la vallée des loups*.

Como compete à lógica da classificação chinesa de Borges, devem fazer-se duas qualificações. Em primeiro lugar, muitos dos presentes na convenção cabem em mais de um grupo. Em segundo lugar, não cabem nesta classificação muitos outros. E felizmente entre estes está a maioria e, mais importante, todos quantos se empenharam na organização desta convenção e asseguraram o seu êxito. E o que de melhor trouxe a convenção pode resumir-se neste caderno de encargos exigente, mas factível:

1. É difícil de prever se a convenção contribuirá decisivamente para a transformação e a convergência da esquerda. Que uma e outra são essenciais ficou provado. Este começo dará tantos mais frutos quanto mais alargado for no futuro o espectro político dos participantes. Houve um tempo em que mesmo desunidos parecíamos muitos, hoje nem mesmo unidos somos bastantes.
2. É importante que a reflexão feita na convenção seja eficazmente filtrada para dentro do PS. Seria perigoso que o debate entre alguns sectores do PS e os independentes não frutificasse, com as necessárias adaptações, num debate interno do PS. O perigo residiria em que, em vez de renovação do PS, teríamos uma crispação no PS entre os adeptos e os adversários da convenção.
3. Feita a catarse, a convenção criou novos espaços de mobilização. A convenção do próximo ano pode ser um desses espaços. No entanto, para que ela não se transforme num ritual de anticomemoração (de algum modo presente na

primeira convenção), é necessário que seja precedida de um trabalho sério de aprofundamento e sistematização dos temas que foram abordados nesta convenção e de outros que foram omitidos.
4. O trabalho a empreender deve ser mais virado para o presente e para o futuro (o passado dominou a primeira convenção), menos crítico e mais positivo, tecnicamente competente e politicamente culto.
5. A cultura política é um dos problemas mais sérios da esquerda. A esquerda portuguesa está ideologicamente exangue. Mas há sinais de esperança. O texto que Vítor Constâncio apresentou na convenção pode tornar-se, se prosseguido por muitos, num texto fundador da cultura política de esquerda, que neste momento é quase inexistente no nosso país. Mas a reflexão cultura pressupõe algumas condições políticas (não pode ser feita em período eleitoral ou pré-eleitoral) e sociais (não é possível sem algum apoio institucional que organize o trabalho de reflexão e distribua eficazmente os seus resultados), além de que os recursos humanos potencialmente disponíveis podem tornar-se demasiado escassos, se não se actuar a tempo de evitar novas frustrações e defecções.
6. A cultura política de esquerda não pode negligenciar o conjunto de ideias e princípios com que contribuiu para o património cultura da nossa civilização e que é hoje muitas vezes apropriado nominalisticamente pela direita. Mas tem sobretudo de criar novas ideias e princípios, e mais do que isso criar uma cultura de inovação permanente.

A reflexão global deve assentar nos seguintes temas centrais, a que, a título de ilustração, junto alguns tópicos de debate:

a) *A questão da democracia socialista*. Sem democracia representativa não há democracia participativa. Sem ambas, não há

democracia socialista. À luz deste critério, os regimes sociais e políticos do Leste Europeu não podem ser modelos da luta socialista. No entanto, porque não são regimes imobilizados na história, há que analisar em pormenor as transformações que neles estão a ter lugar para não sermos amanhã surpreendidos pelo imobilismo das nossas ideias a respeito deles.
b) *A questão do capitalismo*. Não há hoje um, mas vários capitalismos, e não há nenhuma razão para crer que qualquer deles represente o fim da história. O autoritarismo do capitalismo não reside em ele ter de recorrer, em tempos de crise, a regimes autoritários e antidemocráticos, mas antes no facto de, em tempos normais, não poder estender eficazmente a democracia aos domínios da produção e do trabalho, que ocupam a maioria dos anos de vida da esmagadora maioria da população. É, por isso, equívoco afirmar sem mais que não há hoje em Portugal o perigo do fascismo. Esse perigo não existe, se se entender o fascismo como regime político do Estado, mas existe, e é até muito grande em Portugal, se se entender o fascismo como regime político da empresa. O capitalismo só será superado na medida em que não puder conter o processo de aprofundamento da democracia que é a exigência fundamental da esquerda.
c) *O Estado e a sociedade civil*. É necessário encontrar alternativas teóricas para esta dicotomia. Tal como tem sido glosada, já não cobre os processos sociais e políticos do nosso tempo. Um dos processos mais intrigantes nos países capitalistas avançados é o modo como o Estado se expande sob a forma de sociedade civil. Em Portugal, é urgente investigar se o Estado forte (selectivamente forte) que temos é a causa ou o efeito da sociedade civil fraca (selectivamente fraca) que somos. Não temos em Portugal verdadeiramente um Estado--Providência, mas antes uma sociedade-providência. O carácter social do Estado é demasiado precário para que possa

aguentar uma erosão muito significativa. Não faz sentido proclamar a excelência do regime democrático e, ao mesmo tempo, retirar-lhe as condições sociais da sua consolidação.
d) *Os conflitos sociais*. Se não há sujeitos privilegiados da história, não há lutas de classes no sentido tradicional. Mas há conflitos sociais com uma base social bem determinada. Em termos da teoria dos jogos, pode dizer-se que, havendo duas estratégias, a Esquerda e a Direita, é absurdo pensar que para cada um dos portugueses é indiferente seguir qualquer dessas estratégias para prosseguir eficazmente os seus fins. Há, pois, que definir sociologicamente essa base social e organizá-la politicamente para as tarefas da democracia socialista.
e) *A questão ideológica*. Como nos aconselhava Descartes, a esquerda deve exercer a dúvida, mas não deve sofrê-la. Se o fizer, nunca conseguirá hegemonia cultural. Para exercer a dúvida, a esquerda deve ser pluralista nos seus recursos teóricos. O marxismo deve ser condenado enquanto doutrina oficial da política; mas não faz sentido esconjurá-lo enquanto teoria social. Enquanto tal, oferece boas pistas de investigação e é combinável com outras teorias. Nomeadamente com teorias produzidas pelo pensamento liberal. Mas o liberalismo, enquanto doutrina, deve ser igualmente condenado, pois está a tornar-se na forma ideológica do autoritarismo nas sociedades dependentes.
f) *Os modelos de desenvolvimento*. A crise dos modelos de desenvolvimento, tanto a oriente como a ocidente, é uma crise paradigmática, a crise do paradigma do progresso que nos acompanha desde o século XVIII. A primeira luta da esquerda é precisamente a luta pela definição da crise que atravessamos. Só uma definição paradigmática da crise permite formular certas perguntas que pertencem ao nosso quotidiano e nos preocupam cada vez mais e que, no entanto, não foi até agora possível integrar nas lutas socialistas, cobrindo,

pelo contrário, muitas vezes, de ridículo quem as faz. Sem nenhuma preocupação de sistematização, eis algumas dessas questões: porque é que a roda do desenvolvimento produz simultaneamente a riqueza e a miséria? Porque é que as mais nobres lutas contra a opressão e as concepções oligárquicas do poder desembocaram em soluções políticas autoritárias, com forte dinâmica de exclusão? Porque é que o progresso científico está cada vez mais ligado aos aparelhos militares e aos projectos bélicos e, portanto, à política de destruição? Porque é que sabemos cada vez mais a respeito do que nos é supérfluo e cada vez menos a respeito do que é estritamente necessário ao nosso bem-estar físico e psíquico? Porque é que se passou, nas sociedades contemporâneas, da gestão do tempo à gestão da falta de tempo? Porque é que perdemos mais tempo nos transportes quanto mais rápidos eles são? Porque é que as possibilidades de estar doente aumentam na proporção directa do aumento dos profissionais de saúde teoricamente ao nosso dispor? Porque é que poluir um rio é criminalmente menos grave do que matar um homem? Porque é que não se pode beber água da torneira quer no Nordeste brasileiro, por excesso de micróbios e vermes, quer em Los Angeles, por excesso de produtos químicos? Porque se lavam os dentes depois das refeições e não se limpa a mata depois do piquenique? Porque pagamos cada vez mais caro por alimentos cada vez menos ricos? Porque é que a industrialização do turismo e dos tempos livres faz com que preenchamos o nosso lazer subordinados a ritmos, controlos, programações e incómodos estruturalmente semelhantes aos que nos esmagam na fábrica ou no escritório?

Só uma crítica paradigmática poderá conferir um sentido socialista a estas questões. Para que tal crítica seja possível são necessárias armas teóricas de que por ora não dispomos. Daí que a frente cultura seja neste momento uma das mais decisivas. É uma frente de muitas frentes, que envolve a crítica de muitas categorias, distinções, evidências de senso comum, postulados pseudocientíficos largamente partilhados, que o paradigma do progresso soube infiltrar no mais fundo do nosso processo de sociabilização. É por isso uma frente difícil, já que os elementos operativos do discurso e da comunicação estão inscritos nas nossas estruturas mentais, são "naturais" ao nosso modo de pensar e é extremamente penoso pensar sem eles.

g) *Portugal e o mundo.* Portugal não é um mundo à parte, mas é uma parte do mundo dotada de especificidade histórica, social, cultural e política. Somos uma sociedade intermédia, semiperiférica, na qual não se aplicam sem adaptações as teorias sociológicas, económicas e políticas formuladas para dar conta das realidades sociais, quer do Primeiro Mundo, quer do Terceiro Mundo. Estamos, pois, condenados a inventar, tanto no domínio da teoria como no domínio da prática. Se o não fizermos, alguém o fará por nós, sem nós e, quase inevitavelmente, contra nós.

CAPÍTULO 3
A LONGA MARCHA DA ESQUERDA[21]

As sucessivas vitórias eleitorais da esquerda depois do 25 de Abril redundaram sempre em derrotas do pensamento e do poder da esquerda. Não é preciso acreditar na dialéctica da história para admitir que a recente derrota eleitoral possa vir a redundar numa vitória. Tal admissão só é genuína se não for uma mera manifestação da síndrome "estão verdes". Para isso é necessário que se cumpram algumas condições que tornem possíveis e concretas as vias da transformação da derrota em vitória.

Estas condições dizem respeito, em primeiro lugar, ao pensamento da esquerda e, neste campo, o conceito básico é o da renovação da esquerda. Dizem respeito, em segundo lugar, ao poder da esquerda e, neste campo, o conceito básico é o de união da esquerda. Os desencontros entre o pensamento e o poder da esquerda estão bem expressos nas antinomias históricas entre estes dois conceitos. A renovação da esquerda tem sido sempre pensada, pelo menos desde 1914, a partir da desunião da esquerda. Tivemos prova recente disso, entre nós, com a Convenção da Esquerda Democrática. Por seu lado, a união da esquerda tem sido sempre tentada a partir da sonegação ou mesmo da recusa da renovação da esquerda e a justificação para tal tem estado sempre ligada ao perigo da ditadura.

De facto, desde 1914, a esquerda só se une perante o perigo da ditadura. Passado este, a desunião volta e legitima-se como meio de tornar possível a renovação. Para superar este desencontro é necessário que a renovação deixe de ser tão-só um conceito do

[21] Este capítulo junta dois artigos publicados no *Jornal de Letras e Ideias*, em 10 de Agosto e 14 de Setembro de 1987.

pensamento da esquerda e passe a ser um conceito do poder da esquerda. Concomitantemente, é necessário que a união deixe de ser tão-só um conceito do poder da esquerda e passe a ser um conceito do pensamento da esquerda. Desligado do poder, o discurso da renovação não faz mais que indicar a falta de interesse na renovação. Desligada do pensamento, a prática da união não faz mais que aprofundar as razões da desunião.

As condições históricas que tornam possível a convergência entre a renovação e a união da esquerda residem em que, neste final de século europeu, o perigo da ditadura foi substituído pelo perigo de a esquerda não voltar ao poder durante um período mais ou menos longo. Um perigo hoje bem concreto em Portugal. Mas as condições históricas são meras oportunidades que serão perdidas se não houver condições teóricas para pensar as suas virtualidades. A condição teórica básica é a possibilidade de, através da renovação, transformar o poder em pensamento e, através da união, transformar o pensamento em poder. Desta condição básica derivam muitas outras.

A esquerda e a direita

1. *Comecemos pelas coisas simples: há esquerda e direita. A direita é todo o défice da democracia.* No Estado como na sociedade civil, nos quartéis como em casa, nas prisões como nas igrejas, nas fábricas como nas igrejas. Ser de esquerda significa lutar pela diminuição e, se possível, pela liquidação desse défice. A sociedade socialista é a sociedade sem défice democrático. É, enquanto tal, uma utopia. Mas é também, e por isso mesmo, o princípio regulador da luta contra todas as formas de expressão que deve caracterizar a esquerda.

2. *A esquerda implica a reivindicação do socialismo.* A renovação da esquerda não pode ser o modo (e a moda) de a esquerda não se assumir como tal. Trata-se de um objectivo de prática difícil. É que, se não se pode pensar e agir como se o socialismo estivesse à porta, tão-pouco se pode pensar e agir como se ele nunca mais fosse

possível. Durante algum tempo, depois do 25 de Abril, a direita teve de falar a linguagem da esquerda para sobreviver. Não me parece que a esquerda tenha agora de falar a linguagem da direita para se renovar. Por um lado, a renovação da esquerda não pode ser um mero ajuste de contas com o passado. Tem de ser também o pensar o futuro. Mas só pensa o futuro quem é capaz dele. Por outro lado, a renovação não pode ser feita com uma abertura tão indiscriminada, que até a direita possa ser de esquerda.

3. *A esquerda não pode renovar-se para fazer aquilo que a direita faz melhor.* Nem pode teorizar como seu objectivo futuro aquilo que a direita já pratica hoje. Um dos anacronismos mais perigosos da esquerda é o de descobrir as coisas depois de elas terem terminado o seu curso histórico. Por exemplo, a recente descoberta da primazia do mercado em relação ao Estado. Independentemente do que a direita diz ao ouvido de uma esquerda ignorante e crédula, a prática mais inovadora e consistente da direita com mais êxito político consiste no princípio de que, em vez de contradição, há íntima complementaridade entre Estado e mercado e que, portanto, quanto mais mercado, mais Estado.

4. *Um dos sistemas de perda de hegemonia cultural por parte da esquerda está em aceitar (reagindo ou não) a problematização discursiva da realidade social e política que a direita lhe oferece.* Recuperar a hegemonia significa oferecer conceptualizações alternativas e credíveis do que existe e do que há-de vir. Significa, por exemplo, afirmar e justificar que não há crise económica mundial e que esta é em boa parte um artifício contabilístico para justificar a acentuação das políticas de acumulação em detrimento das políticas de distribuição. Significa afirmar e justificar que nos recusamos a aceitar como problema dramático da Europa o excesso de produção de manteiga e de carne bovina quando milhões de pessoas morrem à fome. Significa afirmar e justificar que em Portugal temos Estado a menos e que esse défice se revela, por exemplo, quando dirigentes regionais se declaram envolvidos em actividades separatistas e não

são perseguidos criminalmente nem se demitem ou são demitidos ou quando o luto nacional é desrespeitado sem nenhuma sanção disciplinar, criminal ou política. Significa afirmar e justificar que as nacionalizações, tal como têm sido utilizadas pelos governos, são uma forma de privatização do Estado, ou seja, uma forma de distribuir recursos públicos por clientelas partidárias ou mesmo familiares.

Sem uma definição alternativa da realidade, a luta política da esquerda far-se-á a reboque da direita e sempre com menos poder de convicção que esta.

5. *O processo de renovação da esquerda não deve temer a discussão de pontos de convergência com a direita.* Uma pessoa de esquerda não tem de se culpabilizar pelos seus "reflexos de direita" quando, por exemplo, se emociona descontroladamente com um êxito nacional (desportivo ou outro). A questão do nacionalismo, que a direita foi sabiamente monopolizando a seu favor, deve ser encarada de frente pela esquerda para aferir das semelhanças e das diferenças entre um tratamento de esquerda e um tratamento de direita dessa questão. A esquerda não pode permitir que a independência nacional seja uma reivindicação de direita. Nem há nada de errado na glorificação do passado se com ela não se quiser esconder as misérias desse mesmo passado e, se, pelo contrário, se fizer dela a justificação de um direito político e moral a um futuro que não seja de pequenez sem dignidade, de dependência sem horizontes, de servilismo sem glória.

O que sucede com o nacionalismo sucede também com o solidarismo. A esquerda não tem de se envergonhar de ser solidarista. O solidarismo de direita visa consolidar as diferenças injustas para as naturalizar e amortecer o sentimento de injustiça que provocam. O solidarismo de esquerda visa consolidar as igualdades e as diferenças justas para, com base nelas, abranger novas igualdades ou diferenças mais justas.

As esquerdas
A distinção esquerda/direita precede logicamente a que haverá que fazer entre as várias esquerdas. Não sendo este o discurso dominante, que, ao contrário, pretende distinguir as várias esquerdas pela proximidade maior ou menor que cada uma tem com a direita, o exercício, que agora prossigo, contém alguns riscos. Por exemplo, o risco de pregar no deserto. Mas, como dizia Unamuno, é melhor que nos falte razão do que nos sobre.

6. *A conquista da hegemonia cultural é uma tarefa primordial para a esquerda.* Com este objectivo, a esquerda não pode desperdiçar nenhum dos seus recursos culturais. Para referir apenas um deles, que nos últimos anos tem sido posto em causa – o marxismo –, a esquerda não pode dispensar-se das enormes virtualidades analíticas do pensamento marxista entendido, obviamente, enquanto "marxismo ocidental", ou seja, enquanto pensamento para ajudar a pensar e não enquanto pensamento para proibir de pensar. Para isso, o marxismo não tem de estar (nem deve estar) nos programas dos partidos políticos. Cá, como nos países do Leste Europeu, estar nos programas tem significado tradicionalmente estar só nos programas.

7. *Não há sujeitos privilegiados da história.* Cada sociedade em cada tempo histórico cria os sujeitos empíricos históricos com condições privilegiadas, para se envolverem na luta socialista. É tão errado procurar a pureza classista destes sujeitos como fazer depender a luta daqueles que mais têm a perder com o seu êxito. Só análises muito profundas e detalhadas poderão identificar os apoios dessa luta. Em Portugal, o operariado tem uma composição muito *sui generis* e de tal ordem, que qualquer que seja o seu peso social ele tende a ser menor que o seu peso político. O modelo de acumulação em curso aprofunda a heterogeneidade sociológica do operariado aumentando o número de operários que também são camponeses e de operários que também são trabalhadores autónomos.

Tal como não há sujeitos privilegiados da história, também não há uma teleologia objectiva da história. Por outras palavras, não há um objectivo da história diferente dos objectivos dos indivíduos que a fazem. A sociedade socialista é tão-só o processo histórico da extensão e aprofundamento da democracia.

Os apoios para a luta socialista não podem ser reforçados industriando as pessoas (porque, no fim de contas, é de pessoas que se trata) sobre os seus interesses fundamentais e futuros na superação do capitalismo. Se a esquerda não souber falar em termos de interesses imediatos e presentes, falará sozinha. Mas também se reconhece que boa parte desses interesses tem de ser construída através de novas e inovadoras definições da realidade e das carências que nela se revelam e se escondem. É essa a outra dimensão do trabalho cultural. É preciso detectar os projectos emancipatórios latentes ou localizados e, através do estudo e da prática política, avaliar quais deles podem ser explicitados e globalizados. É preciso saber justificar de forma credível que num país a braços com problemas tão "retrógrados", em termos da evolução das sociedades capitalistas, como sejam, por exemplo, os salários em atraso, não é um luxo denunciar problemas tão "avançados" como, por exemplo, a destruição ecológica ou a discriminação sexual. Naturalmente, estes problemas são susceptíveis de mobilizar grupos sociais diferentes e o êxito da luta política depende da articulação que for obtida entre eles.

8. *A questão da relação entre interesses imediatos e interesses fundamentais é central na estratégia socialista.* A distinção principal entre eles é que os interesses imediatos são obtidos na sociedade capitalista enquanto os interesses fundamentais só podem ser satisfeitos na sociedade socialista. O ideal da estratégia socialista é que os interesses imediatos não colidam uns com os outros e que a satisfação deles não colida com os objectivos dos interesses fundamentais. Na realidade, porém, essas colisões são frequentes. O sucesso de uma greve pode levar a uma maior concentração do capital que torna mais difícil e precária a participação dos trabalhadores na gestão da empresa ou no controlo da produção. Sempre que há incompatibilidades entre interesses imediatos e interesses fundamentais,

o problema que se põe aos líderes da luta socialista é o de saber se lhes é permitido sacrificar interesses imediatos em favor dos interesses fundamentais. Não é claro que seja do interesse dos trabalhadores de hoje que os seus descendentes vivam a felicidade socialista e, pelo contrário, é claro que não estão dispostos a privarem-se do que hoje lhes pode dar alguma felicidade para que essa felicidade plena seja possível no futuro.

9. *Um movimento socialista maduro sabe esperar.* Os interesses fundamentais devem estar logicamente presentes na satisfação dos interesses imediatos, tal como a alternativa deve estar presente na alternância. Mas entre uns e outros há uma distância cronológica longa. Essa distância é o tempo de uma transformação que é tão económica como cultural. O exercício do poder socialista só faz sentido enquanto último estádio da transformação do poder capitalista, pois quem viveu explorado e dominado dificilmente governará bem se governar através do mesmo poder que o governou durante tantas gerações.

Se é preciso evocar uma autoridade, Marx disse certa vez aos líderes mais impacientes ou "ultra-esquerdistas" do movimento operário: "enquanto nós dizemos aos trabalhadores 'tendes de suportar quinze, vinte, cinquenta anos de guerra civil e de lutas populares não apenas para mudar as condições, mas também para vos mudardes a vós próprios e vos preparardes para a direcção política', vós dizei-lhes, pelo contrário: 'devemos tomar o poder imediatamente ou então é melhor irmos dormir'".

A transformação das consciências é, assim, uma dimensão decisiva da luta por uma alternativa política. A formação da consciência política é a tarefa mais concreta e prática da estratégia socialista. É que, ao contrário do que durante muito tempo se pensou, não é legítimo imputar em abstracto a uma dada classe uma dada consciência colectiva. A consciência colectiva de uma classe é um dado empírico. Não é mais que o padrão de distribuição das consciências individuais das pessoas que objectivamente integram essa classe.

Daí a importância do trabalho cultural e a necessidade de evitar dois riscos, qualquer deles capaz de inviabilizar a construção de uma alternativa socialista: o risco de alguém se envolver na luta socialista só porque pertence objectivamente à classe ou a uma das classes que a promove; o risco de alguém se desvincular da luta socialista por pensar que o seu contributo, por ser pessoal, não é necessário para atingir o objectivo colectivo.

10. *Nenhum problema social é estranho à esquerda.* Mas todos têm de ser reformulados por ela à luz dos seus interesses estratégicos e da inserção destes nas realidades específicas da sociedade portuguesa.

Neste sentido, a renovação da esquerda pressupõe uma problemática que lhe seja própria. Por exemplo, o antiestatismo, tal como tem vindo a ser discutido, é em grande parte uma discussão derivada da direita. A esquerda tem de denunciar a ineficiência do Estado, mas também e sobretudo de denunciar em que medida ela aproveita a classe dominante. A esquerda não tem de ter medo de desestatizar sempre que o achar conveniente. Mas enquanto a direita desestatiza para dar mais poder aos blocos económicos e maior discricionariedade ao poder patronal, a esquerda desestatiza para dar mais força ao sector cooperativo ou à iniciativa empresarial de grupos de trabalhadores e para aumentar o voluntariado e solidariedade social na prestação de serviços.

Do mesmo modo, a esquerda não tem de ter medo da flexibilização das ocupações. Mas enquanto a direita flexibiliza para precarizar, para tornar mais discricionário o poder patronal e maior o desemprego, a esquerda flexibiliza para permitir redistribuições de trabalho e reduções de horário de trabalho, para permitir maior particularismo e autonomia na obtenção de rendimentos a partir de um mínimo socialmente garantido, para tornar possíveis contratos de solidariedade e estruturas experimentais. A esquerda está atenta às conexões sociais das reformas, enquanto a direita só as vê na perspectiva da acumulação de lucros. Por exemplo, para a esquerda, a maior flexibilidade do trabalho implica transportes colectivos mais rápidos e baratos e a habitação social mais acessível a fim de que se torne mais fácil mudar de casa. Pelas mesmas razões, uma das questões mais badaladas recentemente, a questão do pós--industrialismo, não deve iludir a esquerda de que estamos numa sociedade semiperiférica e que, sobretudo para estas sociedades, o pós-industrialismo é o lado bom do mesmo processo económico mundial cujo lado mau é a exportação para elas do lixo industrial dos países mais avançados e, com isso, a rápida e dramática desintegração ecológica.

11. *As sociedades semiperiféricas importam mais facilmente os problemas que as soluções.* As problemáticas da desestatização, da flexibilização do trabalho ou do pós-industrialismo não podem fazer esquecer que as sociedades não estão todas igualmente munidas de recursos para suportar e compensar os custos de transição. A falta de recursos económicos nas sociedades dependentes como a nossa pode vir a ser "compensada" com recursos repressivos e, portanto, com o aumento do autoritarismo. Este autoritarismo pode compatibilizar-se com o jogo democrático e hoje em dia exige uma filosofia política liberal. O liberalismo tende mesmo a ser a forma ideológica do autoritarismo nas sociedades dependentes. Por isso também, mais do que em qualquer outro tipo de sociedade, é nas sociedades dependentes que a luta de esquerda deve assentar basicamente no aprofundamento da democracia participativa.

12. *Não há incompatibilidade, mas antes íntima complementaridade entre igualdade e liberdade.* Um dos erros mais em moda na discussão sobre o socialismo é o de que há incompatibilidade entre a liberdade e a igualdade e de que, por isso, o socialismo, sob pena de ser uma tirania, tem de dar primazia à liberdade, mesmo se com isso cria desigualdade. O erro consiste em comparar a liberdade possível nas sociedades capitalistas com a igualdade desejável da sociedade socialista. As desigualdades económicas constituem sempre um obstáculo à liberdade, desde logo à liberdade de consumir. Mas não constituirá a liberdade um obstáculo à igualdade?

Só assim será se a liberdade for concedida ou conseguida de modo desigual, como sucede nas sociedades capitalistas: por exemplo, se se dá liberdade aos patrões para não pagarem salários em atraso, mas não se dá liberdade aos trabalhadores para se apropriarem dos produtos que produzem e para os comercializarem.

13. *É preciso criar um futuro possível para que mereça a pena exercer o poder que o permita construir.* Durante todo o século, a esquerda formou-se na conquista de concessões por parte do Estado. Daí que assuma hoje uma cultura defensiva. Tem de a substituir por uma cultura de inovação. A cultura de uma sociedade que produz novos valores de uso e, com eles, novas subjectividades que, por sua vez, suscitam novas solidariedades, novos conflitos. Uma sociedade feita de particularismo militante ou de militância do particularismo, virado para a "produção" de pessoas. Quanto menor for o trabalho socialmente necessário para produzir coisas, maior será o trabalho necessário para produzir pessoas (educação, fruição da cultura, equilibração emocional). A consequente flexibilização dos processos sociais (ocupações, produção, educação, segurança social) exige uma profunda reorganização da administração pública e dos movimentos sociais, tanto dos velhos como dos novos movimentos sociais. Não se trata de Estado a mais ou a menos, mas antes de uma nova forma de Estado. Desestatizar é apenas um instrumento entre muitos e nem sequer o mais eficaz. O que distingue neste campo a direita da esquerda é que esta está atenta à natureza e às conexões da regulação estatal. Todo o crescimento do Estado é orgânico, pelo que qualquer corte tende a ser uma amputação a exigir nova intervenção do Estado. É sabido que o Estado tem de intervir para deixar de intervir.

Sem um projecto de futuro por parte da esquerda, a direita governará mesmo quando a esquerda estiver no governo, e a frustração daqueles que contribuíram para a esquerda atingir esse falso poder será cada vez mais profunda e a mobilização para novas lutas será cada vez mais difícil.

CAPÍTULO 4
TESES PARA A RENOVAÇÃO DO SINDICALISMO EM PORTUGAL E O DEBATE QUE SUSCITARAM [22]

As teses
1. *O futuro do sindicalismo é tão incerto, como tudo o resto nas sociedades capitalistas do fim do século. Nem mais nem menos.*

Há quem preveja que o movimento sindical, como qualquer outro movimento, tem um ciclo vital, infância, maturidade, velhice e morte. A verdade é que o ciclo vital do sindicalismo está muito ligado ao do capitalismo. Enquanto não se descortinar a morte do capitalismo, não parece provável que se possa assistir à morte do sindicalismo. Isto não impede que, entretanto, quer o capitalismo, quer o sindicalismo se transformem profundamente.

A crise do sindicalismo é, contudo, uma evidência e a enorme dificuldade em levar a cabo uma discussão séria sobre o estado do sindicalismo é talvez a prova maior da existência dessa crise.

2. *Os problemas com que se debate o movimento sindical não são específicos da sociedade portuguesa. Tendo causas e características comuns com as do movimento sindical internacional, assumem, no entanto, na nossa sociedade alguns traços próprios.*

É costume dividir o movimento sindical nos países europeus mais desenvolvidos depois da Segunda Guerra Mundial nos seguintes períodos: o primeiro período, finais da década de 1960, princípios da década de 1970, foi de grande mobilização colectiva dos trabalhadores e seus sindicatos. Foi, aliás, um período de grande mobilização social em geral da qual emergiram novos movimentos

---

[22] Comunicação apresentada no Colóquio "Sindicalismo, os Novos Caminhos da Sociedade", organizado pela CGTP-IN e realizado em Lisboa no dia 15 de Março de 1995.

sociais com propostas social e politicamente muito mais avançadas do que as dos sindicatos, pressionando estes a abandonarem o *statu quo* sindical do pós-guerra. Neste período, a grande questão para os sindicatos foi a da sua capacidade para representar adequadamente reivindicações operárias por vezes radicais e insusceptíveis de acomodar nas estruturas organizativas dos sindicatos.

O segundo período, que corresponde *grosso modo* à década de 1970, foi o período da concertação social. Perante a forte mobilização colectiva e sem melhores alternativas, o empresariado aceitou uma maior participação dos trabalhadores e dos seus sindicatos na gestão das empresas e da política macroeconómica. À medida que a mobilização colectiva se institucionalizou, o Estado assumiu um papel mais central nas negociações colectivas tripartidas.

O terceiro período, que se inicia no princípio da década de 1980 e vem até aos nossos dias, é a crise da macroconcertação social. Novos conceitos de produção pós-fordista reclamam a flexibilização da relação salarial, a segmentação, a fragmentação e diversificação da força do trabalho, e a consequente deslocação do centro de gravidade das relações capital-trabalho da macroconcertação para a micronegociação da empresa. O Estado procura retirar-se e os empresários e gestores ganham poder de iniciativa na gestão da produção.

É hoje reconhecido que, nos países centrais, o movimento sindical emergiu da década de 1980 no meio de três crises distintas, ainda que interligadas. A *crise da capacidade de agregação de interesses* em face da crescente desagregação da classe operária, da descentralização da produção, da precarização da relação salarial e da segmentação dos mercados de trabalho; a *crise da lealdade dos seus militantes* em face da emergência contraditória, do individualismo e de sentimentos de pertença muito mais amplos que os sindicais que levou ao desinteresse pela acção sindical, a redução drástica do número de filiados, ao enfraquecimento da autoridade das lideranças sindicais; e, finalmente, a *crise de representatividade* resultante, afinal, dos processos que originaram as duas outras crises.

A descrição desta periodização mostra bem que ela se adequa mal ao movimento sindical português. O primeiro período foi vivido na sua maior parte pelo movimento sindical português em clandestinidade. Lembrar as condições difíceis em que tiveram lugar as grandes mobilizações operárias, sobretudo a partir de 1969, é a melhor maneira de homenagearmos hoje a Intersindical na celebração nos seus vinte e cinco anos.

No momento em que nos países europeus se iniciava o período da concertação social, ocorreu em Portugal a Revolução do 25 de Abril de 1974, que transformou profundamente as relações entre o capital e o trabalho. Grande mobilização colectiva, por vezes contra as directivas sindicais, o capital em fuga, os gestores remetidos à gestão do medo, a nacionalização da grande indústria, banca e seguros, um Estado paralisado na sua capacidade repressiva e aparentemente mais próximo do trabalho do que do capital, tudo isto criou momentaneamente a vertigem do socialismo. Este período vincou uma das marcas mais distintivas do sindicalismo português: o facto de a sua força ser indissociável da influência que pode exercer sobre o poder do Estado.

A segunda metade da década de 1970 foi, por isso, particularmente difícil para o movimento. Perante um tecido empresarial dramaticamente heterogéneo, tendo, de um lado, um patrão demasiado poderoso, o Estado, ou as multinacionais, e, do outro, uma imensidão de pequenos e médios empresários sem prática nem cultura capitalista, o movimento sindical, saturado de ingerências partidárias, teve de conviver com a frustração de um sonho socialista cada vez mais distante e com uma prática de reconstrução capitalista segundo as receitas do primeiro acordo com o FMI celebrado em 1978.

É já no fim da década de 1970 que se inicia entre nós o período da concertação social. A criação da União Geral de Trabalhadores (UGT), com forte intervenção do Estado e igualmente saturadas ingerências partidárias, marca o início desse período que tem na criação do Conselho Permanente de Concertação Social em 1984 o seu segundo momento significativo, tendo lugar o terceiro momento já no final da década de 1980, quando a Confederação Geral dos Trabalhadores Portugueses-Intersindical Nacional (CGTP-IN) assume o seu lugar no Conselho. Isto significa que, entre nós, a concertação social se institucionaliza no momento em que há muito estava em crise nos países europeus mais desenvolvidos, então já em plena fase de flexibilização da relação salarial.

No prazo de pouco mais de vinte anos, Portugal viveu em curto-circuito histórico a sobreposição de diferentes momentos de relações entre o capital e o trabalho que noutros países tiveram um desenvolvimento orgânico e sequencial. E, para mais, viveu-os em dessincronia com o que sucedia em sociedades europeias a que, entretanto, nos fomos ligando mais e mais em termos económicos e políticos. Quando aí houve mobilização colectiva, tivemos repressão, quando aí houve concertação, tivemos mobilização e nacionalizações, quando aí houve crise da concertação e flexibilização, aqui tivemos um discurso de concertação e uma prática de flexibilização.

Não admira, pois, que a vida sindical esteja hoje mergulhada numa crise de identidade. Num país com legislação laboral relativamente avançada, os direitos dos trabalhadores são maciça e impunemente violados. Os nossos empresários e gestores contam-se entre os mais arrogantes e hostis de toda a Europa para com a actividade sindical. Nalgumas empresas, os mesmos gestores de há vinte anos confrontam hoje os mesmos dirigentes sindicais de há vinte anos com uma arrogância tal, que choca até ao absurdo com o medo que há vinte anos os levava a consultar os trabalhadores por tudo e por nada.

3. *A dessincronia entre o movimento sindical português e o europeu não é resolúvel a curto prazo.* Enquanto na Europa é hoje comum dizer-se que a reestruturação industrial e nova terciarização da economia estão completas e que o enfraquecimento que ela provocou no movimento sindical já atingiu o seu ponto mais fundo, em Portugal nada nos garante que isto já tenha sucedido.

A reestruturação está em curso ainda, as pressões sobre o movimento sindical são sobretudo negativas, no sentido da desregulamentação da economia e da divisão do movimento sindical, da degradação dos salários reais e do trabalho precário, e não se vislumbra ainda um padrão civilizado e consistente de relações entre trabalhadores e empresários, um padrão adequado às novas condições de continuada reorganização da produção, cada vez mais dominada pela qualidade e pela competição e concorrência internacionais. Sabemos que estas novas condições funcionam como restrições: o importante é saber como se poderão converter em oportunidades para o movimento operário e sindical.

O movimento sindical português está na contingência de viver os próximos anos em clima de grande insegurança e incerteza que, por vezes, atingirá a própria identidade do interlocutor (vai haver indústria portuguesa ou indústria em Portugal? Há uma classe empresarial portuguesa ou uma classe empresarial em Portugal, ou nem uma coisa nem outra? Há um Estado Português ou um Estado em Portugal que executa no nosso país as directivas da União Europeia?).

Nestas condições, o sindicalismo português será certamente solicitado em direcções opostas. Por um lado, pretender-se-á que navegue à vista, assumindo uma estratégia defensiva dominada pela lógica da *guerra de posição*, para usar a terminologia de António Gramsci. Por outro lado, pretender-se-á que atente além do que está próximo e visível, que seja agressivo e criativo nas suas propostas e que, aproveitando as inseguranças presentes, que também atingem o empresariado, assuma uma estratégia dominada pela lógica da *guerra de movimento*.

Dada a volatilidade das condições presentes, não é possível decidir com segurança se uma ou outra postura é a mais correcta. O meu senso comum de sociólogo diz-me que a segunda, sendo a mais difícil, é a mais promissora. Perfilho-a, no entanto, com um qualificativo importante. É que, em meu entender, para ter êxito, uma estratégia de longo alcance, agressiva e criativa tem de começar por se aplicar ao próprio movimento sindical, questionando-o de alto a baixo na convicção de que a co-participação na construção de um futuro melhor só é possível se assentar na co-responsabilização nos erros do passado que desembocaram no presente.

Em meu entender, é preferível que seja o movimento sindical a questionar-se a si próprio e por sua iniciativa, até porque, se o não fizer, acabará por ser questionado a partir de fora, como já está a suceder, e por forças sociais e políticas que lhe são hostis.

Por assim entender, centro as minhas teses e o meu apelo nas tarefas de autoquestionamento do sindicalismo, convicto de que por esta via se obterá a prazo uma maior dignificação do trabalho e do sindicalismo.

4. *O movimento sindical foi moldado e consolidado ao nível das sociedades nacionais*. Hoje está sob uma dupla e contraditória pressão desestruturadora: a pressão das exigências locais e localizantes, por um lado, e a pressão das exigências transnacionais e transnacionalizantes, por outro.

Tanto as pressões locais como as transnacionais conduzirão a um processo de reconstrução institucional do sindicalismo que será longo e difícil, mas o único susceptível de transformar as dificuldades em oportunidades.

Em última instância, as dificuldades decorrem do estreito e desigual quadro em que opera a função histórica primacial dos sindicatos: a luta e a negociação colectivas. O patronato e os governos nacionais partem para a negociação colectiva ancorados em políticas económicas internacionais. As suas propostas reflectem a globalização dos capitais, obedecem a lógicas de regulação mundial ou de espaços económicos integrados e a quadros de concorrência sectorial definidos à escala global. Ao contrário, os trabalhadores discutem, no essencial, em estrito quadro nacional, reflectindo os desequilíbrios do fenómeno da globalização, isto é, o facto de a força de trabalho ser ainda essencialmente local.

A desproporção de forças é, assim, abissal: todos os governos (sejam eles liberais, conservadores ou socialistas) apresentam à mesa das negociações, *grosso modo*, as mesmas soluções: contenção ou redução salarial; segmentação e flexibilização do mercado de trabalho; desmantelamento das aquisições do Estado-Providência (onde exista); e impulso aos programas privatizadores. Com os dois primeiros objectivos, os governos querem evitar a queda dos lucros na expectativa da retoma dos investimentos. Com os dois últimos, o objectivo é manter em níveis toleráveis o défice orçamental. A opção estratégica da actual ordem económica é o controlo nacional das tensões inflaccionárias e não do emprego.

Esta é talvez a principal dificuldade prática da função sindical e uma das causas mais fortes da descrença na força do sindicalismo. Assim sendo, os dirigentes sindicais não podem adiar por mais tempo a extracção de consequências. Estamos em presença de uma contradição não passageira e que exige respostas à altura do que está em jogo. Há um problema de lugar para o sindicalismo no contexto da mudança de espaço e de escala em que operam as políticas económicas à luz das transformações em curso nos sistemas produtivos.

5. *A globalização da economia e as transformações nos sistemas produtivos estão a alterar profundamente as relações no espaço da produção*. Estas relações são de dois tipos: as relações de produção contractualmente estabelecidas entre o trabalho e o capital e que constituem no seu conjunto a relação salarial, e as relações na produção que governam o trabalho concreto realizado pelos trabalhadores durante o dia de trabalho, relações entre trabalhadores, destes com supervisores, com gestores, segundo as normas e regulamentos da empresa, às vezes fixados por escrito, outras vezes não escritos e transmitidos oralmente segundo a "cultura da empresa".

Estes dois tipos de relação, sendo indissociáveis, têm lógicas diferentes e é igualmente diferente o impacto das transformações recentes em cada um deles. Assim, a flexibilização das relações de produção significa invariavelmente a precarização da relação salarial, enquanto a flexibilização das relações na produção pode significar enriquecimento e maior autonomia do processo de trabalho, ou seja, diminuição da alienação no trabalho. Historicamente, o movimento sindical tendeu a privilegiar as relações de produção, negligenciando as relações na produção. Quanto mais contestatário o sindicalismo, mais vincada foi essa tendência.

Este facto esteve na origem de uma das debilidades do sindicalismo. Ao centrar-se prioritariamente nas questões do emprego e do salário, os sindicatos tenderam a desinteressar-se dos desempregados, das mulheres, dos reformados e dos jovens à procura do primeiro emprego, e, ao fazê-lo, descuraram um campo imenso de solidariedade potencial. Mas, por outro lado, em relação aos trabalhadores com emprego em que sempre se interessaram, interessaram-se sempre e apenas por uma pequena fracção das suas preocupações. De facto, os trabalhadores que estão empregados e recebem um salário confrontam-se no seu quotidiano com muitos problemas que afectam decisivamente a sua qualidade de vida e a sua dignidade enquanto cidadãos para os quais os sindicatos que os representam não têm resposta adequada. Tais problemas, por relevarem das relações na produção, são considerados menos importantes e são deixados para comissões de trabalhadores que hoje, na maioria dos casos, ou não existem ou estão desactivadas, ou, quando existem, são quase sempre olhadas com suspeita pelas estruturas sindicais.

6. *As transformações recentes do capitalismo mundial estão a alterar profundamente tanto as relações de produção, como as relações na produção e, sobretudo, as relações entre umas e outras.* O impacto destas alterações nas organizações dos trabalhadores é difícil de prever, mas não será demasiadamente ousado pensar que ele será muito significativo. São as seguintes as principais transformações:

- a transnacionalização da economia protagonizada por empresas multinacionais que convertem as economias nacionais em

economias locais e dificultam, se não mesmo inviabilizam, os mecanismos de regulação nacional, sejam eles predominantemente estatais, sindicais ou patronais;
- a descida vertiginosa na quantidade de trabalho vivo necessário à produção das mercadorias, fazendo com que seja possível algum crescimento sem aumento de emprego;
- o aumento do desemprego estrutural gerador de processos de exclusão social agravados pela crise do Estado-Providência;
- a enorme mobilidade e consequente deslocalização dos processos produtivos, tornadas possíveis pela revolução tecnológica e imperativas pela predominância crescente dos mercados financeiros sobre os mercados produtivos, o que tende a criar uma relação salarial global, internamente muito diferenciada mas globalmente precária;
- o aumento da segmentação dos mercados de trabalho e de tal modo, que nos segmentos degradados os trabalhadores empregados permanecem, apesar do salário, abaixo do nível de pobreza, enquanto nos segmentos protegidos a identificação como trabalhador desaparece, dado o nível de vida e a autonomia de trabalho e o facto de os ciclos de trabalho e de formação se sobreporem inteiramente;
- a saturação da procura de muitos dos bens de consumo de massa que caracterizaram a civilização industrial, de par com a queda vertical da oferta pública de bens colectivos, tais como a saúde, o ensino e a habitação;
- a destruição ecológica que paradoxalmente alimenta as novas indústrias e serviços ecológicos ao mesmo tempo que degrada a qualidade de vida dos cidadãos em geral;
- o desenvolvimento de uma cultura de massas dominada pela ideologia consumista e pelo crédito ao consumo, que aprisionam as famílias à prática ou, pelo menos, ao desejo da prática do consumo;

- as alterações constantes nos processos produtivos que para vastas camadas de trabalhadores tornam o trabalho mais duro, penoso e fragmentado e, por isso, insusceptível de ser motivo de auto-estima ou gerador de identidade operária ou de lealdade empresarial;
- o aumento considerável dos riscos, contra os quais os seguros adequados são inacessíveis à grande maioria dos trabalhadores.

Entre outras, estas são transformações vastíssimas e muito heterogéneas, que ora se potenciam umas às outras, ora se neutralizam, sendo, pois, impossível prever o seu impacto global nas relações de produção ou nas relações na produção. Mas as seguintes ocorrências parecem mais prováveis que improváveis.

Em primeiro lugar, as relações de produção serão em geral cada vez mais instáveis, precárias e insusceptíveis de ser reguladas a nível nacional e muito menos homogeneamente. Serão, pelo contrário, cada vez mais importantes as regulações locais e transnacionais e todo o problema reside na possibilidade de incorporar nesta realidade o princípio da solidariedade. Ao contrário do que pretende o credo neo-liberal, a estabilidade mínima da vida de vastas camadas das classes trabalhadoras terá de ser obtida por mecanismos políticos directos (como, por exemplo, rendimento familiar mínimo garantido) em que os trabalhadores contam como cidadãos e em que os sindicatos intervêm a par de outras organizações sociais e políticas.

Em segundo lugar, quanto mais instáveis e precárias forem as relações de produção, mais intensamente a experiência laboral será dominada pelas relações na produção. Por outras palavras, quanto mais difícil se torna defender a relação salarial, mais importante se torna lutar pela qualidade das relações sociais no processo de trabalho concreto, ainda que os dois combates sejam estrategicamente um só. Se assim for, as funções assumidas pelas comissões de trabalhadores ao nível do local de trabalho tenderão a ter um papel cada vez mais importante. Por outro lado, quanto mais a produção de bens e serviços for dominada por multinacionais, maior será a necessidade de articular as reivindicações locais com as reivindicações transnacionais e de o fazer muitas vezes ao nível da empresa. As comissões de trabalhadores, funcionando em rede transnacional, estão em melhores condições para realizar tal articulação.

Uma terceira ocorrência é que a experiência de trabalho, sendo cada vez mais presente e premente enquanto prática de vida, será cada vez mais desvalorizada enquanto cultura e ideologia. Será cada vez mais cercada e relativizada por experiências culturalmente mais valorizadas, tais como a experiência da cidadania contra a exclusão social, da participação contra a alienação, da democracia contra os fascismos privados, dos direitos do consumidor contra um consumo degradado, dos direitos ecológicos e culturais contra a perda da qualidade de vida. Por esta via, far-se-á uma transferência progressiva da identidade operária para a identidade cidadã. Isto significa valorizar o que de melhor a cultura operária produziu: uma ambição de cidadania partilhável por toda a sociedade. Esta transferência terá duas consequências principais. Por um lado, a cidadania no espaço da produção convoca de novo as comissões de trabalhadores para um papel mais central, para uma relação mais equilibrada entre sindicatos e comissões de trabalhadores e, sobretudo, para que uns e outros estejam mais dependentes do universo dos trabalhadores no espaço da produção. Só isso poderá impedir que os patrões ou os seus gestores continuem a tentar usar as comissões de trabalhadores para enfraquecer os sindicatos, afastando-os dos processos de negociação. Por outro lado, a cidadania fora do espaço da produção convoca o movimento sindical a articular-se com outros movimentos sociais progressistas, movimentos de consumidores, ecológicos, anti-racistas, feministas, etc. Muitas das energias contestatárias contidas no movimento sindical devem ser deslocadas para a articulação com estes outros movimentos.

Estas ocorrências criam assim oportunidades novas de reforçar a democracia sindical e de, através delas, construir, a partir da base, a unidade sindical. Quando eleitas pelo universo dos trabalhadores, as comissões de trabalhadores cumprem essa exigência democrática. É sabido, contudo, que tais comissões só sobrevivem nalgumas empresas, quase sempre grandes empresas, e que são inúmeras as dificuldades para formar e manter quadros sindicais ao nível da empresa.

Deve defender-se que onde não existam comissões de trabalhadores estas sejam criadas ou então sejam as comissões sindicais a absorver as funções das comissões de trabalhadores. Mas, para isso, é indispensável que as comissões sindicais deixem de ser eleitas pela via sindical e passem a ser eleitas pelo universo de trabalhadores, a partir de listas compostas por sindicalistas, independentemente da central a que pertençam. Por esta via, conferir-se-á uma nova legitimidade à acção sindical, transformando-a em factor de unidade dos trabalhadores, uma unidade construída a partir da base e bem colada aos interesses, às aspirações e às escolhas dos trabalhadores.

Esta participação é também uma responsabilização. Perante a volatilidade das decisões, dos acordos e dos conflitos, a responsabilização tem de ser cada vez mais transparente. As eleições para as comissões de trabalhadores e para as comissões sindicais são um meio fundamental para conseguir tal transparência, mas não certamente o único. Há, por exemplo, que revalorizar o referendo como forma de sustentar as boas decisões e os bons acordos, mas também como forma de responsabilizar os trabalhadores por eventuais más decisões ou maus acordos.

A exigência da cidadania é uma exigência de democracia e de participação. Só a podem fazer genuinamente face às outras forças sociais as comissões de trabalhadores e os sindicatos que as cumprirem internamente. Sem democracia interna o apelo à democracia externa é uma mistificação que já não engana nem quem o faz.

7. *As relações entre partidos e sindicatos têm raízes históricas profundas que, de resto, variam significativamente de país para país.* No período de refundação do movimento sindical que começámos a atravessar, tais relações e raízes têm de ser reavaliadas radical e criticamente.

Os partidos democráticos continuam a entender o movimento sindical como correia de transmissão. O espaço de intervenção que este lhes faculta não está sujeito às regras do espaço público e é, por isso, vulnerável à criação de privilégios oligárquicos e à substituição das fontes de legitimidade.

Longe de mim contestar o direito dos militantes partidários à intervenção sindical, mas é facto que as condições antidemocráticas em que se gerou, na clandestinidade, o movimento sindical português favoreceram a influência do Partido Comunista Português (PCP) na Intersindical. As condições antidemocráticas em que se travaram, na clandestinidade, as rivalidades entre o PCP e o Partido Socialista (PS) e as condições revolucionárias em que essas rivalidades continuaram no imediato pós-25 de Abril favoreceram a influência do PS na constituição e consolidação da UGT. Estas influências – que, não raro, se transformaram em ingerências –, qualquer que tenha sido a sua justificação no passado, são hoje um dos factores da crise de confiança de muitos trabalhadores nas suas organizações de classe.

A influência na CGTP, por vir de um partido obrigado, na prática, a uma postura de contrapoder, privilegiou exageradamente um sindicalismo de contestação. A influência na UGT, por vir de um partido sem vocação para partido de oposição, privilegiou exageradamente um sindicalismo de participação. Os exageros de um sindicalismo de contestação, que não produz resultados palpáveis, e de um sindicalismo de participação, que confunde participação com consentimento nos critérios arbitrários da gestão, contribuíram para criar um vazio em que prosperou o sindicalismo defensivo, num quadro geral de dessindicalização.

Esta situação é tanto mais grave quanto é certo que nem o sindicalismo contestatário nem o sindicalismo participativo têm condições para continuar a actuar entre nós nas formas em que o têm feito até agora. Assim, o sindicalismo contestatário corre o risco de desaparecer, não por falta de energia ou motivação dos dirigentes sindicais, mas pura e simplesmente por encerrar as empresas onde ele era mais forte e tinha tradição. Por seu lado, o sindicalismo de participação, que entre nós é muito mais uma aspiração que uma vivência, corre o risco de se desacreditar pela trivialidade dos acordos em que se afirma.

As dificuldades dos dois tipos de sindicalismo residem ainda numa característica comum, que os une além de tudo o que os divide. É que, quer um, quer outro tipo de sindicalismo assenta entre nós num sentimento de fragilidade e na ideia de que o que quer que se consiga de benefício para os trabalhadores só se consegue quando o Estado intervém. Ora, o Estado tende a intervir cada vez menos e quando intervém tende a fazê-lo cada vez mais contra os interesses dos trabalhadores.

O fim das relações privilegiadas entre as organizações sindicais e os partidos é urgente e quanto mais tarde ocorrer pior para os sindicatos. O fim dessas relações é exigido pelas novas condições da luta sindical que separam, como nunca antes, o objectivo de civilizar o capitalismo e o objectivo de construir um socialismo civilizacional.

Na medida em que o objectivo é civilizar o capitalismo, os sindicatos continuarão a ser uma organização privilegiada, mas, para isto, terão de agir com total autonomia em relação aos partidos e de ser totalmente indiferentes às preferências partidárias dos trabalhadores ou dos patrões.

Na medida em que o objectivo seja construir um socialismo civilizacional, os sindicatos não têm privilégios organizacionais e, portanto, não estão em condições de ditar nenhumas relações privilegiadas com quaisquer partidos ou outras organizações. Por isso, sempre que houver relações privilegiadas, eles serão sempre mais vitimizados do que beneficiados por elas. Deverão, ao contrário, articular-se com todos os movimentos apostados na constituição do socialismo civilizacional. A influência de que cada uma destas perspectivas vier a desfrutar entre os trabalhadores deve resultar da vontade destes democraticamente expressa.

Tal como as organizações sindicais, os partidos políticos formaram-se tendo em vista a sociedade nacional e, portanto, tal como elas estão hoje sujeitos às pressões tanto locais e localizantes como transnacionais e transnacionalizantes. As crises que tais pressões provocam nos sindicatos e nos partidos têm algumas semelhanças, mas são estruturalmente distintas. Tal como aconteceu no passado, é natural que os partidos tentem resolver as suas crises à custa dos sindicatos e vice-versa, que os sindicatos tentem resolver as suas crises à custa dos partidos. Porque a refundação sindical tem de ser mais profunda que a refundação partidária, a confusão entre as crises dos partidos e a crise dos sindicatos é mais prejudicial para os sindicatos do que para os partidos. E o mesmo sucede com a confusão entre os modos de resolver tais crises. Assim, se é mau para os sindicatos que estes tentem resolver as suas crises à custa dos partidos, é ainda pior para os sindicatos que os partidos tentem resolver as suas crises à custa dos sindicatos.

8. *O novo sindicalismo receberá do velho sindicalismo as tradições opostas da contestação e da participação, mas recebe-as transformando a oposição entre elas em complementaridade.* A complementaridade entre as duas tradições pressupõe a união operacional do movimento sindical.

O novo sindicalismo tem de ser pragmaticamente de contestação e de participação. A opção entre uma outra estratégia será ditada pelos seguintes três critérios, dispostos por ordem decrescente de valência: (1) a opção que melhor evita a dessindicalização e o sindicalismo defensivo; (2) a opção que mais eficazmente divide os patrões em termos de adesão ao capitalismo civilizado, (3) a opção que garante a maior neutralidade possível de um Estado que nunca é neutral.

Na grande maioria das situações, a melhor estratégia é a que mistura em doses diferentes a contestação e a participação. Consoante os casos, teremos uma contestação participativa ou uma participação contestatária. Nas novas condições de desenvolvimento do capitalismo, o movimento sindical consolidar-se-á tanto mais quanto melhor calibrar as doses necessárias de participação e de contestação na sua estratégia. Fá-lo-á tanto melhor quanto mais flexível e atenta às condições concretas for a calibragem das doses e quanto mais criativas forem as misturas entre elas.

9. *O compromisso político dos sindicatos é com os trabalhadores e a democracia.* É um compromisso duplamente exigente. Porque os trabalhadores são menos cidadãos da sua empresa do que são do seu país, a democracia representativa é sempre para eles uma experiência limitada e frustrante. Os limites e as frustrações desta experiência só podem ser superados, por via progressista, na medida em que a democracia representativa for complementada pela democracia participativa tanto no espaço público como no espaço da produção. Os sindicatos actuam no espaço público enquanto movimento social e parceiro social e actuam no espaço da produção enquanto representantes dos trabalhadores.

O que mais profundamente distingue os sindicatos dos partidos é que os sindicatos, ao contrário dos partidos, têm de praticar simultaneamente a democracia representativa e a democracia participativa e em termos tais, que a primeira só é possível na medida em que é sustentada pela segunda. A dificuldade da democraticidade interna dos sindicatos é, assim, dupla e traduz-se num paradoxo: a experiência da democracia representativa foi sempre para os trabalhadores uma experiência limitada e frustrante; mas o movimento sindical nunca dispôs de uma cultura organizacional que desse prioridade à democracia participativa, salvo em momentos e processos episódicos.

Porque os trabalhadores são sempre cidadãos de segunda classe nas suas empresas, o défice de democracia face ao patrão facilita sub-repticiamente a reprodução de um défice de democracia face às estruturas sindicais. Em situações extremas, os dois défices são tão semelhantes que os trabalhadores têm dificuldade em os distinguir. Quando uma estrutura sindical organiza um plenário sindical dispondo na sala os seus dirigentes e planeando as suas intervenções de modo a abafar, a desautorizar ou desencorajar todas as vozes discordantes em relação à estratégia sindical definida de antemão pela estrutura, quando procede assim está a perfilhar uma concepção de participação dos trabalhadores muito semelhante à do patrão que considera que envolve participativamente os trabalhadores na vida da empresa quando os consulta sobre se o piso da fábrica está ou não escorregadio.

10. *O movimento sindical está perante um desafio global e as oportunidades para o vencer não são menores que as de ser vencido por ele.* Este desafio coloca-se a diferentes níveis. Os mais importantes são os seguintes:

O desafio da solidariedade. O movimento sindical tem de revalorizar e de reinventar a sua tradição solidarista, de modo a desenhar um novo, mais amplo e mais arrojado arco de solidariedade adequado às novas condições de exclusão social. É antes de mais necessário uma nova solidariedade entre trabalho com emprego e trabalho sem emprego e é à luz dela que, em parte, se deve discutir a questão da redução nacional e internacional do horário de trabalho e do trabalho entre idosos. É desde logo também necessária uma nova solidariedade entre homens e mulheres trabalhadores. Os estudos de sociologia do trabalho demonstram à saciedade as múltiplas discriminações de que são vítimas as mulheres no processo de selecção e nas carreiras, no modo como são sujeitas a exames médicos discriminatórios e a questionários sobre a vida íntima, indiscretos quando não mesmo indecentes. E tudo isto ocorre muitas vezes perante o silêncio e se não mesmo com a conivência do sindicato ou da comissão de trabalhadores.

Acima de tudo, é necessário reconstruir as políticas de antagonismo social que confiram ao sindicalismo um papel acrescido na sociedade e o transformem num factor de esperança na possibilidade de uma outra forma de organização social. Um sindicalismo menos partidário e mais político, menos sectorial e mais solidário. Um sindicalismo de mensagem integrada e alternativa civilizacional, no qual tudo liga com tudo: trabalho e meio ambiente; trabalho e sistema educativo; trabalho e feminismo; trabalho e necessidades sociais e culturais de ordem colectiva; trabalho e Estado-Providência; trabalho e terceira idade; etc.

Para isto, o sindicalismo tem de saber beber inovadoramente nas suas melhores raízes e tradições. O sindicalismo tem de voltar a ser parte integrante da "sociedade-providência", capaz de absorver funções tradicionais do Estado em vários domínios da "assistência" e susceptível de recuperar o que de melhor existia na tradição comunitária e auto-educativa do sindicalismo do fim do séc. xix e início do século – um sindicalismo não simplesmente prestador de serviços, de repartições de horário normal, mas dinamizador de espaços comunitários. Esta actividade social conferirá uma nova acuidade à questão do financiamento dos sindicatos. É exigível que o Estado transfira para os sindicatos os recursos necessários ao desempenho adequado destas actividades, à semelhança do que fez em relação a outras instituições da sociedade civil. Por outro lado, é necessário repensar a questão dos fundos de solidariedade para iniciativas de reconversão da actividade profissional, de apoio aos jovens, aos idosos, aos desempregados. É recomendável que uma parte das receitas sindicais seja obrigatoriamente afectada a tais fundos de solidariedade.

O desafio da unidade. Nas sociedades capitalistas, a luta entre os sindicatos e os empresários é sempre desigual e o Estado não é solução para essa desigualdade. No entanto, os desequilíbrios são dinâmicos e mutáveis. Assim, se é fácil ao capital e ao Estado dividir o movimento sindical, este não deve desistir de (1) manter a unidade, (2) dividir o capital e o Estado de modo a tirar proveito da divisão.

As razões que levaram à divisão do movimento sindical já não se mantêm hoje. Na luta por um capitalismo civilizado, não há nenhuma justificação para um movimento sindical dividido. Na luta pelo socialismo civilizacional, o movimento sindical é apenas um entre muitos outros movimentos, e não será sequer o mais importante.

Foi historicamente mais fácil dividir o movimento sindical do que será voltar a uni-lo. Será um processo mais ou menos longo, em várias etapas, algumas delas só possíveis com a sucessão das gerações. Se a concertação da acção sindical é um imperativo da presente geração de sindicalistas, a fusão só será possível com a próxima geração. E nessa altura será imperativa, se não for, entretanto, tarde de mais.

A unidade não é um valor em si mesma. Só faz sentido onde o capital quer ver os trabalhadores divididos, ou seja, na concertação social e na negociação colectiva. Além disso, quer ao nível nacional, quer ao nível transnacional e sobretudo local, a diversidade das situações e das expectativas não deve ser escamoteada em nome de pretensas unidades que quase sempre escondem a preponderância dos interesses de algum grupo sindical. A inovação e a criatividade das iniciativas de base devem ser sempre promovidas como fonte de novas possibilidades de unidade e de solidariedade. Um bom caminho para a unidade e para a solidariedade construídas a partir da base é a eleição pelo universo dos trabalhadores das comissões sindicais, tal como das comissões de trabalhadores, a realização de referendos sobre decisões importantes.

O desafio da escala organizativa. Contrariamente às aspirações do movimento operário do século XIX, foram os capitalistas de todo o mundo que se uniram e não os operários. Pelo contrário, enquanto o capital se globalizou, o operariado localizou-se e segmentou-se. Há que tirar as lições deste facto. O capital desembaraçou-se muito mais facilmente da escala nacional que o movimento sindical. Na fase que se avizinha, o movimento sindical terá de se reestruturar profundamente de modo a apropriar-se da escala local e da escala transnacional pelo menos com a mesma eficácia com que no passado se apropriou da escala nacional. Da revalorização das comissões de trabalhadores e de comissões sindicais com funções alargadas à transnacionalização do movimento sindical desenha-se todo um processo de destruição institucional e de construção institucional.

O desafio da lógica organizativa. Apesar da experiência do trabalho ser cada vez mais absorvente, quer quando se tem essa experiência, quer quando se está privado dela, o colectivo dos trabalhadores está social e culturalmente isolado. Quanto maior o isolamento social, maior é a predisposição para criar sentimentos de desconfiança e de ressentimento em relação a todos os que não partilham do quotidiano do trabalho e entre eles estão os próprios dirigentes sindicais. A actual lógica organizativa dos sindicatos pode assim contribuir para aprofundar o isolamento social do colectivo do trabalho.

Da lógica do controlo e do aparelho à lógica da participação e do movimento, o movimento sindical deve reorganizar-se de modo a estar simultaneamente mais próximo do quotidiano dos trabalhadores enquanto trabalhadores e das aspirações e direitos legítimos dos trabalhadores enquanto cidadãos. Para isso, é preciso desenhar estratégias para "premiar" os sindicalistas mais activos em vez dos sindicalistas mais dóceis perante directivas centrais; para fazer assentar a formação dos sindicalistas na ideia da solidariedade concreta para com trabalhadores concretos e não na ideia abstracta do patrão como inimigo, uma ideia inviável na prática e psicologicamente inibidora; e, finalmente, estratégias para evitar a burocratização dos dirigentes e para permitir que eles enriqueçam os seus lugares de trabalho com a experiência de dirigentes, através da rotação frequente e de mandatos não renováveis ou só restritamente renováveis.

Em suma, é necessário um sindicalismo de base, radicalmente democrático, em que o peso dos aparelhos nos processos de decisão seja drasticamente limitado e os processos de decisão colectiva usem todas as formas de democracia, nomeadamente as que diminuam as suspeitas de instrumentalização.

Esta transformação da lógica organizativa interna deverá, para ter êxito, ser complementada por uma transformação da lógica organizativa externa. O movimento sindical tem de procurar articulações com outros movimentos sociais e tem de reivindicar o direito de estar presente, enquanto tal, em lutas não especificamente sindicais. Mas a solidariedade para fora não pode ser imposta para dentro. A solidariedade para fora ou nasce de dentro ou é manipulação política.

O desafio da lógica reivindicativa. A fragmentação do processo produtivo acarreta a da força de trabalho, mas também, de algum modo, a da actividade empresarial pelo menos ao nível local e regional. Embora as forças sejam muito desiguais, o trabalho deve tentar diferenciar e segmentar o capital no próprio processo em que é diferenciado e segmentado por este. A flexibilização é uma via de dois sentidos e os sindicatos têm de ser tão selectivos face aos empresários e gestores, tal como estes o são em relação aos trabalhadores. Daí, a necessidade de um cada vez maior pragmatismo na opção entre contestação e participação, nas muitas combinações possíveis entre ambas e nas mudanças entre elas de um momento para outro, de uma empresa para outra, de um sector para outro. O importante é que em cada opção cada uma das estratégias seja a adoptada ou reivindicada com autenticidade: contestação genuína em vez de contestação simbólica; participação em assuntos importantes em vez de participação em assuntos triviais.

Além de pragmáticas e de autênticas, as formas de luta têm de ser inovadoras e criativas. Numa sociedade mediatizada, é preciso ir além da greve de 24 horas e da manifestação, ainda que se reconheça que a luta pela presença da comunicação social possa introduzir factores de combate estranhos ao conflito.

Por outro lado, a acção reivindicativa não pode deixar de fora nada do que afecte a vida dos trabalhadores. Não se trata apenas do desenvolvimento regional, da formação profissional, da reestruturação dos sectores. Trata-se também dos transportes, da educação, da saúde, da qualidade do meio ambiente e do consumo. O sindicalismo já foi mais movimento que instituição. Hoje é mais instituição que movimento. No período de reconstituição institucional que se avizinha, o sindicalismo corre o risco de se esvaziar se, entretanto, não se reforçar como movimento. A concertação social tem de ser um palco de discussão e de luta pela qualidade e a dignidade da vida e não incidir meramente sobre rendimentos e preços.

O desafio da cultura sindical. O desafio cultural é talvez o maior com que se confronta o movimento sindical. Historicamente, os trabalhadores começaram por ser trabalhadores e só à custa de muitas lutas em que os sindicatos tiveram um papel preponderante conquistaram o estatuto de democrático da cidadania. Essa história, rica e nobre, continua a pesar no movimento sindical. Hoje, porém, os tempos mudaram. O trabalhador está hoje menos interessado em eliminar o patrão do que forçá-lo a agir de modo a que dignifique o trabalho e o trabalhador e que conceda igualdade de condições quando não há nenhum motivo razoável ou justo para a desigualdade. Os trabalhadores são cidadãos que trabalham e os sindicatos só farão justiça às suas preocupações e aspirações se os reconhecerem acima de tudo pelo seu estatuto de cidadãos. Para isso, a cultura sindical terá de mudar. Sem renunciar à história, sem a qual não estaríamos onde estamos hoje, é preciso substituir uma cultura obreirista, que associa progresso a crescimento do PIB, por uma cultura democrática de cidadania activa além da fábrica.

A sociedade está a mudar. Seria absurdo pensar que o sindicalismo poderia manter-se inalterado ou apenas mudar o necessário para permanecer como está. Nos tempos que se avizinham, a vitalidade do sindicalismo aferir-se-á pela capacidade para se autotransformar, por iniciativa própria e não a reboque da iniciativa dos outros, antecipando as oportunidades em vez de reagir à beira do desespero, acarinhando a crítica e respeitando a rebeldia quando ela vem de sindicalistas dedicados e com provas dadas. Se assim fizer, evitará a deserção dos melhores, atrairá as gerações mais novas e barrará o caminho ao sindicalismo defensivo. Democracia interna construída a partir da base, criatividade nas soluções desde que assentes na participação e no risco calculado, unidade descomplexada entre as diferentes organizações sindicais, articulação entre o movimento sindical e todos os outros movimentos sociais que lutam pela qualidade da cidadania, da democracia e, afinal, pela qualidade da vida: estas parecem ser as receitas para o êxito nos momentos difíceis que se avizinham.

Um apelo
Aproveitando a honra que a CGTP me concede de festejar com ela os 25 anos da sua fundação, lanço aqui um apelo às duas centrais para que o Primeiro de Maio deste ano seja comemorado em conjunto, vinte e um ano depois da primeira e única vez em que tal sucedeu. Será um acto simbólico que por si não significa unidade efectiva, mas será um sinal com a força própria dos símbolos, um sinal de que os dirigentes sindicais, no seu conjunto, estão conscientes de que nos anos que se avizinham a dignificação do trabalho e dos trabalhadores exigirá que se potencie tudo o que pode unir os trabalhadores e desincentive tudo o que os pode dividir. Não haverá, assim, entre os promotores de tal iniciativa, vencedores ou vencidos. Vencidos serão os que apostam na modernização neoliberal do nosso país, assente num capitalismo tão pouco civilizado, que facilmente se confunde com o capitalismo selvagem. Vencedores serão os trabalhadores portugueses no seu conjunto e a democracia portuguesa.

O DEBATE

Álvaro Cunhal, *Avante!*, 13 de Abril de 1995
A batalha ideológica trava-se no concreto?

Ainda assinalando o 74º aniversário do PCP, Álvaro Cunhal participou, sexta-feira passada, num animado jantar-convívio, que teve lugar numa das cantinas universitárias de Coimbra, promovido pela Comissão Concelhia do Partido e pelos sectores sindical e intelectual, e que reuniu quase 400 pessoas.

No decurso da iniciativa foram exibidas imagens inéditas do 25 de Abril e do 1º de Maio, filmadas em Coimbra em 1974 e 1975 e agora passadas a vídeo. Fernando Taborda e Rui Damasceno declamaram Pablo Neruda e Ary dos Santos.

Álvaro Cunhal falou, durante cerca de uma hora, sobre os 74 anos do PCP e a forma como a direcção do Partido decidiu assinalar este aniversário, ligando-o muito directamente às tarefas do presente e, em particular, à necessidade de reforçar a votação nos comunistas e na CDU nas próximas eleições legislativas.

Para garantir um maior rigor na interpretação das suas palavras, o presidente do Conselho Nacional do Partido, cuja intervenção foi feita de improviso, fez questão de ler os extractos que a seguir publicamos.

Acerca dos propósitos de limitações e perversão das liberdades e da democracia e da agudização da luta ideológica integrante de projectos e actuações de grande alcance, sobre duas questões gostaria ainda de reflectir. Uma relativa ao movimento sindical, outra aos partidos políticos.

Sobre o movimento sindical
Uma das linhas da ofensiva ideológica, política e organizativa das forças do capital, associada a forças políticas reaccionárias e conservadoras, respeita às organizações de classe dos trabalhadores e antes de mais ao movimento sindical.

A ofensiva contra o movimento sindical, contra o sindicalismo de classe, independente, unitário e democrático, que tem como grande expressão a CGTP e os seus sindicatos, essa ofensiva conhece cada dia novos desenvolvimentos.

São particularmente significativas algumas teorizações, opiniões e propostas de conhecidas individualidades num colóquio organizado pela própria CGTP, no dia 14 de Março último. A comunicação social deu-lhes, como seria de esperar, grande relevo.

Foram várias as intervenções nesse sentido. Hoje, aqui em Coimbra, apenas desejo referir uma: a do professor catedrático na Universidade, Boaventura de Sousa Santos.

Quais são os aspectos mais salientes das ideias, teorizações e propostas do professor? Libertado da densa ganga de discutíveis referências à história do movimento sindical e de capciosos argumentos envolventes, as ideias mais significativas são as seguintes:

- A ideia de que o movimento sindical deve afastar-se da "ideia obsoleta do patrão como inimigo, uma ideia inviável na prática e psicologicamente inibidora", e deve inserir-se "num mais amplo e arrojado arco de solidariedade" que, pelo que expõe, se pode concluir que seria a "solidariedade" do movimento sindical para com o capital e (teoricamente claro) também do capital para com os trabalhadores; – e isto é dito numa situação em que o capital agrava dia a dia a exploração e as condições de trabalho e dia a dia procura liquidar direitos vitais dos trabalhadores;
- A ideia da concertação social como o local certo para "a discussão e a luta pela qualidade e dignidade de vida" – e isto é dito numa situação em que o capital procura impor a concertação social e as suas condições e perverter e mesmo liquidar a contratação colectiva;
- A ideia de que movimento sindical deve "reestruturar-se profundamente visando a sua transnacionalização", o que

significaria no concreto referente ao caso português a "integração" do movimento sindical português, capitulando da sua identidade própria, no quadro de um movimento sindical à escala da integração capitalista europeia;
- A ideia de que o movimento sindical (o conselho é para a CGTP evidentemente) deve reestruturar o seu funcionamento interno, não se inibindo o professor de indicar como devem ser concebidas as eleições das comissões sindicais;
- A ideia de que o movimento sindical (e o professor está falando directamente da CGTP) deve sofrer uma alteração profunda: perder a sua natureza de classe, afirmando-se o trabalhador cada vez menos como trabalhador e cada vez mais como "cidadão" – ideia esta que não se pode separar de uma outra, a saber, a ideia da integração do movimento sindical no sistema institucional, o que traz à memória a lei de 1933 querendo forçar os sindicatos livres a integrarem-se na organização corporativa do Estado;
- A ideia de que o sindicalismo deve ser "menos partidário", afirmação com que estamos nós inteiramente de acordo, mas que, dito no Colóquio da CGTP, ou é (e pelo resto não parece ser) uma crítica à pública intervenção do PS e do PSD na vida dos sindicatos através de tendências sindicais partidárias organizadas e com posições públicas, ou é uma expressão amargurada pela conhecida realidade de que, por escolha e voto democrático dos trabalhadores, a acção e a influência dos comunistas é muito grande no movimento sindical;
- E (para terminar estas referências que poderia prosseguir) a ideia de que, lutando-se por "capitalismo civilizado" (!) já não há qualquer justificação para um movimento sindical dividido – pelo que o professor aponta o caminho da fusão da CGTP e da UGT.

Fracassado como fracassou o plano de constituição de uma UGT que ultrapassasse a CGTP, os promotores e apoiantes da acção divisionista da UGT ao longo dos anos vêm agora ensinar à CGTP que deve unir-se à UGT. Os autores e apoiantes da divisão sindical tornam-se agora nos campeões da "unicidade". Para fazer avançar o processo unificador, o professor fez na altura um apelo solene para que este ano o 1º de Maio seja comemorado em conjunto pelas duas centrais. Acrescentando mais uma evocação histórica, lembra que a última vez que as duas centrais comemoraram em conjunto o 1º de Maio foi em 1974. Que escorregadela, professor! Qualquer trabalhador sabe que em 1974 não existia ainda a UGT, que só em Janeiro de 1979 foi criada, no seu I Congresso, que, é bom lembrar, contou com a participação de fortíssimas delegações do PS, PSD e CDS chefiadas, respectivamente, por Mário Soares, Sá Carneiro e Amaro da Costa.

Para terminar, sobre esta questão, é de salientar que, nesse colóquio, o camarada Luís Sá, da Comissão Política do Comité Central, referiu oportunamente a necessidade para os trabalhadores e para o País de uma política de esquerda.

De salientar também que, nesse mesmo colóquio, o camarada Carvalho da Silva, coordenador da CGTP, sublinhou que, perante a grave situação dos trabalhadores e "a ofensiva do capital para restaurar as relações laborais do século passado", se torna necessário "salvaguardar o muito que foi conquistado, através de duras lutas de gerações de trabalhadores" e fortalecer "o papel insubstituível dos sindicatos".

Nesse mesmo colóquio, o Presidente da República fez um rasgado elogio à CGTP como, aliás, todos os participantes o fizeram. A CGTP merece bem os elogios. Naturalmente pelo que tem sido e é. Não naturalmente (e quem o ousaria, não é verdade?) na suposição de que venha a aceitar sofrer uma profunda transformação que a levaria a perder a sua natureza de classe, a sua natureza independente, unitária e democrática, a sua ligação visceral à classe operária e a todos os trabalhadores, que fez e faz dela um poderoso movimento organizado, uma realização de valor histórico e um legítimo motivo de orgulho dos trabalhadores portugueses.

Sobre os partidos

Entre ideias e propostas antidemocráticas podem considerar-se também as que recentemente têm sido divulgadas e que, a serem concretizadas, significariam graves limitações impostas à liberdade e direito de associação, mais concretamente à liberdade e direito dos partidos políticos.

É útil lembrar um pouco a história.

Nos 48 anos de ditadura, não era permitida a formação de partidos políticos, a não ser do partido fascista, a União Nacional (UN), depois Acção Nacional Popular (ANP).

Derrubado o governo fascista pelo heróico levantamento militar dos capitães do MFA, os generais de direita que constituíram o primeiro órgão do poder, a Junta de Salvação Nacional, e em particular o seu Presidente, General Spínola, procuraram impedir a imediata acção legal dos partidos que haviam combatido a ditadura. "Esses generais tinham conseguido que o Programa do MFA (ponto B, 5B) limitasse 'a liberdade de associação política' à permissão da 'formação de associações políticas' possíveis embriões de futuros partidos políticos."

O levantamento popular que se seguiu ao levantamento militar anulou, porém, tão grave propósito de limitação de liberdade de associação. Apoiados pelas massas populares, os partidos existentes passaram a actuar livremente à luz do dia com o apoio dos sectores mais progressistas das forças armadas.

A direita não desistiu, porém, dos seus propósitos.

Logo no I Governo Provisório, Sá Carneiro, ministro sem pasta, fez, em 21 de Junho, uma proposta de lei sobre os partidos políticos. Alguns dos princípios e normas que pretendia fazer aprovar caracterizam bem os objectivos. Assim:

- Só seriam "reconhecidos como partidos as associações políticas com mais de quinze mil membros" (artº 1, nº 2);
- A organização interna dos partidos deveria obedecer a várias regras, como "o conhecimento público" da "identidade dos

associados" (artº 6, nº 2), as eleições "por forma adequada" (como a entendia o proponente), "um sistema de renovação periódica" e "a igualdade de quotização de todos os associados" (artº 4);
- No que respeita a "sanções contra os associados", deveria haver "possibilidade de recurso para o Supremo Tribunal Administrativo" (artº 17, nº 3);
- "Seria obrigatório o envio ao Supremo Tribunal de Justiça da relação nominal dos associados em número suficiente referida aos cadernos eleitorais" (artº 18, nº 2 e 3);
- O Supremo Tribunal de Justiça poderia impor aos partidos várias sanções, como "suspensão dos titulares dos órgãos responsáveis", "demissão de titulares", "dissolução de um ou mais órgãos do partido", "interdição de escolha de certos associados para cargos directivos", "dissolução", etc.

Esta proposta, que tinha fundamentalmente em vista atingir e controlar institucionalmente o PCP, foi rejeitada. Rejeitada a proposta, os anos passaram sem que a direita instalada no poder, apesar das suas campanhas, tivesse conseguido limitar como pretendia a liberdade de associação dos partidos. Agora volta à carga. Acompanhando a política da direita de perversão da democracia e da liberdade e do direito de associação, reaparecem as ideias antidemocráticas relativas aos partidos.

Particularmente significativas são as opiniões de um professor da Faculdade de Direito de Lisboa, Jorge Miranda (*Público*, 18/1/95 e 19/2/95).

Este senhor defende a aprovação de uma lei que estabeleça o "Direito interno dos partidos". Que direito interno é esse? Quais os princípios e normas que entende deverem ser impostos por lei aos partidos com o que chama "um ordenamento jurídico democrático"?

Nada menos que: a declaração anual e nominal dos militantes ao Tribunal de Contas, o voto exclusivamente individual, a proibição de voto por célula, secção ou organização, a obrigatoriedade de voto secreto e de candidaturas com garantia de neutralidade e imparcialidade do aparelho partidário, o conhecimento dos cadernos eleitorais por todos os candidatos, a representação proporcional nas assembleias de todos os graus, a eleição directa em todos os graus, a garantia de acesso a Tribunal para apreciação da validade dos actos eleitorais; e ainda (como se não chegasse tanta imposição) "seria desejável no interior dos partidos a prática do referendo". E pondo inadvertidamente ainda mais a claro qual é o seu alvo, ataca o que chama "uma estrutura de tipo leninista controladora". Solenemente, defendendo "a reforma do sistema político" proclama que ela "tem de começar pelos partidos políticos".

Se não é particularmente grave (além do significado preocupante) que um professor de Direito, ainda por cima constitucionalista muito citado na nossa praça, avance tais propostas, tais propostas traduzem conceitos impositivos e ditatoriais que acompanham a restauração do capitalismo monopolista e do seu poder económico e político.

A questão torna-se ainda mais preocupante pelo acolhimento e mesmo aprovação que tais conceitos estão recebendo em altas esferas do poder. Assim, se a imprensa fala verdade, na comemoração dos 20 anos da Comissão Nacional de Eleições, o Presidente da República, ao lado de Jorge Miranda, defendeu, em nome da transparência, a revisão das leis eleitorais incluindo as da vida interna dos partidos (*Público*, 23/3/95).

Pode não haver perigos imediatos. É, porém, necessário ter presente que a batalha ideológica se trava no concreto.

**Domingos Abrantes, Membro da Comissão Política, *Avante!*,
18 de Maio de 1995**
*Os problemas do movimento sindical e as "contribuições" do Prof.
Boaventura Santos (1)*
Os problemas do movimento sindical, e sobretudo os que se prendem com a chamada crise do movimento sindical, continuam a suscitar abundantes análises e diversificadas receitas capazes de levar à sua superação. A este respeito merecem particular atenção as receitas desenvolvidas pelo Professor Boaventura Santos na comunicação feita no colóquio organizado pela CGTP-IN, no passado dia 15 de Março em Lisboa, sobre o futuro do sindicalismo intitulada "Teses para a renovação do sindicalismo em Portugal seguidas de um apelo".

O papel real e concreto do movimento sindical na luta em defesa dos interesses dos trabalhadores e pelo progresso social é coisa que merece muito pouca atenção, numa comunicação, que constitui a mais extensa e condensada sistematização das teses ditas renovadoras, teses que, partindo de um facto objectivo (as dificuldades e o enfraquecimento do movimento sindical), na verdade o que defendem é a integração do movimento sindical no sistema, apelidada de refundação do movimento sindical.

O movimento sindical enfrenta na actualidade problemas extremamente difíceis. O capital coloca abertamente o objectivo de liquidar a mais importante forma de organização e representação social dos trabalhadores.

Tal como o Professor Boaventura, também nós consideramos a renovação do movimento sindical, superando atrasos e respondendo aos novos problemas, uma tarefa imperiosa. Mas as nossas concordâncias terminam aqui. Somos pela superação das dificuldades do movimento sindical, mas pensamos que hoje, tal como ontem, isso passa pela salvaguarda da sua natureza de classe, passa também pelo combate às tendências liquidacionais, quer venham do capital, quer venham daqueles que, apresentando-se sob a fraseologia "renovadora-refundadora", convergem objectivamente no mesmo objectivo.

A teoria da renovação-refundação desenvolvida pelo Professor Boaventura Santos, tal como várias outras anteriormente surgidas (José Judas e A. Teodoro, entre outros), o que recomenda é que o movimento sindical se transforme numa espécie de organização de solidariedade social, numa organização abstracta de cidadãos que, liberta dessa coisa que é a contestação social, tenha como objectivo supremo "civilizar o capitalismo" ou, na expressão de outros, "democratizá-lo".

"Equidistâncias" ...
Confundindo causas e efeitos, sobrevalorizando as novas formas de organização do trabalho (as novas formas de exploração do trabalho assalariado, diremos nós) em função das novas tecnologias, não conseguindo perceber que as reestruturações em curso e a ofensiva brutal contra as condições de vida e dos direitos dos trabalhadores, a que assistimos na actualidade, se prendem com a questão do processo de valorização do capital no quadro da fase actual da crise do capitalismo, o Professor Boaventura mantém-se pretensamente equidistante face ao trabalho e ao capital, divagando sobre conceitos como "flexibilização das relações de produção", "relação salarial", "relação de produção e na produção", como se o lugar dos trabalhadores e dos capitalistas na produção e na apropriação não fosse determinada pela posição subordinada e subordinante, em consequência de uns serem os detentores dos meios de produção e os outros terem apenas a sua força de trabalho.

Concebendo a sociedade capitalista como uma abstracção subjectiva, pairando acima do mundo das classes, da sua natureza e da sua luta, ignorando conceitos como correlação de forças, condições objectivas e subjectivas de luta, partindo de uma sociedade em que prolifera "uma imensidão de pequenos e médios empresários sem prática nem cultura capitalista" e na qual não "vislumbra ainda um padrão civilizado e consistente de relações entre trabalhadores e empresários", o Professor Boaventura lança-se numa diatribe contra o movimento sindical, um movimento que é co-responsável "pelos erros do passado que desembocam no presente".

Assumindo-se como uma espécie de comandante em chefe dos processos sociais e teorizando confusamente sobre formas de luta, verbera os sindicatos por se terem enredado na abstrusa "estratégia defensiva dominada pela lógica da guerra de posição" quando deveria predominar "a lógica da guerra de movimento", deitando pela borda fora a rica e heróica luta dos trabalhadores, luta sem a qual a exploração e a miséria seriam incomparavelmente maiores.

Para o professor, um movimento sindical como este está irremediavelmente perdido, pelo que é urgente renová-lo começando-se por reformar os sindicalistas que "há 20 anos enfrentam os mesmos patrões" e pondo-se fim ao sindicalismo contestatário, um sindicalismo que "ao centrar-se prioritariamente nas questões do emprego e do salário" leva "os sindicatos a tenderem a desinteressar-se dos desempregados, das mulheres, dos reformados[...]".

É pena que o sociólogo de Coimbra não tenha explicado o que entende por "cultura capitalista" ou por "capitalismo civilizado" ou se sabe sequer que o salário e o emprego são determinantes para as condições de vida de quem trabalha, mas se não nos esclarece quanto a isto, esclarece-nos suficientemente quanto ao que entende por nova cultura sindical, que, na sua opinião, será talvez o maior desafio "com que se confronta o movimento sindical".

Assim, ficamos a saber que hoje o trabalhador "está menos interessado em eliminar o patrão do que forçá-lo a agir de modo a que dignifique o trabalho e o trabalhador e que conceda igualdade de condições quando não há nenhum motivo razoável ou justo para a desigualdade".

"Civilizar o capitalismo"?!

Acerca da nova cultura sindical fica-nos uma dúvida e uma certeza. A dúvida é quanto ao entendimento que o professor terá da velha mania dos trabalhadores em "eliminar o patrão" (se o é no plano pessoal ou se o é como classe). A certeza é que, para o professor, a grande tarefa do movimento sindical na hora presente é "civilizar o capitalismo".

Apesar da extensão da citação atente-se na prosa que se segue. "Os trabalhadores são cidadãos que trabalham e os sindicatos só farão justiça às suas preocupações e aspirações se os reconhecerem acima de tudo pelo seu estatuto de cidadãos. Para isso, a cultura sindical terá de mudar. Sem renunciar à história, sem a qual não estaríamos onde estamos hoje [obrigado, professor, pela sua atenção], é preciso substituir uma cultura obreirista, que associa progresso e crescimento do PIB, por uma cultura de cidadania activa além da fábrica."

Ao professor, que nitidamente conhece pouco da luta dos trabalhadores, cabe perguntar: onde e quando é que viu o movimento sindical (que intervém em torno de um conjunto muito vasto de reivindicações económicas, políticas, sociais e culturais) associar "progresso ao crescimento do PIB"?

Saberá o professor que é precisamente com esse *slogan* dito "obreirista" que governos e reformistas de diferentes matizes de toda a Europa convidam os trabalhadores a sacrificar em salários, emprego estável, segurança social pública, etc., para assegurar altas taxas de lucro?

E saberá que os sindicatos lutando pelo direito ao trabalho, por melhores salários, pelo acesso à cultura, em defesa das liberdades e contra a exploração, mobilizando e fazendo intervir os trabalhadores na resolução dos seus problemas contribuem decididamente para assegurar o direito de cidadania?

E, no entanto, a acusação de obreirista faz-se a um movimento operário que de há muito ultrapassou o nível da "consciência salarial", que regista magníficas páginas de luta por profundas transformações sociais, um movimento operário que, compreendendo a importância da luta pela satisfação de reivindicações imediatas, se recusa a discutir apenas o grau, maior ou menor, em que o querem explorar.

A desvalorização do papel do movimento sindical como organização de classe e do papel dos trabalhadores como força social autónoma e a sua arrumação na categoria geral de cidadãos torna-se assim numa necessidade absoluta para o Professor Boaventura enquanto teorizador do papel dos chamados novos movimentos sociais, nos quais os trabalhadores, quando muito, terão um papel apendicular.

Partindo do princípio de que o trabalho "será cada vez mais desvalorizado enquanto cultura e ideologia" e que nestas condições "será cada vez mais cercada e relativizada por experiências culturalmente mais valorizadas, tais como a experiência da cidadania contra a exclusão social", o professor Boaventura conclui facilmente que "por esta via, far-se-á uma transferência progressiva da identidade operária para a identidade cidadã".

A própria periodização escolhida, para dividir a história do movimento sindical europeu do pós-guerra, só pode ser explicada pela necessidade de sobrevalorizar, a todo o custo, o papel dos grupos esquerdistas, das décadas de 60 e 70, apelidados de novos movimentos sociais que, pretensamente mais avançados que os sindicatos, "os pressionaram a abandonar o *statu quo* sindical do pós-guerra".

As tendências reformistas
A pretensão da pequena burguesia intelectual de esquerda de orientar e dirigir o movimento operário e sindical é velha e reaviva-se naturalmente nos períodos de crise. O crescente assalariamento de camadas pequeno-burguesas cria um caldo de cultura favorável ao desenvolvimento de pressões e tendências reformistas sobre

o movimento sindical. Entretanto, em nome do rigor histórico é necessário lembrar que a vitalidade e a coerência teórica e prática dos chamados novos movimentos sociais (incluindo a nova esquerda) não se verificou em parte alguma e que o período designado por "*statu quo* sindical do pós-guerra", que pretensamente teria sido "abandonado pela pressão dos novos movimentos sociais", se caracteriza por uma extraordinária acção do movimento sindical. Foi aliás neste período que se conquistaram muitas das principais regalias socioeconómicas que marcaram o sentido do progresso social nos últimos 50 anos, conquistas que o professor Boaventura desvaloriza, mas contra as quais o grande capital desenvolve na actualidade uma poderosa ofensiva, no quadro da sua política de intensificação da exploração.

Não se nega a importância extraordinária de múltiplos movimentos mais ou menos estáveis, intervindo pela satisfação de reivindicações imediatas ou de natureza mais prolongada, na luta pelo progresso social.

Não é aqui, portanto, que está a nossa discordância.

Ela está no facto de os teorizadores dos novos movimentos sociais apresentarem este fenómeno como novo e original, quando o não é, a não ser na sua extensão.

Está sobretudo no facto de, hoje, como ontem, chame-se-lhes nova esquerda ou novos movimentos sociais, não reconhecerem o carácter determinante da luta de classes, em particular entre o trabalhador e o capital, apesar da sua agudização, e desvalorizarem o papel da classe operária e dos trabalhadores como a força mais organizada, mais combativa e consequente na luta pelo progresso social.

Finalmente, a nossa discordância está no facto de os teorizadores dos chamados novos movimentos sociais alimentarem a ilusão quanto à possibilidade de resolverem os graves problemas sociais retocando e suavizando as causas que os engendram, ou seja, a exploração capitalista.

Revelando um grande desprezo pela luta reivindicativa e uma enorme desconfiança em relação aos trabalhadores, transformando a sua ausência de perspectivas em teoria (ora radical, ora capitulacionista de acordo com as épocas e a conjuntura), os teóricos "renovadores-refundadores" não apontam ao movimento sindical outro caminho que não seja, em vez da luta, as concessões, em vez do protesto, a submissão, em vez da acção pela transformação da sociedade e abolição da exploração, o empenhamento na gestão "do capitalismo democrático" ou "civilizado".

Naturalmente, todas estas teorizações sobre o movimento sindical do futuro têm as correspondentes linhas de acção reivindicativa e organização.

A estas questões ainda voltaremos na próxima semana.

Domingos Abrantes, *Avante!*, 25 de Maio de 1995
Ainda a propósito das "contribuições" do Prof. Boaventura Santos (2)
Num quadro tão difícil como o que na actualidade o movimento sindical enfrenta, é natural que se multipliquem as reflexões, os debates e o surgir de opiniões muito diferenciadas quanto à raiz dos problemas e aos caminhos a percorrer para os superar. As críticas que fazemos a certas "reflexões-contribuições" como as do Prof. Boaventura não são para "silenciar um debate necessário". Fazemo-lo por não devermos silenciar discordâncias em relação a orientações que consideramos incorrectas e perniciosas para o futuro do movimento sindical.

Entretanto, ao fazê-lo, colocamo-nos inequivocamente no campo do trabalho contra o capital (por muito que estas expressões firam certas sensibilidades), opção que pressupõe sempre ter presente que os interesses dos trabalhadores se contrapõem em geral aos dos exploradores e que o dever dos sindicatos é lutar contra estes e pelos interesses daqueles.

Partimos igualmente do pressuposto de que os trabalhadores são a força determinante na luta pelo progresso social e que os sindicatos, como expressão organizada dos interesses de classe dos trabalhadores, desempenham um papel insubstituível na luta que opõe o trabalho ao capital, luta que é a expressão do modo de produção e apropriação capitalista e sobre a qual repousa a luta de classes na sociedade capitalista.

O Prof. Boaventura não partilha obviamente desta visão da sociedade contemporânea. Só que, colocando-se no âmbito do sistema e fixando como tarefa "civilizá-lo", põe tudo de cabeça para baixo. Os sindicatos, integrados no sistema e tornando-se co-responsáveis pela gestão, em vez de lutarem contra a exploração, devem ocupar-se da solidariedade; em vez de se preocuparem com os trabalhadores, devem ocupar-se primeiramente dos cidadãos e, consequentemente, em vez de insistirem em ser organizações de classe, deverão transformar-se em organizações de assistência.

E, finalmente, abandonada a perspectiva da luta contra o capital, já não se justifica a divisão sindical. Exageramos?

A questão da solidariedade
Comecemos pela questão da solidariedade, tema que na actualidade se tornou caro a forças políticas e sociais muito diferenciadas.

Quando o desemprego atinge níveis assustadores, quando se acentuam as carências e prolifera a miséria, numa palavra, quando o desenvolvimento social se polariza, é compreensível que se fale tanto em solidariedade.

Acontece, porém, que parte significativa das prédicas sobre a solidariedade, apresentando-se como "neutra" face às reais causas da polarização social, ilude a verdadeira causa das exclusões, acabando por funcionar como entorpecedora do despertar das consciências quanto às verdadeiras causas do desemprego e da miséria. O Prof. Boaventura não foge à regra.

Ao defender que é necessário antes de mais "uma nova solidariedade entre trabalho com emprego e trabalho sem emprego" e que é à luz dela "que se deve discutir a redução nacional e internacional do horário de trabalho e do trabalho entre idosos", sem explicitar o seu verdadeiro conteúdo, o Prof. Boaventura tornou a intelecção desta afirmação numa verdadeira charada.

A teoria da chamada partilha do trabalho (da partilha do desemprego) que aqui é aflorada, teoria pretensamente solidarista, visando santificar como uma inevitabilidade o desemprego maciço e desviar o movimento sindical de uma luta de princípio pelo direito ao trabalho, convidando os que já pouco têm a ter menos (para que a valorização do capital se continue a realizar), tem vindo a servir de capa às políticas de precarização e desvalorização do valor da força de trabalho assalariado e ao aumento da miséria e do número de excluídos do bem-estar material e cultural, pelo que é verdadeiramente surpreendente ver apontar como tarefa para o movimento sindical renovado a necessidade de "reconstruir políticas de antagonismo social".

Como sociólogo, o Prof. Boaventura deveria saber que os fenómenos socioeconómicos não são neutros do ponto de vista dos interesses de classe.

Falar de solidariedade sem abordar a necessidade de inverter a repartição funcional do rendimento entre o trabalho e o capital, questão fundamental para a determinação das condições de vida e pedra de toque de uma política de maior justiça social, é cair no filantropismo, como lamentar as exclusões sem denunciar e combater a mercantilização dos serviços sociais básicos é verdadeira hipocrisia.

Falar de solidariedade sem questionar um sistema cuja existência repousa na exploração, em que a lógica do lucro máximo impõe a destruição de importantes forças produtivas (a começar pela principal de todas elas, o trabalhador) e a acumulação da riqueza se processa multiplicando o número das suas vítimas, é desarmar as massas da direcção principal de luta.

Fazendo a defesa da solidariedade parte do património do movimento sindical e operário, não nos seria difícil concordar com a sua afirmação de que "o movimento sindical tem de valorizar e reinventar a sua tradição de solidariedade", não fora o facto de, partindo desta afirmação de princípio, acabar por tornar numa figura de retórica este rico património do movimento operário e sindical.

A solidariedade sindical e operária é, em primeiro lugar, uma solidariedade de classe, uma solidariedade para com as vítimas de todas as formas de opressão e exploração, uma solidariedade contra as causas e os causadores da miséria.

A classe operária, ao lutar contra a exploração, pelo progresso social, pela liberdade, eleva-se acima dos seus próprios interesses, dando à solidariedade um sentido libertador das formas de opressão e alienação social, condição para uma verdadeira cidadania.

Uma concepção romântica

A lógica férrea das funções de assistência atribuídas aos sindicatos leva o Prof. Boaventura a não sentir necessidade de explicar como é possível no quadro do sistema "reconstruir as políticas de autogoverno social que confiram ao sindicalismo um papel acrescido na sociedade".

Abraçando uma concepção romântica sobre a vida dos trabalhadores no séc. xix, o Prof. Boaventura descobre a grande solução para combater as exclusões: "o sindicalismo tem de voltar a ser parte integrante da 'sociedade-providência', capaz de absorver funções tradicionais do Estado em vários domínios da 'assistência' e susceptível de recuperar o que de melhor existia na tradição comunitária e auto-educativa do sindicalismo do fim do século xix".

Remetidos à função de assistência, considera o Prof. Boaventura "ser exigível que o Estado transfira para os sindicatos os recursos necessários ao desempenho adequado destas actividades". Fá-lo-iam de boa vontade o Estado e o patronato acrescentamos nós, desde que os sindicatos, de organizações de classe, se metamorfoseassem em IPSS.

Diga-se, no entanto, que o chamado "Estado-Providência", expressão imprópria e que tem servido ao grande capital para atacar a segurança social, entendido como um Estado que assume altas responsabilidades sociais, foi o resultado de longas e encarniçadas lutas dos trabalhadores pela dignificação do trabalho.

Ao desvalorizar o trabalhador a favor do cidadão, o Prof. Boaventura não nega só o papel motor dos trabalhadores na luta pelo progresso social como ilude a questão central que é o facto de o trabalhador, que segundo a sua própria expressão tem a particularidade de ser um "cidadão que trabalha", só poder ser cidadão de corpo inteiro se tiver garantido o direito ao trabalho e à justa remuneração, e que a efectivação da "cidadania no espaço da produção" só se tornará possível se se modificar o seu lugar no trabalho (na produção) e a natureza do trabalho, pondo-se fim a todas as formas de dominação e alienação social.

A valorização do trabalhador é o resultado de uma luta constante e corajosa contra o capital, capital que, pelo facto de o ser, se valoriza à custa da desvalorização da força de trabalho.

A valorização do trabalhador faz-se igualmente através de uma luta constante e corajosa contra as causas e os efeitos da opressão e da exploração, as quais, nas condições de reforço do capitalismo monopolista (nacional ou transnacional), se intensificam e refinam.

A divisão do movimento
Transformado o movimento sindical numa organização tipo IPSS--Mutualista, certamente as exigências orgânicas seriam diferentes e a divisão do movimento sindical deixaria de ser um problema, mas, nessas condições, também o movimento sindical deixaria de ser uma organização de classe.

O grau de influência, capacidade de mobilização e intervenção do movimento sindical dependem em larga medida da justeza das orientações, da solidez da organização, da estreita ligação às massas e da sua unidade, características contra as quais o capital desenvolve uma acção constante e perseverante no sentido de articular e dividir o movimento sindical como força organizada.

No caso português, além das razões "normais" que sempre determinariam a acção do capital, a divisão do movimento sindical tornou-se numa tarefa imperiosa da contra-revolução, cujo triunfo passava pela divisão da força mais combativa, empenhada e interessada nas profundas transformações democráticas: os trabalhadores e a sua prestigiada e combativa central sindical, a CGTP-IN.

Escamoteando que o divisionismo se desenvolveu exteriormente ao movimento sindical e que sempre se posicionou no campo do capital contra o trabalho, afirmando que o capital quer dividir o movimento sindical "na concertação e na negociação colectiva", como se fosse objectivo único e pouco importante, quando o divisionismo se tornou numa peça essencial da ofensiva contra as conquistas democráticas, é fácil ao Prof. Boaventura concluir que "as razões que levaram à divisão do movimento sindical já não se mantêm hoje".

A essência desta tese fundamenta-se naquilo que o Prof. Boaventura pensa ser a tarefa maior do sindicalismo – desenvolver uma cultura sindical que não veja no patronato uma classe de exploradores, co-responsabilizar-se pela gestão do sistema, lutar por civilizar o capitalista, e na "luta por um capitalismo civilizado não há nenhuma justificação para um movimento sindical dividido".

Naturalmente, no dia em que os sindicatos desistissem de lutar contra a exploração, deixaria de se justificar o divisionismo, mas também nessa altura morreria um movimento sindical que pelas suas características e natureza de classe, aquisições e experiências, ganhou uma sólida confiança dos trabalhadores, se tornou seu património e melhor garantia na luta em defesa dos seus direitos e justas aspirações.

1º de Maio e Unidade

Finalmente, o apelo à realização do 1º de Maio conjunto com o que o Professor termina a sua comunicação sendo, embora, o remate lógico das suas teses, merece duas observações.

A primeira observação é para salientar o erro que é falar-se de comemorações do 1º de Maio em conjunto como há 21 anos, quando é sabido que nessa altura existia uma e só uma central sindical, a CGTP-IN, erro que, pelo seu primarismo pode nada ter de inocente, na medida em que o expediente permite fugir à obrigação de explicar as razões do aparecimento do divisionismo, sua natureza e suas práticas, para concluir, como conclui, que "hoje já não se justifica a divisão do movimento sindical".

A segunda observação é para salientar o significado e a natureza do 1º de Maio entre nós.

O 1º de Maio de 1974 assinala a entrada em cena dos trabalhadores e das massas populares a marcar o ritmo e o sentido de revolução. Se se fala de símbolos, é necessário lembrar que o

1º de Maio se tornou desde então no símbolo das grandiosas lutas de massas por profundas transformações democráticas, um símbolo que não deve ser desnaturado, associando-lhe, e assim branqueando, aqueles que foram e continuam a ser instrumentos dóceis das forças anti-Abril.

Estamos de acordo que a "unidade não é um valor em si mesma", mas dizemos mais. Dizemos que a unidade é de grande importância para o reforço da organização e capacidade de intervenção, que a unidade exige estar do lado do trabalho contra o capital, e a correspondência entre os princípios e a acção prática.

A unidade só faz sentido se potencia a capacidade combativa do movimento sindical, se amplia a luta de massas, condição para a defesa dos interesses dos trabalhadores.

As grandiosas manifestações de massas organizadas pela CGTP-IN, neste 1º de Maio, mais uma vez comprovaram a enorme adesão dos trabalhadores aos ideais de Abril e a sua vontade de lutar contra a política de direita e pelo progresso social.

Para que os trabalhadores saiam vitoriosos desta luta é necessário o reforço da sua organização, da sua unidade, mas uma e outra alcançam-se combatendo o divisionismo, isolando e desmascarando aqueles que no dia-a-dia continuam a bandear-se com os exploradores e o seu governo.

Manuel Graça, *Combate*, Junho de 1995[23]
Sindicatos, mudar ou morrer

O debate introduzido por Boaventura de Sousa Santos e a resposta desabrida de Álvaro Cunhal não são novos para o sindicalismo português, mas voltam a trazer à tona algumas das questões mais importantes para o futuro da luta dos trabalhadores. Convidam, portanto, a uma nova reflexão e colocam-nos perante a responsabilidade de tomar partido e definir caminhos. É o que quero fazer com este depoimento.

Há alguns anos, de facto desde a cisão sindical, que o problema da unidade ganhou novas dimensões. Não confundamos, portanto, as coisas: é certo que, no contexto e tomando como pretexto o controlo burocrático das forças dominantes do sindicalismo – dirigidas pelo PCP –, foram os sindicalistas do PS e da direita que tomaram a iniciativa da cisão, e que a UGT foi apadrinhada pelos governos, manteve uma vergonhosa regra de paridade interna entre o PS e o bloco PSD-CDS, e se prestou frequentemente à política anti-sindical dos governos. Mas essa responsabilidade nada muda quanto ao facto de a UGT representar uma parte dos trabalhadores, e de o conjunto dos sindicatos (incluindo a CGTP) estar a perder influência e capacidade de organização. Quando mais não seja por isso mesmo, o problema da unidade é central na redefinição da estratégia para o sindicalismo.

E, ao contrário do que insinua Cunhal na sua polémica tão cheia de distorções, já a CGTP fez algumas acções unitárias com a UGT,

---

[23] Manuel Graça era, à data, dirigente do Sindicato dos Trabalhadores do Calçado, Malas e Afins dos Distritos de Aveiro e Coimbra, filiado na Confederação Geral dos Trabalhadores Portugueses – Intersindical Nacional (CGTP-IN). Foi destacado dirigente daquele Sindicato, membro dos órgãos da Federação dos Sindicatos dos Trabalhadores Têxteis, Lanifícios, Vestuário, Calçado e Peles de Portugal (FESETE) e membro do Conselho Nacional da CGTP-IN, integrando uma das correntes sindicais minoritárias da Central. O texto foi publicado na *Combate*, uma revista mensal em publicação desde 1986 e dirigida por Francisco Louçã.

como a greve geral de 1988; já se discutiu em reuniões do Conselho Nacional a oportunidade ou não de realizar a manifestação do 1º de Maio em conjugação com a UGT, já houve alguma cooperação noutras áreas. Houve, e bem, acho eu. Porque os sindicatos não se podem refugiar na lógica auto-satisfeita e presunçosa que ignora os interesses dos trabalhadores e lhes sobrepõe razões partidárias de curto fôlego. Os sindicatos têm de ser reconstruídos como um organismo vivo e unitário de todos os trabalhadores sem excepção, e não se pode desculpar a inépcia e o sectarismo com os erros do passado.

Evidentemente, Boaventura levanta outras considerações mais gerais e apresenta algumas propostas polémicas sobre a forma de organização das estruturas sindicais e sobre o seu papel no regime capitalista. Só beneficiamos de as discutir abertamente e sem preconceitos. E mesmo se não estou de acordo com a tentativa de superação da distinção entre sindicalismo de oposição e sindicalismo de participação, não aceito de forma nenhuma que estas opiniões sejam reduzidas, como Cunhal faz demagogicamente, a mais um sinistro ataque da direita contra a pureza dos sindicatos. Bem pelo contrário, e Cunhal tinha a obrigação de o saber, o que está a corroer os sindicatos é a corrupção, a falta de combatividade, a ausência de democracia interna, a falta de autoridade social, o controleirismo partidário e até as lutas de cliques. Os sindicatos ou mudam ou morrem, ou representam os trabalhadores em toda a sua diversidade ou esgotam-se.

E isto é uma questão de fundo. Como há muitos anos tenho defendido na CGTP, e agora no seu Conselho Nacional, uma perspectiva unitária e de intervenção activa de um sindicalismo social e combativo, saúdo o renascimento deste debate, que só beneficiaria se abandonasse as injunções sectárias vindas da parte de alguns dos maiores responsáveis do estado actual do sindicalismo. Todos sabemos que não vale a pena esconder a cabeça na areia, que os números de sindicalização dos principais sindicatos estão inflaccionados, que as greves estão enfraquecidas e que a vida dos trabalhadores está cada vez pior. Esperar é tão criminoso como ignorar.

E ficamos também a saber, pela forma como se inicia esta polémica (que, entretanto, tem continuação nas páginas do *Avante!* em artigos de Domingos Abrantes), que ainda há muito caminho a andar até se reconstruir a unidade no sindicalismo.

CAPÍTULO 5
PORQUE É QUE CUBA SE TRANSFORMOU NUM PROBLEMA DIFÍCIL PARA A ESQUERDA?

Esta pergunta pode parecer estranha e muitos pensarão que a formulação inversa talvez fizesse mais sentido: porque é que a esquerda se transformou num problema difícil para Cuba? De facto, o lugar da revolução cubana no pensamento e na prática de esquerda ao longo do século XX é incontornável. E é-o tanto mais quanto o enfoque incidir menos na sociedade cubana, em si mesma, e mais no contributo de Cuba para as relações entre os povos, tantas foram as demonstrações de solidariedade internacionalista dadas pela revolução cubana nos últimos cinquenta anos. É possível que a Europa e a América do Norte fossem hoje o que são sem a revolução cubana, mas já o mesmo se não pode dizer da América Latina, da África e da Ásia, ou seja, das regiões do planeta onde vive cerca de 85% da população mundial. A solidariedade internacionalista protagonizada por Cuba estendeu-se, ao longo de cinco décadas, pelos mais diversos domínios: político, militar, social e humanitário.

O que é "esquerda" e o que é "problema difícil"?
Apesar de tudo, penso que a pergunta a que procuro responder neste texto faz sentido. Mas antes de tentar uma resposta, são necessárias várias precisões. Em primeiro lugar, a pergunta pode sugerir que foi apenas Cuba que evoluiu e se tornou problemática ao longo dos últimos cinquenta anos e que, pelo contrário, a esquerda que a interpela hoje é a mesma de há cinquenta anos. Nada mais falso. Tanto Cuba como a esquerda evoluíram muito neste meio século e são os desencontros das suas respectivas evoluções que criam o problema difícil. Se é verdade que Cuba procurou activamente mudar o cenário internacional de modo a tornar mais

justas as relações entre os povos, não é menos verdade que os condicionamentos externos hostis em que a revolução cubana foi forçada a evoluir impediram que o potencial de renovação da esquerda que a revolução detinha em 1959 se realizasse plenamente. Tal facto fez com que a esquerda mundial se renovasse nos últimos cinquenta anos, não com base no legado da Revolução Cubana, mas a partir de outros referentes. A solidariedade internacional cubana manteve assim uma vitalidade muito superior à solução interna cubana.

Em segundo lugar, devo precisar o que entendo por "esquerda" e por "problema difícil". Esquerda é o conjunto de teorias e práticas transformadoras que, ao longo dos últimos cento e cinquenta anos, resistiram à expansão do capitalismo e ao tipo de relações económicas, sociais, políticas e culturais que ele gera, e que assim procederam na crença da possibilidade de um futuro pós-capitalista, de uma sociedade alternativa, mais justa, porque orientada para a satisfação das necessidades reais das populações, e mais livre, porque centrada na realização das condições do efectivo exercício da liberdade. A essa sociedade alternativa foi dado o nome genérico de socialismo. Defendo que para esta esquerda, cuja teoria e prática evoluiu muito nos últimos cinquenta anos, Cuba é hoje um "problema difícil". Para a esquerda que eliminou do seu horizonte o socialismo ou o pós-capitalismo, Cuba não é sequer um problema. É um caso perdido. Dessa outra esquerda não me ocupo aqui.

Por "problema difícil" entendo o problema que se posiciona numa alternativa a duas posições polares a respeito do que questiona, neste caso, Cuba. As duas posições rejeitadas pela ideia do problema difícil são: Cuba é uma solução sem problemas; Cuba é um problema sem solução. Declarar Cuba um "problema difícil" para a esquerda significa aceitar três ideias: 1) nas presentes condições internas, Cuba deixou de ser uma solução viável de esquerda; 2) os problemas que enfrenta, não sendo insuperáveis, são de difícil solução; 3) se os problemas forem resolvidos nos termos de um horizonte socialista, Cuba poderá voltar a ser um motor de renovação da esquerda, mas será então uma Cuba diferente, construindo um socialismo diferente do que fracassou no século XX, e, desse modo, contribuindo para a urgente renovação da esquerda. Se não se renovar, a esquerda nunca entrará no século XXI.

A resistência e a alternativa

Feitas estas precisões, o "problema difícil" pode formular-se do seguinte modo: Todos os processos revolucionários modernos são processos de ruptura que assentam em dois pilares: a resistência e a alternativa. O equilíbrio entre eles é fundamental para eliminar o velho até onde é necessário e fazer florescer o novo até onde é possível. Devido às hostis condições externas em que o processo revolucionário cubano evoluiu – o embargo ilegal por parte dos EUA, a forçada solução soviética nos anos setenta, e o drástico ajustamento produzido pelo fim da URSS nos anos noventa –, esse equilíbrio não foi possível. A resistência acabou por se sobrepor à alternativa. E, de tal modo, que a alternativa não se pôde expressar segundo a sua lógica própria (afirmação do novo) e, pelo contrário, submeteu-se à lógica da resistência (a negação do velho).

Deste facto resultou que a alternativa ficou sempre refém de uma norma que lhe era estranha. Isto é, nunca se transformou numa verdadeira solução nova, consolidada, criadora de uma nova hegemonia e, por isso, capaz de desenvolvimento endógeno segundo uma lógica interna de renovação (novas alternativas dentro da alternativa). Em consequência, as rupturas com os passados sucessivos da revolução foram sempre menos endógenas que a ruptura com o passado pré-revolucionário. O carácter endógeno desta última ruptura passou a justificar a ausência de rupturas endógenas com os passados mais recentes, mesmo quando consabidamente problemáticos.

Devido a este relativo desequilíbrio entre resistência e alternativa, a alternativa esteve sempre à beira de estagnar e a sua estagnação pôde ser sempre disfarçada pela continuada e nobre vitalidade da resistência. Esta dominância da resistência acabou por lhe conferir um "excesso de diagnóstico": as necessidades da resistência puderam ser evocadas para diagnosticar a impossibilidade da alternativa. Mesmo quando factualmente errada, tal evocação foi sempre credível.

O carisma revolucionário e o sistema reformista
O segundo vector do "problema difícil" consiste no modo especificamente cubano como se desenrolou a tensão entre revolução e reforma. Em qualquer processo revolucionário, o primeiro acto dos revolucionários depois do êxito da revolução é evitar que haja mais revoluções. Com esse acto começa o reformismo dentro da revolução. Reside aqui a grande cumplicidade – tão invisível quanto decisiva – entre revolução e reformismo. No melhor dos casos, essa complementaridade é conseguida por uma dualidade – sempre mais aparente que real – entre o carisma do líder, que mantém viva a permanência da revolução, e o sistema político revolucionário, que vai assegurando a reprodução do reformismo. O líder carismático vê o sistema como um confinamento que lhe limita o impulso revolucionário e, nessa base, pressiona-o à mudança, enquanto o sistema vê o líder como um fermento de caos que torna provisórias todas as verdades burocráticas. Esta dualidade criativa foi durante alguns anos uma das características da Revolução Cubana.

Com o tempo, porém, a complementaridade virtuosa tende a transformar-se em bloqueio recíproco. Para o líder carismático, o sistema, que começa por ser uma limitação que lhe é exterior, passa com o tempo a ser a sua segunda natureza e, com isso, passa a ser difícil distinguir entre as limitações criadas pelo sistema e as limitações do próprio líder. O sistema, por sua vez, sabe que o êxito do reformismo acabará por corroer o carisma do líder e autolimita-se para que tal não ocorra. A complementaridade transforma-se num jogo de autolimitações recíprocas. O risco é que, em vez de desenvolvimentos complementares, ocorram estagnações paralelas.

A relação entre carisma e sistema tende a ser instável ao longo do tempo e isso é particularmente assim em momentos de transição.[24] O carisma, em si mesmo, não admite transições. Nenhum líder carismático tem um sucessor carismático. A transição só pode ocorrer na medida em que o sistema toma o lugar do carisma. Mas, para que tal suceda, é preciso que o sistema seja suficientemente reformista para lidar com fontes de caos muito diferentes das que emergiam do líder. A situação é dilemática sempre e quando a força do líder carismático tenha objectivamente bloqueado o potencial reformista do sistema.

Este vector do "problema difícil" pode resumir-se assim: o futuro socialista de Cuba depende da força reformista do sistema revolucionário; no entanto, tal força é uma incógnita para um sistema que sempre fez defender a sua força da força do líder carismático. Este vector da dificuldade do problema explica o discurso de Fidel na Universidade de Havana em 17 de Novembro de 2005.[25]

[24] Aurelio Alonso distingue dois processos de transição em curso: um deles diz respeito ao sentido da dinâmica de transformações no seio de "uma grande transição iniciada há quase meio século"; o outro diz respeito ao peso da subjectividade: a questão relativa à marca que ficará de Fidel no imaginário dos cubanos que lhe sobrevivam ("Continuidad y Transición: Cuba en el 2007" in *Le Monde Diplomatique*, edição colombiana, Abril de 2007, Bogotá).

[25] Nas palavras lapidares de Fidel: "Este país pode destruir-se a si próprio; esta Revolução pode destruir-se, mas ninguém mais a pode destruir; nós, sim, nós podemos destruí-la, e seria culpa nossa." Comentando o discurso de Fidel, pergunta-se Aurelio Alonso: "Que admira que a preocupação primeira de Fidel gire à volta da reversibilidade do nosso próprio processo?" A resposta que dá Alonso é acutilante: "Fidel estima que a Revolução não pode ser destruída a partir do exterior, mas que pode destruir-se a si própria, apontando a corrupção como o mal que pode provocar a sua destruição. Entendo que esta avaliação está correcta, mas acho que Fidel não disse tudo. Pergunto-me, de resto, se o derrube do sistema soviético foi essencialmente uma consequência da corrupção, mesmo fazendo a corrupção parte da estrutura dos desvios. Em meu entender, a burocracia e a falta de democracia, a par da corrupção, podem fazer reverter o socialismo. Não falo de sistemas eleitorais, de confrontos pluripartidários, de lutas de campanha, de alternâncias no poder. Falo

As duas vertentes do "problema difícil" – desequilíbrio entre resistência e alternativa e entre carisma e sistema – estão intimamente relacionadas. A prevalência da resistência sobre a alternativa foi simultaneamente o produto e o produtor da prevalência do carisma sobre o sistema.

Que fazer?

A discussão precedente mostra que Cuba é um "problema difícil" para aquela esquerda que, sem abandonar o horizonte do pós-capitalismo ou socialismo, evoluiu muito nos últimos cinquenta anos. Das linhas principais dessa evolução o povo cubano poderá retirar a solução do problema apesar da dificuldade deste. Ou seja, a revolução cubana, que tanto contribuiu para a renovação da esquerda sobretudo na primeira década, poderá agora beneficiar da renovação da esquerda que ocorreu desde então. E, ao fazê-lo, voltará dialecticamente a assumir um papel activo na renovação da esquerda. Resolver o problema difícil implica, assim, concretizar com êxito o seguinte movimento dialéctico: renovar Cuba renovando a esquerda; renovar a esquerda renovando Cuba.

Principais caminhos de renovação da esquerda socialista nos últimos cinquenta anos

1 – Nos últimos cinquenta anos agravou-se uma disjunção entre teoria de esquerda e prática de esquerda, com consequências muito específicas para o marxismo. É que enquanto a teoria de esquerda crítica (de que o marxismo é herdeiro) foi desenvolvida a partir de meados do século XIX em cinco países do Norte Global (Alemanha, Inglaterra, Itália, França e EUA), e tendo em vista particularmente as realidades das sociedades dos países capitalistas desenvolvidos,

---

de democracia, da que não temos sido capazes de criar à face da terra, se bem que todos pensemos saber o que ela é." ("Una mirada rápida al debate sobre el futuro de Cuba", *La Jiribilla*, Maio, 2006).

a verdade é que as práticas de esquerda mais criativas ocorreram no Sul Global e foram protagonizadas por classes ou grupos sociais "invisíveis", ou semi-invisíveis, para a teoria crítica e até mesmo para o marxismo, tais como povos colonizados, povos indígenas, camponeses, mulheres, afrodescendentes, etc.[26] Criou-se assim uma disjunção entre teoria e prática que domina a nossa condição teórico-política de hoje: uma teoria semicega correndo paralela a uma prática semi-invisível.[27] Uma teoria semicega não sabe comandar e uma prática semi-invisível não sabe valorizar-se.

À medida que a teoria foi perdendo na prática o seu papel de vanguarda – já que muito do que ia ocorrendo lhe escapava

---

[26] Aliás, a criatividade teórica inicial da revolução cubana reside neste facto. Os drásticos condicionamentos externos a que a revolução foi sujeita acabaram por confiscar parte dessa criatividade. Por essa razão, Cuba foi forçada a acolher-se a uma concepção de marxismo subsidiária da realidade do bloco soviético, uma realidade pouco semelhante à cubana. No Congresso Internacional sobre "A Obra de Karl Marx e os Desafios do século XXI", realizada em Havana em 3 de Maio de 2006, Ricardo Alarcón de Quesada afirmou "A conversão da experiência soviética num paradigma para aqueles que, em outros lugares, travavam as suas próprias batalhas anticapitalistas, e o imperativo de a defender contra poderosos e inflamados inimigos, resultou na subordinação de uma grande parte do movimento revolucionário às políticas e interesses da URSS" (in *Nature Society, and Thought*, vol. 19 [2006] p. 20). Neste contexto, é particularmente notável e será sempre motivo de orgulho para o povo cubano a decisão soberana de Cuba de ajudar Angola na sua luta pela independência. O impulso internacionalista sobrepôs-se aos interesses geo-estratégicos da União Soviética.

[27] No caso do marxismo, houve muita criatividade para adaptar a teoria a realidades não europeias que não haviam sido sistematicamente analisadas por Marx. Recorde-se apenas, no que à América Latina diz respeito, o nome de Mariátegui. No entanto, durante muito tempo as ortodoxias políticas não permitiram transformar essa criatividade em acção política. Com efeito, os autores mais criativos foram perseguidos (como foi o caso de Mariátegui, acusado de populismo e romantismo, uma acusação gravíssima nos anos trinta). Hoje, a situação é muito diferente, como demonstra o facto de outro grande renovador do pensamento marxista na América Latina, Álvaro Garcia Linera, ser Vice-presidente da Bolívia.

completamente[28] –, paulatinamente foi abandonando o estatuto de teoria de vanguarda e ganhando um estatuto completamente novo e inconcebível na tradição nortecêntrica da esquerda: o estatuto de uma teoria de retaguarda. De acordo com o sentido que lhe atribuo, a teoria da retaguarda significa duas coisas. Por um lado, é uma teoria que não dá orientação com base em princípios gerais, ou seja, leis gerais por que supostamente se rege a totalidade histórica, mas antes com base numa análise constante, crítica e aberta das práticas de transformação social. Deste modo, a teoria de retaguarda deixa-se surpreender pelas práticas de transformação progressistas, acompanha-as, analisa-as, procura enriquecer-se com elas, e busca nelas os critérios de aprofundamento e de generalização das lutas sociais mais progressistas. Por outro lado, uma teoria de retaguarda observa nessas práticas transformadoras tanto os processos e actores colectivos mais avançados, como os mais atrasados, mais tímidos e porventura prestes a desistir. Como diria o Subcomandante Marcos, trata-se de uma teoria que acompanha aqueles que vão mais devagar, uma teoria que concebe os avanços e os recuos, os da frente e os de trás, como parte de um processo dialéctico novo que não pressupõe a ideia de totalidade, antes postula a ideia de diferentes processos de totalização, sempre inacabados e sempre em concorrência. De acordo com a lição de Gramsci, é este o caminho para criar uma contra-hegemonia socialista ou, como no caso cubano, para manter e reforçar uma hegemonia socialista.

Apenas para me limitar a um exemplo, os grandes invisíveis ou esquecidos da teoria crítica moderna, os povos indígenas da América Latina – ou, quando muito, visíveis enquanto camponeses – têm sido um dos grandes protagonistas das lutas progressistas

---

[28] Ou seja, a supremacia da inteligência e da audácia política sobre a disciplina, que foi a marca da vanguarda, acabou sendo convertida no seu contrário: a supremacia da disciplina sobre a inteligência e a audácia como meio de ocultar ou controlar a novidade dos processos de transformação social não previstos pela teoria.

das últimas décadas no continente. Da perspectiva da teoria convencional da vanguarda, toda esta inovação política e social teria interesse marginal, quando não irrelevante, perdendo-se assim a oportunidade de aprender com as suas lutas, com as suas concepções de economia e de bem-estar (o *suma kawsay* dos Quechuas ou *suma qamaña* dos Aymaras, o bom viver), hoje consignadas nas Constituições do Equador e da Bolívia, com as suas concepções de formas múltiplas de governo e de democracia – democracia representativa, participativa e comunitária, como está estabelecido na nova Constituição da Bolívia. A incapacidade de aprender com os novos agentes de transformação acaba por redundar na irrelevância da própria teoria.

2 – O fim da teoria de vanguarda marca o fim de toda a organização política que assentava nela, nomeadamente o partido de vanguarda. Hoje, os partidos moldados pela ideia da teoria da vanguarda não são nem de vanguarda, nem de retaguarda (como a defini acima). São, de facto, partidos burocráticos que, estando na oposição, resistem vigorosamente ao *statu quo*, não tendo, contudo, alternativa; e, estando no poder, resistem vigorosamente a propostas de alternativas. Em substituição do partido de vanguarda, há que criar um ou mais partidos de retaguarda que acompanhem o fermento de activismo social que se gera quando os resultados da participação popular democrática são transparentes, mesmo para os que ainda não participam e assim são seduzidos a participar.

3 – A outra grande inovação dos últimos cinquenta anos foi o modo como a esquerda e o movimento popular se apropriaram das concepções hegemónicas (liberais, capitalistas) de democracia e as transformaram em concepções contra-hegemónicas, participativas, deliberativas, comunitárias, radicais. Podemos resumir esta inovação afirmando que a esquerda decidiu finalmente levar a democracia a sério (o que a burguesia nunca fez, como bem notou Marx). Levar a democracia a sério significa não só levá-la muito além dos limites da democracia liberal, mas também criar um

conceito de democracia de tipo novo: a democracia como todo o processo de transformação de relações de poder desigual em relações de autoridade partilhada. Mesmo quando não anda associada à fraude, ao papel decisivo do dinheiro nas campanhas eleitorais ou à manipulação da opinião pública através do controlo dos meios de comunicação social, a democracia liberal é de baixa intensidade, uma vez que se limita a criar uma ilha de relações democráticas num arquipélago de despotismos (económicos, sociais, raciais, sexuais, religiosos) que controlam efectivamente a vida dos cidadãos e das comunidades. A democracia tem de existir, muito além do sistema político, no sistema económico, nas relações familiares, raciais, sexuais, regionais, religiosas, de vizinhança, comunitárias. Socialismo é democracia sem fim.

Daqui decorre que a igualdade tem muitas dimensões e só pode ser plenamente realizada se a par da igualdade se lutar pelo reconhecimento das diferenças, ou seja, pela transformação das diferenças desiguais (que criam hierarquias sociais) em diferenças iguais (que celebram a diversidade social como forma de eliminar as hierarquias).

4 – Nas sociedades capitalistas são muitos os sistemas de relações desiguais de poder (opressão, dominação e exploração, racismo, sexismo, homofobia, xenofobia). Democratizar significa transformar relações desiguais de poder em relações de autoridade partilhada. As relações desiguais de poder actuam sempre em rede e, por isso, raramente um cidadão, classe ou grupo é vítima de uma delas apenas. Do mesmo modo, a luta contra elas tem de ser em rede, assente em amplas alianças em que não é possível identificar um sujeito histórico privilegiado, homogéneo, definido *a priori* em termos de classe social. Daí a necessidade do pluralismo político e organizativo no marco dos limites constitucionais sufragados democraticamente pelo povo soberano. Na sociedade cubana as relações desiguais de poder são diferentes das que existem nas sociedades capitalistas, mas existem (mesmo que sejam menos

intensas), são igualmente múltiplas e igualmente actuam em rede. A luta contra elas, feitas as devidas adaptações, tem igualmente de se pautar pelo pluralismo social, político e organizativo.

5 – As novas concepções de democracia e de diversidade social, cultural e política enquanto pilares da construção de um socialismo viável e auto-sustentado exigem que se repense radicalmente a centralidade monolítica do Estado, bem como a suposta homogeneidade da sociedade civil.[29]

Possíveis pontos de partida para uma discussão sem outro objectivo que não o de contribuir para um futuro socialista viável em Cuba

1 – Cuba é talvez o único país do mundo onde os condicionamentos externos não são um álibi para a incompetência ou corrupção dos líderes. São um facto cruel e decisivo. Isto não implica que não haja capacidade de manobra, aliás, possivelmente ampliada em função da crise do neoliberalismo e das mudanças geo-estratégicas previsíveis no curto prazo. Este capital não pode ser desperdiçado através da recusa de analisar alternativas, ainda que disfarçadas por falsos heroísmos ou protagonismos da resistência. A partir de agora, não pode correr-se o risco de a resistência dominar a alternativa. Se tal suceder, nem sequer haverá resistência.

2 – O regime cubano levou ao limite a tensão possível entre legitimação ideológica e condições materiais de vida. Daqui em diante, as mudanças que contam são as que mudam as condições materiais de vida da esmagadora maioria da população. A partir daqui, a democracia de ratificação, a continuar a existir, só ratifica o ideológico na medida em que este tenha tradução material. Caso contrário, a ratificação não significa consentimento. Significa resignação.

---

[29] Para uma apreciação muito lúcida da sociedade civil em Cuba, veja-se a entrevista de Aurelio Alonso na revista *Enfoques*, (nº 23, Dezembro, 2008: "Sociedad Civil en Cuba: un problema de geometría?". Entrevista con el sociólogo cubano Aurelio Alonso).

3 – A temporalidade de largo prazo da mudança civilizacional estará por algum tempo subordinada à temporalidade imediata das soluções urgentes.

4 – Uma sociedade é capitalista não porque todas as relações económicas e sociais sejam capitalistas, mas porque estas determinam o funcionamento de todas as outras relações económicas e sociais existentes na sociedade. Inversamente, uma sociedade socialista não é socialista porque todas as relações sociais e económicas sejam socialistas, mas porque estas determinam o funcionamento de todas as outras relações existentes na sociedade. Neste momento em Cuba há uma situação *sui generis*: por um lado, um socialismo formalmente monolítico que não encoraja a emergência de relações não capitalistas de tipo novo, nem pode determinar criativamente as relações capitalistas, ainda que por vezes conviva com elas confortavelmente e até ao limite da corrupção oportunamente denunciada por Fidel; por outro, um capitalismo que, por ser selvagem e clandestino ou semiclandestino, é difícil de controlar. Nesta situação, não é propício o terreno para o desenvolvimento de outras relações económicas e sociais de tipo cooperativo e comunitário, de que há muito a esperar. Neste domínio, o povo cubano deverá ler e discutir com muita atenção os sistemas económicos consignados na Constituição da Venezuela e nas Constituições do Equador e da Bolívia, recentemente aprovadas, bem como as respectivas experiências de transformação. Não se trata de copiar soluções, mas antes de apreciar os caminhos da criatividade da esquerda latino-americana nas últimas décadas. A importância desta aprendizagem está implícita no reconhecimento de erros passados, manifestado de forma contundente por Fidel no discurso na Universidade de Havana, já mencionado: "Uma conclusão a que cheguei ao cabo de muito anos: entre os muitos erros que todos cometemos, o mais importante foi acreditar que alguém sabia de socialismo, ou que alguém sabia como se constrói o socialismo."

5 – Do ponto de vista dos cidadãos, a diferença entre um socialismo ineficaz e um capitalismo injusto pode ser menor do que parece. Uma relação de dominação (assente num poder político desigual) pode ter no quotidiano das pessoas consequências estranhamente semelhantes às de uma relação de exploração (assente na extracção da mais-valia).

Um vasto e excitante campo de experimentação social e política a partir do qual Cuba pode voltar a contribuir para a renovação da esquerda mundial

1 – *Democratizar a democracia*. Contra os teóricos liberais – para quem a democracia é a condição de tudo o resto –, tenho vindo a defender que há condições para que a democracia seja praticada genuinamente. Atrevo-me a dizer que Cuba poderá ser a excepção à regra que defendo: acho que em Cuba a democracia radical, contra-hegemónica, não liberal, é a condição de tudo o resto. E por que razão? A crise da democracia liberal é hoje mais evidente do que nunca. É cada vez mais evidente que a democracia liberal não garante as condições da sua sobrevivência perante os múltiplos "fascismos sociais", que é como designo a conversão das desigualdades económicas em desigualdades políticas não directamente produzidas pelo sistema político do Estado capitalista, mas com a sua cumplicidade. Por exemplo, quando se privatiza a água, a empresa proprietária passa a ter direito de veto sobre a vida das pessoas (quem não paga a conta fica sem água). Trata-se aqui de muito mais do que um poder económico ou de mercado. Apesar de evidente, esta crise sente dificuldade em abrir um espaço para a emergência de novos conceitos de política e democracia. Esta dificuldade tem duas causas. Por um lado, o domínio das relações capitalistas, cuja reprodução exige hoje a coexistência entre a democracia de baixa intensidade e os fascismos sociais. Por outro lado, a hegemonia da democracia liberal no imaginário social, muitas vezes através do recurso a supostas tradições ou memórias

históricas que a legitimam. Em Cuba não está presente nenhuma destas duas dificuldades. Nem dominam as relações capitalistas, nem há uma tradição liberal minimamente credível. Assim, será possível assumir a democracia radical como ponto de partida, sem ser necessário arrostar com tudo o que está já superado na experiência dominante da democracia nos últimos cinquenta anos.

2 – *Da vanguarda à retaguarda*. Para que tal ocorra, para que o democrático não se reduza a mero inventário de logros e argumentações retóricas, antes se realize sistemicamente, deverá ser dado um passo importante: a conversão do partido de vanguarda em partido de retaguarda. Um partido menos de direcção e mais de facilitação; um partido que promove a discussão de perguntas fortes, para que no quotidiano das práticas sociais os cidadãos e as comunidades estejam mais bem capacitados para distinguir entre respostas fortes e respostas fracas. Um partido que aceita com naturalidade a existência de outras formas de organizações de interesses, com as quais procura ter uma relação de hegemonia e não uma relação de controlo. Esta transformação é a mais complexa de todas e só pode ser realizada no âmbito da experimentação seguinte.

3 – *Constitucionalismo transformador*. As transições em que há transformações importantes nas relações de poder passam, em geral, por processos constituintes. Nos últimos vinte anos, vários países da África e da América Latina viveram processos constituintes. Esta história mais recente permite-nos distinguir dois tipos de constitucionalismo: o constitucionalismo moderno propriamente dito e o constitucionalismo transformador. O constitucionalismo moderno, que prevaleceu sem oposição até há pouco tempo, foi um constitucionalismo construído de cima para baixo, pelas elites políticas do momento, com o objectivo de construir Estados institucionalmente monolíticos e sociedades homogéneas, o que sempre envolveu a sobreposição de uma classe, uma cultura, uma raça, uma etnia, uma região em detrimento de outras. Ao contrário,

o constitucionalismo transformador parte da iniciativa das classes populares, como uma forma de luta de classes, uma luta dos excluídos e seus aliados, visando criar novos critérios de inclusão social que ponham fim à opressão classista, racial, étnica, cultural, etc.

Uma tal democratização social e política implica a reinvenção ou refundação do Estado moderno. Tal reinvenção ou refundação não pode deixar de ser experimental, e esse carácter aplica-se à própria Constituição. Ou seja, se possível, a nova Constituição transformadora deveria ter um horizonte limitado de validade, por exemplo, cinco anos, ao fim dos quais o processo constituinte deve ser reaberto para corrigir erros e introduzir aprendizagens. O limite da validade da nova Constituição tem a vantagem política – preciosa em períodos de transição – de não criar nem ganhadores nem perdedores definitivos. Cuba tem as condições ideais neste momento para renovar o seu experimentalismo constitucional.

4 – *Estado experimental*. Por caminhos distintos, tanto a crise terminal por que passa o neoliberalismo como a experiência recente dos Estados mais progressistas da América Latina revelam que estamos a caminho de uma nova centralidade do Estado, uma centralidade mais aberta à diversidade social (reconhecimento da interculturalidade, plurietnicidade, e mesmo plurinacionalidade, como no caso do Equador e da Bolívia), económica (reconhecimento de diferentes tipos de propriedade, seja estatal, comunitária ou comunal, cooperativa ou individual) e política (reconhecimento de diferentes tipos de democracia, seja representativa ou liberal, participativa, deliberativa, referendária, comunitária). De uma centralidade assente na homogeneidade social a uma centralidade assente na heterogeneidade social. Trata-se de uma centralidade regulada pelo princípio da complexidade. A nova centralidade opera de formas distintas em áreas em que a eficácia das soluções está demonstrada (em Cuba, a educação e a saúde, por exemplo, apesar da degradação actual da qualidade e equidade do sistema),

em áreas em que, pelo contrário, a ineficácia está demonstrada (em Cuba, o crescimento das desigualdades, os transportes ou a agricultura, por exemplo) e em áreas novas, que são as mais numerosas em processos de transição (em Cuba, por exemplo, criar uma nova institucionalidade política e reconstruir a hegemonia socialista com base numa democracia de alta intensidade, que promova simultaneamente a redução da desigualdade social e a expansão da diversidade social, cultural e política). Para as duas últimas áreas (áreas de ineficácia demonstrada e áreas novas) não há receitas infalíveis ou soluções definitivas. Nestas áreas, o princípio da centralidade complexa sugere que se siga o princípio da experimentação democraticamente controlada. O princípio da experimentação deve percorrer toda a sociedade e para isso é necessário que o próprio Estado se transforme num Estado experimental. Numa fase de grandes mutações no papel do Estado na regulação social, é inevitável que a materialidade institucional do Estado, rígida como é, seja sujeita a grandes vibrações que a tornam campo fértil de efeitos perversos. Acresce que essa materialidade institucional está inscrita num tempo-espaço nacional estatal que está a sofrer o impacto cruzado de espaços-tempo locais e globais.

Como o que caracteriza as épocas de transição é coexistirem nela soluções do velho paradigma com soluções do novo paradigma, e de estas últimas serem por vezes tão contraditórias entre si quanto o são com as soluções do velho paradigma, penso que se deve fazer da experimentação um princípio de criação institucional, sempre e quando as soluções adoptadas no passado se tenham revelado ineficazes. Sendo imprudente tomar nesta fase opções institucionais irreversíveis, deve transformar-se o Estado num campo de experimentação institucional, permitindo que diferentes soluções institucionais coexistam e compitam durante algum tempo, com carácter de experiências-piloto, sujeitas à monitorização permanente de colectivos de cidadãos, com vista a proceder à avaliação comparada dos desempenhos. A prestação de bens públicos, sobretudo na área social,[30] pode assim ter lugar sob várias formas, e a opção entre elas, a ter lugar, só deve ocorrer depois de as alternativas serem escrutinadas na sua eficácia e qualidade democrática por parte dos cidadãos.

Esta nova forma de um possível Estado democrático transicional deve assentar em três princípios de experimentação política. O primeiro é que a experimentação social, económica e política exige a presença complementar de várias formas de exercício democrático (representativo, participativo, comunitário, etc.). Nenhuma delas, por si só, poderá garantir que a nova institucionalidade seja eficazmente avaliada. Trata-se de um princípio difícil de respeitar, sobretudo em virtude de a presença complementar de vários tipos de prática democrática ser, ela própria, nova e experimental. Oportuno recordar aqui a afirmação de Hegel: "quem tem medo do erro tem medo da verdade".

O segundo princípio é que o Estado só é genuinamente experimental na medida em que às diferentes soluções institucionais são dadas iguais condições para se desenvolverem segundo a sua lógica própria. Ou seja, o Estado experimental é democrático na medida em que confere igualdade de oportunidades às diferentes propostas de institucionalidade democrática. Só assim a luta democrática se converte verdadeiramente em luta por alternativas democráticas. Só assim é possível lutar democraticamente contra o dogmatismo de uma solução que se apresenta como a única eficaz ou democrática. Esta experimentação institucional que ocorre no interior do campo democrático não pode deixar de causar alguma instabilidade e incoerência na acção estatal, e pela fragmentação estatal que dela eventualmente resulte podem sub-repticiamente gerar-se novas exclusões.

---

[30] Por exemplo, transportes públicos estatais ao lado de transportes cooperativos ou de pequenos empresários; produção agrícola em empresas estatais, ao lado de empresas cooperativas, comunitárias ou de pequenos empresários capitalistas.

Nestas circunstâncias, o Estado experimental deve não só garantir a igualdade de oportunidades aos diferentes projectos de institucionalidade democrática, mas deve também – e é este o terceiro princípio de experimentação política – garantir padrões mínimos de inclusão, que tornem possível a cidadania activa necessária a monitorar, acompanhar e avaliar o desempenho dos projectos alternativos. De acordo com a nova centralidade complexa, o Estado combina a regulação directa dos processos sociais com a meta-regulação, ou seja, a regulação de formas estatais de regulação social, cuja autonomia deve ser respeitada, desde que respeitem os princípios de inclusão e participação consagrados na constituição.

5 – *Outra produção é possível*. Esta é uma das áreas mais importantes de experimentação social e Cuba pode assumir neste domínio uma liderança estratégica na busca de soluções alternativas, quer aos modelos de desenvolvimento capitalista, quer aos modelos de desenvolvimento socialista do século xx. No início do século xxi, a tarefa de pensar alternativas económicas e sociais e por elas lutar é particularmente urgente por duas razões relacionadas entre si. Em primeiro lugar, vivemos numa época em que a ideia de que não há alternativas ao capitalismo obteve um nível de aceitação que provavelmente não tem precedentes na história do capitalismo mundial. Em segundo lugar, a alternativa sistémica ao capitalismo, representada pelas economias socialistas centralizadas, revelou--se inviável. O autoritarismo político e a inviabilidade económica dos sistemas económicos centralizados foram dramaticamente expostos pelo colapso destes sistemas nos finais dos anos de 1980 e princípios dos de 1990.

Paradoxalmente, nos últimos trinta anos, o capitalismo revelou, como nunca antes, a sua pulsão autodestrutiva, do crescimento absurdo da concentração da riqueza e da exclusão social à crise ambiental, da crise financeira à crise energética, da guerra infinita pelo controlo do acesso aos recursos naturais à crise alimentar.

Por outro lado, o colapso dos sistemas de socialismo de Estado abriu o espaço político para a emergência de múltiplas formas de economia popular, da economia solidária às cooperativas populares, das empresas recuperadas aos assentamentos da reforma agrária, do comércio justo às formas de integração regional segundo princípios de reciprocidade e de solidariedade (como a ALBA). As organizações económicas populares são extremamente diversas e se algumas implicam rupturas radicais (ainda que locais) com o capitalismo, outras encontram formas de coexistência com o capitalismo. A fragilidade geral de todas estas alternativas reside no facto de ocorrerem em sociedades capitalistas nas quais as relações de produção e de reprodução capitalistas determinam a lógica geral do desenvolvimento social, económico e político. Por esta razão, o potencial emancipatório e socialista das organizações económicas populares acaba sendo bloqueado. A situação privilegiada de Cuba no domínio da experimentação económica está no facto de poder definir, a partir de princípios, lógicas e objectivos não-capitalistas, as regras de jogo em que podem funcionar as organizações económicas capitalistas.

Para realizar todo o fermento de transformação progressista contido no momento político que vive, Cuba vai necessitar da solidariedade de todos os homens e mulheres, de todas as organizações e movimentos de esquerda (no sentido que lhe atribuí neste texto) do mundo e muito particularmente do mundo latino-americano. É este o momento de o mundo de esquerda retribuir a Cuba o muito que deve a Cuba para ser o que é.

CAPÍTULO 6
A REVOLUÇÃO BOLIVARIANA DA VENEZUELA E A REVOLUÇÃO CIDADÃ DO EQUADOR

Hugo Chávez: o legado e os desafios
(Março de 2013)

Morreu o líder político democrático mais carismático das últimas décadas. Quando acontece em democracia, o carisma cria uma relação política entre governantes e governados particularmente mobilizadora, porque junta à legitimidade democrática uma identidade de pertença e uma partilha de objectivos que está muito além da representação política. As classes populares, habituadas a serem golpeadas por um poder distante e opressor (as democracias de baixa intensidade alimentam esse poder) vivem momentos em que a distância entre representantes e representados quase se desvanece. Os opositores falarão de populismo e de autoritarismo, mas raramente convencem os eleitores. É que, em democracia, o carisma permite níveis de educação cívica democrática dificilmente atingíveis noutras condições. A difícil química entre carisma e democracia aprofunda ambos, sobretudo quando se traduz em medidas de redistribuição social da riqueza. O problema do carisma é que termina com o líder. Para continuar sem ele, a democracia precisa de ser reforçada por dois ingredientes cuja química é igualmente difícil, sobretudo num imediato período pós-carismático: a institucionalidade e a participação popular.

Ao gritar nas ruas de Caracas "Todos somos Chávez!", o povo está lucidamente consciente de que Chávez houve um só e que a revolução bolivariana vai ter inimigos internos e externos suficientemente fortes para pôr em causa a intensa vivência democrática que ele lhes proporcionou durante catorze anos. O Presidente Lula do Brasil também foi um líder carismático. Depois dele, a

Presidente Dilma aproveitou a forte institucionalidade do Estado e da democracia brasileiras, mas tem tido dificuldade em a complementar com a participação popular. Na Venezuela, a força das instituições é muito menor, ao passo que o impulso da participação é muito maior. É neste contexto que devemos analisar o legado de Chávez e os desafios no horizonte.

O legado de Chávez

Redistribuição da riqueza. Chávez, tal como outros líderes latino-americanos, aproveitou o *boom* dos recursos naturais (sobretudo petróleo) para realizar um programa sem precedentes de políticas sociais, sobretudo nas áreas da educação, saúde, habitação e infra-estruturas que melhoraram substancialmente a vida da esmagadora maioria da população. Alguns exemplos: educação obrigatória gratuita; alfabetização de mais de um milhão e meio de pessoas, o que levou a Unesco a declarar a Venezuela como "território livre de analfabetismo"; redução da pobreza extrema de 40% em 1996 para 7.3% hoje; redução da mortalidade infantil de 25 por mil para 13 por mil no mesmo período; restaurantes populares para os sectores de baixos recursos; aumento do salário mínimo, hoje o salário mínimo regional mais alto, segundo a OIT. A Venezuela saudita deu lugar à Venezuela bolivariana.

A integração regional. Chávez foi o artífice incansável da integração do subcontinente latino-americano. Não se tratou de um cálculo mesquinho de sobrevivência e de hegemonia. Chávez acreditava como ninguém na ideia da Pátria Grande de Simón Bolívar. As diferenças políticas substantivas entre os vários países eram vistas por ele como discussões no seio de uma grande família. Logo que teve oportunidade, procurou reatar os laços com o membro da família mais renitente e mais pró-EUA, a Colômbia. Procurou que as trocas entre os países latino-americanos fossem muito além das trocas comerciais e que estas se pautassem por uma lógica de solidariedade, complementaridade económica e social e reciprocidade, e não por uma lógica capitalista. A sua solidariedade com Cuba é bem conhecida, mas foi igualmente decisiva com a Argentina, durante a crise da dívida soberana em 2001-2002, e com os pequenos países das Caraíbas.

Foi um entusiasta de todas as formas de integração regional que ajudassem o continente a deixar de ser o *backyard* dos EUA. Foi o impulsionador da ALBA (Alternativa Bolivariana para as Américas), depois ALBA-TCP (Aliança Bolivariana para os Povos da Nossa América-Tratado de Comércio dos Povos) como alternativa à ALCA (Área de Livre Comércio das Américas) promovida pelos EUA, mas também quis ser membro do Mercosul. CELAC (Comunidade dos Estados Latino-Americanos e Caribenhos), UNASUL (União de Nações Sul-Americanas) são outras das instituições de integração dos povos da América Latina e Caribe a que Chávez deu o seu impulso.

Anti-imperialismo. Nos períodos mais decisivos da sua governação (incluindo a sua resistência ao golpe de Estado de que foi vítima em 2002), Chávez confrontou-se com o mais agressivo unilateralismo dos EUA (George W. Bush), que teve o seu ponto mais destrutivo na invasão do Iraque. Chávez tinha a convicção de que o que se passava no Médio Oriente viria um dia a passar-se na América Latina se esta não se preparasse para essa eventualidade. Daí o seu interesse na integração regional. Mas também estava convencido de que a única maneira de travar os EUA seria alimentar o multilateralismo, fortalecendo o que restava da Guerra Fria. Daí, a sua aproximação à Rússia, China e Irão. Sabia que os EUA (com o apoio da União Europeia) continuariam a "libertar" todos os países que pudessem contestar Israel ou ser uma ameaça para o acesso ao petróleo. Daí, a "libertação" da Líbia, seguida da Síria e, em futuro próximo, do Irão. Daí também o "desinteresse" dos EUA e UE em "libertarem" o país governado pela mais retrógrada ditadura, a Arábia Saudita.

O socialismo do século XXI. Chávez não conseguiu construir o socialismo do século XXI a que chamou o socialismo bolivariano.

Qual seria o seu modelo de socialismo, sobretudo tendo em vista que sempre mostrou uma reverência para com a experiência cubana que muitos consideraram excessiva? Conforta-me saber que em várias ocasiões Chávez tenha referido com aprovação a minha definição de socialismo: "socialismo é a democracia sem fim". É certo que eram discursos, e as práticas seriam certamente bem mais difíceis e complexas. Quis que o socialismo bolivariano fosse pacífico, mas armado para não lhe acontecer o mesmo que aconteceu a Salvador Allende. Travou o projecto neoliberal e acabou com a ingerência do FMI na economia do país; nacionalizou empresas, o que causou a ira dos investidores estrangeiros, que se vingaram com uma campanha impressionante de demonização de Chávez, tanto na Europa (sobretudo em Espanha), como nos EUA. Desarticulou o capitalismo que existia, mas não o substituiu. Daí, as crises de abastecimento e de investimento, a inflação e a crescente dependência dos rendimentos do petróleo. Polarizou a luta de classes e pôs em guarda as velhas e as novas classes capitalistas, as quais durante muito tempo tiveram quase o monopólio da comunicação social e sempre mantiveram o controlo do capital financeiro. A polarização caiu na rua e muitos consideraram que o grande aumento da criminalidade era produto dela (dirão o mesmo do aumento da criminalidade em São Paulo ou Joanesburgo?).

O Estado comunal. Chávez sabia que a máquina do Estado construída pelas oligarquias que sempre dominaram o país tudo faria para bloquear o novo processo revolucionário que, ao contrário dos anteriores, nascia com a democracia e alimentava-se dela. Procurou, por isso, criar estruturas paralelas caracterizadas pela participação popular na gestão pública. Primeiro foram as *misiones* e *gran misiones*, um extenso programa de políticas governamentais em diferentes sectores, cada uma delas com um nome sugestivo (Por. ex., a Misión Barrio Adentro para oferecer serviços de saúde às classes populares), com participação popular e a ajuda de Cuba. Depois, foi a institucionalização do poder popular, um ordenamento do território paralelo ao existente (Estados e municípios), tendo como célula básica a comuna, como princípio, a propriedade social e como objectivo, a construção do socialismo. Ao contrário de outras experiências latino-americanas que têm procurado articular a democracia representativa com a democracia participativa (o caso do orçamento participativo e dos conselhos populares sectoriais), o Estado comunal assume uma relação confrontacional entre as duas formas de democracia. Esta será talvez a sua grande debilidade.

Os desafios para a Venezuela e o continente
A partir de agora começa a era pós-Chávez. Haverá instabilidade política e económica? A revolução bolivariana seguirá em frente? Será possível o chavismo sem Chávez? Resistirá ao possível fortalecimento da oposição? Os desafios são enormes. Eis alguns deles.

A união cívico-militar. Chávez assentou o seu poder em duas bases: a adesão democrática das classes populares e a união política entre o poder civil e as Forças Armadas. Esta união foi sempre problemática no continente e, quando existiu, foi quase sempre de orientação conservadora e mesmo ditatorial. Chávez, ele próprio um militar, conseguiu uma união de sentido progressista que deu estabilidade ao regime. Mas para isso teve de dar poder económico aos militares, o que, além de poder ser uma fonte de corrupção, poderá amanhã virar-se contra a revolução bolivariana ou, o que dá no mesmo, subverter o seu espírito transformador e democrático.

O extractivismo. A revolução bolivariana aprofundou a dependência do petróleo e dos recursos naturais em geral, um fenómeno que, longe de ser específico da Venezuela, está hoje bem presente em outros países governados por governos que consideramos progressistas, sejam eles o Brasil, a Argentina, o Equador ou a Bolívia. A excessiva dependência dos recursos está a bloquear a diversificação da economia, está a destruir o meio ambiente e, sobretudo, está a constituir uma agressão constante às populações indígenas e camponesas onde se encontram os recursos, poluindo as suas águas, desrespeitando os seus direitos ancestrais, violando o direito internacional que obriga à consulta das populações, expulsando-as das suas terras, assassinando os seus líderes comunitários. Ainda na semana passada assassinaram um grande líder indígena da Sierra de Perijá (Venezuela), Sabino Romero, uma luta com que sou solidário há muitos anos. Saberão os sucessores de Chávez enfrentar este problema?

O regime político. Mesmo quando sufragado democraticamente, um regime político à medida de um líder carismático tende a ser problemático para os seus sucessores. Os desafios são enormes no caso da Venezuela. Por um lado, a debilidade geral das instituições, por outro, a criação de uma institucionalidade paralela, o Estado comunal, dominada pelo partido criado por Chávez, o PSUV (Partido Socialista Unificado da Venezuela). Se a vertigem do partido único se instaurar, será o fim da revolução bolivariana. O PSUV é um agregado de várias tendências e a convivência entre elas tem sido difícil. Desaparecida a figura agregadora de Chávez, é preciso encontrar modos de expressar a diversidade interna. Só um exercício de profunda democracia interna permitirá ao PSUV ser uma das expressões nacionais do aprofundamento democrático que bloqueará o assalto das forças políticas interessadas em destruir, ponto por ponto, tudo o que foi conquistado pelas classes populares nestes anos. Se a corrupção não for controlada e se as diferenças forem reprimidas por declarações de que todos são chavistas e de que cada um é mais chavista do que o outro, estará aberto o caminho para os inimigos da revolução. Uma coisa é certa: se há que seguir o exemplo de Chávez, então é crucial que não se reprima a crítica. É necessário abandonar de vez o autoritarismo que tem caracterizado largos sectores da esquerda latino-americana.

O grande desafio das forças progressistas no continente é saber distinguir entre o estilo polemizante de Chávez, certamente controverso, e o sentido político substantivo da sua governação, inequivocamente a favor das classes populares e de uma integração solidária do subcontinente. As forças conservadoras tudo farão para os confundir. Chávez contribuiu decisivamente para consolidar a democracia no imaginário social. Consolidou-a onde ela é mais difícil de ser traída, no coração das classes populares. E onde também a traição é mais perigosa. Alguém imagina as classes populares de tantos outros países do mundo verterem pela morte de um líder político democrático as lágrimas amargas com que os venezuelanos inundam as televisões do mundo? Este é um património precioso tanto para os venezuelanos como para os latino-americanos. Seria um crime desperdiçá-lo.

Em defesa da Venezuela
(26 de Julho de 2017)

A Venezuela vive um dos momentos mais críticos da sua história. Acompanho crítica e solidariamente a revolução bolivariana desde o início. As conquistas sociais das últimas duas décadas são indiscutíveis. Para o provar basta consultar o relatório da ONU de 2016 sobre a evolução do índice de desenvolvimento humano. Diz o relatório: "O índice de desenvolvimento humano (IDH) da Venezuela em 2015 foi de 0.767 – o que colocou o país na categoria de elevado desenvolvimento humano – posicionando-o em 71º de entre 188 países e territórios. Tal classificação é partilhada com a Turquia." De 1990 a 2015, o IDH da Venezuela aumentou de 0.634 para 0.767, um aumento de 20.9%. Entre 1990 e 2015, a esperança de vida ao nascer subiu para 4.6 anos, o período médio de escolaridade aumentou para 4.8 anos e os anos de escolaridade média geral aumentaram 3.8 anos. O rendimento nacional bruto (RNB) *per capita* aumentou cerca de 5.4% entre 1990 e 2015. De notar que estes progressos foram obtidos em democracia, apenas momentaneamente interrompida pela tentativa de golpe de Estado em 2002, protagonizada pela oposição com o apoio ativo dos EUA.

A morte prematura de Hugo Chávez em 2013 e a queda do preço do petróleo em 2014 causaram um abalo profundo nos processos de transformação social então em curso. A liderança carismática de Chávez não tinha sucessor, a vitória de Nicolás Maduro nas eleições que se seguiram foi por escassa margem, o novo presidente não estava preparado para tão complexas tarefas de governo e a oposição (internamente muito dividida) sentiu que o seu momento tinha chegado, no que foi, mais uma vez, apoiada pelos EUA, sobretudo quando em 2015 e de novo em 2017 o Presidente Obama considerou a Venezuela uma "ameaça à segurança nacional dos EUA", uma declaração que muita gente considerou exagerada, se não mesmo ridícula, mas que, como explico adiante, tinha toda a lógica (do ponto de vista dos EUA, claro). A situação foi-se deteriorando até que, em Dezembro de 2015, a oposição conquistou a maioria na Assembleia Nacional. O Tribunal Supremo suspendeu quatro deputados por alegada fraude eleitoral, a Assembleia Nacional desobedeceu, e a partir daí a confrontação institucional agravou-se e foi progressivamente alastrando para a rua, alimentada também pela grave crise económica e de abastecimentos que entretanto explodiu. Mais de cem mortos, uma situação caótica. Entretanto, o Presidente Maduro tomou a iniciativa de convocar uma Assembleia Constituinte (AC) para o dia 30 de Julho e os EUA ameaçam com mais sanções se as eleições ocorrerem. É sabido que esta iniciativa visa ultrapassar a obstrução da Assembleia Nacional dominada pela oposição.

Em 26 de Maio passado, assinei um manifesto elaborado por intelectuais e políticos venezuelanos de várias tendências políticas, apelando aos partidos e grupos sociais em confronto que parassem a violência nas ruas e iniciassem um debate que permitisse uma saída não violenta, democrática e sem ingerência dos EUA. Decidi então não voltar a pronunciar-me sobre a crise venezuelana. Porque o faço hoje? Porque estou chocado com a parcialidade da comunicação social europeia, incluindo a portuguesa, sobre a crise da Venezuela, um enviesamento que recorre a todos os meios para demonizar um governo legitimamente eleito, atiçar o incêndio social e político e legitimar uma intervenção estrangeira de consequências incalculáveis. A imprensa espanhola vai a ponto de embarcar na pós-verdade, difundindo notícias falsas a respeito da posição do governo português. Pronuncio-me animado pelo bom senso e equilíbrio que o Ministro dos Negócios Estrangeiros, Augusto Santos Silva, tem revelado sobre este tema. A história recente diz-nos que as sanções económicas afectam mais os cidadãos inocentes que os governos. Basta recordar as mais de 500 000 crianças que, segundo relatório da ONU de 1995, morreram no Iraque em resultado das sanções impostas depois da guerra do golfo Pérsico. Lembremos também que vive na Venezuela meio milhão de portugueses ou lusodescendentes. A história recente também nos diz que nenhuma democracia sai fortalecida de uma intervenção estrangeira.

Os desacertos de um governo democrático resolvem-se por via democrática, e ela será tanto mais consistente quanto menos interferência externa sofrer. O governo da revolução bolivariana é democraticamente legítimo e ao longo de muitas eleições nos últimos vinte anos nunca deu sinais de não respeitar os resultados destas. Perdeu várias e pode perder a próxima, e só será de criticar se não respeitar os resultados. Mas não se pode negar que o Presidente Maduro tem legitimidade constitucional para convocar a Assembleia Constituinte. Claro que os Venezuelanos (incluindo muitos chavistas críticos) podem legitimamente questionar a sua oportunidade, sobretudo tendo em mente que dispõem da Constituição de 1999, promovida pelo Presidente Chávez, e têm meios democráticos para manifestar esse questionamento no próximo domingo. Mas nada disso justifica o clima insurreccional que a oposição radicalizou nas últimas semanas e que tem por objectivo, não corrigir os erros da revolução bolivariana, mas sim pôr-lhe fim, impor as receitas neoliberais (como está a acontecer no Brasil e na Argentina) com tudo o que isso significará para as maiorias pobres da Venezuela. O que deve preocupar os democratas, embora tal não preocupe os *media* globais que já tomaram partido pela oposição, é o modo como estão a ser selecionados os candidatos. Se, como se suspeita, os aparelhos burocráticos do partido do governo sequestrarem o impulso participativo das classes populares, o objectivo da AC de ampliar democraticamente a força política da base social de apoio da revolução terá sido frustrado.

Para compreendermos porque provavelmente não haverá saída não violenta para a crise da Venezuela, temos de saber o que está em causa no plano geoestratégico global. O que está em causa são as maiores reservas de petróleo do mundo existentes na Venezuela. Para os EUA é crucial para o seu domínio global manter o controlo das reservas de petróleo do mundo. Qualquer país, por mais democrático, que tenha este recurso estratégico e não o torne acessível às multinacionais petrolíferas, na maioria norte-americanas, põe-se na mira de uma intervenção imperial. A ameaça à segurança nacional, de que falam os presidentes dos EUA, não está sequer apenas no acesso ao petróleo, está sobretudo no facto de o comércio mundial de petróleo ser denominado em dólares, o verdadeiro núcleo do poder dos EUA, já que nenhum outro país tem o privilégio de imprimir as notas que bem entender sem isso afectar significativamente o seu valor monetário. Foi por esta razão que o Iraque foi invadido e o Médio Oriente e a Líbia arrasados (neste último caso, com a cumplicidade ativa da França de Sarkozy). Pela mesma razão, houve ingerência, hoje documentada, na crise brasileira, pois a exploração do petróleo do pré-sal estava nas mãos dos brasileiros. Pela mesma razão, o Irão voltou a estar em perigo. Pela mesma razão, a revolução bolivariana tem de cair sem ter tido a oportunidade de corrigir democraticamente os graves erros que os seus dirigentes cometeram nos últimos anos. Sem ingerência externa, estou seguro de que a Venezuela saberia encontrar uma solução não violenta e democrática. Infelizmente, o que está no terreno é usar todos os meios para virar os pobres contra o chavismo, a base social da revolução bolivariana e os que mais beneficiaram com ela. E, concomitantemente, provocar uma ruptura nas Forças Armadas e um consequente golpe militar que deponha Maduro. A política externa da Europa (se de tal se pode falar) podia ser uma força moderadora se, entretanto, não tivesse perdido a alma.

Equador: a revolução cidadã tem quem a defenda?
(6 de Maio de 2014)

Os intelectuais da América Latina, entre os quais me considero por adopção, têm cometido dois tipos de erro nas suas análises dos processos políticos dos últimos cem anos, sobretudo quando eles contêm elementos novos, sejam eles, ideais de desenvolvimento, alianças para construir o bloco hegemónico, instituições, formas de luta, estilos de fazer política. Claro que os intelectuais de direita têm igualmente cometido muitos erros, mas deles não cuido aqui. O primeiro erro tem consistido em não fazer um esforço sério para compreender os processos políticos de esquerda que não cabem facilmente nas teorias marxistas e não marxistas herdadas. As reacções iniciais à revolução cubana são um bom exemplo desse tipo de erro. O segundo tipo de erro tem consistido em silenciar, por complacência ou temor de favorecer a direita, as críticas aos erros, desvios e até perversões por que têm passado esses processos, perdendo assim a oportunidade para transformar a solidariedade crítica em instrumento de luta.

Desde 1998, com a chegada de Hugo Chávez ao poder, a esquerda latino-americana tem vivido o mais brilhante período da sua história e talvez um dos mais brilhantes de toda a esquerda mundial. Obviamente não podemos esquecer os tempos iniciais das revoluções russa, chinesa e cubana nem os êxitos da social democracia europeia no pós-guerra. Mas os governos progressistas dos últimos quinze anos são particularmente notáveis por várias razões: ocorrem num momento de grande expansão do capitalismo neoliberal ferozmente hostil a projectos nacionais divergentes dele; são internamente muito distintos, dando conta de uma diversidade da esquerda até então não conhecida; nascem de processos democráticos com elevada participação popular, quer institucional, quer não-institucional; não exigem sacrifícios às maiorias no presente em nome de um futuro glorioso, mas tentam pelo contrário transformar o presente dos que nunca tiveram acesso a um futuro melhor.

Escrevo este texto muito consciente da existência dos erros acima referidos e sem saber se terei êxito em os evitar. Para mais, debruço-me sobre o caso mais complexo de todos os que constituem o novo período da esquerda latino-americana. Refiro-me aos governos de Rafael Correa no poder no Equador desde 2006[31]. Alguns pontos de partida. Primeiro, pode discutir-se se os governos de Correa são de esquerda ou de centro-esquerda, mas parece-me absurdo considerá-los de direita, como pretendem alguns dos seus opositores de esquerda. Dada a polarização instalada, penso que estes últimos só reconhecerão que Correa era afinal de esquerda ou de centro-esquerda nos meses (ou dias) seguintes à eventual eleição de um governo de direita. Segundo, é largamente partilhada a opinião de que Correa tem sido, "apesar de tudo", o melhor presidente que o Equador teve nas últimas décadas e aquele que garantiu mais estabilidade política depois de muitos anos de caos. Terceiro, não cabe dúvida de que Correa tem vindo a realizar a maior redistribuição de rendimentos da história do Equador, contribuindo para a redução da pobreza e o reforço das classes médias. Nunca tantos filhos das classes trabalhadoras chegaram à universidade. Porque é que tudo isto, que é muito, não é suficiente para dar tranquilidade ao "oficialismo" de que o projecto de Correa, com ele ou sem ele, prosseguirá depois de 2017 (próximas eleições presidenciais)?

---

[31] Analiso com detalhe as transformações políticas da última década no Equador e na Bolívia em Santos (2010).

Apesar de o Equador ter vivido no passado alguns momentos de modernização, Correa é o grande modernizador do capitalismo equatoriano. Pela sua vastidão e ambição, o programa de Correa tem algumas semelhanças com o de Kemal Atatürk na Turquia das primeiras décadas do século XX. E a ambos preside o nacionalismo, o populismo e o estatismo. O programa de Correa assenta em três ideias principais. Primeiro, a centralidade do Estado como condutor do processo de modernização e, ligada a ela, a ideia de soberania nacional, o anti-imperalismo contra os EUA (encerramento da base militar de Manta; expulsão de pessoal militar da embaixada do EUA; luta agressiva contra a Chevron e a destruição ambiental que ela causou na Amazónia) e a necessidade de melhorar a eficiência dos serviços públicos. Segundo, "sem prejudicar os ricos", ou seja, sem alterar o modelo de acumulação capitalista, gerar com urgência recursos que permitam realizar políticas sociais (compensatórias, no caso da redistribuição de rendimento, e, potencialmente universais, no caso da saúde, educação e segurança social) e construir infra-estruturas (estradas, portos, electricidade) de modo a tornar a sociedade mais moderna e equitativa. Terceiro, por ser ainda subdesenvolvida, a sociedade não está preparada para altos níveis de participação democrática e de cidadania activa e, por isso, estas podem ser disfuncionais para o ritmo e a eficiência das políticas em curso. Para que tal não aconteça há que investir muito em educação e desenvolvimento. Até lá, o melhor cidadão é o cidadão que confia no Estado por este saber melhor que ele ou ela qual é o seu verdadeiro interesse.

Este vasto programa colide ou não com a Constituição de 2008, considerada uma das mais progressistas e revolucionárias da América Latina? Vejamos. A Constituição aponta para um modelo alternativo de desenvolvimento (se não mesmo para uma alternativa ao desenvolvimento) assente na ideia do *buen vivir*, uma ideia tão nova, que só pode ser adequadamente formulada numa língua não colonial, o quíchua: *Sumak Kawsay*. Esta ideia tem um riquíssimo desdobramento: a natureza como um ser vivo e, portanto, limitado, sujeito e objecto de cuidado, e nunca como um recurso natural inesgotável (os direitos da natureza); economia e sociedade intensamente pluralistas orientadas pela reciprocidade e solidariedade, interculturalidade, plurinacionalidade; Estado e política altamente participativos, envolvendo diferentes formas de exercício democrático e de controlo-cidadão do Estado.

Para Correa (quase) tudo isto é importante, mas é um objectivo de longo prazo. A curto prazo e urgentemente é preciso criar riqueza para redistribuir rendimento, realizar políticas sociais e infra-estruturas essenciais ao desenvolvimento do país. A política tem de assumir um carácter sacrificial, pondo de lado o que mais preza para que um dia este possa ser resgatado. Assim, é necessário intensificar a exploração de recursos naturais (mineração, petróleo, a agricultura industrial) antes que seja possível depender menos deles. Para tal é necessário levar a cabo uma agressiva reforma da educação superior e uma vasta revolução científica assente na biotecnologia e na nanotecnologia, de modo a criar uma economia de conhecimento à medida da riqueza de biodiversidade do país. Tudo isto só dará frutos (que se têm como certos) daqui a muitos anos.

À luz disto, o Parque Nacional Yasuni, talvez o mais rico em biodiversidade do mundo, tem de ser sacrificado e a exploração petrolífera, realizada, apesar das promessas iniciais de não o fazer, não só porque a comunidade internacional não colaborou na proposta de não-exploração, como sobretudo porque os rendimentos previstos decorrentes da exploração estão já vinculados aos investimentos em curso e o seu financiamento por países estrangeiros (China) tem como garantia a exploração do petróleo. Nesta linha, os povos indígenas que se têm oposto à exploração são vistos como obstáculos ao desenvolvimento, vítimas da manipulação de dirigentes corruptos, políticos oportunistas, ONG ao serviço do imperialismo ou jovens ecologistas de classe média, eles próprios manipulados ou simplesmente inconsequentes.

A eficiência exigida para realizar tão vasto processo de modernização não pode ser comprometida pelo dissenso democrático. A participação cidadã é de saudar, mas só se for funcional e isso, por agora, só pode ser garantido se receber uma orientação superior do Estado, ou seja, do governo. Com razão, Correa sente-se vítima dos *media* que, como acontece em outros países do continente, estão ao serviço do capital e da direita. Tenta regular os meios de comunicação e a regulação proposta tem aspectos muito positivos, mas ao mesmo tempo tensiona a corda e polariza as posições de tal maneira, que daí à demonização da política em geral vai um passo curto. Jornalistas são intimidados, activistas de movimentos sociais (alguns com larga tradição no país) são acusados de terrorismo e a consequente criminalização do protesto social parece cada vez mais agressiva. O risco de transformar adversários políticos, com quem se discute, em inimigos que é necessário eliminar é grande. Nestas condições, o melhor exercício democrático é o que permite o contacto directo de Correa com o povo, uma democracia plebiscitária de tipo novo. À semelhança de Chávez, Correa é um brilhante comunicador e as suas "sabatinas" semanais são um exercício político de grande complexidade. O contacto directo com os cidadãos não visa que estes participem das decisões, mas antes que as ratifiquem por via de uma socialização sedutora desprovida de contraditório.

Com razão, Correa considera que as instituições do Estado nunca foram social ou politicamente neutras, mas não é capaz de distinguir entre neutralidade e objectividade assente em procedimentos. Pelo contrário, acha que as instituições do Estado se devem envolver ativamente nas políticas do governo. Por isso, é natural que o sistema judicial seja demonizado se toma alguma decisão considerada hostil ao governo e celebrado, como independente, no caso contrário; que o Tribunal Constitucional se abstenha de decidir temas polémicos (casos La Cocha sobre a justiça indígena) se as decisões puderem prejudicar o que se julga ser o superior interesse do Estado; que um dirigente do Conselho Nacional Eleitoral, encarregado de verificar as assinaturas para uma consulta popular sobre a não-exploração do petróleo no Yasuni, promovida pelo movimento Yasunidos, se pronuncie publicamente contra a consulta antes de a verificação ser feita. A erosão das instituições, que é típica do populismo, é perigosa sobretudo quando à partida elas já não são fortes devido aos privilégios oligárquicos de sempre. É que quando o líder carismático sai de cena (como aconteceu tragicamente com Hugo Chávez) o vazio político atinge proporções incontroláveis devido à falta de mediações institucionais.

E isto é tanto mais trágico quanto é certo que Correa vê o seu papel histórico como o de construção do Estado-nação. Em tempos de neoliberalismo global, o objectivo é importante e mesmo decisivo. Escapa-lhe, no entanto, a possibilidade de esse novo Estado-nação ser institucionalmente muito diferente do modelo do Estado colonial ou do Estado crioulo e mestiço que lhe sucedeu. Por isso, a reivindicação indígena da plurinacionalidade, em vez de ser manejada com o cuidado que a Constituição recomenda, é demonizada como perigo para a unidade (isto é, a centralidade) do Estado. Em vez de diálogos criativos entre a nação cívica, que é consensualmente a pátria de todos, e as nações étnico-culturais, que exigem respeito pela diferença e relativa autonomia, fragmenta-se o tecido social, centrando-o mais nos direitos individuais do que nos colectivos. Os indígenas são cidadãos ativos em construção, mas as organizações indígenas independentes são corporativas e hostis ao processo. A sociedade civil é boa desde que não-organizada. Uma insidiosa presença neoliberal no interior do pós-neoliberalismo?

Trata-se, pois, do capitalismo do século XXI. Falar de socialismo do século XXI é, por enquanto e no melhor dos casos, um objectivo longínquo. À luz destas características e das contradições dinâmicas que o processo dirigido por Correa contém, centro-esquerda é talvez a melhor maneira de o definir politicamente. Talvez o problema esteja menos no Governo do que no capitalismo que ele promove. Contraditoriamente, parece compor uma versão pós-neoliberal do neoliberalismo. Cada remodelação ministerial tem produzido o reforço das elites empresariais ligadas à direita. Será que o destino inexorável do centro-esquerda é deslizar lentamente para a direita, tal como sucedeu com a social-democracia europeia? Seria uma tragédia para o país e o continente se tal ocorresse. Correa criou uma megaexpectativa mas, perversamente, o modo como pretende que ela não se transforme numa megafrustração corre o risco de afastar de si os cidadãos, como ficou demonstrado nas eleições locais de 23 de Fevereiro de 2014, um forte revés para o movimento Alianza País, que o apoia. Custa a acreditar que o pior inimigo de Correa seja o próprio Correa. Ao pensar que tem de defender a revolução cidadã de cidadãos pouco esclarecidos, mal-intencionados, infantis, ignorantes, facilmente manipuláveis por politiqueiros oportunistas ou por inimigos oriundos da direita, Correa corre o risco de querer fazer a revolução cidadã sem cidadãos ou, o que é o mesmo, com cidadãos submissos. Ora os cidadãos submissos não lutam por aquilo a que têm direito, apenas aceitam o que lhes é dado. Será que Correa ainda pode resgatar a grande oportunidade histórica de realizar a revolução cidadã que se propôs? Penso que sim, mas a margem de manobra é cada vez menor e os verdadeiros inimigos da revolução cidadã parecem estar, não cada vez mais longe do Presidente, mas antes cada vez mais próximos. Solidários com a revolução cidadã, todos nós devemos contribuir para que tal não se concretize.

Para isso, identifico três tarefas básicas. Primeiro, há que democratizar a própria democracia, combinando democracia representativa com verdadeira democracia participativa. A democracia que é construída apenas a partir de cima corre sempre o risco de se transformar em autoritarismo em relação aos de baixo. Por muito que custe a Correa, terá de sentir suficiente confiança em si para, em vez de criminalizar o dissenso (sempre fácil para quem tem o poder), dialogar com os movimentos e as organizações sociais e com os jovens yasunidos, mesmo se os considerar "ecologistas infantis". Os jovens são os aliados naturais da revolução cidadã e da reforma do ensino superior e da política científica se esta for levada a cabo com sensatez. Alienar os jovens parece suicídio político. Segundo, há que desmercantilizar a vida social, não só através de política sociais, como através da promoção das economias não--capitalistas, camponesas, indígenas, urbanas, associativas. Não é certamente consonante com o *buen vivir* entregar *bonos* às classes populares para que elas se envenenem com a comida-lixo (*comida--basura*) do *fast food* que inunda os centros comerciais. A transição para o pós-extractivismo faz-se com algum pós-extractivismo e não com a intensificação do extractivismo. O capitalismo entregue a si mesmo só transita para mais capitalismo, por mais trágicas que sejam as consequências. Terceiro, há que compatibilizar a eficiência dos serviços públicos com a sua democratização e descolonização. Numa sociedade tão heterogénea quanto a equatoriana, há que reconhecer que o Estado, para ser legítimo e eficaz, tem ele próprio de ser um Estado heterogéneo, convivendo com a interculturalidade e, gradualmente, com a própria plurinacionalidade, sempre no marco da unidade do Estado garantida pela Constituição. A pátria é de todos, mas não tem de ser de todos da mesma maneira. As sociedades que foram colonizadas ainda hoje estão divididas entre dois grupos de populações: os que não podem esquecer e os que não querem lembrar. Os que não podem esquecer são aqueles que tiveram de construir como sua a pátria que começou por lhes ser imposta por estrangeiros; os que não querem lembrar são aqueles a quem custa reconhecer que a pátria de todos tem, nas suas raízes, uma injustiça histórica que está longe de ser eliminada e que é tarefa de todos eliminar gradualmente.

#　PARTE II
AS DEMOCRACIAS

CAPÍTULO 7
AS CONCEPÇÕES HEGEMÓNICAS E CONTRA-HEGEMÓNICAS DE DEMOCRACIA

A história da democracia ao longo do século XX foi em boa parte contada por aqueles que tinham um interesse, não necessariamente democrático, em promover um certo tipo de democracia, a democracia liberal, e invisibilizar ou, quando impossível, demonizar outros tipos de democracia. Mesmo assim houve períodos, sobretudo no início do século XX e no imediato pós-Segunda Guerra Mundial, em que os debates foram relativamente plurais e a diversidade das aspirações democráticas, intensamente vivida. A partir de finais da década de 1980, o pluralismo e a diversidade foram desaparecendo e o debate, ou o não-debate, passou a centrar-se na democracia liberal enquanto esta sub-repticiamente se transformava em algo bem distinto, a democracia neoliberal, uma transformação que será analisada nos capítulos seguintes.

Na primeira década do nosso século, foram criadas na América Latina as condições políticas para repor o debate sobre o pluralismo e a diversidade democráticas e com isso restabelecer na prática o princípio da demodiversidade, um conceito fundamental no meu trabalho teórico sobre a democracia. As condições foram, obviamente, as dos governos de esquerda que, no bojo de fortes movimentos sociais, chegaram ao poder em países como a Venezuela, o Brasil, a Argentina, o Equador, a Bolívia e o Uruguai. Infelizmente, perante as urgências da governação e os tipos de regime político em que elas se inseriram, o debate ou nunca teve lugar ou, quando teve, ficou muito aquém das expectativas. A segunda década do milénio está dominada, talvez como nunca, pelo monopólio de uma concepção de democracia de tão baixa intensidade, que facilmente se confunde com a antidemocracia. Com cada vez mais infeliz convicção, vivemos em sociedades que são politicamente democráticas e socialmente fascistas, uma ideia que será desenvolvida adiante. Até quando o fascismo se mantém como regime social e não passa a fascismo político é uma questão em aberto. Daí a pergunta que formulei no prefácio: para onde vai a democracia? Vejamos com mais detalhe os caminhos teóricos que nos trouxeram até aqui.

Quando no final da década de 1990 perguntaram a Amartya Sen qual tinha sido o acontecimento mais importante do século xx, respondeu sem hesitação: a emergência da democracia (1999: 3). Com uma visão mais pessimista do século xx, também Immanuel Wallerstein se perguntava no início da década passada como é que a democracia tinha passado de uma aspiração revolucionária no século xix a um *slogan* adoptado universalmente, mas vazio de conteúdo no século xx (2001: 1). Estas duas posições, apesar de muito divergentes, convergem na constatação de que a democracia assumiu um lugar central no campo político durante o século xx. Se continuará a ocupar esse lugar neste século, é uma questão em aberto.

O século xx foi efectivamente um século de intensa disputa em torno da questão democrática. Essa disputa, travada no final de cada uma das guerras mundiais e ao longo do período da Guerra Fria, envolveu dois debates principais. Na primeira metade do século, o debate centrou-se em torno da desejabilidade da democracia (Weber, 1919; Schmitt, 1926; Kelsen, 1929; Michels, 1949; Schumpeter, 1942).[32] Se, por um lado, tal debate foi resolvido em favor da desejabilidade da democracia como forma de governo, por outro lado, a proposta que se tornou hegemónica no final das duas guerras mundiais implicou uma restrição das formas de

---

[32] Este debate iniciara-se no século xix, pois, até então e por muitos séculos, a democracia tinha sido considerada consensualmente perigosa e, por isso, indesejada. O seu perigo consistia em atribuir o poder de governar a quem estaria em piores condições para o fazer: a grande massa da população, iletrada, ignorante e social e politicamente inferior (MacPherson, 1966).

participação e soberania ampliadas em favor de um consenso em torno de um procedimento eleitoral para a formação de governos (Schumpeter, 1942). Essa foi a forma hegemónica de prática da democracia no pós-guerra, em particular nos países que se tornaram democráticos após a segunda onda de democratização[33].

Um segundo debate permeou a discussão em torno da democracia no pós-Segunda Guerra Mundial: trata-se do debate acerca das condições estruturais da democracia (Moore, 1966; O'Donnell, 1973; Przeworski, 1985), que foi também um debate sobre a compatibilidade ou incompatibilidade entre a democracia e o capitalismo (Wood, 1996).[34] Barrington Moore inaugurou esse debate nos anos de 1960 através da introdução de uma tipologia que permitia indicar os países com propensão democrática e os países sem propensão democrática. Para Moore, um conjunto de condições estruturais explicariam o facto de relativamente poucos países terem regimes democráticos no início da segunda metade do século XX: o papel do Estado no processo de modernização e a sua relação com as classes agrárias; a relação entre os sectores agrários e os sectores urbanos e o nível de rutura provocado pelo campesinato ao longo do processo de modernização (Moore, 1966). O objectivo de Moore era explicar porque a maior parte dos países não era democrática nem poderia vir a sê-lo senão pela mudança das condições que nela prevalecia.

[33] A ideia das ondas de democratização deve-se a Samuel Huntington (1991). A primeira onda teria ocorrido entre as primeiras décadas do século XIX e do século XX, a segunda onda, entre meados da década de 1940 e meados da década de 1960, com o fim do nazismo e a independência das colónias europeias, e a terceira onda, entre meados da década de 1970 e meados da década de 1990, com as transições democráticas no sul da Europa, na América Latina e na Europa de Leste.

[34] Este debate, como de resto quase todos os outros sobre a democracia, tinha sido antecipado por Rousseau ([1762] 1989), quando afirmava no *Contrato Social* que só poderia ser democrática a sociedade em que não houvesse ninguém tão pobre, que tivesse necessidade de se vender e ninguém tão rico, que pudesse comprar alguém.

Este debate sobre os requisitos estruturais da democracia articulava-se com o debate sobre as virtualidades redistributivas da democracia. Tal debate partia do pressuposto de que, na medida em que certos países venciam a batalha pela democracia, passavam a usufruir de uma certa propensão distributiva caracterizada pela chegada da social-democracia ao poder (Przeworski, 1985). Haveria, portanto, uma tensão entre capitalismo e democracia, tensão essa que, uma vez resolvida a favor da democracia, colocaria limites à propriedade e implicaria ganhos distributivos para os sectores sociais desfavorecidos. Os marxistas, por seu lado, entendiam que essa solução exigia uma refundação da democracia, uma vez que nas sociedades capitalistas não era possível democratizar a relação fundamental em que se assentava a produção material – a relação entre o capital e o trabalho. Daí que, no âmbito desse debate, se discutissem modelos de democracia alternativos ao modelo liberal: a democracia participativa, a democracia popular nos países da Europa de Leste, a democracia desenvolvimentista dos países recém-chegados à independência.

As concepções hegemónicas de democracia

A discussão democrática da última década do século xx mudou os termos do debate democrático do pós-guerra. A extensão do modelo hegemónico, liberal, para o sul da Europa ainda nos anos de 1970 e, posteriormente, para a América Latina e a Europa de Leste (O'Donnell, Schmitter e Whitehead, 1986) pareceu desactualizar as análises de Moore e de Przeworski. Tais análises pareciam obsoletas com as suas discussões sobre os impedimentos estruturais da democracia, na medida em que passamos a ter muitas dezenas de países em processo de democratização, países esses com enormes variações no papel do campesinato e nos seus respectivos processos de urbanização. Amartya Sen é um dos que celebram a perda de credibilidade da ideia das condições estruturais quando afirma que a questão não é a de saber se um dado país está preparado para a democracia, mas antes a de partir da ideia de que qualquer país se prepara através da democracia (Sen, 1999: 4). Por outro lado, com o desmonte do Estado-Providência e com os cortes das políticas sociais a partir da década de 1980, também pareceram desconfirmadas as análises de autores como Przeworski acerca dos efeitos distributivos irreversíveis da democracia. Reabre-se, assim, a discussão sobre o significado estrutural da democracia em particular para os chamados países em desenvolvimento, hoje, os países do Sul Global.

À medida que o debate sobre o significado estrutural da democracia muda os seus termos, uma outra questão veio à tona: o problema da forma da democracia e da sua variação. Essa questão recebeu a sua resposta mais influente na solução elitista proposta por Joseph Schumpeter, de acordo com a qual o problema da construção democrática em geral deveria derivar dos problemas enfrentados na construção da democracia na Europa no período de entre-guerras. A partir dessa resposta funda-se o que poderíamos chamar de concepção hegemónica da democracia. Os principais elementos dessa concepção seriam a tão apontada contradição entre mobilização e institucionalização (Huntington, 1969; Germani, 1971); a valorização positiva da apatia política (Downs, 1956), uma ideia muito salientada por Schumpeter, para quem o cidadão comum não tinha capacidade ou interesse político senão para escolher os líderes a quem incumbiria tomar as decisões (1942: 269); a concentração do debate democrático na questão dos desenhos eleitorais das democracias (Lijphart, 1984); o tratamento do pluralismo como forma de incorporação partidária e disputa entre as elites (Dahl, 1956; 1971) e a solução minimalista ao problema da participação pela via da discussão das escalas e da complexidade (Bobbio, 1986; Dahl, 1991). Todos esses elementos que poderiam ser apontados como constituintes de uma concepção hegemónica da democracia não conseguiram enfrentar adequadamente o problema da qualidade da democracia que voltou à superfície com a chamada "terceira onda de democratização". Quanto mais se insistia na fórmula clássica da democracia liberal, de baixa intensidade, menos se conseguia explicar o paradoxo de a extensão da democracia ter trazido consigo uma enorme degradação das práticas democráticas. Aliás, a expansão global da democracia liberal coincidiu com uma crise grave desta nos países centrais onde mais se tinha consolidado, uma crise dramatizada pelo movimento de Maio de 68. Em termos de teoria democrática, a crise assentava numa dupla patologia: a patologia da participação, sobretudo em vista do aumento dramático do abstencionismo: "para quê participar se qualquer que seja o meu voto nada muda"; e a patologia da representação, o facto de os cidadãos se considerarem cada vez menos representados por aqueles que elegeram: "depois de eleitos, os deputados não servem os interesses de quem os elegeu com base nos programas que apresentaram ao eleitorado; servem interesses pessoais ou de grupos sociais ou económicos poderosos". As "patologias" eram afinal o resultado esperado pelas teorias democráticas liberais elitistas que dominaram o debate ao longo do século xx, uma vez que desencorajavam a mobilização social em prol da ampliação e aprofundamento dos processos democráticos.

As concepções contra-hegemónicas de democracia
Nas margens do discurso dominante sobre a democracia estiveram sempre presentes, ao longo do século xx, concepções contra-hegemónicas de democracia. A diversidade destas concepções é enorme mas, em geral, as "semelhanças de família" que existem entre elas são as seguintes: a indeterminação dos resultados nos processos democráticos é o melhor antídoto do totalitarismo; os limites da representação política são particularmente visíveis em sociedades socialmente muito desiguais e culturalmente muito diversas; se a representação resolve bem o problema da escala, resolve muito mal o da prestação de contas e o das identidades colectivas; assim, para certos grupos sociais (por exemplo, povos

indígenas, populações afrodescendentes), a inclusão democrática pressupõe o questionamento da identidade que lhes foi atribuída externamente por um Estado colonial ou por um Estado autoritário e discriminatório; os limites da representação só são superáveis na medida em que a democracia representativa se articular com a democracia participativa; os movimentos sociais, pela intensidade que emprestam às reivindicações temáticas, têm sido fundamentais para renovar a agenda política e, deste modo, ampliar significativamente o campo do político,[35] pelo que os partidos e políticos e os movimentos sociais devem encontrar formas de articulação no respeito das respectivas autonomias[36]; a democracia não se reduz ao procedimentalismo, às igualdades formais, e aos direitos cívicos e políticos, pois por via deles nunca foi possível estender as potencialidades distributivas, tanto simbólicas como materiais, da democracia às classes populares que mais poderiam beneficiar delas; daí a necessidade de conceber a democracia como uma nova gramática social que rompa com o autoritarismo, o patrimonialismo, o monolitismo cultural, o não-reconhecimento da diferença; tal gramática social implica um enorme investimento nos direitos económicos, sociais e culturais.

Alguma vez formulei assim, em termos de direitos humanos, o metadireito que subjaz a uma concepção contra-hegemónica de democracia: temos o direito a ser iguais quando a diferença nos inferioriza; temos o direito a ser diferentes quando a igualdade nos descaracteriza[37]. Nas sociedades contemporâneas estruturadas pelos três grandes tipos de dominação moderna, capitalismo, colonialismo e patriarcado, a democracia contra-hegemónica tem de ter uma intencionalidade anticapitalista, anticolonialista e antipatriarcal.

[35] Ver Alvarez, Dagnino e Escobar, 1998; Jelin e Herschberg, 1996, e Avritzer, 2002.
[36] A experiência do Fórum Social Mundial veio dar um ímpeto muito específico à valorização do papel político dos movimentos sociais. Ver Santos, 2005.
[37] Ver Santos, 1997: 30.

As transições democráticas da "terceira onda", sobretudo no sul da Europa e na América Latina, apesar de moldadas pelos princípios da democracia liberal, tiveram uma vocação contra-hegemónica que, no caso português, se plasmou na ideia de um regime democrático como via para o socialismo consagrada na Constituição de 1976. Em geral, os direitos económicos e sociais adquiriram uma nova centralidade, bem como os mecanismos de participação, ainda que muitos deles nunca viessem a ser regulamentados. A Constituição brasileira de 1988 é um bom exemplo disso. Iniciou-se, assim, um período de renovação democrática e também de muitas contradições que viriam a redundar mais tarde em amargas frustrações. Entre os momentos mais luminosos deste período que se prolongou até ao fim da primeira década de 2000, saliento três, muito distintos entre si, mas igualmente significativos. Todos eles apontaram para um novo experimentalismo democrático em sociedades muito desiguais e muito heterogéneas, social e culturalmente. O primeiro foram as experiências de democracia participativa a nível local a partir da década de 1990 sobretudo no Brasil, mas também na Índia. Estas experiências, sobretudo na forma de orçamentos participativos, difundiram-se por toda a América Latina e mais recentemente pela Europa[38]. O segundo foi o fim do *apartheid* na África do Sul e a consagração constitucional (Constituição de 1996) de uma nova relação entre o princípio da igualdade e o princípio do reconhecimento da diferença[39]. O terceiro momento foram os processos constituintes na Bolívia

---

[38] No início da década dirigi um projecto internacional intitulado "Reinventar a Emancipação Social: Para Novos Manifestos" em que, entre outros temas, analisei as experiências de democracia participativa na África do Sul, Brasil, Colômbia, Índia, Moçambique e Portugal. Ver Santos, 2003a.

[39] Ver Klug (2000). De uma outra forma, a Colômbia, um país atravessado pela violência e pela guerra civil, assumira no início da década de 1990, num raro momento de intensa negociação democrática (Constituição de 1991), um robusto reconhecimento da diversidade etnocultural do país. Este reconhecimento deu

e no Equador que vieram a dar origem às Constituições políticas mais desviantes da norma eurocêntrica do neoconstitucionalismo do pós-guerra, a Constituição do Equador de 2008 e a Constituição da Bolívia de 2009. Em ambas as Constituições misturam-se universos culturais eurocêntricos e indígenas, propõem-se formas avançadas de pluralismo económico, social e cultural, desenham-se regimes de autonomia territorial e de participação sem precedentes no continente (o reconhecimento da plurinacionalidade como base material e política do reconhecimento da interculturalidade), defendem-se concepções não eurocêntricas de direitos humanos (o artº 71 da Constituição do Equador consagra os direitos da natureza) e, finalmente, atribui-se igual dignidade constitucional a diferentes tipos de democracia (o artº 95 da Constituição reconhece a democracia representativa, a participativa e a comunitária).[40]

Estes três momentos abriram caminho para um novo experimentalismo democrático que acabou por envolver a própria estrutura do Estado. Isso levou-me a conceber o Estado como novíssimo movimento social (Santos, 1998: 59-74) e, nos casos da Bolívia e do Equador, a falar de uma autêntica refundação do Estado moderno.

Onde estamos e o que fazer?
Nos últimos cinco anos, tenho estado a dirigir um outro projecto internacional, intitulado "ALICE – Espelhos estranhos, lições imprevistas: definindo para a Europa um novo modo de partilhar as experiências do mundo."[41] Neste projecto, que inclui os países estudados no projecto anterior (ver nota 38) e, além deles, a Bolívia e o Equador, procuro identificar e analisar experiências

---

origem a uma jurisprudência constitucional intercultural que serviria de modelo a outros países do continente nas décadas seguintes. Ver Santos e Villegas (2001).
[40] Ver Santos (2010).
[41] Este projecto pode ser consultado em www.alice.ces.uc.pt.

económicas, sociais e políticas que possam ampliar e aprofundar o reconhecimento da diversidade do mundo e dessa forma constituam aprendizagens globais. Ou seja, aprendizagens que uma Europa arrogante e colonialista, viciada em ensinar o mundo e nunca em aprender dele, deverá tomar em conta. Trata-se de sinais de futuros emancipatórios pós-europeus e não de um futuro emancipatório eurocêntrico, o futuro que se foi constituindo no passado hegemónico dos últimos cinco séculos.

Entre as experiências-aprendizagens está, obviamente, o vasto experimentalismo democrático a que me referi. Este projecto terminou no final de 2016 num momento em que era evidente a frustração das elevadas expectativas que esse experimentalismo gerou. A esperança da nação arco-íris sonhada por Nelson Mandela tem sido traída perante as continuidades evidentes do antigo regime, tanto no domínio económico como no cultural, uma situação que alguns dos investigadores que participam neste projecto, designam por neo-apartheid. A democracia participativa perdeu muito do seu impulso contra-hegemónico inicial, em muitas situações foi instrumentalizada, cooptada, deixou-se burocratizar, não se renovou, nem em termos sociais nem em termos geracionais. No pior dos casos, conseguiu ter todos os defeitos da democracia representativa e nenhuma das suas virtudes. Por sua vez, as elevadas expectativas suscitadas pelos processos boliviano e equatoriano têm igualmente sido parcialmente frustradas, sobretudo no Equador, tendo em vista que o modelo de desenvolvimento económico adoptado, centrado na exploração intensiva dos recursos naturais, acabou por colidir com os princípios da interculturalidade e da plurinacionalidade e por prevalecer sobre eles.

Entretanto, em muitos dos países estudados, a própria democracia representativa sofreu um enorme desgaste. Ele deveu-se a uma conjunção de factores, todos eles convergindo na transformação da democracia liberal em democracia neoliberal, uma transformação sub-reptícia, já que teve lugar sem nenhuma suspensão ou revisão das constituições vigentes. Esta transformação ocorreu por via de dois processos convergentes. Por um lado, a prevalência crescente do capitalismo financeiro global corroeu a soberania dos Estados, a ponto de transformar Estados soberanos em presas fáceis de especuladores financeiros e de suas guardas-avançadas, as agências de notação de crédito e o FMI. A concentração de riqueza e a degradação dos direitos económicos e sociais estão a fazer com que o círculo da reciprocidade cidadã se estreite e mais e mais cidadãos passem a viver na dependência de grupos sociais poderosos que têm um direito de veto sobre os seus modos e expectativas de vida, sejam eles, filantropos, narcotraficantes, latifundiários industriais, empresas de megaprojectos e de mineração. A isso chamo o fascismo social, um regime social que é o outro lado das democracias de baixa intensidade.

Por outro lado, enquanto a democracia liberal reconhece a existência de dois mercados, a democracia neoliberal reconhece apenas um. Para a democracia liberal, há dois mercados de valores: o mercado político da pluralidade de ideias e convicções políticas em que os valores não têm preço, precisamente porque são convicções ideológicas de que se alimenta a vida democrática; e o mercado económico, que é o mercado dos valores que têm preço, o qual é precisamente determinado pelo mercado de bens e serviços. Estes dois mercados devem manter-se totalmente separados para que a democracia liberal possa funcionar de acordo com os seus princípios. Ao contrário, a democracia neoliberal dá total primazia ao mercado dos valores económicos e, por isso, o mercado dos valores políticos tem de funcionar como se fosse um mercado de ativos económicos. Ou seja, mesmo no domínio das ideologias e das convicções políticas tudo se compra e tudo se vende. Daí a corrupção endémica do sistema político, uma corrupção não só funcional como necessária. A democracia, enquanto gramática social e acordo de convivência cidadã, desaparece para dar lugar à democracia instrumental, a democracia tolerada enquanto serve os interesses de quem tem poder económico e social para a pôr ao serviço dos seus interesses.

Vivemos, pois, uma conjuntura perigosa em que um a um foram desaparecendo ou sendo descaracterizados ao longo dos últimos cem anos os vários imaginários de emancipação social que as classes populares foram gerando com as suas lutas contra a dominação capitalista, colonialista e patriarcal. O imaginário da revolução socialista foi dando lugar ao imaginário da social-democracia e este, ao imaginário da democracia sem adjectivos e apenas com complementos de direitos humanos.

Isto leva-nos a pensar que é preciso ter a coragem de avaliar com exigência crítica os processos e os conhecimentos que nos trouxeram até aqui e de enfrentar com serenidade a possibilidade de termos de começar tudo de novo. Este livro pretende ser um modesto contributo para isso.

CAPÍTULO 8
POLITIZAR A POLÍTICA E DEMOCRATIZAR A DEMOCRACIA[42]

Interpretação da democracia, participação, Estado, emancipação social

Um dos campos de investigação que mais tem trabalhado é a democracia. Na sua análise crítica das versões elitistas e procedimentais da democracia representativa e liberal assume uma concepção substantiva concretizada num projecto participativo de democracia socialista radical. Poderia especificar o que tem de radical e de socialista a sua concepção de democracia?

BSS: A democracia representativa (DR) é o regime político no qual os cidadãos (inicialmente uma pequena percentagem da população) concentram o seu poder democrático na eleição dos decisores políticos. Uma vez eleitos, estes passam a ser os titulares do poder democrático, que exercem com mais ou menos autonomia em relação aos cidadãos. Esta autonomia dos representantes é algo paradoxal. Se, por um lado, é um requisito para que a democracia funcione, por outro, é um factor de tensão entre representantes e representados, a ponto em que nalgumas situações a maioria dos representados não se reconheça nos seus representantes, não se sinta representado por estes (a patologia da representação). Todos os cidadãos, de muitos países, recordam situações particularmente críticas em que a opinião dos cidadãos, captada através de sondagens encomendadas pelos próprios poderes públicos, foi totalmente desrespeitada pelos decisores públicos democráticos.

---

[42] Entrevista conduzida por Antoni Jesús Aguiló Bonet e publicada em Espanha pela *Revista Internacional de Filosofía Política* (RIFP, Madrid), nº 35, Outubro 2010.

A invasão ilegal do Iraque foi certamente uma dessas situações. E outras se acumulam a cada hora em cada país. Nos EUA, o Presidente Obama ganhou as eleições com a promessa de que iria criar um sistema de saúde que acabasse com o escândalo de, no país mais rico do mundo e que mais dinheiro gasta com a saúde, 47 milhões dos seus cidadãos não terem protecção social da saúde. No momento em que escrevo (Dezembro de 2009), esta reforma está bloqueada pelos interesses das multinacionais seguradoras, farmacêuticas e de serviços médicos e pelos decisores conservadores controlados por elas. Estes exemplos mostram que ao contrário do senso comum dos meios de comunicação, as disfunções da DR não ocorrem apenas nos países menos desenvolvidos, o Sul Global, durante muito tempo denominados de Terceiro Mundo. Ocorrem no centro do sistema mundial, no Norte Global, que se proclama como exemplo de democracia a ser seguido por todos os outros países. Aliás, neste domínio, o início do século XXI apresenta-nos algo inovador: enquanto no Norte Global se acumulam os sinais de apropriação da DR por interesses económicos minoritários, mas muito poderosos (como mostram as medidas tomadas desde 2008 para garantir ao capitalismo financeiro a preservação da sua economia de casino), nalguns países do Sul Global, sobretudo na América Latina, novos exercícios de democracia DR emergem onde a voz das maiorias se impõe com mais eficácia política.

Quando a distância entre representantes e representados é ampla e disfuncional, a DR dispõe de um mecanismo aparentemente muito eficaz: novas eleições, novos representantes. Mas aqui entra um outro factor que é o sistema político e suas mediações institucionais. Entre tais mediações estão os partidos e as organizações de interesses sectoriais. Em tempos normais, mudar de representantes pode significar mudar de partidos, mas não mudar os partidos e muito menos mudar o sistema de partidos ou o sistema de organizações de interesses. Ou seja, as eleições podem de facto mudar muito pouco as coisas e, na medida em que isto ocorre reiteradamente, a distância entre representantes e representados (a patologia da representação) transforma-se a pouco e pouco na patologia da participação: os cidadãos convencem-se de que o seu voto não muda as coisas e por isso deixam de fazer o esforço (por vezes considerável) de votar e surge o abstencionismo. Caracterizar estes fenómenos como patologias de representação e de participação implica, desde logo, uma crítica da teoria política liberal em que se baseia a DR. De facto, os teóricos liberais arquitectaram o regime democrático para garantir que essa distância existisse (elitismo) e que a participação não fosse demasiado activa (procedimentalismo). O medo das massas ignorantes e potencialmente revolucionárias está na raiz da DR. Do ponto de vista da teoria, podemos apenas falar de patologia quando a distância entre representantes e representados ou quando a falta de participação ultrapassam um certo limite considerado disfuncional para manter o *statu quo*.

Basicamente pelas mesmas razões, a DR desenvolveu os seus instrumentos em redor da questão da autorização (decidir por voto quem são os autorizados a tomar decisões políticas) e negligenciou totalmente a outra função que é a da prestação de contas ou controlo social, o que tornou a DR totalmente vulnerável aos fenómenos de corrupção.

Do mesmo modo, a crítica de que a DR não garante as condições materiais do seu exercício (a liberdade efectiva do indivíduo para exercer livremente o seu direito de voto) só é válida enquanto crítica externa à teoria liberal, pois o modelo da DR é normativo e a facticidade que lhe subjaz, sendo certamente um problema, não é um problema da teoria. Esta leveza da teoria permite-lhe acoplar-se a realidades socio-político-culturais muito distintas e transformar-se num modelo facilmente transplantável ou exportável.

Em face disto pode perguntar-se porque os socialistas e mesmo os revolucionários se devem hoje ocupar da DR. São várias as razões. A primeira é que a DR é uma parte importante, mas apenas uma parte, de uma tradição democrática muito mais ampla em que cabem outras concepções e práticas democráticas. A segunda é que ao longo do século passado as classes populares (classes trabalhadoras em sentido amplo) conquistaram vitórias importantes, em alguns países pelo menos, por via da participação no jogo da DR e apesar de todos os limites que este lhes impôs. A terceira razão é que a crise do socialismo bolchevique veio revelar que a relação entre democracia e revolução tem de ser pensada de novo, em termos dialécticos, tal como aconteceu no início das revoluções da era moderna. À luz destas razões, penso que neste momento é talvez mais importante falar de democracia revolucionária do que de democracia socialista. A última só será uma realidade se a primeira for possível. O conceito de democracia revolucionária foi durante todo o século passado contaminado com a versão leninista do conceito (ou melhor, conceitos) de ditadura do proletariado. Por sua vez, o conceito de democracia socialista teve vigência efectiva no período entre as duas guerras na Europa, a experiência histórica da social-democracia; depois da Segunda Guerra Mundial deixou de ter horizontes socialistas e passou a designar uma forma específica de governar a economia capitalista e a sociedade por ela produzida, de que o chamado modelo social europeu é o exemplo paradigmático. No início do século XXI existem condições para aproveitar melhor a experiência do mundo, que, entretanto, se tornou muito mais vasto que o pequeno mundo, europeu ou eurocêntrico. Mas para isso é preciso conhecer melhor os debates de há cem anos, pois só assim podemos entender porque a experiência constitutiva do mundo tem de ser também constitutiva da nossa capacidade para dar conta da novidade do nosso tempo.

Logo depois da Primeira Guerra Mundial as abordagens socialistas da DR centravam-se em duas questões principais. A primeira questão, aliás, foi formulada da maneira mais eloquente por um extra-europeu, como hoje diríamos, um jovem intelectual peruano que viria a ser um dos grandes marxistas do século XX, José Mariátegui. De visita prolongada à Europa, Mariátegui apercebeu-se de que as democracias europeias estavam a ser cercadas por dois inimigos irredutíveis: o fascismo e o comunismo. Segundo ele, a sorte das democracias dependeria do modo como elas conseguissem resistir a esse duplo desafio, um desafio de morte. A segunda questão foi discutida com particular intensidade na Inglaterra (tal como o tinha sido na Alemanha antes da guerra) e consistia em saber se a democracia era compatível com o capitalismo. O imperialismo que se afirmara no fim do século XIX e incendiara a opinião pública com a Guerra dos Bóeres (1880-1881, 1889-1902) parecia destinado a devorar a alma do governo democrático ao pô-lo ao serviço do capital financeiro. Ninguém melhor que John Hobson formulou esta questão no seu livro clássico, *Imperialism, a Study* (1902), ainda mais clássico depois de ter sido elogiado por Lenine e favoravelmente contraposto ao ultra-imperialismo do "traidor" Karl Kautsky.

Onde estamos hoje em relação a cada uma destas questões? No que respeita à primeira, os anos subsequentes mostraram que os dois inimigos eram de facto irredutíveis. A revolução bolchevique recusava a DR em nome de uma democracia popular de tipo novo, os sovietes; por sua vez, o fascismo usou, quando muito, a DR para entrar na esfera do poder e logo depois desfazer-se dela. Depois da Segunda Guerra Mundial, a DR continuou em competição com o comunismo, mas triunfou sobre o fascismo (com excepção dos dois países ibéricos onde formas muito específicas de fascismo vigoraram até 1974-1975). Com a queda do Muro de Berlim o triunfo da DR pareceu total e definitivo.

A questão da compatibilidade da democracia com o capitalismo tinha como pano de fundo a rejeição do modelo soviético e a opção por uma via democrática para o socialismo, que na altura incluía medidas frontalmente anticapitalistas tais como a nacionalização dos meios de produção e ampla redistribuição da riqueza. Os partidos comunistas então emergentes tinham resolvido essa questão: a democracia não só era compatível com o capitalismo como era o outro lado da dominação capitalista. A opção era entre democracia e revolução. Por isso, não acreditavam que as classes trabalhadoras pudessem tirar alguns benefícios do jogo democrático e tendiam a minimizar as medidas consideradas de orientação socialista e até a opor-se a elas. Usavam a democracia como instrumento de propaganda contra a possibilidade de se chegar ao socialismo por via da DR.

Para os socialistas, pelo contrário, a questão do comunismo estava resolvida. Mesmo quando avaliavam com benevolência o regime soviético, tornavam claro que só as condições muito específicas da Rússia e a Primeira Guerra Mundial o justificavam. Aliás, a diferença entre o Oriente e o Ocidente neste domínio era consensual ainda que formulada de modos distintos. Para Lenine, a revolução socialista no Ocidente seria diferente. Trótski afirmava no início dos anos vinte que enquanto a Oriente fora fácil tomar o poder, mas depois difícil mantê-lo, no Ocidente seria difícil tomar o poder, mas uma vez tomado seria fácil mantê-lo. E Gramsci é conhecido, entre outras coisas, pela distinção entre guerra de posição que recomendava para o Ocidente (Estados fracos e sociedade civis e hegemonias fortes) e guerra de movimento que recomendava para o Oriente (Estados fortes e sociedades civis "primordiais", "gelatinosas").

Para os socialistas europeus ocidentais, o socialismo só seria possível por via democrática. O problema era essa via ser bloqueada por processos antidemocráticos. O perigo vinha do fascismo, não como um perigo "exterior" ao capitalismo, mas antes como um desenvolvimento interno do capitalismo que, ameaçado pela emergência de políticas socialistas impostas por via democrática, mostrava sinais de abrir mão da democracia e de recorrer a meios antidemocráticos. A questão da compatibilidade entre democracia e capitalismo era uma maneira mais radical de abordar a questão mais antiga da tensão permanente entre capitalismo e democracia. Essa tensão emergira desde que o Estado começara a "interferir" na economia (a regulação do horário de trabalho fora uma intervenção emblemática) e começara a ter lugar alguma redistribuição de riqueza por via de políticas sociais financiadas pela tributação do capital. Essa tensão era assumida com a convicção de que a democracia (DR) um dia triunfaria sobre o capitalismo. O avanço das políticas redistributivas, ao mesmo tempo que fazia crer na possibilidade de um futuro socialista por via democrática, por outro lado, confrontava-se com resistências que iam além da mera oposição democrática. A vitória do nacional-socialismo alterou totalmente os termos da questão. Se antes a política era encontrar plataformas de entendimento entre socialistas e comunistas de várias convicções para fazer frente aos conservadores (as frentes unitárias), agora o objectivo era unir todos os democratas, conservadores incluídos, contra a ameaça fascista (as frentes populares). No final da Segunda Guerra Mundial, a tensão entre capitalismo e democracia foi institucionalizada na Europa sob condição de o socialismo deixar de ser o horizonte das lutas democráticas. O capitalismo cederia até ao ponto em que isso não afectasse a sua reprodução alargada.

Entretanto, sem que a teoria produzida no Norte Global desse conta disso, fora da Europa as duas questões tinham sortes muito diferentes. Na América Latina a compatibilidade, ou melhor, a incompatibilidade entre capitalismo e democracia estivera desde o início na agenda política conturbada de muitos países com democracias instáveis e excludentes, seguidas de períodos de ditadura de vários tipos (que incluiu alguns inspirados no fascismo europeu como o varguismo no Brasil). As experiências destes países só começaram verdadeiramente a ser consideradas pelos teóricos da democracia no final da década de 1950 – sob a forma de estudos sobre o desenvolvimento, em especial, sobre direito e desenvolvimento –, quando a revolução cubana veio reinaugurar a opção entre capitalismo e revolução e dez anos depois quando Allende veio reinaugurar a possibilidade do socialismo por via democrática.

Na África e na Ásia também estas questões tiveram cursos próprios. A China optara desde 1949 pela via comunista, revolucionária.

A partir dos anos de 1950, os países africanos e asiáticos saídos do colonialismo optaram por soluções diferentes, ora dominadas por uma entente entre capitalismo e democracia do tipo DR, ora reivindicando a criação de novas formas de democracia de orientação socialista (democracia desenvolvimentista) sustentadas pelos movimentos ou partidos que protagonizaram as lutas e as negociações que conduziram à independência. Em qualquer dos casos, houve fracassos quer dos objectivos democráticos quer dos objectivos socialistas. Em meados da década de 1970, os países africanos saídos do colonialismo português reanimaram momentaneamente a hipótese socialista revolucionária, mas em meados da década seguinte, sob a égide da nova forma do capitalismo global, o neoliberalismo, um novo tipo de normalização democrática emergia tanto em África como na América Latina e na Ásia: a eliminação da tensão entre democracia e capitalismo por via da retirada do Estado da regulação da economia e da liquidação da redistribuição social tornada possível no período anterior pelas políticas sociais. A eliminação da tensão teve lugar através da opção por uma democracia de baixa intensidade, elitista e procedimentalista e, além do mais, saturada de corrupção.

Esta, porém, não é a história toda. Como vimos, as classes trabalhadoras europeias tinham obtido ganhos importantes, por via da DR, no início do século xx, um acúmulo histórico que se perdeu com o fascismo e com a guerra para ser retomado no pós-guerra. A partir de então, a DR disputou o campo das opções políticas com outros modelos neoliberais de democracia, tais como as democracias populares dos países do Leste Europeu ou as democracias desenvolvimentistas do então chamado Terceiro Mundo. O elenco das opções democráticas era variado. Enquanto a DR assentava na oposição entre revolução e democracia, os outros tipos de democracia emergiam de rupturas revolucionárias de orientação anticapitalista ou anticolonial. Nos anos de 1980, esta variedade desapareceu com o triunfo total da DR, ou melhor de um tipo de DR que tinha pouco que ver com a DR da social-democracia europeia, caracterizada pela sua ênfase na articulação entre os direitos cívicos e políticos com os direitos sociais e económicos. A DR que saiu da ortodoxia neoliberal era uma DR exclusivamente centrada nos direitos cívicos e políticos. Esta ortodoxia encontrou, no entanto, poderosos obstáculos. Na Índia, por exemplo, a organização federal do Estado tinha permitido vitórias eleitorais aos partidos comunistas em vários estados da união apostados na manutenção de fortes políticas sociais. Por sua vez, na América Latina, as lutas sociais contra as ditaduras militares ou civis eram portadoras de um impulso e de uma aspiração democráticas que não se podiam satisfazer com a democracia neoliberal e que, pelo contrário, punham na agenda política a questão da justiça social e, portanto, a tensão entre democracia e capitalismo.

Muita dessa mobilização social foi canalizada para a luta contra o neoliberalismo e a democracia de baixa intensidade por ele proposta, como foi o caso particularmente dramático da Argentina no início da década de 2000. O activismo dos movimentos sociais ou conduziu à emergência de novos partidos de orientação progressista ou deu origem a plataformas eleitorais que levaram ao poder líderes apostados na redistribuição social por esta via democrática (caso do PT no Brasil, do Movimiento al Socialismo, MAS, na Bolívia, dos sandinistas na Nicarágua, da Frente Farabundo Martí para la Liberación Nacional (FMLN) em El Salvador, da Alianza País no Equador, do movimento Revolucion Bolivariana que dá origem ao Partido Socialista Unido da Venezuela na Venezuela, da Frente Amplio, no Uruguai e da Alianza Patriótica para el Cambio no Paraguai,) ou ainda, sem alterar o sistema de partidos tradicionais, promoveu líderes com programas de matriz antineoliberal (Argentina e Chile). Em todos estes casos está subjacente a ideia que a DR é um modelo de democracia com alguma elasticidade e que as suas potencialidades para criar mais justiça social ainda não estão esgotadas.

Mas o impulso democrático das últimas três décadas teve outras dimensões que foram além da DR. Distingo duas dessas dimensões. A primeira foram as experiências de democracia participativa a nível local que emergiram no final da década de 1980 com os orçamentos participativos municipais de que Porto Alegre foi a cidade pioneira. O êxito da experiência foi surpreendente mesmo para os seus protagonistas, reproduziu-se em muitas cidades do Brasil e de toda a América Latina, suscitou a curiosidade dos líderes municipais de outros continentes, nomeadamente da Europa, que sob diferentes formas foram adoptando a prática do orçamento participativo, e acabou por levar o Banco Mundial a chamar a atenção para as virtudes desta forma de democracia participativa e a recomendar a sua adopção.

Apesar de ser a forma mais emblemática de democracia participativa, o orçamento participativo é apenas um dos muitos mecanismos de democracia participativa que emergiram nestas décadas. Ao lado dele haveria que mencionar os conselhos municipais e estaduais, com funções consultivas e por vezes deliberativas na definição das políticas sociais, nomeadamente na área da saúde e da educação; as consultas populares; os referendos (com grande impacto na condução política de alguns países como, por exemplo, a Venezuela e a Bolívia). Esta vasta experiência democrática traduziu-se em articulações novas e até então inimagináveis entre democracia representativa e democracia participativa.

Por último, o protagonismo dos movimentos indígenas na América Latina, com especial destaque para a Bolívia e o Equador, veio a traduzir-se no reconhecimento de um terceiro tipo de democracia, a democracia comunitária, constituída pelos processos de discussão e deliberação ancestrais das comunidades indígenas. Neste sentido, a nova Constituição da Bolívia consagra três tipos de democracia: representativa, participativa e comunitária.

Podemos dizer que a DR tem vindo a ser mobilizada pelas classes populares no continente latino-americano como parte de um movimento de democratização de alta intensidade que inclui outras práticas democráticas e outros tipos de democracia. Contrariamente ao que se pretendeu em muitas das lutas sociais dos períodos anteriores, não se trata agora de substituir a democracia representativa por outros tipos de democracia considerados mais genuínos (participativos ou comunitários), mas antes de construir uma democracia genuína com base na articulação entre todos os tipos disponíveis. É esta vastíssima experiência de lutas democráticas que nos permite hoje ampliar o cânone democrático e produzir teorias de democracia que vão muito além da teoria liberal.

Escreve que a democracia, tal como a entende, é capaz de fundar uma nova "gramática de organização social e cultural" capaz, entre outros aspectos, de mudar as relações de género, reforçar o espaço público, promover uma cidadania activa e inclusiva, garantir o reconhecimento das identidades e gerar uma democracia distributiva que combata as desigualdades socioeconómicas. Como entender e levar a cabo o processo de constituição desta gramática de inclusão social no actual e inquietante contexto da globalização pós-neoliberal?

BSS: Radicalizar a democracia significa intensificar a sua tensão com o capitalismo. É um processo muito conflitual porque, como disse acima, neste início de século a democracia, ao vencer aparentemente os seus adversários históricos, longe de os eliminar, apenas mudou os termos da luta que trava com eles. O campo da luta democrática é hoje muito mais heterogéneo e, ao contrário do que se passava no tempo de Mariátegui, é no seu interior que as forças fascistas e as forças socialistas se defrontam. Aqui reside um dos grandes desafios da nossa época: por quanto tempo e até que limite a luta democrática poderá conter estas forças antagónicas? Depois da derrota histórica do comunismo, as forças socialistas explorarão até ao máximo as possibilidades da democracia, pois, verdadeiramente, não têm alternativa. Já o mesmo não se pode dizer das forças fascistas. É certo que sobre elas pesa a derrota histórica do nacional-socialismo, mas não podemos esquecer que, do ponto de vista da reprodução do capitalismo, o fascismo é sempre uma alternativa em aberto. Essa alternativa será accionada no momento em que a DR for considerada irremediavelmente, e não apenas temporariamente, disfuncional. Por isso digo que, hoje, a democracia progressista é uma democracia tendencialmente revolucionária. Ou seja, quanto mais significativas forem as vitórias democráticas – quanto mais eficazes forem as forças socialistas na luta pela maior redistribuição social e inclusão intercultural –, maior é a probabilidade de o bloco capitalista recorrer a meios não democráticos, isto é, fascistas, para recuperar o controlo do poder de Estado. A partir de certo patamar, certamente difícil de determinar em geral, as forças democráticas (pró-capitalistas ou pró-socialistas) deixarão de poder enfrentar eficazmente as forças fascistas se se mantiverem nos limites do quadro institucional da democracia. Terão de recorrer à acção directa não necessariamente legal e possivelmente violenta contra a propriedade (a vida humana é um bem incondicional, talvez o único). O continente latino-americano é certamente o que melhor ilustra alguns dos dilemas que se podem desenhar no horizonte. Nele, melhor que em nenhum outro, é possível identificar o enfrentamento entre forças socialistas e forças fascistas por enquanto contidas no quadro democrático. São, no entanto, visíveis sinais de *stress* institucional em alguns países. É o continente em que coexistem de maneira mais vincada as lutas mais ofensivas (de forte pendor socialista) com as lutas mais defensivas (de defesa contra o fascismo). Não me surpreenderia se este fosse o continente de teste para a democracia revolucionária, ou seja, para revelar os limites da tensão entre aprofundamento democrático e reprodução capitalista ampliada.

Colocar em marcha esta nova gramática social que estabelece a sua concepção de democracia poderia conduzir, em determinadas situações, à introdução do experimentalismo na órbita do Estado. O Professor ensina conceitos inéditos como "Estado experimental", "experimentalismo constitucional" e "demodiversidade". Poderia ampliar um pouco mais esta ideia de experimentalismo democrático? Que experiências criativas podemos apreciar? No seu entender, a Bolívia, e de maneira mais geral, a América Latina, são pioneiras neste sentido?

BSS: A esmagadora vitória de Evo Morales nas eleições do dia 6 de Dezembro de 2009 foi um acontecimento democrático de relevância mundial que só não foi noticiado como tal porque é demasiado ameaçador para os interesses do capitalismo global e para os interesses geoestratégicos dos EUA no continente, ambos com forte poder nos grandes meios de comunicação e de informação. Igualmente inovador, ainda que muito distinto, é o processo político equatoriano. Estas experiências políticas causam surpresa porque não foram pensadas e muito menos previstas pelas teorias políticas da modernidade ocidental, nomeadamente o marxismo e o liberalismo. Tanto num caso como no outro é grande o protagonismo dos povos indígenas (no caso do Equador, o protagonismo ocorreu sobretudo na década de 1990, mas teve um papel transformador fundamental sem o qual não se entende o processo político actual). Ora, os povos indígenas foram ignorados, enquanto actor social e político, tanto pelo marxismo como pelo liberalismo. Esta surpresa coloca aos teóricos e aos intelectuais em geral uma questão nova, a questão de saber se estão preparados para se deixarem surpreender. Não é uma pergunta de resposta fácil. Sobretudo para os teóricos críticos que foram marcados pela ideia da teoria de vanguarda, e a teoria de vanguarda, por natureza, não se deixa surpreender. Tudo o que não cabe nas suas previsões ou proposições não existe ou não merece existir.

Se aceitarmos que o questionamento da teoria, longe de ser destrutivo para a teoria, pode significar uma mudança na conversa do mundo consigo próprio, então podemos chegar à conclusão de que, na actual conjuntura, é importante que nos deixemos surpreender pela realidade como fase transitória de pensamento entre a teoria de vanguarda que nos guiou até aqui e uma outra teoria ou conjunto de teorias que nos acompanhará daqui em diante. Digo que a teoria a construir nos acompanhará e não que nos guiará porque suspeito que o tempo das teorias de vanguarda passou. Estamos a entrar num tempo de teorias de retaguarda que, em contextos de grande complexidade e indeterminação: 1) valorizam os conhecimentos produzidos pelos actores sociais e concebem a construção teórica como reflexões em curso, sínteses provisórias de reflexões amplas e partilhadas; 2) acompanham os processos de transformação para permitir aos actores sociais conhecerem melhor o que já conhecem; 3) facilitam a emergência do novo através de sistematizações abertas que formulem perguntas em vez de darem respostas; 4) fomentam comparações sincrónicas e diacrónicas entre experiências e actores sociais tanto para situar e contextualizar as acrobacias do universal como para abrir portas e soltar correntes de ar nos guetos da especificidade local.

A teoria de retaguarda avança com o recurso a analogias, a metarritmias (a sensibilidade para os diferentes ritmos da transformação social) e ao hibridismo entre ausências e emergências. Assim surgem conceitos como o experimentalismo estatal ou a demodiversidade. O conceito de demodiversidade formulado analogicamente a partir do conceito de biodiversidade procura inserir no campo político uma diversidade que até agora não foi aceite ao mesmo tempo que faz emergir o novo a partir do ancestral. A democracia liberal (hoje centrada exclusivamente na DR) defende a diversidade e acha que ela deve ser tema do debate democrático desde que sujeita a conceitos abstractos de igualdade e não extensiva à definição das regras de debate. Fora destes limites, a diversidade é para a teoria liberal a receita do caos. Com uma simplicidade desarmante, a Constituição da Bolívia reconhece três tipos de democracia: representativa, participativa e comunitária.

Cada uma delas tem regras próprias de deliberação e certamente a acomodação entre elas não será fácil. A demodiversidade é uma das vertentes da constitucionalização das diferentes culturas de deliberação que existem no país. Ao assumir este papel, a Constituição transforma-se, ela própria, num campo de experimentação.

Com o conceito de Estado experimental, que perfilho há já um tempo, pretendo assinalar que nos tempos que correm a solidez normativa da institucionalidade moderna (do Estado, do direito, da administração pública) está hoje a liquidificar-se para o bem (reconhecimento da diversidade) e para o mal (por exemplo, corrupção). Ou seja, forças políticas com orientações políticas opostas procuram aproveitar para as suas causas este estado de coisas. As forças pró-capitalistas falam de *governance,* de parcerias público-privadas, de *soft law.* Por detrás destes conceitos está não só a flexibilidade normativa como a não interferência nas relações de poder existentes. Pelo contrário, os Estados como a Bolívia, Equador e Venezuela estão a tentar alterar as relações de poder existentes e é dentro desse marco que a ideia de experimentação pode ter validade. É que, sendo duros os conflitos e não sendo claras as alternativas, as mudanças nas relações de poder, ao contrário do que se pode pensar, podem ser consolidadas através da experimentação com várias soluções quer simultaneamente quer sequencialmente. Criar espaços políticos a partir do início da mudança das relações de poder, mas que uma vez criados permanecem abertos à criação e à inovação, é algo que a teoria política moderna liberal ou marxista nunca foi capaz de admitir porque confundiu tomada de poder com exercício de poder. Ora, tomar e exercer o poder são duas coisas muito distintas em processos políticos tão transformadores como aqueles a que estamos a assistir. É mais fácil tomar que exercer e, como é do exercício que vem a consolidação do poder, eu considero que a experimentação pode consolidar os processos de transição na medida em que facilita o exercício do poder e o torna mais inclusivo: a aposta em soluções provisórias e experimentais permite manter o debate político aberto e as soluções institucionais e normativas em movimento e convida ao envolvimento construtivo dos adversários. Nada disto cabe na consciência teórica e política de modernidade ocidental.

A sexta das suas quinze teses para o aprofundamento da democracia afirma que estão a emergir formas contra-hegemónicas de democracia de alta intensidade. No entanto, na sétima adverte que estão limitadas no âmbito local e municipal. Como podemos resolver os problemas de escala e levar a democracia contra-hegemónica tanto ao âmbito estatal como ao global?[43]

BSS: Este é um dos problemas mais dilemáticos para a prática e a teoria democráticas. De facto, as grandes inovações democráticas das últimas décadas tiveram lugar a nível local e nunca foi possível transferi-las para o nível nacional e, claro, muito menos para o nível internacional. Isto é verdade quer para as experiências mais recentes de democracia participativa (orçamentos participativos, conselhos populares, consultas) como para as formas ancestrais de democracia comunitária de origem indígena. Devemos, no entanto, ter em mente que o problema da escala não é um problema de causas; é um problema de consequências. No caso das formas ancestrais indígenas o problema da escala é o resultado de uma derrota histórica. Os poderes coloniais destruíram todas as formas políticas e de gestão indígenas, excepto as de carácter local, quer porque não conseguiram destruí-las, quer porque pensaram poder cooptá-las e colocá-las ao serviço do poder colonial.

Além destas causas há que ter em conta os factores sistémicos e funcionais. Nenhum sistema complexo e aberto subsiste sem turbulência controlada, sem momentos de reprodução não--linear, inclusivamente de negação dialéctica truncada ou parcial.

---

[43] Ver a propósito Santos, Boaventura de Sousa (2005), *Fórum Social Mundial: Manual de Uso*. Porto: Afrontamento, 104-110.

Os sistemas de dominação como o capitalismo ou colonialismo apropriam-se das grandes escalas (o global e o universal) porque são estas as que garantem a hegemonia (as que desacreditam as alternativas) e a reprodução alargada. Às escalas mais pequenas (locais ou subnacionais) é deixada maior margem de liberdade. O colonialismo ofereceu os exemplos mais paradigmáticos através das várias formas de governo indirecto – deixar o governo local entregue, em boa parte, às "autoridades tradicionais" –, mas o fenómeno é geral. O local permite combinar radicalidade e atomicidade. Quer ao nível da denúncia e da resistência, quer ao nível da proposição e da alternativa, o investimento político--emocional organizativo e comunitário é potencialmente radicalizador porque vive da transparência entre o que é defendido e o que é combatido. No entanto, dado o seu âmbito limitado, pode ser ignorado (enquanto ameaça) e ser até funcional (enquanto energia desperdiçada) para as escalas de dominação envolventes. Claro que nem as funções evitam as disfunções nem os sistemas impedem a eclosão de anti-sistemas. O local de hoje pode ser o global de amanhã. Para isso é necessária imaginação e vontade política que deslocalize o local sem o eliminar (a articulação entre lutas locais) e que desglobalize o global existente deslegitimando--o (esta ordem é desordem, esta justiça é injusta, esta liberdade é opressão, esta fraternidade é egoísmo naturalizado) e minando a sua hegemonia (há outras ordens menos desordenadas, outras justiças mais justas, outras liberdades mais livres, e outras fraternidades verdadeiramente fraternas). Tudo isto é possível a todas as escalas e a mudança social envolve sempre mudanças de escala (o que chamo a transescala). Infelizmente, o pensamento democrático socialista continua ainda apegado ao modelo de estado moderno centralizador. Ou seja, tende a ver a transformação social ao nível da escala nacional, privilegiando-a em detrimento da escala local ou da escala global e sendo pouco imaginativo na construção de articulações entre escalas. Por exemplo, não seria impossível construir o orçamento geral do Estado segundo regras semelhantes às do orçamento participativo municipal. Teriam de ser certamente regras distintas ao nível da operacionalidade, dados os efeitos de escala, mas semelhantes na lógica e no sentido político subjacente.

Uma das suas afirmações mais duras é a de que "vivemos em sociedades que são politicamente democráticas, mas socialmente fascistas". Isto deve-se, em parte, a que a democracia, ao serviço do Estado fraco neoliberal, perdeu o seu poder redistributivo, sendo capaz de conviver comodamente com situações estruturais de miséria e exclusão social. Como pode a democracia socialista radical, sob o domínio da democracia representativa liberal, além da mera teorização académica fazer frente aos fenómenos de desigualdade e exclusão?

BSS: O conceito de fascismo que uso nessa citação é diferente do conceito usado para definir os regimes políticos de partido único que vigoraram sobretudo na Itália e na Alemanha no período entre as duas guerras e na Espanha e Portugal até 1974/75. Refere-se a relações sociais de poder de tal modo desiguais, que, no contexto social e político em que ocorrem, a parte (indivíduos ou grupos) mais poderosa exerce um direito de veto sobre aspectos essenciais da vida da parte menos poderosa. Alguns exemplos como simples ilustração da diversidade dos domínios sociais em que ocorre o fascismo social: as relações de trabalho à margem das leis laborais ou que envolvem imigrantes e particularmente imigrantes indocumentados; as relações familiares dominadas pela violência doméstica em suas múltiplas formas; relações de *apartheid* social, assentes no racismo, que hoje continuam presentes nas sociabilidades e nas estruturas urbanas; as relações do capital financeiro com o país onde investe e desinveste sem outro motivo que não o do lucro especulativo; as comunidades camponesas sujeitas à violência de milícias privadas; a privatização de bens essenciais, como a água, quando a empresa concessionária passa a ter direito de veto sobre a vida das pessoas: quem não paga a conta fica sem água.

Trata-se, pois, de formas de sociabilidade não sujeitas a nenhum controlo democrático porque ocorrem fora do que a teoria política liberal designa como campo político ou sistema político. Como a vida dos indivíduos, classes ou grupos sociais decorre em domínios considerados não políticos, na medida em que nestes domina o fascismo social, a democracia representativa tende a ser sociologicamente uma ilha democrática num arquipélago de despotismos. A possibilidade desta ocorrência, tanto no Norte Global como no Sul Global (ainda que muito diferente num e noutro caso), aumentou enormemente com o neoliberalismo e o aumento exponencial da desigualdade social que decorreu da liquidação das políticas sociais e da desregulação da economia.

A DR não só convive com esta situação como a legitima ao torná-la invisível. Afinal, não faz sentido falar de fascismo (em sentido convencional) em sociedades democráticas. O peso desta ideia convencional de fascismo em países como Espanha ou Portugal torna difícil a aceitação da ideia de fascismo disseminado na sociedade e não centrado no Estado (ainda que com a cumplicidade deste, quando mais não seja por omissão). Mas a verdade é que muito cidadão vive nas nossas sociedades democráticas sujeito a constrangimentos, censuras e autocensuras, privação de direitos elementares de expressão e de movimento contra os quais não pode resistir sob pena de pesadas consequências, vive, em suma, sujeito a acções arbitrárias que são estruturalmente semelhantes às que sofreram os democratas durante a vigência dos regimes fascistas. Como se trata de um fascismo subpolítico não é reconhecido como tal.

A ideia de fascismo social aponta para a criação de vastas alianças democráticas, estruturalmente semelhantes às que estiveram na base das frentes populares no período entre as duas guerras mundiais, e sugere também a necessidade de reactivar as energias democráticas adormecidas pela crença de que tudo é democrático na sociedade democrática. Como procuro demonstrar, pouco é democrático nas sociedades com um sistema político democrático.

Tal como a luta contra o fascismo político foi uma luta pela democracia política, a luta contra o fascismo social deve ser uma luta pela democracia social. Trata-se pois de um conceito de democracia muito mais amplo que o conceito que subjaz à DR. A democracia para mim é todo o processo de transformação de relações de poder desigual em relações de autoridade partilhada. Onde quer que haja luta contra o poder desigual há processo de democratização. Distingo no meu trabalho seis subcampos de relações sociais em que os processos de democratização têm importância particular: o espaço-tempo doméstico, o espaço-tempo da produção, o espaço-tempo da comunidade, o espaço-tempo do mercado, o espaço-tempo da cidadania, e finalmente o espaço--tempo mundial das relações entre Estados. Cada um destes espaços-tempo pode ser um campo de luta democrática contra o fascismo que se gera no seu seio. Em cada um deles a luta democrática toma uma forma específica. Os tipos de democracia de que tenho vindo a falar e que vêm enriquecendo o repertório das possibilidades democráticas operam em dois destes espaços-tempo, o comunitário e o da cidadania. Outros tipos de democracia terão de ser considerados para os outros espaços-tempo. Só este vasto conjunto de lutas democráticas pode combater com eficácia o fascismo social. Trata-se de uma democracia sem fim, e esse é, para mim, o verdadeiro programa socialista; socialismo é democracia sem fim.

Esta concepção é hoje tanto mais urgente quanto nos deparamos com um fenómeno novo (ou agora mais visível) que vem complicar ainda mais o contexto político das sociedades contemporâneas. A discrepância entre democracia política e fascismo social de que acabei de falar combina-se hoje com outra entre democracia política e fascismo político de tipo novo. Ou seja, estamos a assistir à emergência de dois tipos de fascismo, ambos velhos nos processos que usam, mas novos no modo como a democracia representativa de baixa intensidade aceita conviver com ambos. De um lado, o fascismo social de que tenho vindo a falar e que actua em todos os seis espaços-tempo que identifiquei acima. Do outro, um fascismo difuso ou fragmentário que actua nos espaços-tempo que historicamente têm constituído o campo político da democracia, ou seja, os espaços-tempo da cidadania e da comunidade. É um fascismo que opera nos interstícios da democracia, através de meios antidemocráticos de desestabilização política, é hoje particularmente visível nos países onde as classes populares e os movimentos sociais obtiveram vitórias significativas por via da democracia representativa que lhes permitiram assumir o poder político do Estado. Estas vitórias têm sido robustas precisamente na medida em que são obtidas através de articulações entre democracia representativa, participativa e comunitária. A sua robustez reside na sua capacidade para exercer o poder democrático para lutar contra o fascismo social, ou seja, para eliminar as formas mais extremas ou violentas de desigualdade de poder social, o que implica orientar a luta democrática para um horizonte pós-capitalista. Na medida em que tal acontece e sempre que as classes dominantes não conseguem retomar rapidamente o controlo do Estado por via da DR, recorrem a meios antidemocráticos para desestabilizar as democracias. Entre tais meios, saliento os seguintes: controlo dos media, campanhas de desinformação, obstrução ao voto de populações sujeitas ao fascismo social ou sua manipulação, tentativas golpistas ou secessionistas, corrupção de representantes eleitos, criação de divisões no seio das Forças Armadas para as distanciar do poder legitimamente constituído, escutas telefónicas, chantagem e ameaças, recurso a grupos paramilitares para liquidar líderes políticos e de movimentos sociais ou para manter o controlo político de populações. Este tipo de fascismo é político porque visa desestabilizar o campo político, mas é difícil de identificar ou nomear porque não tem no horizonte a superação da democracia.

Visa apenas pôr a democracia ao seu serviço e inculcar a ideia de que a democracia, quando não ao seu serviço, é ingovernável.

A democracia dos nossos dias é revolucionária na medida em que amplia e aprofunda a democracia social, ao conduzir eficazmente a luta contra o fascismo social, e defende com igual eficácia a democracia política contra as tentativas de desestabilização do fascismo político.

Trata-se de uma controvérsia clássica, mas a crise económica global de que padecemos converte-a de novo em pergunta obrigatória: democracia e capitalismo, becos sem saída, caminhos de conciliação? Na sua sociologia utiliza o método indiciário, que identifica sinais e pistas antecipadoras do que está para vir. Atreve-se a conjeturar o horizonte futuro que nos espera no final da crise? Estamos no final de uma época ou vivemos um momento de restauração capitalista?

BSS: Os sociólogos foram treinados para prever o passado e nisso se têm especializado. Os sociólogos críticos pensam no futuro, mas quase sempre como se fosse o futuro do presente que conhecem e como conhecem. Ora, se assim for não há nunca futuro. A única maneira de abordar a opacidade do futuro é sermos tão cegos para ele quanto ele é para nós. Não se trata de cegueira total pois o futuro também vê algo de nós. Vê-nos como passado, que é aquilo que não somos. Estamos perante cegueiras parcialmente sistémicas e parcialmente estratégicas. No nosso caso, o caso do presente que somos, que conhecemos e desconhecemos, a cegueira estratégica toma a forma da aposta tal como a formulou, melhor que ninguém, o filósofo do século XVII, Blaise Pascal. A aposta é a única forma de nos fazermos presentes no futuro. Tal como o cego se guia por ruídos, vozes, acidentes palpáveis, nós apostamos com base em indícios, pistas, emergências, tendências, latências, com tudo o que ainda não é. O ainda-não-é não é o ainda não de um tudo indiscriminado. É o ainda não de algo parcialmente determinado por uma aspiração realista e uma vontade proporcionada. É uma forma específica de não ser, um entresser como diria o poeta português Fernando Pessoa.

Em que indícios aposto? Nunca a frustração da política se converteu tão facilmente em consciência ética; nunca o sofrimento de tantos foi tão visível para tantos; nunca os condenados da terra agiram de modo a suscitar tanto interesse (e, às vezes, a solidariedade) por parte de quem não os entende ou, se entende, não aprova inteiramente; nunca as classes populares (os solidários dos excluídos, não necessariamente os excluídos) lutaram tanto pela democracia na esperança de os limites da democracia se transformarem um dia na democracia sem limites ou, pelo menos, na democratização dos limites; nunca a natureza foi tanto evocada para mostrar que não há um meio de lidar com ela naturalmente e que o que parece mais natural aos nossos hábitos é o mais antinatural de todos; nunca os excluídos tiveram tantas possibilidades para deixarem de ser estatística e se transformarem em gente colectiva; nunca as pessoas foram tão guiadas mas também nunca mostraram tanta capacidade para não acreditar em quem os guia; nunca tantos objectos de direitos humanos se mostraram tão interessados em ser sujeitos de direitos humanos; nunca a democracia teve tanta credibilidade junto daqueles para quem ela não foi pensada. Nenhum destes indícios é, por si, credível para, com base nele, formular a aposta. E mesmo todos juntos só são credíveis através da vontade de quem com base neles quiser arriscar. Esta aposta é especial porque não basta apostar, cruzar os braços e esperar pelos resultados. Quem aposta tem de se envolver pessoalmente na luta pelo futuro em que apostou. A minha aposta privilegia o seguinte indício. Nunca o capitalismo global e a modernidade ocidental tentaram armadilhar tanta gente no mundo com os direitos humanos e a democracia; mas também nunca tantos identificaram o código da armadilha e tentaram usá-la contra quem os armadilhou. Porque não apostar no êxito dessa tentativa? Se ela vier efectivamente a ter êxito, sentir-me-ei realizado por ter contribuído para ele. Se não vier a ter êxito, tentarei confortar-me com a ideia de que vivi num tempo em que as alternativas estavam bloqueadas; e que sabiamente me deixei enganar para não ter de dar o meu consentimento à barbárie sem solução.

A democracia radical que preconiza tem um forte potencial emancipador. A sua análise da emancipação social está indissoluvelmente ligada à revisão crítica do conceito de poder, reduzido pela democracia representativa liberal ao nicho do Estado. Em seu lugar, defende que o poder actua através de diferentes constelações que de maneira combinada operam em distintos espaços sociais. Como contraproposta, elabora um mapa composto por seis emancipações sociais fundamentais. Poderia falar um pouco sobre este mapa e dos parâmetros a partir dos quais concebe a emancipação social? Qual pensa ser o colectivo social, sem desmerecer o resto, com mais necessidade de avançar na sua luta pela emancipação?

BSS: Como já referi, uma das grandes inovações da teoria política liberal moderna consistiu em conceber a ideia de um campo político autónomo, o único constituído por relações de poder, e portanto, por lutas pelo poder. Centrado no Estado, expressão máxima das relações e das lutas de poder, o campo político tem regras próprias de funcionamento que garantem a institucionalização dos conflitos de poder e, portanto, a ordem social a que aspirou a burguesia depois de ter conquistado o controlo do poder político. A autonomia do campo político foi o outro lado da sua submissão aos interesses da reprodução da ordem burguesa. Não foi originalmente pensado como um campo democrático de livre acesso à competição pelo poder e muito menos à competição pela regra de disputa do poder. Esta teoria atingiu o seu máximo de consciência possível com Habermas e a sua concepção da esfera pública, a expressão política da sociedade civil burguesa.

A história das lutas das classes populares, ora como colectivo de não-cidadãos em luta por inclusão nesta ordem burguesa, ora como colectivos operários revolucionários em luta pela construção de uma ordem social alternativa, foi revelando que as relações de poder expressas no campo político eram uma pequena fracção das relações de poder vigentes na sociedade e que as desigualdades de poder político não se podiam explicar sem considerar muitas outras desigualdades de poder em muitos outros domínios da vida social (na fábrica, em casa, na comunidade, no mercado). Claro que os domínios são potencialmente infinitos e nem todos podem ser considerados igualmente importantes em termos das relações de poder que os constituem. Daí estarem erradas as concepções pós--estruturalistas. Mas estão igualmente erradas as concepções estruturalistas de raiz marxista por serem demasiado monolíticas (centradas na contradição capital/trabalho). A perspectiva mais correcta é de um estruturalismo pluralístico. Daí os seis espaços--tempo de que falei atrás. A cada um deles corresponde uma forma específica de relação desigual de poder: no espaço-tempo doméstico a forma de poder é patriarcado ou relações sociais de sexo; no espaço-tempo da produção, a forma de poder é a exploração centrada na relação capital/trabalho; no espaço-tempo da comunidade a forma de poder é a diferenciação desigual, ou seja, os processos pelos quais as comunidades definem quem pertence e quem não pertence e se arrogam o direito de tratar desigualmente quem não pertence; no espaço-tempo do mercado a forma de poder é o feiticismo das mercadorias, ou seja, o modo como os objectos assumem vida própria e controlam a subjectividade dos sujeitos (alienação); no espaço-tempo da cidadania a forma do poder é a dominação, ou seja, a desigualdade no acesso à decisão política e no controlo dos decisores políticos; e finalmente no espaço-tempo mundial a forma de poder é troca desigual, ou seja, a desigualdade nos termos de troca internacionais, tanto económicas, como políticas e militares.

Cada uma das formas de poder tem, como base privilegiada e originária, um determinado espaço-tempo, mas não actua exclusivamente nas relações sociais que caracterizem esse espaço. Pelo contrário repercutem-se em todos. Por exemplo, o patriarcado tem a sua sede estrutural no espaço-tempo doméstico, mas está presente nas relações sociais de produção, do mercado, da comunidade, da cidadania. As sociedades capitalistas são formações sociais que se reproduzem pela acção combinada destas seis formas de poder. Elas não actuam isoladamente; pelo contrário, alimentam-se umas das outras e actuam em rede. Por isso, as lutas anticapitalistas, para terem êxito, têm de lutar contra todas elas e só avançam na medida em que em cada um dos espaços-tempo as desigualdades de poder forem diminuindo. Isto não quer dizer que todos os movimentos ou organizações sociais tenham de lutar contra todas as formas de poder. Mas para que cada um tenha êxito na sua luta parcial é necessário que tenha consciência dessa parcialidade e conte com o apoio dos movimentos e organizações sociais que lutam contra outras formas de poder. O importante é que haja articulação entre os diferentes movimentos e organizações. O poder que actua em constelação só se combate eficazmente através de uma constelação de resistências. Como só esta constelação é estrutural, não é possível privilegiar em abstracto a luta contra uma forma específica de poder. Isto não significa que as seis formas de poder sejam sempre igualmente importantes e que não seja possível estabelecer hierarquias entre elas. O que acontece é que a importância relativa e as hierarquias entre elas só podem ser determinadas em contextos de luta concretos, definidos como tal pelas condições históricas e os efeitos de conjuntura. Não esqueçamos que há estruturas (os espaços-tempo) e há circunstâncias e que é da incontornável relação entre elas que nasce a contingência.

O que chamamos emancipação social é o efeito agregado das lutas contra as diferentes formas de poder social e afere-se pelo êxito com que vão transformando relações desiguais de poder em relações da autoridade partilhada em cada um dos espaços-tempo.

Na Questão Judaica, *Marx distingue entre emancipação política e emancipação humana. A primeira, com a qual se adquirem os direitos de cidadania, não implica necessariamente a segunda, que remete para um horizonte de transformação social e humana profunda. Na sua obra, utiliza o termo "emancipação social". No entanto, a sua ideia de emancipação reclama, na linha da emancipação humana, uma mudança radical das estruturas cognitivas e das relações sociais imperantes. Como vê esta distinção? Parece-lhe analítica e conceptualmente operativa?*

BSS: A *Questão Judaica* é um texto notável a muitos títulos e merece uma releitura aprofundada que não posso fazer aqui. Marx usa a religião para apresentar um argumento que mais tarde vai aplicar a outras dimensões da sociedade burguesa, especificamente à economia e, portanto, à sociedade capitalista. O argumento é que os judeus, ao reclamarem plenos direitos de cidadania, confirmam a separação entre o Estado e a sociedade civil que subjaz à sociedade burguesa e, portanto, a dualidade entre o cidadão – a pessoa moral que responde pela comunidade – e o indivíduo egoísta e associal que busca apenas a satisfação dos seus interesses. A sociedade civil passa a ser o domínio no qual todas as desigualdades são possíveis (no qual, diria eu, em casos extremos vigoram regimes de fascismo social) sem com isso porem em causa a igualdade abstracta e formal entre os cidadãos. A religião é um sintoma dessas desigualdades despolitizadas a que os judeus se submetem pensando que se emancipam. Em suma, com o Estado laico os judeus conquistam a liberdade religiosa, mas não se libertam da religião. E, relacionando este argumento com os que vai apresentar mais tarde, acrescenta que não se libertam da propriedade, obtêm a liberdade de propriedade, não se libertam do egoísmo da indústria, obtêm a liberdade industrial. Como ele diz, "a emancipação política é a redução do homem, de um lado, a membro da sociedade burguesa, a indivíduo egoísta independente e, de outro, a cidadão do Estado, a pessoa moral". A emancipação política face ao Estado (que é também a emancipação do Estado face à religião) fica, assim, muito aquém da emancipação do homem face às servidões que o oprimem (como é o caso da religião). Por isso afirma: "O limite da emancipação política manifesta-se imediatamente no facto de que o Estado pode livrar-se de um limite sem que o homem dele se liberte realmente, no facto de que o Estado pode ser um Estado livre sem que o homem seja um homem livre."

Mas o pensamento dialéctico de Marx não lhe permite ficar por aqui. A emancipação política é falsa na medida em que emancipa o cidadão da tutela do Estado sobre a sua religiosidade sem emancipar o indivíduo da religiosidade. Mas, ao mesmo tempo, a emancipação política significa um progresso. Ela representa o fim da sociedade senhorial, do *ancien régime*. É o máximo de consciência possível da sociedade burguesa. Diz Marx que "embora não seja a última etapa da emancipação humana em geral, ela se caracteriza como a derradeira etapa da emancipação humana dentro do contexto do mundo actual".

Penso que esta análise continua válida e é particularmente bem entendida por todos aqueles, como eu, que viveram parte da sua vida sob regimes ditatoriais. A democracia política (representativa) não é falsa; é pouca, é insuficiente e essa insuficiência só pode ser superada pela articulação da democracia política com outros tipos de democracia e outros campos de democratização, articulação essa que designo como democracia radical, democracia de alta intensidade ou democracia revolucionária. O momento em que a democratização do Estado e da sociedade ultrapassa com êxito o limite de compatibilidade com o capitalismo é o mesmo em que a emancipação política dá lugar à emancipação social.

Contributos do movimento alterglobal, nova esquerda, socialismo, sujeito social

Vivemos tempos de mudanças de grande escala e em diferentes ordens. Atravessamos, tal como diz, uma fase de "transição paradigmática" em que podemos constatar a emergência de novos manifestos, actores e práticas que reivindicam "outro mundo possível", urgente e necessário. O Fórum Social Mundial, neste sentido, pretende englobar a diversidade de pessoas, movimentos sociais e lutas de resistência que formam aquilo a que chama "globalização contra-hegemónica". Esta diversidade não necessita da formulação de um macrodiscurso sólido de alternativa que, respeitando a heterogeneidade dos actores, constitua uma alternativa global à globalização hegemónica? No caso de ser assim, como podem harmonizar-se a unidade de acção e a coerência discursiva dos movimentos com a articulação das "pluralidades despolarizadas" de que fala?

BSS: Com o Fórum Social Mundial (FSM), as forças progressistas do mundo começaram o novo milénio da maneira mais auspiciosa. Foi um momento muito importante para a criação da consciência de que era possível organizar globalmente a resistência ao capitalismo, usando algumas das armas (tecnologias de informação e de comunicação) que tinham estado na origem da fase mais recente do capitalismo global, a que chamámos neoliberalismo. Tornou-se assim possível imaginar uma globalização alternativa, de orientação anti ou pós-capitalista, construída a partir dos movimentos e organizações da sociedade civil. Os protestos de Seattle aquando da reunião da Organização Mundial de Comércio em Dezembro de 1999 foram um momento importante deste processo, mas não o primeiro. O primeiro momento foi o levantamento zapatista em Chiapas em 1 de Janeiro de 1994. Depois de um período brevíssimo de luta armada, o EZLN, recorrendo de modo muito inovador às novas tecnologias de informação, passou a advogar formas de resistência transnacional ao neoliberalismo e de luta também transnacional por uma sociedade mais justa.

A partir de Chiapas e de Seattle, o movimento global contra o neoliberalismo adquiriu um novo patamar de consciência colectiva com o primeiro Fórum Social Mundial realizado em Porto Alegre em Janeiro de 2001. É um movimento de tipo novo que simbolicamente marca uma ruptura com as formas de organização das classes populares vigentes durante o século xx. É um movimento muito heterogéneo em termos de base social em que, ao contrário do que se pode pensar, dominam organizações de trabalhadores, mas que não se apresentam como tal. Apresentam-se como camponeses, desempregados, indígenas, afrodescendentes, mulheres, moradores de bairros degradados, activistas de direitos humanos, ambientalistas, etc. O seu lema – um outro mundo é possível – revela a mesma heterogeneidade e inclusividade, o que se foi traduzindo em capacidade para articular diferentes agendas de transformação social, umas mais radicais que outras, umas mais culturais outras mais económicas, umas mais orientadas para a transformação do Estado, outras, para a transformação da sociedade.

Esta diversidade e heterogeneidade foi a resposta aos fracassos das lutas socialistas do século passado, todas elas centradas no movimento operário e na contradição capital/trabalho. Paradoxalmente, a suposta homogeneidade sociológica das forças anticapitalistas nunca existiu e, pelo contrário, a polarização das diferenças políticas no seio dela foi uma triste constante do século passado, a começar com o cisma entre socialistas e comunistas no início da Primeira Guerra Mundial. A tradição da esquerda forjou-se nessa cultura fraccionista e sectária que podemos definir como a propensão para transformar em inimigos principais os potenciais aliados no plano sociológico (à luz das condições sociais de vida). Com o tempo, politizar uma questão passou a significar polarizar uma diferença. A unidade passou a só ser credível como expressão de uma voz única e de um comando único.

Foi contra esta cultura política e para superar as frustrações que ela criou que o FSM se apresentou como celebração da diversidade dos movimentos sociais, das concepções de emancipação social, das estratégicas e tácticas para alcançar um outro mundo possível. E também como celebração da horizontalidade, ou seja, de relações de igualdade na gestão dessa diversidade. Obviamente, a diversidade e a horizontalidade têm um custo elevado quando se trata de construir com base nelas uma frente de luta contra o capitalismo. É que o futuro não se constrói senão a partir do passado e, por isso, desde o início do processo do FSM se foram tornando visíveis algumas clivagens que vinham do passado: reforma ou revolução? Socialismo ou emancipação social? O Estado como inimigo ou como aliado potencial? Dar prioridade às lutas locais/nacionais ou às lutas globais? Privilegiar a acção directa ou a acção institucional? A luta armada tem lugar no elenco das formas de luta progressistas? Prioridade aos partidos ou aos movimentos? E a estas se foram juntando outras suscitadas pela experiência do próprio FSM: Partir da luta pela igualdade para a luta pelo reconhecimento da diferença ou o inverso? O FSM como um espaço para os movimentos sociais ou um movimento em si e com agenda própria? Como articular lutas culturais ou sobre o estilo de vida com lutas económicas? Quais os limites do respeito ou da compatibilidade entre universos culturais tão distintos e agora tão mais visíveis?

Uma coisa parece certa: não é possível nem desejável regressar à emancipação ou à mobilização por comando superior. Ninguém se mobiliza senão por razões próprias e a democracia revolucionária ou começa nas organizações revolucionárias ou não começa nunca. Por outro lado, a última década tornou claro que nenhum movimento social, por mais forte que seja, consegue ter êxito na sua agenda se não contar com a solidariedade de outros movimentos. O FSM marca a passagem da política de movimentos para a política de intermovimentos. São estas verificações que estão por detrás do conceito de pluralidades despolarizadas e de outros conceitos ou propostas que tenho vindo a fazer. Por exemplo, os conceitos de ecologias de saberes e de tradução intercultural e interpolítica e a proposta da criação, já em curso, da Universidade Popular dos Movimentos Sociais.

No que especificamente respeita às pluralidades despolarizadas, a ideia subjacente é que as lutas anticapitalistas avançam mais por via de programas mínimos, ainda que não minimalistas, assentes em concertações amplas, transescalares (articulações locais, nacionais, globais) entre movimentos em luta por diferentes objectivos (contra diferentes formas de poder) do que por via de programas máximos assentes no protagonismo exclusivo de um objectivo ou de um movimento. Isto não significa que, dependendo dos contextos de luta, não seja dada prioridade a um objectivo ou a um movimento. Significa que, sempre que tal ocorre, a prioridade que lhe é dada concretiza-se no modo como esse objectivo ou movimento realiza as articulações com outros objectivos ou movimentos. A título de exemplo, se numa dada conjuntura o objectivo ou o movimento ambiental surge como prioritário, compete-lhe propiciar as alianças com o movimento indígena, o movimento feminista, o movimento operário. E se, pelo contrário, a prioridade é do movimento indígena, compete a este "trazer consigo" as agendas ambientais, feministas ou operárias. Assim, consoante os casos, a luta ambiental ou a luta indígena têm de, nesse contexto concreto, se deixar contaminar pelas outras lutas. Não se trata, pois, de discutir em abstracto qual a luta ou qual o objectivo mais importante. A discussão tem sempre lugar num certo contexto e para lhe dar uma resposta concreta. Por exemplo, foram as políticas neoliberais de alienação e pilhagem indiscriminada dos recursos naturais no continente latino-americano que vieram conferir prioridade às lutas contra o extractivismo (petróleo, minérios, água) e, com elas, aos povos indígenas, as populações mais duramente atingidas pelo extractivismo. Essa luta, para ter êxito, tem de forjar alianças com os movimentos ambientalistas e operários (mineiros, por exemplo), o que, por sua vez, obriga a transformações na formulação dos objectivos e na condução da luta. Estas articulações e concertações respondem ao momento concreto e podem ser alteradas no momento seguinte. A pluralidade significa que a agregação de lutas, de interesses e de energias organizativas é feita com respeito das diferenças entre movimentos. Para isso, a discussão e a deliberação sobre prioridades e formas de luta têm de ser as mais democráticas possível. Por sua vez, a despolarização decorre de só entrar no campo de discussão e de deliberação o que é necessário para tomar decisões concretas no contexto concreto. E mesmo assim, a opção de saída está sempre em aberto. Esta é uma forma nova de politizar questões e vai levar muito tempo a realizar. Aponta para um frentismo de tipo novo que mantém intactas as autonomias e as diferenças, e não permite a gestão manipuladora de programas máximos e programas mínimos. Por isso referi que as lutas avançam por programas mínimos, mas não minimalistas. Ou seja, a construção da articulação e agregação tem um valor e uma força independentes dos objectivos ou lutas que são agregados e é nessa construção que está o potencial desestabilizador das lutas: a capacidade de promover a passagem do que é possível num dado momento para o que está a emergir como tendência ou latência de novas articulações e agregações. São muitas vezes as lutas mais periféricas ou os movimentos menos consolidados num dado momento os que transportam consigo a emergência de novas possibilidades de acção e de transformação.

Ainda relacionado com a pergunta anterior, o Fórum Social Mundial de Belém do Pará, em que participou activamente, trouxe avanços reais na adopção formal de posições unitárias de consenso transformadas em discursos programáticos, planos de acção e posições políticas firmes que orientem a agenda específica das próximas lutas e marquem a passagem da resistência à ofensiva?

BSS: O impacto do movimento ao longo desta década tem sido muito superior ao que se imagina. Dou apenas alguns exemplos. Foi no primeiro FSM que se discutiu a importância de os países de desenvolvimento intermédio e com grandes populações – como o Brasil, a Índia, a África do Sul – se unirem como forma privilegiada de alterar as regras de jogo do capitalismo mundial. Um dos grandes participantes nas discussões viria a ser logo depois o articulador da diplomacia brasileira. E os BRIC e o G-20 aí estão. A ascensão ao poder dos presidentes progressistas da América Latina não se pode entender sem o fermento de consciência continental por parte dos movimentos sociais gerado no FSM. O bispo Fernando Lugo, hoje presidente do Paraguai, veio ao primeiro FSM de autocarro por não ter dinheiro para pagar a viagem de avião. A luta travada com êxito contra os tratados de livre comércio foi gerada no FSM. Foi em função da mobilização do FSM que o Fórum Económico Mundial, de Davos (Suíça), mudou de retórica e de preocupações políticas (a pobreza, a importância das organizações não-governamentais e dos movimentos sociais). Foi também sob a pressão das organizações do FSM especializadas na luta contra a dívida externa dos países empobrecidos pelo neoliberalismo que levou o Banco Mundial a aceitar a possibilidade de perdão dessas dívidas. Podia dar muitos outros exemplos.

No início, o FSM foi uma novidade total e por isso atraiu a atenção dos grandes *media*. Depois o interesse mediático desvaneceu-se e em boa parte por isso foi-se criando a ideia de que o FSM estava a perder ritmo e capacidade de atracção. Em verdade, o FSM diversificou-se muito ao longo da década com a organização de Fóruns regionais, temáticos e locais. Daí que se tenha decidido realizar uma reunião mundial apenas de dois em dois anos (a próxima será em 2011 em Dakar). Têm-se intensificado as articulações entre movimentos semelhantes em diferentes partes do mundo, como, por exemplo, entre movimentos indígenas ou entre movimentos de mulheres.

Dez anos depois, é necessário fazer um balanço para tomar o pulso ao movimento. Existem neste momento várias propostas, algumas das quais visam tornar o movimento mais vinculativo em termos de iniciativas mundiais. Algumas delas confinam-se aos movimentos e organizações sociais. É o caso da proposta recentemente feita pelo Vice-Presidente da Bolívia, Álvaro Linera, de se criar um Internacional dos Movimentos Sociais. Outras visam superar a divisão entre movimentos e partidos progressistas. É o caso da proposta, também recente, do Presidente da Venezuela, Hugo Chávez, de se criar a Quinta Internacional, congregando os partidos de esquerda a nível mundial.

Define o socialismo como "democracia sem fim". De maneira prudente não fala do socialismo no singular, mas dos socialismos do século XXI. Que perfil deveriam ter estes socialismos? Quais são os desafios que deve assumir a esquerda actual no quadro da crise do reformismo social-democrata e do socialismo transformador? Parece-lhe que a renovada presença que a esquerda política está experimentando no continente latino-americano cumpre com estas condições?

BSS: Três precisões prévias. Primeira, esquerda é o conjunto de teorias e práticas transformadoras que, ao longo dos últimos cento e cinquenta anos, resistiram à expansão do capitalismo e ao tipo de relações económicas, sociais, políticas e culturais que ele gera, e que assim procederam na crença da possibilidade de um futuro pós-capitalista, de uma sociedade alternativa, mais justa, porque orientada para a satisfação das necessidades reais das populações, e mais livre, porque centrada na realização das condições do efectivo exercício da liberdade. A essa sociedade alternativa foi dado o nome genérico de socialismo. Falar do socialismo do século XXI significa falar do que existiu e do que ainda não existe como se fossem partes da mesma entidade. Não estou tão certo de que esta seja a melhor maneira de imaginar o futuro, embora ache que a análise crítica e desapaixonada do socialismo do século XX, apesar de urgente, ainda não foi feita e provavelmente ainda não pode ser feita.

Segunda precisão, uma sociedade é capitalista não porque todas as relações económicas e sociais sejam capitalistas, mas porque estas determinam o funcionamento de todas as outras relações económicas e sociais existentes na sociedade. Inversamente, uma sociedade socialista não é socialista porque todas as relações sociais e económicas sejam socialistas, mas porque estas determinam o funcionamento de todas as outras relações existentes na sociedade.

Terceira precisão, não estamos a viver uma crise final do capitalismo. Os movimentos e organizações sociais têm hoje uma experiência social enorme que os faz olhar com alguma reserva todos os anúncios de crises finais do capitalismo. O capitalismo tem uma capacidade enorme de regeneração. Os mais furiosos adeptos do neoliberalismo nem sequer pestanejaram para aceitar a mão do Estado para resolver a crise financeira de 2008, o que por vezes envolveu nacionalizações, a palavra maldita dos últimos trinta anos. Quando analisamos as crises profundas do tempo actual, seja a crise financeira, seja a crise ambiental e energética, não sabemos se o que mais nos choca ou surpreende é a gravidade das crises ou o modo como estão a ser "resolvidas". Como foi possível transferir tanto dinheiro dos cidadãos para os bolsos de financeiros criminosos e individualmente super-ricos sem provocar uma convulsão social? Como foi possível que o capitalismo mais amoral e selvagem triunfasse em toda a linha na Conferência da ONU sobre a mudança climática realizada em Dezembro de 2009 em Copenhaga? Ter em mente este realismo é fundamental para aprofundar as agendas transformadoras e construir novos radicalismos.

Dito isto é preciso pensar com audácia os caminhos por onde se podem radicalizar os programas mínimos não minimalistas (as reformas revolucionárias de André Gorz). Em minha opinião são três as palavras-chave da audácia: desmercantilizar, democratizar, descolonizar.

Desmercantilizar é o des-pensamento da naturalização do capitalismo. Consiste em subtrair vastos campos da actividade económica à valorização do capital (a lei do valor): economia social, comunitária e popular, cooperativas, controlo público dos recursos estratégicos e dos serviços de que depende directamente o bem-estar dos cidadãos e das comunidades. Significa, sobretudo, impedir que a economia de mercado alargue o seu âmbito até transformar a sociedade numa sociedade de mercado (em que tudo se compra e tudo se vende, incluindo valores éticos e opções políticas), como está a acontecer nas democracias do Estado de mercado. Significa, também, dar credibilidade a novos conceitos de fertilidade da terra e de produtividade dos homens e das mulheres que não colidem com os ciclos vitais da mãe-terra: viver bem em vez de viver sempre melhor.

Democratizar significa des-pensar a naturalização da democracia liberal-representativa e legitimar outras formas de deliberação democrática (demodiversidade); procurar novas articulações entre a democracia representativa, democracia participativa e democracia comunitária; e sobretudo ampliar os campos de deliberação democrática além do restrito campo político liberal que transforma, como referi, a democracia política numa ilha democrática em arquipélago de despotismos: a fábrica, a família, a rua, a religião, a comunidade, os *mass media*, os saberes, etc.

Descolonizar significa des-pensar a naturalização do racismo (o racismo justificado como resultado da inferioridade de certas raças ou etnias e não como sendo a sua causa) e denunciar todo o vasto conjunto de técnicas, entidades e instituições que o reproduzem: os manuais de História, a escola, a universidade (o que se ensina, quem ensina e a quem o ensina), os noticiários, a moda, os condomínios fechados, a repressão policial, as relações interpessoais, o medo, o estereótipo, o olhar desconfiado, a distância física, o sexo, a música étnica, as metáforas e piadas correntes, os critérios sobre o que é belo, apropriado, bem pronunciado, bem dito, inteligente, credível, a rotina, o senso comum, os departamentos de relações públicas ou de recrutamento de empregados, o que conta como saber e ignorância, etc.

Desmercantilizar, democratizar e descolonizar significa refundar os conceitos de justiça social incluindo na igualdade e na liberdade o reconhecimento da diferença (além do relativismo e do universalismo), a justiça cognitiva (a ecologia dos saberes) e a justiça histórica (a luta contra o colonialismo estrangeiro e o colonialismo interno). Quanto mais amplo for o conceito de justiça, mais aberta será a guerra da história e da memória: a guerra entre os que não querem recordar o os que não podem esquecer.

Uma questão importante na hora de teorizar a transformação social é o papel do sujeito protagonista. Acredita que os movimentos por uma globalização alternativa constituem o novo sujeito histórico, mais concreto e plural, capaz de operar a transformação emancipadora da realidade? Mais concretamente, parece-lhe viável, nas circunstâncias actuais, a criação de uma rede global de actores suficientemente madura para iluminar partindo de baixo uma alternativa propriamente socialista radical?

BSS: Os sujeitos históricos são todos os sujeitos que fazem a história. Fazem história na medida em que não se conformam com o modo como a história os fez. Fazer história não é toda a acção de pensar e agir na contra-corrente; é o pensar e o agir que força a corrente a desviar-se do seu curso "natural". Sujeitos históricos são todos os rebeldes competentes.

No século passado ficámos muito marcados pela ideia de que o sujeito histórico da transformação socialista da sociedade era o operariado industrial. As divisões no movimento operário e a perda de horizontes pós-capitalistas, combinadas com a emergência de movimentos sociais que se apresentavam como alternativas mais radicais tanto no plano temático, como no plano cultural e organizacional, criaram a ideia finissecular de que o operariado deixara de ser o sujeito histórico teorizado por Marx e que, ou o conceito deixara de ter interesse em geral, ou era necessário pensar em sujeitos históricos alternativos. Temo que, assim formulada, esta questão confunda mais do que esclarece. Se atentarmos na composição sociológica dos movimentos sociais, verificamos que na sua base estão quase sempre trabalhadores e trabalhadoras ainda que não se organizem como tal nem recorram às formas históricas do movimento operário (os sindicatos e os partidos operários). Organizam-se como mulheres, camponeses, indígenas, afrodescendentes, imigrantes, activistas da democracia participativa local ou dos direitos humanos, homossexuais, etc. A questão importante a pôr não é a da perda de vocação histórica dos trabalhadores. É antes a questão de saber porquê nos últimos trinta anos os trabalhadores se mobilizaram menos a partir da identidade ligada ao trabalho e mais a partir das outras identidades que sempre tiveram. Os factores que podem contribuir para uma resposta são muitos. Houve transformações profundas na produção capitalista, quer no domínio das forças produtivas quer no domínio das relações de produção. Por um lado, os avanços tecnológicos nas linhas e processos de produção, a revolução nas tecnologias de informação e de comunicação, o embaratecimento dos transportes, alteraram profundamente a natureza, a lógica, a organização e as hierarquias do trabalho industrial. Por outro lado, o capitalismo "globalizou-se" (entre aspas, porque ele sempre foi global) para se furtar à regulação estatal das relações capital/trabalho, o que conseguiu em boa parte. Era nessa regulação que assentava a identidade sociopolítica dos trabalhadores enquanto tal.

   A desregulação da economia foi, entre outras coisas, desidentificação operária. Foi um processo dialéctico, pois a desidentificação causada pelas alterações ao nível da produção também favoreceram o êxito da desregulação. Por sua vez, a desidentificação operária abriu espaço para a emergência de outras identidades até então latentes ou mesmo activamente reprimidas pelos próprios trabalhadores. Progressivamente, as identificações alternativas tornaram-se mais credíveis e eficazes para canalizar a denúncia da deterioração das condições de vida dos trabalhadores, do agravamento das desigualdades de poder e da injustiça social causadas pela nova fase do capitalismo global a que se convencionou chamar globalização ou neoliberalismo.

As identificações alternativas não estavam igualmente distribuídas ou disponíveis no vastíssimo campo social do trabalho e as assimetrias vieram revelar-se nos tipos de demanda que adquiriram mais visibilidade e nas regiões do mundo em que se revelaram mais eficazes. Em muitos casos, nem sequer é correcto falar de identidades alternativas, pois os grupos sociais que se apropriaram delas não tinham tido antes nenhuma identificação assente nos processos e na força de trabalho. Nesses casos estamos perante identidades originárias que em certo momento histórico se transformam em recursos activos de identificação colectiva e reivindicativa.

Esta mudança foi propiciada por transformações no domínio cultural que entretanto ocorreram, e que foram, também elas, resultado de relações dialécticas. Por um lado, a mobilização política a partir das "novas" identidades revelou outras formas de opressão antes naturalizadas e dotou-as de uma carga ética e política que antes não tinham. Revalorizaram o que antes era desvalorizado: as mulheres eram inferiores e menos capazes de realizar o trabalho industrial de mais valor; os indígenas não existiam ou eram povos em extinção, tal como o que ocorria com outras espécies da natureza; os camponeses eram um resíduo histórico e o seu desaparecimento seria sinal de progresso; os afrodescendentes eram o resultado infeliz mas marginal de um processo histórico globalmente portador de progresso; a preocupação com o meio ambiente era reaccionária porque celebrava o subdesenvolvimento; os recursos naturais existiam na natureza e não em comunidades humanas e eram infinitos, logo exploráveis sem limite; os direitos humanos eram uma nebulosa política duvidosa e o que se resgatava dela eram os direitos de cidadania pelos quais o movimento operário tanto tinha lutado; os direitos colectivos eram uma aberração jurídica e política; a paz era um bem mas o complexo industrial-militar também o era; a democracia era algo positivo mas com muitas reservas, ou porque desviava as atenções e as energias necessárias para a revolução ou porque dava aos excluídos a ilusão perigosa de algum dia serem incluídos, o que, a ocorrer, seria um desastre para a ordem social e a governabilidade.

Como referi, estes processos estiveram dialecticamente vinculados às transformações do capitalismo neste período. Por um lado, a lógica da acumulação ampliada fez com que mais e mais sectores da vida fossem sujeitos à lei do valor: dos bens essenciais para a sobrevivência (como, por exemplo, a água) ao corpo (*homo prostheticus*), prolongamentos electrónicos do corpo, indústria do cuidado corporal, tráfico de órgãos), dos estilos de vida (os consumos físicos e psíquicos "necessários" à vida na sociedade de consumo) à cultura (indústria do lazer e do entretenimento), dos sistemas de crenças (as teologias da prosperidade) à política (tráfico de votos e decisões por via da corrupção, *lobbying*, abuso de poder). Com todas estas transformações, capitalismo foi muito além da produção económica no sentido convencional e passou a ser um modo de vida, um universo simbólico-cultural suficientemente hegemónico para impregnar as subjectividades e as mentalidades das vítimas das suas classificações e hierarquias.

A luta anticapitalista passou a ser mais difícil e passou a ter de ser cultural e ideológica para poder ser eficaz no plano económico. Por outro lado, e para surpresa de muitos, a acumulação ampliada, longe de erradicar os últimos vestígios da acumulação primitiva (as formas de sobre-exploração, pilhagem, escravatura, confisco tornados possíveis por meios "extra-económicos", militares, políticos), fortaleceu-a tal como havia previsto Rosa Luxemburgo e tornou-a numa realidade cruel para milhões de pessoas a viver na periferia do sistema mundial, tanto na periferia global (os países mais fortemente submetidos à troca desigual) como nas periferias nacionais (os grupos sociais excluídos em cada país, inclusive nos países centrais, o que se tem chamado "Terceiro Mundo interior"). Muitos dos que vivem sob o regime do fascismo social estão sujeitos a formas de acumulação primitiva.

Estes são alguns dos factores que vieram pôr em causa, não só o protagonismo do movimento operário, como também a própria ideia de sujeito histórico. As formas de opressão reconhecidas como tal são hoje muito numerosas e o modo como são vividas, muito diversificadas na intensidade e nas lutas de resistência que suscitam. A inter-relação global entre elas é também mais visível. A pluralidade das acções e dos actores anticapitalistas e anticolonialistas é hoje um facto incontornável quando se pensa em alternativas ao capitalismo e ao colonialismo.

Não é claro o sentido a dar hoje à expressão "alternativa socialista radical". Primeiro, porque, como vimos, o objectivo do socialismo é hoje vago ou contestado e muitos dos movimentos que lutam contra o capitalismo ou contra o colonialismo não definem os seus objectivos como socialismo. Segundo, porque também não é claro o que se entende por radical referido a socialismo. Uso o adjectivo radical quando referido a democracia porque lhe posso dar um conteúdo específico, o das lutas articuladas pela democratização em cada um dos seis espaços-tempo que referi. Além de certo limite, o êxito dessas lutas é incompatível com o capitalismo. A democracia revolucionária é a que sabe passar esse limite e impor-se além dele. Fá-lo, criando subjectividades, mentalidades e formas de organização tão intensamente democráticas, que a imposição ditatorial do capitalismo se torna numa violência intolerável e intolerada.

O êxito das alternativas socialistas mede-se pelo grau, mais intenso ou menos intenso, com que tornam o mundo menos confortável para o capitalismo. O problema é que tal efeito está longe de ocorrer de modo linear, algo que é muito difícil de conceber em teoria e de valorizar em política. As inércias políticas e teóricas decorrem dessa dificuldade. A crença na linearidade leva-nos a continuar a acreditar em propostas e modelos há muito inviáveis ao mesmo tempo que nos impede de identificar o valor propositivo de lutas e objectivos emergentes. As alternativas socialistas (prefiro sempre o plural) tendem a surgir de uma confluência virtuosa entre a identificação do que *já não* é possível e a identificação do que *ainda não* é possível.

Interculturalidade, reconhecimento, diálogo, plurinacionalidade, multiculturalismo

O Boaventura cunhou o conceito de "multiculturalismo emancipatório" e também o de "multiculturalismo progressista". Poderia explicar em que consiste esta posição teórica e em que se diferencia de outras versões do multiculturalismo?

BSS: O multiculturalismo dos últimos trinta anos decorre das transformações que identifiquei acima. Trata-se do reconhecimento da diversidade cultural dos grupos sociais, um facto que assumiu importância política no momento em que a imigração tornou essa diversidade presente nos países capitalistas centrais, onde se produz a teoria hegemónica, incluindo a teoria crítica hegemónica. A facilidade com que o multiculturalismo foi aceite como uma nova dimensão das relações sociais deveu-se a dois factores principais. Por um lado, o multiculturalismo deslocou a energia contestária do campo económico-social para o campo sociocultural, o que, de algum modo, contribuiu para o considerar inofensivo e até funcional para a reprodução do capitalismo. Por outro lado, nos países centrais (da Europa e da América do Norte) o multiculturalismo foi entendido predominantemente como a expressão da tolerância da cultura ocidental perante outras culturas. Ora, só se tolera o intolerável ou aquilo que não nos interessa ou não nos diz respeito. Em nenhum dos casos se admite a possibilidade da transformação da cultura ocidental em resultado do contacto com outras culturas, ou seja, a possibilidade de transformação e enriquecimento mútuos em resultado de diálogos a promover a partir do reconhecimento da co-presença de várias culturas no mesmo espaço geopolítico. Designo esta concepção de multiculturalismo como multiculturalismo reaccionário. É esta a concepção que tem dominado nos países centrais e o contexto da sua vigência é a imigração originária das antigas colónias, no caso da Europa, ou da América Latina, no caso dos EUA.

Em contraposição a esta posição tenho vindo a propor o conceito de multiculturalismo emancipatório ou mais recentemente o conceito de interculturalidade descolonial. Este conceito parte das experiências das vítimas da xenofobia, racismo, etnocentrismo e das organizações em que a sua resistência se exprime. Assenta nas seguintes ideias.

Primeiro, a modernidade ocidental é, na sua versão hegemónica, capitalista e colonialista. O colonialismo não terminou com o fim do colonialismo político e, pelo contrário, manteve-se e até se aprofundou, não só nas relações entre as antigas potências coloniais e as suas ex-colónias, como também nas relações sociais e políticas no interior das sociedades ex-coloniais (no modo como minorias étnicas e, por vezes, maiorias étnicas foram discriminadas no período pós-independência) e no interior das sociedades colonizadoras (sobretudo nas relações com comunidades de imigrantes). O capitalismo e o colonialismo são dois modos de opressão distintos, mas pertencem-se mutuamente e as lutas contra ambos devem ser articuladas. É importante salientar este ponto, uma vez que as correntes de estudos culturais chamadas pós-coloniais têm tendido a colonialismo como um artefacto cultural desligado do capitalismo e, portanto, das relações socioeconómicas que sustentam a reprodução do colonialismo.

Segundo, e relacionado com o anterior, a injustiça histórica originada no colonialismo coexiste com a injustiça social própria do capitalismo. Por isso, o reconhecimento da diferença cultural que subjaz à demanda intercultural (a luta pela diferença) não é possível sem redistribuição de riqueza (luta pela igualdade), pois as vítimas da discriminação e do racismo são quase sempre as mais atingidas pela distribuição desigual da riqueza social.

Terceiro, a interculturalidade descolonial assenta no reconhecimento das assimetrias de poder entre culturas, reproduzidas ao longo de uma larga história de opressão, mas não defende a incomunicação e muito menos a incomensurabilidade entre elas. Pelo contrário, acha que é possível o diálogo intercultural desde que respeitadas certas condições que garantam a genuinidade do diálogo e o enriquecimento mútuo. Tal diálogo não é possível nas condições dominantes da tolerância da cultura autodesignada superior em relação às outras culturas em presença. A tolerância conduz à guetização das culturas outras.

Partindo do reconhecimento da pluralidade de culturas e da existência de diferentes projectos de emancipação social, fala da necessidade de realizar um trabalho de tradução e interpretação não só entre culturas, mas também entre os movimentos sociais que formam a globalização contra-hegemónica. O que está em jogo no diálogo intercultural e no diálogo intermovimentos? O diálogo entre culturas e movimentos pode funcionar como uma ponte para construir a inteligibilidade e solidariedade recíprocas, mas também como um foco de tensão que pode implicar riscos. Que condições devem estar reunidas para favorecer um diálogo intercultural produtivo?

BSS: Tenho defendido que a diversidade do mundo e das forças que o procuram transformar não é captável por uma teoria geral. A teoria geral não tem a pretensão de abarcar tudo mas defende que tudo o que não abarca é negligenciável ou irrelevante. Esta última pretensão é hoje insustentável dada a relevância de muitas das práticas transformadoras nos últimos trinta anos não previstas pela teoria crítica. Uma nova teoria geral que procure incluir essas práticas acabará por considerar negligenciáveis ou irrelevantes outras práticas que amanhã a surpreenderão tal como aconteceu à teoria anterior. Costumo dizer que não precisamos de uma teoria geral. Precisamos, quando muito, de uma teoria geral sobre a impossibilidade de uma teoria geral. Esta teoria geral negativa, se assim se pode chamar, não é mais que o reconhecimento consensual de que ninguém nem nenhuma teoria tem uma receita universal para resolver os problemas do mundo ou construir uma sociedade melhor.

No entanto, o que a teoria geral não unifica tem de ser de algum modo unificável pois doutro modo não será possível lutar eficazmente contra os sistemas de poder desigual. Ou seja, as lutas sociais emancipatórias, ao responder às necessidades de grupos sociais excluídos, oprimidos, discriminados, confrontam-se frequentemente com uma outra necessidade decorrente da própria luta, a necessidade de agregar forças, procurar alianças e articulações com outras lutas contra outras formas de exclusão, opressão ou discriminação de modo a aumentar a sua eficácia transformadora. A necessidade de unificação é, assim, sempre contextual e parcial e responde a necessidades práticas e não a exigências teóricas. Naturalmente, tal necessidade pode e deve ser teorizada, mas a teorização será sempre situada e parcial. Não será uma teoria de vanguarda, mas antes uma teoria de retaguarda, orientada para reforçar as condições de eficácia das articulações que se impõem como necessárias. Em suma, uma teoria que reflecte sobre as articulações necessárias e os procedimentos para as reforçar.

Tenho vindo a defender que a alternativa à teoria geral é o procedimento da tradução intercultural e interpolítica. Trata-se de um procedimento que visa, em geral, aumentar o interconhecimento entre os movimentos sociais e por essa via maximizar as possibilidades de articulação entre eles. Esta orientação geral desdobra-se em três objectivos específicos: aprofundar a compreensão recíproca entre movimentos/organizações políticas e sociais; criar níveis de confiança recíproca entre movimentos/organizações muito diferentes que tornem possíveis acções políticas conjuntas que implicam investir recursos e assumir riscos por parte dos diferentes movimentos/organizações envolvidos; promover acções políticas colectivas assentes em relações de autoridade, representação e responsabilidade partilhadas e no respeito da identidade política e cultural dos diferentes movimentos/organizações envolvidos.

Ao contrário da teoria geral, o procedimento da tradução não estabelece hierarquias em abstracto entre movimentos ou entre lutas e muito menos determina a absorção de uns por outros. O procedimento da tradução visa tão-só tornar porosas as identidades dos diferentes movimentos e lutas em presença, de modo que tanto o que os separa como o que os une se torne mais visível e seja tomado em conta nas alianças e articulações necessárias. Traduzir significa sempre afirmar a alteridade e reconhecer a impossibilidade de transparência total. O procedimento de tradução é um procedimento da aprendizagem mútua. Não é educação de adultos porque os intervenientes na tradução são todos adultos e todos educados. Também não é formação de quadros porque não há formandos nem formadores. E tão-pouco é educação popular porque todos são simultaneamente educandos e educadores. É um diálogo entre actores políticos formados e educados que, a partir das lutas em que estão envolvidos, sentem a necessidade de se des-educar e des-formar para fazer avançar os movimentos em que estão envolvidos.

A tradução aplicada aos movimentos e lutas sociais não é um procedimento novo. É uma acentuação ou ênfase nova. Consiste em conferir centralidade e prioridade a procedimentos dispersos adoptados com diferentes graus de convicção e de consistência pelos movimentos/organizações, muitas vezes ao sabor de necessidades conjunturais e opções tácticas. A tradução intercultural e interpolítica visa transformar necessidades conjunturais em opções estratégicas.

Compreende-se que o procedimento da tradução seja interpolítico. Trata-se de partir do reconhecimento de que os movimentos e as organizações sociais, além de serem subsidiários de tradições de resistência e luta específicas, vão criando, pela sua prática, linguagens para formular demandas e identificar adversários, preferências por certos tipos de acções em detrimento de outros, prioridades quanto a objectivos e alianças para os atingir. Ainda que raramente seja reconstruído assim, este conjunto tende a ser uma política e uma forma de fazer política, dotado de alguma coerência. Não surpreende que ofereça resistências e manifeste insegurança quando confrontado com a necessidade de dialogar com outras políticas e modos de fazer política. Tais resistências e inseguranças estão na origem de muita frustração nas alianças e de muito fracasso nas acções intermovimentos. A tradução, ao assumir-se como *interpolítica*, reconhece essas diferenças e procura que o debate entre elas diminua as resistências e a insegurança.

O procedimento da tradução é também intercultural para responder às mudanças que ocorreram nos últimos trinta anos nas lutas de resistência contra o capitalismo, colonialismo e o sexismo. As lutas mais inovadoras tiveram lugar no Sul Global e envolveram grupos sociais e classes que tinham sido ignorados pela teoria crítica dominante (quase toda produzida no Norte Global). Tais lutas enriqueceram o repertório das reivindicações e dos objectivos, formularam-nos com linguagens novas e referidas a universos culturais muito distintos dos da modernidade ocidental. Com isto, tornaram claro que a emancipação social tem muitos nomes e que os diferentes movimentos estão ancorados em diferentes culturas, são portadores de diferentes conhecimentos e de diferentes misturas entre conhecimento científico e popular. Um possível diálogo entre eles tem de ter em conta esta realidade e celebrá-la em vez de ver nela um ónus que impede a articulação entre os movimentos de que é feita a globalização contra-hegemónica. Esta tarefa não é fácil, mas é incontornável.

A tradução intercultural entre movimentos sociais é um caso específico de diálogo intercultural e está sujeita aos mesmos riscos deste. O diálogo intercultural só é possível na medida em que se aceite a possibilidade de simultaneidade entre contemporaneidades distintas. Não é uma condição fácil na região ocidental do mundo contra-hegemónico, dada a concepção de tempo linear que subjaz à modernidade ocidental. Para esta concepção só há um modo de ser contemporâneo: coincidir com o que é contemporâneo segundo a modernidade ocidental. Em face disto, os procedimentos de tradução intermovimentos que envolvam movimentos impregnados pela cultura ocidental pressupõem que estes progressivamente se descontemporaneizem até ao ponto de reconhecer que há outros modos de ser contemporâneo e que o diálogo horizontal com eles é possível e desejável. Ainda que de modo diferente, os movimentos culturalmente não-ocidentais deverão passar por processos próprios de descontemporaneização sempre que, à partida, não reconheçam outra contemporaneidade senão a que lhes é transmitida pela tradição histórica da sua cultura.

Uma outra dificuldade decorre do facto de o diálogo que ocorre no presente não poder deixar de carregar consigo o passado de intercâmbios desiguais entre a cultura ocidental e as culturas não ocidentais. Quais são as possibilidades de diálogo entre duas culturas quando uma das culturas foi no passado vítima de opressões e destruições perpetradas em nome da outra cultura? Quando duas culturas partilham um tal passado, o presente partilhado no momento de iniciar o diálogo é, no melhor dos casos, um equívoco e, no pior, uma fraude. As tarefas da tradução intercultural podem defrontar-se com o seguinte dilema: como no passado a cultura dominante fez com que algumas das aspirações e linguagens da cultura oprimida se tornassem impronunciáveis, é possível procurar pronunciá-las no diálogo intercultural sem com isso reforçar a impronunciabilidade?

Centrando-me no caso específico da tradução entre conhecimentos e práticas de luta, sugiro que o êxito da tradução interpolítica e intercultural depende da adopção dos seguintes princípios:

Da completude à incompletude. A completude – a ideia de que a cultura ou a política própria fornece todas as respostas para todas as questões – é muitas vezes o ponto de partida para alguns movimentos. A tradução só progride na medida em que a completude for dando lugar à incompletude, ou seja, à ideia de que há deficiências na cultura ou na política própria e de que elas podem ser parcialmente superadas com as contribuições de outras culturas ou políticas.

Das versões culturais estreitas a versões culturais amplas. Em geral, as culturas e as opções políticas tendem a ser internamente diversas e algumas das suas versões reconhecem melhor que outras as diferenças culturais e políticas e convivem mais facilmente com elas. São estas versões, as que têm um círculo de reciprocidade mais amplo, as que melhor se adequam ao trabalho da tradução intercultural.

De tempos unilaterais a tempos partilhados. A necessidade da tradução intercultural e interpolítica é o resultado do fracasso da alternativa comunista e da emergência do Sul Global no que chamamos globalização, e nomeadamente na globalização contra-hegemónica. Apesar de muito partilhado, este resultado não foi ainda interiorizado por todos os movimentos e por isso nem todos terão visto a necessidade da tradução recíproca para consolidar alianças e construir acções colectivas intermovimentos. A discrepância entre os que estão nessa posição e os que se impacientam ante a urgência de construir uma política de intermovimentos é uma das maiores dificuldades da tradução, uma vez que o tempo dos últimos não pode ser imposto ao tempo dos primeiros.

De parceiros e temas unilateralmente impostos a parceiros e temas seleccionados por consenso. O procedimento da tradução é sempre selectivo tanto em relação aos parceiros que intervêm como aos temas que são objecto de tradução recíproca. Tal como sucede com os tempos, também aqui as selecções, tanto de parceiros como de temas, têm de ser partilhadas.

Da igualdade ou diferença à igualdade e diferença. Há movimentos mais centrados na questão do reconhecimento da diferença e outros mais centrados na luta pela igualdade. Esta diferença resulta de nas sociedades contemporâneas coexistirem dois princípios de distribuição hierárquica das populações: trocas desiguais entre iguais – de que é exemplo paradigmático nas sociedades capitalistas a exploração dos trabalhadores por parte dos capitalistas – e reconhecimento desigual das diferenças, de que são exemplos paradigmáticos o racismo, o sexismo e a homofobia. A tradução intercultural e interpolítica progride na medida em que se concebem e concretizam acções colectivas intermovimentos que combinam a luta pela igualdade com a luta pelo reconhecimento da diferença.

Na minha experiência de intelectual-activista tenho participado em vários exercícios de tradução entre movimentos. Na América Latina a necessidade da tradução interpolítica e intercultural é hoje mais premente do que nunca. Os avanços democráticos das últimas décadas reclamam a passagem de uma política de movimentos para uma política de intermovimentos. Em alguns países ou contextos urgem as alianças entre o movimento indígena e o movimento feminista, noutros, entre o movimento operário e o movimento das populações afectadas pelo extractivismo, ou pela violência política, noutros, ainda entre o movimento camponês e o movimento indígena ou entre estes e o movimento ambiental, etc., etc.

O ex-secretário geral das Nações Unidas, Boutros-Ghali, afirmou que todos somos, ao mesmo tempo, iguais e diferentes. Uma das suas preocupações é articular de maneira equilibrada o princípio da igualdade com o princípio da diferença. O que nos faz iguais? O que nos faz diferentes?

BSS: Há muito formulei assim a relação entre igualdade e diferença: temos o direito a ser iguais quando a diferença nos inferioriza; temos o direito a ser diferentes quando a igualdade nos descaracteriza.

Afirma que a construção da interculturalidade e a pós-colonialidade derivam da ideia de plurinacionalidade, sobre a qual vem trabalhando nos últimos tempos. Como se relaciona a plurinacionalidade com a democracia radical e a participação social? Quais são as ideias centrais dos Estados que, como a Bolívia e o Equador, têm adoptado recentemente constituições plurinacionais, interculturais e pós-coloniais?

BSS: As ideias de interculturalidade e de pós-colonialidade não pressupõem necessariamente a ideia de plurinacionalidade. Pressupõem-na nos casos em que a identidade étnica (e por vezes religiosa) de grupos sociais que reclamam a interculturalidade e a pós-colonialidade se afirma como nação étnico-cultural por oposição à nação cívica, trazida pelo colonialismo europeu e que esteve na base da supressão da diferença cultural e da expropriação colonial. Acontece, por exemplo, em alguns países africanos (Etiópia, Nigéria, Sudão, entre outros), no Canadá e em muitos países da América Latina de que a Bolívia e o Equador são hoje o melhor exemplo. Nestes últimos países, está em curso um processo de refundação do Estado moderno, tão arreigada está a ideia de um Estado/uma nação. Em ambos os casos, as transformações em curso nasceram de fortes mobilizações sociais que adoptaram como bandeira de luta um novo processo constituinte e uma nova Constituição e em ambos os casos o movimento indígena teve um papel fulcral nessas mobilizações. As novas Constituições da Bolívia e do Equador representam um tipo novo de constitucionalismo muito diferente do constitucionalismo moderno. Designo-o como constitucionalismo transformador. Ao contrário do constitucionalismo moderno, não é um produto de elites, consagra o princípio da coexistência entre a nação cívica e a nação étnico-cultural, rompe com o modelo monolítico de institucionalidade estatal e cria vários tipos de autonomias infra-estatais. Entre muitas outras inovações, saliento, no caso da Bolívia, a consagração de três tipos de democracia – representativa, participativa e comunitária –, o que contém em si um enorme potencial de radicalização da democracia e, no caso do Equador, a consagração do *Sumak Kawsay* (viver bem, *el buen vivir* em quíchua) e dos direitos da natureza (pachamama) como princípios de organização económico-social. São processos políticos muito tensos porque a democratização em curso gere os impulsos contraditórios das forças socialistas que pretendem radicalizar a democracia e das forças fascistas que procuram por meios antidemocráticos e violentos travar o processo de democratização.

Para finalizar, qual é, para Boaventura de Sousa Santos, a grande "utopia concreta" – nos termos de Ernst Bloch – do século XXI?

BSS: Tal como a compreensão do mundo excede em muito a compreensão ocidental do mundo, é possível que a transformação do mundo ocorra por caminhos não previstos ou imaginados no catálogo da emancipação social preparado para o mundo pelas forças progressistas do ocidente. É, pois, bem possível que a utopia concreta se esteja a concretizar sem que a gente se dê conta porque não temos olhos para a ver, nem emoções para a sentir, nem desejos para a desejar. Não será, talvez, suficientemente grande para a vermos, nem suficientemente concreta para a sentirmos, nem suficientemente utópica para a desejarmos. A utopia concreta é a que está a ser realizada por sujeitos concretos de histórias concretas. A utopia concreta é a experiência encarnada de uma aposta concreta num futuro a concretizar. Verdadeiramente, cada um de nós só reconhece a utopia em que está envolvido concretamente. E se não estiver envolvido em nenhuma, não poderá dar resposta a esta pergunta, mas obviamente também pensará que a pergunta é um disparate. A utopia concreta não se deixa formular em abstracto e vai emergindo da grande criatividade moral e política daqueles de quem nada de criativo, moral ou político se espera. Hoje numa aldeia remota de Chiapas ou dos Andes, amanhã num bairro popular de Caracas ou de Joanesburgo, depois num grande subúrbio popular do Rio de Janeiro ou de Mumbai. Mas também só identifico esta emergência porque estou pessoalmente envolvido no ainda não que ela exprime.

CAPÍTULO 9
POPULISMO, DEMOCRACIA E INSURGÊNCIA[44]

1) Prof. De Sousa Santos, podemos talvez dizer, parafraseando Karl Marx, que um novo espectro atravessa hoje a Europa. Quer de esquerda ou direita, o populismo é o protagonista indubitável da discussão política contemporânea. A crise das democracias representativas abre efectivamente, também na velha Europa, uma modalidade do político que o século XX conheceu sobretudo na América do Sul. Qual é a sua posição sobre este fenómeno?

BSS: É preciso definir o que é o populismo, o que não é tarefa fácil, dada a diversidade dos contextos e dos fenómenos políticos que o conceito tem sido chamado a caracterizar. Em geral, o populismo evoca a ideia de uma construção de subjectividades e modos de actuação políticos hostis à mediação das instituições da democracia representativa, por vezes indiferentes ou até mesmo hostis à distinção entre esquerda e direita que tem caracterizado a representação política, mediante apelos a uma ampla convergência de interesses e expectativas de maiorias excluídas ou ameaçadas de exclusão por parte de inimigos internos ou externos. A fixação nos inimigos radicaliza a vontade política transformadora contra o *statu quo* e confere um carácter identitário à polarização entre nós e eles. O populismo tende a privilegiar a participação em detrimento da representação, a ter uma vocação antielitista, ainda que, por vezes, delegada num líder ou até num Estado em que se deposita afectivamente a esperança de melhores dias. Devido à sua crítica das mediações institucionais, o populismo tem uma vocação

---

[44] Entrevista conduzida por Francesco Biagi e Gianfranco Ferraro, "Populismo, utopia e forme politiche del presente", publicada na Itália pela revista *Il Ponte*, Florença, ano LXXII, nº 8-9, ago.-set. 2016, pp. 212-222.

anti-institucional ou pós-institucional; tende a expressar-se sob a forma de mobilizações maciças intensas e fugazes em que a denúncia política prevalece sobre a formulação de alternativas políticas.

O populismo é uma ideia política extremamente ambígua. A primeira ambiguidade é originária e reside na própria noção de povo que, sobretudo depois da Revolução Francesa, tanto designa a parte oprimida do conjunto das classes e grupos sociais que coexistem no mesmo espaço geopolítico, como o conjunto de todas as classes e grupos. O povo pode ser classe, nação, identidade etnocultural, massa amorfa à espera de ser um sujeito político, princípio fundador da subjectividade política, enquanto sede do poder soberano. A segunda ambiguidade reside em que a vocação anti-sistémica que anima o populismo pode ser assumida por instituições (partidos políticos), que não podem existir fora do sistema, e até pelo próprio Estado, que preside ao "sistema". O apelo à reforma profunda do sistema não resolve a ambiguidade, apenas a desloca para a discussão dos princípios e mecanismos específicos da reforma. A terceira ambiguidade consiste em que a polaridade entre esquerda e direita, por vezes expulsa pela porta, entra pela janela sob a forma do populismo de esquerda e populismo de direita. Por último, a relação do populismo com a democracia também é ambígua. Se, por um lado, a crítica da representação implica um apelo à participação e, portanto, à democratização da democracia, por outro lado, a intensificação da participação pode ter por objectivo excluir dos benefícios da democracia e da deliberação democrática grupos sociais muito significativos, sejam eles os habitantes dos países menos desenvolvidos da Europa ou os imigrantes e solicitadores de asilo político.

Perante tanta ambiguidade, o populismo, mais que uma realidade política, é hoje um dispositivo ideológico posto ao serviço da nomeação conflitual dessa realidade. Como qualquer outro dispositivo ideológico, a sua utilização beneficia quem tem mais poder e recursos para definir ideologicamente uma dada realidade política. No contexto europeu actual, esse poder está concentrado nas forças sociais e políticas que pretendem impor o consenso repressivo neoliberal de Bruxelas. Por isso tende a ser etiquetado como populismo tudo o que resista a esse consenso. A resistência tanto pode vir da esquerda como da direita mas, devido à correlação de forças, a etiqueta populista estigmatiza sobretudo as forças de esquerda. Quando a direita é declarada populista ou se autodeclara populista, tal não lhe causa dano de maior e até a pode beneficiar. A direita nacionalista partilha com o consenso de Bruxelas mais do que se pode imaginar: pretende impor a nível nacional o mesmo autoritarismo excludente, burocrático, antidemocrático; apenas quer ser ela a impô-lo e não fazê-lo a mando de Bruxelas. Quando a esquerda é declarada populista, o objectivo é retirar-lhe a legitimidade democrática para resistir ao consenso repressivo neoliberal e para propor uma alternativa credível. É certo que, por vezes, a esquerda europeia tem recorrido a alguns elementos do populismo como, por exemplo, o transclassismo e a indiferença perante a dicotomia esquerda e direita para vincar o seu carácter anti-sistémico. Mas o subtexto desse empréstimo desmente o texto. O transclassismo é o modo mais eficiente de denunciar a escandalosa concentração de riqueza que a classe burguesa financeira internacional está a acumular e de criar alianças contra ela. Por sua vez, o relativo negligenciar da dicotomia esquerda/direita visa sobretudo reclamar a necessidade de uma esquerda refundada e revigorada, uma esquerda que não se confunda com a direita, tal como aconteceu com os partidos sociais-democráticos e socialistas dos últimos trinta anos.

2) Ernesto Laclau, um dos mais importantes teóricos do populismo como modalidade do político, afirma que o populismo é uma "lógica social". Neste sentido, o populismo não vai ser, quer dizer, um fenómeno redutível aos acidentes da história, mais mesmo uma "maneira de construção do político". Nas intenções de Laclau, o espaço político é, portanto, um espaço vazio, que pode ficar preenchido por significados diferentes. Trata-se de uma lógica que atravessa as mesmas premissas da democracia, mas que a democracia – quer representativa, quer directa – não chega a resolver. Quais seriam então, na sua opinião, os perigos teóricos desta definição?

BSS: Respeito muito o trabalho teórico de Ernesto Laclau, mas penso que no nosso tempo, com a globalização neoliberal e a concentração do poder mediático que entretanto surgiu, deixou de haver significantes vazios. Passou a haver significantes esvaziados, como, por exemplo, o significante "democracia" (esvaziado das políticas de redistribuição socioeconómica e das poucas políticas de respeito da diversidade cultural) e significantes constantemente reprenchidos, como, por exemplo, os significantes "autonomia" (que passa da capacidade comunitária de transformar o mundo para a capacidade individual de mudar a vida pessoal sem mudar o mundo), "liberdade" (que passa da tensão entre liberdade positiva e negativa em Kant ou Isaiah Berlin à hipertrofia da liberdade negativa), "sociedade civil" (que passa de ser o contrário do mercado para ser o duplo do mercado) ou contrato (que deixa de ser o contrato social que funda a convivência social pacífica para passar a ser o contrato individual com que o indivíduo se posiciona na guerra de todos contra todos). As dinâmicas do esvaziamento e do constante reprenchimento dos significantes são os temas que mais devem ocupar a sociologia e a filosofia políticas nos dias de hoje. Na esteira de Gino Germani, Laclau analisou formas de inclusão social e política em contextos oligárquicos, com fachada democrática ou não, ou seja, contextos altamente excludentes das grandes maiorias assentes em longas durações históricas durante muito tempo ocupadas pela forma mais violenta de exclusão – o colonialismo. Nessas condições, o populismo surge como um curto-circuito histórico que permite a inclusão dependente das maiorias, um resultado que a normalidade democrática oligárquica nunca permitiria. Torna-se numa normalidade alternativa que permite uma certa transição do subdesenvolvimento para o desenvolvimento dependente. O contexto europeu é, por agora, diferente. Estamos a viver a transição de processos políticos dominados pela inclusão social para processos políticos dominados pela exclusão social. No caso dos países do sul da Europa, corremos o risco de transitar do desenvolvimento para o subdesenvolvimento. No caso europeu, o populismo é um sintoma de algo distinto. Sinaliza que a democracia representativa europeia perdeu a guerra contra o capitalismo e que, eventualmente, só uma articulação entre democracia representativa e democracia participativa pode inverter a situação. Quando digo "por agora" quero dizer que se a desigualdade entre países europeus se aprofundar e se as situações de protectorado de tipo colonial se mantiverem por algum tempo, como, por exemplo, as que vivem actualmente os países do sul da Europa em relação aos países do norte da Europa, é possível que as oligarquias de tipo novo que entretanto se instalarem tenham de se confrontar com fenómenos de resistência política semelhantes aos que ocorreram na América Latina. Por isso defendo que devemos fazer uma análise não populista do momento populista que vivemos. Isto, além do mais, permite-nos distinguir a política populista da política popular.

3) Você é um dos teóricos mais importantes, na época contemporânea, da democracia directa. Qual é o futuro desta forma de democracia num momento histórico que se anuncia saturado de medo, e em que o medo se torna, uma vez mais, num terrível "arcanum imperii"?

BSS: Quando os indignados e os *Occupy* gritaram "não nos representam!" e pediram "democracia, já!" e "democracia real!", o que pretenderam mostrar foi que as democracias de baixa ou de baixíssima intensidade que o neoliberalismo pretende impor globalmente têm de ser substituídas por democracias verdadeiras, de alta intensidade. A radicalização da democracia parece ser o núcleo central da consciência revolucionária possível no Norte Global no tempo actual. As democracias neoliberais estão a transformar-se em formas de legitimação do neoliberalismo, os direitos sociais à saúde, educação e segurança social estão a transformar-se em escandalosos privilégios, os sistemas políticos estão a ser insidiosamente corrompidos para atender exclusivamente aos interesses das facções dominantes do capital, o Estado de Bem-Estar vai-se transformando em Estado de Mal-Estar, a normalidade constitucional convive com o estado de excepção permanente que transforma o cidadão comum num ser suspeito e o imigrante num ser sub-humano ao qual se oferece a escolha entre a escravatura laboral e o campo de internamento. Perante este cenário e na ausência de alternativa, o ideal democrático tem ainda suficiente força para ser evocado contra a realidade democrática do nosso tempo. Daí, a luta pela radicalização da democracia. Para ela ser credível tem de se transformar num princípio que abranja toda a realidade social e não apenas o sistema político. Democracia para mim é todo o processo de transformação de relações desiguais de poder em relações de autoridade partilhada. Tal transformação tem de ocorrer em seis espaços-tempo: família, comunidade, produção, mercado, cidadania e relações internacionais. Tal como existe hoje, a democracia é uma ilha democrática num arquipélago de despotismos. No campo da cidadania, a democracia representativa perdeu, como disse, a guerra contra o capitalismo. Aliás, nunca a pretendeu ganhar. Apenas pretendeu conviver com o capitalismo com alguma dignidade, o que implicou algumas concessões importantes do capital, tais como tributação progressiva, nacionalizações, intervenção do Estado na economia, o que só foi possível no contexto do pós-Segunda Guerra Mundial ou pós-Grande Depressão no caso dos EUA. Superados tais contextos, o capitalismo, na forma de neoliberalismo, voltou plenamente à sua pulsão originária: acumulação infinita, concentração da riqueza, transformação potencial de qualquer actividade humana ou da natureza em mercadoria. A pouco e pouco a democracia liberal foi se transformando na democracia neoliberal, a qual, ao contrário do que o nome indica, é o oposto da democracia liberal. Neste momento, a única saída progressista consiste em retomar a tensão entre democracia e capitalismo, o que actualmente só é possível retirando aos representantes o monopólio da representação, ampliando as áreas em que os cidadãos, em vez de elegerem os decisores políticos, tomam eles próprios decisões. Esta articulação entre democracia representativa e democracia participativa tem de começar nos próprios partidos políticos, com os simpatizantes e militantes de partidos a tomarem as decisões principais na definição das agendas política partidárias e nas escolhas dos candidatos a representantes no parlamento. Sei que é utópico, mas há sinais de práticas emergentes que vão neste sentido, e afinal todas as ideias políticas inovadoras foram consideradas utópicas antes de serem realizadas.

4) A crise contemporânea da democracia representativa manifesta-se, na Europa, como um efeito directo das políticas de austeridade. A falha do esforço grego no enfrentamento destas políticas salientou, ainda mais, como o populismo se tornou num experimento de saída desta crise: uma passagem que produz paradoxos enormes. A figura do populista pode, ao mesmo tempo, representar a oposição e a execução da austeridade: a causa disso, esta forma do político pode tentar recobrir todo o horizonte do real político. Neste sentido, vê o populismo como representação duma oposição à ordem global do capitalismo ou como uma função directa dele?

BSS: As políticas de austeridade visam esvaziar a democracia representativa das políticas de inclusão social que alimentam a tensão com o capitalismo. Como na Europa esta tensão foi profundamente institucionalizada a ponto de criar a ilusão de convivência pacífica, o populismo europeu é necessariamente bicéfalo, ou, se preferirmos, só existe na forma de um duplo e, portanto, a resistência que o populismo sinaliza pode ser construída a partir das causas ou a partir das consequências das políticas de austeridade. Quando é construída a partir das causas, da enorme concentração de riqueza e da captura do Estado e da democracia por antidemocratas ao serviço do capital internacional, sejam eles empresas ou instituições europeias, a resistência populista assenta na convicção de que as políticas de austeridade assentam em opções políticas arbitrárias e injustas (preferência por salvar bancos e não as famílias rapidamente caídas na pobreza). Tais opções não são as únicas possíveis e, na medida em que são impostas pelo consenso repressivo de Bruxelas, tal imposição deve ser contestada a partir da ideia nacionalista e da soberania popular, entendendo-se por povo o conjunto das famílias que mais sofrem com as políticas de austeridades, sejam elas nacionais ou estrangeiras. Esta é a versão de esquerda do populismo, e o seu vigor político concentra-se na reforma política e na ampliação dos direitos sociais.

Quando a resistência dita populista é construída a partir das consequências da austeridade, ela assenta na convicção de que as políticas de austeridade são o resultado natural dos excessos de bem-estar, de direitos e de protecção social conferidos por governos de esquerda e por instituições europeias a quem verdadeiramente não os merece, sejam eles cidadãos preguiçosos que recusam trabalho, ou imigrantes que vêm ocupar os postos de trabalho que poderiam ser ocupados pelos europeus, com a agravante de o fazerem com frequentes distúrbios sociais de que as "nossas" mulheres podem ser as primeiras vítimas. Há, pois, que seleccionar estritamente os grupos sociais que devem ser poupados à austeridade, e para isso é preciso fazer deslocar o centro das decisões políticas de Bruxelas para o capital do país. Este é o populismo de direita. São dois "animais políticos" muito diferentes: para o primeiro, mais democracia é a solução; para o segundo, mais democracia é o problema. O que se chama populismo na Europa não tem uma relação unívoca com a democracia. Tanto pode ser uma ameaça à pouca democracia, que temos, como pode ser a promessa de uma democracia de mais alta intensidade, que merecemos.

5) *Sobre o que resta das formas partidárias da democracia liberal, dum lado, e do outro sobre o que resta das velhas subjectividades políticas, podemos vislumbrar hoje subjectividades políticas alternativas à ordem do capitalismo global, e capazes de instituir imaginários autónomos e independentes?*

BSS: Sem dúvida. Neste domínio, a Europa tem muito a aprender com as iniciativas e experiências alternativas que têm vindo a emergir no que eu chamo o Sul Global anti-imperial. Um vasto campo que eu designo por sociologia das emergências. Nas mais diferentes regiões do mundo estão a ter lugar resistências vigorosas ao avanço do neoliberalismo. Elas têm lugar nos mais diversos campos da vida social. Dou alguns exemplos. As três formas de democracia consagradas na Constituição da Bolívia de 2009: democracia representativa, participativa e comunitária. As lutas organizadas em volta da defesa de terra, do território e da água por parte de camponeses sem terra, povos indígenas, quilombolas e *dalits*. A vibrante vitalidade dos movimentos de economia social e solidária, assente nos princípios da solidariedade, reciprocidade, respeito pela natureza, em que se destacam cooperativas, terras comunitárias, comércio justo, feiras comunais, relações directas entre produtor e consumidor, bancos comunitários, hortas urbanas, bancos de horas, trocas directas. Muitas destas iniciativas existem também na Europa, mas não têm o significado político ou social que têm no Sul anti-imperial (que, aliás, também existe dentro da Europa). Outras concepções de direitos humanos e de dignidade como, por exemplo, os direitos da pachamama (terra-mãe) consagrados no artº 71 da Constituição do Equador de 2008. Formas de plurinacionalidade que permitem que coexistam no seio do mesmo Estado duas formas de pertença nacional: a nação cívica a que todos pertencem por igual, e as nações etnoculturais. São apenas alguns exemplos de que em muitas partes do mundo se vão criando zonas libertadas do capitalismo. São zonas autónomas bem teorizadas e praticadas pelo Subcomandante Marcos do EZLN. Estas são as utopias concretas, realistas do nosso tempo. Nada têm em comum com as grandes utopias modernistas de que neste ano celebramos mais um centenário da mais célebre (Thomas More). São o resultado de artesanias de práticas que, em espaços-tempo com escala humana, sabem tecer o novo e a surpresa no velho tear da luta por um outro mundo possível.

Para que estas experiências sejam mais conhecidas e sejam temas de aprendizagem global, é necessário que a Europa supere o seu preconceito colonialista de que não tem nada a aprender com as experiências dos povos que foram suas colónias e cujas instituições e culturas são consideradas menos desenvolvidas que as europeias.

6) A crise do paradigma histórico da democracia representativa e a transformação dos Estados ocidentais em Estados de seguridade, processo ainda mais forte depois dos atentados de Paris, é uma crise que se manifesta no momento das eleições, mas também nos campos mais heterogéneos da vida social. Talvez o populismo e a necessidade de democracia directa que vimos nos movimentos políticos dos últimos anos (Espanha: 15M; Egito: Praça Tahrir; Turquia: Gezi Park; EUA: Occupy Wall Street) apareçam como os pólos desta crise, os seus indícios e as suas possibilidades de terapia. Há condições para que se possa afirmar, sobre o populismo, uma forma de democracia directa mais radical e que fala melhor a linguagem da verdade?

BSS: A democracia representativa, tal como a conhecemos, continua a ser uma mediação institucional poderosa, mas já não entre os cidadãos e seus representantes políticos, antes entre os Estados nacionais e os imperativos do capitalismo financeiro global, quer eles digam respeito à economia ou à vigilância sobre os cidadãos. Nestas condições, a democracia representativa deixou de falar verdade aos cidadãos. Só fala verdade (contra a sua vontade) quando os cidadãos conseguem desmontar as mentiras que são por ela ditas a respeito deles. Nestas condições, a democracia participativa directa que esteve na base dos protestos de 2011 foi um apelo dramático a que se falasse verdade. Falar verdade sobre o que está não é o mesmo que falar verdade sobre o modo como superar o *statu quo* e criar uma realidade política alternativa mais justa, mais democrática e mais inclusiva. A verdade da política alternativa tem de ser construída, e só pode sê-lo por via de uma política popular. O populismo é muitas vezes usado neste contexto para deslegitimar a política popular. Para insinuar que ela não dispõe nem das alianças, nem dos recursos institucionais necessários para aplicar as suas políticas. O modo mais eficaz que a política popular tem vindo a usar para fugir à armadilha de confundir o popular com o populista consiste em criar instituições híbridas constituídas por elementos e lógicas próprios da democracia representativa e da democracia participativa. Por exemplo, quando, no caso do partido Podemos de Espanha, os círculos de cidadãos e as assembleias assumem um papel central na formulação da política partidária e na escolha dos representantes que a devem aplicar.

Os casos que menciona (Espanha: 15M; Egito: Praça Tahrir; Turquia: Gezi Park; EUA: Occupy Wall Street) são gritos de verdade política a que só uma política popular podia dar seguimento. Infelizmente, a etiqueta "populista" colou-se rapidamente a muitos deles para neutralizar a sua resistência a abrir a porta para políticas autoritárias de contenção ou de neutralização. Mas os processos históricos nunca terminam quando se lhes escrevem os obituários. Continuam noutros lugares e noutros tempos, em outras vidas, nos subterrâneos da revolta e da raiva em relação ao presente injusto, cruel e repugnante. Podem reemergir quando menos se espera, sob outras formas, e talvez tendo aprendido algumas lições do passado.

7) Todos os movimentos revolucionários tiveram, na imagem do povo reunido em assembleia, uma imagem utópica obstinada. Nas primaveras árabes, como nos movimentos que ocuparam as praças, esta imagem de retomada do espaço público tornou-se central. Foram estes movimentos "multitudinários" só um acidente da história, os sinais que novas condições revolucionárias são agora possíveis?

BSS: Nada na história é acidental, tal como nada é necessário. Cada época cria um horizonte de possibilidades e dentro dele diferentes resultados são concretizáveis, dependendo dos contextos e das condições concretas. Como é óbvio, cada horizonte de possibilidades cria o seu próprio horizonte (imensamente mais amplo) de impossibilidades. Não é fácil definir o horizonte de possibilidades da nossa época. Tendemos a definir esse horizonte em função da experiência europeia. Ora, a época que consideramos nossa envolve muitas outras regiões do mundo, com características muito diferentes das que atribuímos à nossa época a partir da Europa. A época de Kant ou de Hegel, ou mesmo a época de Foucault, Habermas ou Agamben, só caracteriza a "nossa" época para os Europeus, não a nossa época dos povos do Sul Global. Estes têm certamente outras referências que consideram paradigmáticas do seu tempo, isto é, do nosso tempo visto a partir da experiência deles. Se aceitarmos a hipótese do pluriverso, é mesmo impossível dar qualquer conteúdo significativo a uma época contemporânea no singular. A contemporaneidade é o momento em que uma certa memória colectiva de opressão se transmuta em antecipação colectiva de uma alternativa possível. É provável que haja várias épocas contemporâneas existindo simultaneamente, cada uma delas contemporânea em relação a uma específica memória/antecipação. O que as une hoje é o facto de todas elas terem sido historicamente constituídas por articulações muito distintas entre capitalismo, colonialismo e patriarcado, três modos de dominação que sempre se serviram da religião e da anti-religião para regular as relações entre eles. Em face disto, no caso de acontecimentos que ocorrem simultaneamente, as explicações que servem para explicar a simultaneidade não são as mesmas que podem explicar a específica contemporaneidade de cada acontecimento. É por isso que, por exemplo, o papel das mulheres nos movimentos da Tunísia e do Egipto tem um significado diferente do que teve noutros contextos de protesto. A simultaneidade dos movimentos referidos tem muito que ver com a rápida disseminação da ideia de que a injustiça institucionalizada não permite a esperança de uma vida melhor às maiorias oprimidas. Esta rápida disseminação aconteceu antes, por exemplo, na Europa de 1848, apesar de nesse tempo não haver redes sociais nem Internet.

8) A nova situação política em Portugal produz expectativas interessantes pela relação do País com as instituições europeias e pela mesma qualidade da democracia ao interior. Sabemos como as eleições nacionais são vistas na Europa como fumaça nos olhos: as eleições podem ainda ser úteis pela transformação da sociedade?

BSS: O governo de esquerda recentemente empossado em Portugal no seguimento das eleições de 4 de Outubro passado mostra que a democracia representativa pode ser, no actual contexto histórico europeu, uma forma de resistência à pulsão autoritária, burocrática e antidemocrática que domina as instituições europeias e dos cerca de 10 000 lobistas que as cercam. Ou seja, o défice democrático a nível europeu é de tal ordem, que as democracias nacionais, apesar de todas as limitações que lhes reconhecemos, se "redemocratizam" por contraste. Comparada com o totalitarismo gota-a-gota que dimana das instituições europeias (hoje, o controlo do défice; amanhã, o orçamento; depois, a execução orçamental; a seguir, as privatizações; mais adiante, o confisco de dinheiro público para o entregar aos bancos privados ou a alteração do *rating* do crédito; etc.), a democracia representativa portuguesa, que, como qualquer outra, é de baixa intensidade, surge momentaneamente como uma democracia de alta intensidade. A resignificação é ainda mais profunda e atinge a própria forma democrática. A perspectiva prismática, provocada pelas diferentes escalas da política europeia, faz com que a democracia portuguesa, sendo representativa à escala nacional, surja momentaneamente como participativa quando vista na escala europeia. Esta ilusão de óptica política produz efeitos reais nos processos políticos e é por isso que a democracia representativa nacional, ao assumir uma dimensão de resistência, é posta de imediato sob quarentena e sujeita ao golpismo das instituições europeias com vista a neutralizá-la. Foi assim, de modo grotesco, na Grécia e é de prever que volte a acontecer. Mas, como sempre, as lógicas de dominação não se podem furtar ao campo das contradições que elas próprias criam. E por isso os seus desígnios são relativamente indeterminados. Os partidos de esquerda da Europa têm aprendido muito nos últimos cinco anos, e a aprendizagem tem sido por vezes muito dolorosa. Mais uma vez, vem à mente o caso grego. A violência com que foi neutralizada a experiência grega foi atribuída à necessidade de produzir uma vacina contra qualquer resistência de esquerda ao consenso repressivo, neoliberal, de Bruxelas. Não funcionou com a eficácia prevista e aí está o caso português a demonstrá-lo. Tendo aprendido com a experiência grega, a resistência portuguesa é mais moderada e evita a confrontação ideológica com a expectativa de obter concessões pragmáticas. É a segunda tentativa no sentido de salvar o que resta do Estado social de direito na Europa do Sul. Terá mais êxito que a tentativa grega? Não se sabe. Para já, está a ser tratada com a mesma hermenêutica de suspeita com que foi tratada a resistência grega. Esta hermenêutica funciona tanto mais eficazmente quanto mais meios os aliados internos do totalitarismo gota-a-gota europeu têm ao seu dispor para consolidar a hegemonia neoliberal. Entre esses meios são de salientar os *media*. E eles são eficazes em Portugal, a tal ponto que uma pessoa de esquerda, apesar de viver num país governado pela esquerda, não pode hoje ler jornais ou ver televisão sem ter um ataque de nervos. Começa a desenhar-se a ideia de que, não tendo funcionado a vacina grega, se está a experimentar a vacina portuguesa. E essa vacina é para ser aplicada a curto prazo na Espanha e a médio prazo na Itália. Estes dois países, pelo peso que as suas economias têm na União Europeia, são os que verdadeiramente ameaçam os donos do poder instalado em Bruxelas. Se a vacina não funcionar (e, pelo menos na Espanha, tudo leva a crer que não funcionará), então poderemos começar a repensar democraticamente a Europa a partir das articulações que se tornem possíveis entre os vários países da Europa do Sul. Se tal possibilidade se concretizar, ela provará que foi muito importante que o Syriza se tivesse mantido no poder, apesar da rendição humilhante a que foi sujeito.

CAPÍTULO 10
UMA REFLEXÃO DIFÍCIL SOBRE A DEMOCRACIA
NA EUROPA: O CRIME CONTRA O JORNAL SATÍRICO
FRANCÊS *CHARLIE HEBDO* (2015)

O crime hediondo que foi cometido contra os jornalistas e cartoonistas do *Charlie Hebdo* torna muito difícil uma análise serena do que está envolvido neste acto bárbaro, do seu contexto e seus precedentes e do seu impacto e repercussões futuras[45]. No entanto, esta análise é urgente, sob pena de continuarmos a atear um fogo que amanhã pode atingir as escolas dos nossos filhos, as nossas casas, as nossas instituições e as nossas consciências. Eis algumas das pistas para tal análise.

A luta contra o terrorismo, tortura e democracia. Não se podem estabelecer ligações directas entre a tragédia do *Charlie Hebdo* e a luta contra o terrorismo que os EUA e seus aliados têm vindo a travar desde o 11 de Setembro de 2001. Mas é sabido que a extrema agressividade do Ocidente tem causado a morte de muitos milhares de civis inocentes (quase todos muçulmanos) e tem sujeitado a níveis de tortura de uma violência inacreditável jovens muçulmanos contra os quais as suspeitas são meramente especulativas, como consta do recente relatório presente ao Congresso norte-americano. E também é sabido que muitos jovens islâmicos radicais declaram que a sua radicalização nasceu da revolta contra tanta violência impune. Perante isto, devemos reflectir se o caminho para travar a espiral de violência é continuar a seguir as mesmas políticas que a têm alimentado como é agora demasiado patente. A resposta

---

[45] Em 7 de Janeiro de 2015, foi cometido um atentado terrorista contra o jornal satírico francês *Charlie Hebdo* em Paris, resultando em doze pessoas mortas e cinco feridas gravemente. Este texto foi publicado no jornal *Público* uma semana depois.

francesa ao ataque mostra que a normalidade constitucional democrática está suspensa e que um estado de sítio não declarado está em vigor, que os criminosos deste tipo, em vez de presos e julgados, devem ser abatidos, que este facto não representa aparentemente nenhuma contradição com os valores ocidentais. Entramos num clima de guerra civil de baixa intensidade. Quem ganha com ela na Europa? Certamente não o partido Podemos em Espanha ou o Syriza na Grécia.

A liberdade de expressão. É um bem precioso mas tem limites, e a verdade é que a esmagadora maioria deles é imposta por aqueles que defendem a liberdade sem limites sempre que é a "sua" liberdade a sofrê-los. Exemplos de limites são muitos: se em Inglaterra um manifestante disser que David Cameron tem sangue nas mãos, pode ser preso; em França, as mulheres islâmicas não podem usar o hijabe; em 2008 o cartoonista Maurice Siné foi despedido do *Charlie Hebdo* por ter escrito uma crónica alegadamente anti-semita. Isto significa que os limites existem, mas são diferentes para diferentes grupos de interesse. Por exemplo, na América Latina, os grandes *media*, controlados por famílias oligárquicas e pelo grande capital, são os que mais clamam pela liberdade de expressão sem limites para insultar os governos progressistas e ocultar tudo o que de bom estes governos têm feito pelo bem-estar dos mais pobres. Aparentemente, o *Charlie Hebdo* não reconhecia limites para insultar os muçulmanos, mesmo que muitos dos cartoons fossem propaganda racista e alimentassem a onda islamofóbica e anti-imigrante que avassala a França e a Europa em geral. Além de muitos cartoons com o Profeta em poses pornográficas, um deles, bem aproveitado pela extrema-direita, mostrava um conjunto de mulheres muçulmanas grávidas, apresentadas como escravas sexuais do Boko Haram, que, apontando para a barriga, pediam que não lhes fosse retirado o apoio social à gravidez. De um golpe, estigmatizava-se o Islão, as mulheres e o estado de bem-estar social. Obviamente, ao longo dos anos, a maior comunidade islâmica da

Europa foi-se sentindo ofendida por esta linha editorial, mas foi igualmente imediato o seu repúdio por este crime bárbaro. Devemos, pois, reflectir sobre as contradições e assimetrias na vida vivida dos valores que alguns crêem ser universais.

A tolerância e os "valores ocidentais". O contexto em que o crime ocorreu é dominado por duas correntes de opinião, nenhuma delas favorável à construção de uma Europa inclusiva e intercultural. A mais radical é frontalmente islamofóbica e anti-imigrante. É a linha dura da extrema-direita em toda a Europa e da direita, sempre que se vê ameaçada por eleições próximas (o caso de Antonis Samaras na Grécia). Para esta corrente, os inimigos da civilização europeia estão entre "nós", odeiam-nos, têm os nossos passaportes, e a situação só se resolve vendo-nos nós livres deles. A pulsão anti-imigrante é evidente. A outra corrente é a da tolerância. Estas populações são muito distintas de nós, são um fardo, mas temos de as "aguentar", até porque nos são úteis; no entanto, só o devemos fazer se elas forem moderadas e assimilarem os nossos valores. Mas o que são os "valores ocidentais"? Depois de muitos séculos de atrocidades cometidas em nome destes valores dentro e fora da Europa – da violência colonial às duas guerras mundiais –, exige-se algum cuidado e muita reflexão sobre o que são esses valores e por que razão, consoante os contextos, ora se afirmam uns ora se afirmam outros. Por exemplo, ninguém põe hoje em causa o valor da liberdade, mas já o mesmo não se pode dizer dos valores da igualdade e da fraternidade. Ora, foram estes dois valores que fundaram o Estado social de bem-estar que dominou a Europa democrática depois da Segunda Guerra Mundial. No entanto, nos últimos anos, a protecção social, que garantia níveis mais altos de integração social, começou a ser posta em causa pelos políticos conservadores e é hoje concebida como um luxo inacessível para os partidos do chamado "arco da governabilidade". A crise social causada pela erosão da protecção social e pelo aumento do desemprego, sobretudo entre jovens, não será lenha para o fogo do radicalismo por parte dos jovens que, além do desemprego, sofrem a discriminação étnico-religiosa?

O choque de fanatismos, não de civilizações. Não estamos perante um choque de civilizações, até porque a cristã tem as mesmas raízes que a islâmica. Estamos perante um choque de fanatismos, mesmo que alguns deles não apareçam como tal por nos serem mais próximos. A história mostra como muitos dos fanatismos e seus choques estiveram relacionados com interesses económicos e políticos que, aliás, nunca beneficiaram os que mais sofreram com tais fanatismos. Na Europa e suas áreas de influência é o caso das cruzadas, da Inquisição, da evangelização das populações coloniais, das guerras religiosas e da Irlanda do Norte. Fora da Europa, uma religião tão pacífica como o budismo legitimou o massacre de muitos milhares de membros da minoria tamil do Sri Lanka; do mesmo modo, os fundamentalistas hindus massacraram as populações muçulmanas de Guzarate em 2003 e o eventual maior acesso ao poder que terão conquistado recentemente com a vitória do Presidente Modi faz prever o pior; é também em nome da religião que Israel continua a impune limpeza étnica da Palestina e que o chamado califado massacra populações muçulmanas na Síria e no Iraque. A defesa da laicidade sem limites numa Europa intercultural, onde muitas populações não se reconhecem em tal valor, será afinal uma forma de extremismo? Os diferentes extremismos opõem-se ou articulam-se? Quais as relações entre os jiadistas e os serviços secretos ocidentais? Porque é que os jiadistas do Emirato Islâmico, que são agora terroristas, eram combatentes de liberdade quando lutavam contra Kadhafi e contra Assad? Como se explica que o Emirato Islâmico seja financiado pela Arábia Saudita, Qatar, Kuwait e Turquia, todos aliados do Ocidente? Uma coisa é certa, pelo menos na última década, a esmagadora maioria das vítimas de todos os fanatismos (incluindo o islâmico) são populações muçulmanas não fanáticas.

O valor da vida. A repulsa total e incondicional que os europeus sentem perante estas mortes devem-nos fazer pensar por que razão não sentem a mesma repulsa perante um número igual ou muito superior de mortes inocentes em resultado de conflitos que, no fundo, talvez tenham algo que ver com a tragédia do *Charlie Hebdo*? No mesmo dia, 37 jovens foram mortos no Iémen num atentado bombista. No verão passado, a invasão israelita causou a morte de 2000 palestinianos, dos quais cerca de 1500 civis e 500 crianças. No México, desde 2000, foram assassinados 102 jornalistas por defenderem a liberdade de imprensa e, em Novembro de 2014, 43 jovens, em Ayotzinapa. Certamente, a diferença na reacção não pode estar baseada na ideia de que a vida de europeus brancos, de cultura cristã, vale mais que a vida de não europeus ou de europeus de outras cores e de culturas assentes noutras religiões ou regiões. Será então porque estes últimos estão mais longe dos europeus ou são mais mal conhecidos por eles? Mas o mandato cristão de amar o próximo permite tais distinções? Será porque os grandes *media* e os líderes políticos do Ocidente trivializam o sofrimento causado a esses outros, quando não os demonizam a ponto de fazer pensar que eles não merecem outra coisa?

CAPÍTULO 11
A COLÔMBIA ENTRE A PAZ NEOLIBERAL E A PAZ DEMOCRÁTICA[46]

No momento em que escrevo (Janeiro de 2017), o processo de paz na Colômbia entra no período de implementação depois de a nova versão do acordo entre o Governo e as FARC (Forças Armadas Revolucionárias da Colômbia) ter sido referendada pelo Congresso. Estão também abertas as negociações de paz entre o Governo e o ELN (Exército de Libertação Nacional da Colômbia). Um tempo de oportunidades e de bloqueios, de aspirações e de frustrações, um tempo de esperança e de medo. Em suma, um caso paradigmático da incerteza que na Introdução defini como característica principal do nosso tempo. Neste *postscriptum* faço algumas breves reflexões, todas centradas nas relações entre a democracia e a paz e no modo como os desenvolvimentos do pós-acordo podem contribuir para democratizar a sociedade colombiana.

Democracia e condições da democracia
As teorias da democracia até aos anos de 1980 eram unânimes em considerar que não era possível a democracia sem condições sociais, económicas e institucionais que a tornassem possível. Entre tais condições falava-se da relação campo-cidade, da reforma agrária, da presença das classes médias, da literacia, etc. A ausência dessas condições explicava que tão poucos países do mundo tivessem regimes democráticos. Por volta dessa data deu-se uma autêntica revolução na teoria democrática, uma revolução que, contudo, quase não foi notada. A partir de então inverteu-se a equação e

---

[46] Este texto foi originalmente publicado em *Democracia y Transformación Social*, Bogotá, Siglo del Hombre, 2017.

passou a considerar-se que, em vez de a democracia estar dependente de condições, a democracia era a condição de tudo o resto. E assim o Banco Mundial e o Fundo Monetário Internacional passaram a incluir a existência de regimes democráticos como uma condicionalidade para a ajuda ao desenvolvimento.

Quarenta anos depois e olhando à situação das democracias realmente existentes no mundo hoje, tanto nos países mais desenvolvidos como nos restantes que continuam a ser a grande maioria, é fácil chegar à conclusão de que aquela revolução foi muito menos benevolente do que na altura se pensou. Ela visou promover democracias de baixa intensidade, assentes em critérios mínimos de pluralismo político e tendencialmente esvaziadas de conteúdo social, isto é, dos direitos económicos e sociais e das instituições do Estado que antes asseguravam os serviços públicos nas áreas da saúde, educação e segurança social. A democracia foi assim promovida por ser a forma mais legítima de governo fraco, de governo que mais docilmente aceitaria a ortodoxia neoliberal da liberalização dos mercados, das privatizações, do fim da tributação progressiva, da promiscuidade entre elites políticas e económicas, enfim, um governo ao serviço da globalização neoliberal.

A crise do neoliberalismo é hoje evidente. Não sei se morreu, como alguns proclamam, mas, pelo menos, está a dar origem às perversidades que declarou combater, os nacionalismos, os movimentos fascistas, o proteccionismo, o crescimento da extrema-direita, etc. O capitalismo neoliberal promoveu uma democracia de tão baixa intensidade, que ela hoje tem pouca força para se defender dos poderes antidemocráticos que a têm vindo a cercar. O problema é de saber se para garantir a continuidade da acumulação de capital, agora totalmente dominada pelo capital financeiro, o capitalismo global está na emergência de ter de revelar a sua verdadeira face, a de que é incompatível com a democracia, mesmo com a de baixa intensidade.

O pós-conflito colombiano está a surgir num período de crise do neoliberalismo e só terá alguma viabilidade para se transformar num genuíno processo de paz se, contra a corrente, for orientado para consolidar e ampliar a democracia, isto é, conferindo mais intensidade à convivência democrática de baixa intensidade actualmente vigente. Depois da fársica narrativa neoliberal – uma farsa tão trágica para a maioria da população mundial – de que a democracia não tem condições, o pós-conflito só se transforma num processo de paz se aceitar discutir criativa e participativamente a questão das condições sociais, económicas e culturais da democracia. A esperança é que a Colômbia seja uma afirmação inaugural de um novo período, assente na ideia de que não há democracia sem condições que a tornem possível. O medo é que revele isso mesmo, mas pela negativa.

Democracia e violência
Mesmo sem sair do marco liberal da teoria democrática, a democracia é incompatível com a violência política porque a única violência legítima é a do Estado. A violência do Estado é legítima num duplo sentido, porque o Estado tem um mandato constitucional exclusivo para a exercer e porque só a pode exercer cumprindo procedimentos, regras, leis pré-existentes. Também a este respeito a Colômbia é um caso dramático de uma democracia desfigurada pela convivência fatal durante mais de um século com a violência política exercida por poderes paralelos ao Estado e pelo próprio Estado, desdobrado num Estado paralelo de que o paramilitarismo é a expressão mais visível, mas de modo nenhum única. Basta ler a contundente história do conflito armado de Alfredo Molano (2015)[47] para concluirmos que, se o pós-conflito não for ousado na sua ambição, corre o risco de ser mais um episódio, entre muitos outros, de uma história de violência, um pós-conflito que amanhã será conhecido como pré-conflito, isto é, um evento político que deu origem a mais uma onda de conflitos violentos.

[47] Ver, também, Moreno (2015).

Democracia e paz

Toda a democracia é pacífica, mas nem toda a paz é democrática. Há dois tipos de paz, a paz neoliberal e a paz democrática. A paz neoliberal é a falsa paz que consiste em continuar a violência política por via da violência pretensamente não política. Da criminalidade política para a criminalidade comum combinada com a criminalização da política. Orientado para a paz neoliberal, o pós-conflito colombiano será um processo rápido e relativamente pouco exigente no plano institucional, mas abrirá um período de violência que, por ser aparentemente despolitizada, será ainda mais caótica e menos controlável do que aquela a que pôs fim. Pelas frustrações que pode gerar, a paz neoliberal não só não contribuirá para consolidar a democracia num patamar mais inclusivo, como pode debilitar ainda mais a democracia de baixa intensidade que a tornou possível.

A paz democrática visa a pacificação das relações sociais no sentido mais amplo do termo e por isso orienta-se para eliminar activamente as condições que levaram à violência política. A paz democrática assenta na ideia de que os processos de reconciliação nunca conduzem a sociedades reconciliadas se a reconciliação não incluir a justiça social e cultural. Sem justiça não há coesão social, o sentimento mínimo de pertença sem o qual o cálculo das diferenças de ideias se transforma facilmente em contagem de cadáveres. O pós-conflito orientado para a paz democrática será certamente um processo longo e o seu êxito mede-se menos pelos resultados exaltantes do que pela medida em que os conflitos a que der certamente azo forem geridos e resolvidos pacífica e democraticamente.

Na Colômbia, a paz democrática tem dois desafios adicionais. Em primeiro lugar, o actual processo de paz carrega consigo o peso (e também o fantasma) dos muitos processos de paz fracassados que o antecederam, um fracasso que tragicamente envolveu muitas vezes a eliminação dos combatentes rebeldes e das forças políticas que lhes eram próximas. A eliminação física dos dirigentes da União Patriótica ficará para a história como uma das manifestações mais sinistras e grotescas da democracia desfigurada pela violência. Em segundo lugar, o actual processo de paz tem de sinalizar uma ruptura com o pré-pós-conflito constituído pela desmobilização do paramilitarismo nos governos de Álvaro Uribe. No melhor dos casos, tal desmobilização visou uma paz neoliberal e ocorreu com hostilidade expressa à ideia de uma paz democrática. Considerar que o paramilitarismo é uma coisa do passado é um dos mais perigosos disfarces da actual situação[48].

Democracia e religião

Uma das características do longo conflito armado que a Colômbia tem vivido é o forte envolvimento da religião no seu desenrolar. Inicialmente tratou-se do envolvimento da Igreja Católica, mas hoje militam ao lado dela as igrejas evangélicas. No caso da Igreja Católica, o envolvimento é contraditório e tem duas faces incompatíveis. Por um lado, na tradição de Camilo Torres e da teologia da libertação, as comunidades eclesiais de base que emergiram depois do Concílio Vaticano II têm desempenhado um papel importante nas organizações comunitárias que lutam contra a concentração de terra, a injustiça social, a violência. Muitos dos clérigos e leigos que têm estado ao lado da luta dos oprimidos pela terra e pela dignidade têm pagado caro, com o sacrifício da própria vida, pelo seu compromisso e generosidade[49]. Por outro lado, a hierarquia da Igreja Católica tem-se alinhado quase sempre com as forças conservadoras, com as oligarquias terratenentes, abençoando as suas arbitrariedades e mesmo violências. E hoje surge muitas vezes unida às igrejas evangélicas num

---

[48] Um disfarce tanto mais perigoso quanto podemos estar perante um desdobramento do paramilitarismo em dois tipos de paramilitarismo: o paramilitarismo legal, vinculado a companhias privadas de segurança e outras empresas de apoio das Forças Armadas, e o paramilitarismo ilegal, na linha do que foi tradicionalmente.

[49] Refiro apenas a brilhante análise do teólogo colombiano Javier Giraldo Moreno S.J., na sua tese defendida na Faculdade de Teologia da Universidade Javeriana em 1977, *La teologia frente a otra concepción del conocer*.

sinistro e perverso pacto ecuménico para bloquear a esperança de uma Colômbia democrática. De facto, a religião conservadora conta hoje com o apoio cada vez maior das igrejas evangélicas e a grande maioria destas teve um papel crucial na vitória do Não no referendo de 2 de Outubro de 2016.[50] É de prever que este proselitismo seja um obstáculo activo na construção da paz democrática. Certamente actuará com outras forças conservadoras, nacionais e estrangeiras, que têm os seus próprios interesses em boicotar o processo de paz. Permanece em aberto saber até que ponto as agendas conservadoras convergirão. Quanto mais convergirem, maior será o risco para a paz democrática.

Democracia e participação
A incógnita principal que enfrenta a paz democrática é a de saber que forças sociais e políticas estão dispostas a defendê-la e com que grau de activismo. Os referendos são um importante instrumento de democracia participativa, mas apenas quando são promovidos a partir da sociedade através de grupos de cidadãos, e não quando são promovidos por partidos ou líderes políticos. Neste último caso, como aconteceu recentemente na Inglaterra com o voto pela saída da União Europeia (Brexit) e como pode ter acontecido em parte no referendo colombiano, o resultado tende a ser contaminado por um julgamento sobre o líder político que promoveu o referendo. O caso colombiano tem alguma especificidade a este respeito porque verdadeiramente só houve campanha a favor do Não. Este facto deverá suscitar uma profunda reflexão porque parece revelar uma desconexão perigosa entre partidos progressistas, organizações de

---

[50] César Castellanos, o pastor-vedeta da Misión Carismática Internacional, a mega-igreja que mais rapidamente cresce na Colômbia, falou assim recentemente a uma multidão entusiasta em Pasadena, Califórnia: "Nós salvámos a Colômbia de ser entregue aos comunistas! Salvámos a Colômbia do poder destrutivo dos espíritos da homossexualidade. Salvámos a família tradicional. Salvámos a Colômbia da ideologia do Homo-Castro-Chavismo." (Bartel, 2016).

direitos humanos, movimentos sociais, por um lado, e a Colômbia profunda, pelo outro.

Este facto parece indicar que a paz democrática vai precisar de muita energia participativa muito além dos processos eleitorais, que na Colômbia são historicamente excludentes. Terá estado aí, aliás, uma das razões que levaram à criação da guerrilha do período mais recente. Parece de todo evidente que o processo de paz democrática vai exigir uma articulação entre democracia representativa e democracia participativa. Tal articulação é hoje necessária em todos os países democráticos para redimir a própria democracia representativa, que, por si só, não parece capaz de se defender dos seus inimigos. No caso da Colômbia, tal articulação é uma condição do êxito da paz democrática. Esta tem de se transformar numa agenda prática e quotidiana das famílias, das comunidades, dos bairros, dos sindicatos, das organizações e movimentos sociais. Tem, pois, razão Rodrigo Uprimny quando em 3 de Dezembro de 2016 defendia na sua coluna do *El Espectador* que "referendar e implementar a paz não é algo que se resolva num único momento, é um processo complexo e progressivo que pode incorporar diversos mecanismos em momentos diferentes. Proponho então alguns mecanismos, que têm diferentes graus de institucionalização e possuem diferentes pontos fortes e fracos: i) conselhos municipais abertos, que podem ser usados para avaliar o acordo a nível local e regional e para debater de forma participativa medidas de implementação local; ii) iniciativas legislativas populares para algumas das medidas de implementação; iii) assembleias de vítimas nas regiões e comissões de justiça transicional, que permitiriam apoiar e afinar localmente as medidas de verdade e de reparação; (iv) conselhos territoriais de paz, que poderiam ser usados para apoiar e debater outras medidas locais de paz; v) mobilização social nas ruas; a que se segue um extenso etc. porque esta lista não pretende ser exaustiva"[51].

---

[51] Ver: http://www.elespectador.com/opinion/refrendacion-progresiva-ii. Eliminei algumas propostas por entretanto terem perdido actualidade.

Estas propostas referem-se apenas ao primeiro período do pós-conflito, o período imediato. Muitas outras terão de ser criativamente pensadas e postas em prática quando se tratar de discutir as questões estruturais que a paz democrática porá necessariamente na agenda política, tais como, a reforma do sistema político, as zonas de reserva campesina, a substituição dos cultivos ilícitos que não signifique o regresso à miséria de muitos camponeses, o lugar do neo-extractivismo (exploração sem precedentes dos recursos naturais) no novo modelo de desenvolvimento, a reforma dos meios de comunicação social de modo a garantir a maior democratização da opinião pública, a criminalização do protesto político, etc. Como o princípio da não-repetição da violência é tão central ao acordo de paz, pergunto-me se, da perspectiva das vítimas, não seria de recomendar que parte dos recursos financeiros para a reparação fosse canalizada para financiar e fomentar amplos debates e instrumentos participativos nacionais sobre as diferentes questões que o processo de paz vai levantar ao longo dos próximos anos. Tais debates e participações devem servir também para revelar e eventualmente pôr na agenda política os vazios do acordo.

A este respeito, o facto de as negociações de paz com as FARC terem adoptado o modelo irlandês, de manter as negociações secretas até à obtenção de resultados que apontassem para o êxito das negociações, não foi talvez uma boa solução. Compreende-se que o secretismo tenha sido adoptado em função da realidade da comunicação social colombiana, em que os grandes *media* estão dominados por forças conservadoras e poderosos interesses económicos com interesse na continuação da guerra ou numa paz raquítica que sirva exclusivamente os seus interesses. De todo o modo, as negociações duraram muitos anos e Havana estava longe. Com o tempo, as negociações converteram-se num arquivo provisório da Colômbia do passado. Enquanto os negociadores se ocupavam do futuro da Colômbia, a opinião pública ia-os atirando para o passado.

No momento em que escrevo, iniciam-se as negociações de paz com o ELN. É sabido que este grupo guerrilheiro tem uma visão diferente das negociações e insiste em que elas sejam acompanhadas a par e passo pela sociedade colombiana. Esperemos que tenham força política e argumentativa para impor a razão que sem dúvida têm. Por outro lado, o ELN tem insistido em salientar a importância e a autonomia das organizações sociais populares. Serão as comunidades e os povos a decidir as formas de participação popular. Esta é, aliás, das condições da autonomia da democracia participativa e é a partir dessa autonomia que se estabelecerão as articulações com a democracia representativa (partidos e líderes políticos).

Democracia e imperialismo
Quando analisamos a história do conflito armado na Colômbia torna-se evidente a interferência constante do imperialismo norte-americano e sempre no sentido de defender os interesses económicos das suas empresas (pense-se na tristemente célebre United Fruit Company), os interesses geoestratégicos do seu domínio continental e, obviamente, os interesses das oligarquias colombianas suas aliadas, umas mais dóceis que outras. Com a Revolução Cubana, o desafio geoestratégico aumentou exponencialmente e a necessidade de isolar Cuba tornou-se na grande prioridade imperialista no continente no início dos anos de 1960. Pela sua posição continental, a Colômbia era um alvo primordial e um aliado especial. Afinal, não fora a Colômbia o único país latino-americano a enviar tropa para combater ao lado dos norte-americanos na Guerra da Coreia? Diz Molano no texto que venho a referir: "o rumo que a revolução tomou em Cuba, que obrigou os EUA a criarem a Aliança para o Progresso como antídoto contra o contágio comunista, deu um novo alento à reforma agrária. Não foi por acaso que Kennedy visitou a Colômbia na mesma semana em que foi promulgada a Lei de Reforma Agrária. Desta forma, a Doutrina de Segurança Nacional

e a Aliança para o Progresso eram os dois lados da mesma moeda ou, dito de outra forma, a combinação de todas as formas de luta dos EUA para manter o *statu quo* e ao mesmo tempo isolar Cuba."

A maior prova deste alinhamento foi dada em 1961 quando, na Conferência de Punta del Este, a Colômbia promoveu a expulsão de Cuba da Organização dos Estados Americanos. O *slogan* do "aliado regional mais forte" assumiu então uma nova justificação. O Plan Colombia, assinado por Bill Clinton em Julho de 2000, transformou a Colômbia no terceiro país do mundo a receber mais ajuda militar dos EUA (depois de Israel e Egipto) e no país com mais ajuda para treino militar directo pelos EUA. O ataque às Torres Gémeas em Nova Iorque permitiu converter a luta contra o narcotráfico e a guerrilha numa dimensão da "luta global contra o terror". Daí, foi um passo para a adopção da versão colombiana da nova doutrina de segurança nacional dos EUA, a mal chamada "segurança democrática" do Presidente Álvaro Uribe.

Sabemos que durante a primeira década do terceiro milénio o *big brother* não esteve muito presente no continente, exceptuando, claro, o Plan Colombia. Afogara-se no pântano do Iraque e do Médio Oriente que ele próprio criara. Talvez isso ajude a explicar, em parte, a eleição de governos populares com discurso anti-imperialista, da Argentina à Venezuela, do Equador à Bolívia. A agressividade da presença imperial voltou a sentir-se no golpe das Honduras contra o presidente eleito Manuel Zelaia (2007) e não existem hoje muitas dúvidas sobre a sua ingerência no golpe institucional que levou ao *impeachment* da Presidente Dilma Rousseff no Brasil. Como vai reagir ao processo de paz na Colômbia? Tudo leva a crer que as elites políticas norte-americanas estão neste momento relativamente divididas. Talvez prova disso são os editoriais diametralmente opostos dos dois jornais mais influentes, o *New York Times* e o *Wall Street Journal*. O primeiro saudou a atribuição do Prémio Nobel da Paz ao Presidente Juan Manuel Santos, o segundo defendeu que quem merecia o prémio era o grande protagonista do Não no referendo, o ex-presidente Álvaro Uribe. É bom, no entanto, ter em conta que esta divisão é muito relativa. Qualquer que seja a posição do Presidente Santos, para os EUA ele é um defensor da paz neoliberal, a paz que vai libertar muito território colombiano para o desenvolvimento da exploração dos recursos naturais em que certamente marcarão presença as empresas norte--americanas. O máximo de consciência possível do imperialismo norte-americano é a paz neoliberal. Por isso, a paz democrática vai contar com a resistência do imperialismo norte-americano e o êxito deste depende do modo como se articular com as forças económicas e políticas colombianas que defendem também a paz neoliberal. Como esta paz é falsa e está longe de contribuir para o fortalecimento da democracia, os democratas colombianos não vão ter a vida tão facilitada quanto o fim do conflito poderia sugerir.

Democracia e direitos humanos
Para quem não defenda a ideia da guerra justa, os conflitos armados são por natureza uma violação dos direitos humanos. De todo o modo, os conflitos armados são fonte de violações de direitos humanos sempre que neles se cometem violências e crueldades contra vítimas inocentes, crimes de lesa-humanidade e crimes de guerra, etc. As guerras civis e internacionais dos últimos 150 anos foram particularmente violentas. Para não falar nas duas guerras mundiais e só nas guerras civis, a mais violenta foi a guerra civil americana que durou apenas cinco anos, mas provocou 1 030 000 vítimas (3% da população), das quais cerca de 700 000 mortos. Por esta razão, pôr termo à guerra considera-se um bem jurídico e político superior ao bem de fazer justiça integral e punir todos os autores de violações de direitos humanos como se não tivesse havido guerra. Não se trata necessariamente de não punir (como aconteceu na guerra civil americana), mas de encontrar formas de salvaguardar o julgamento público e negativo sobre os actos cometidos, sem pôr em causa o bem jurídico e político superior da paz.

Um dos casos mais notórios das últimas décadas foi a negociação do fim do *apartheid* na África do Sul que implicou desconhecer (por acordo) o carácter criminoso do *apartheid* enquanto regime, apesar de considerado como tal pelas Nações Unidas, e permitir aos autores de violações graves dos direitos humanos não serem julgados e punidos desde que confessassem publicamente os crimes. O acordo de paz da Colômbia vai mais longe, mas mesmo assim os adeptos do Não encontraram nessa área um motivo para a sua posição e conseguiram passar a mensagem para a opinião pública graças à conivência dos grandes *media* e mediante mentiras, como logo a seguir reconheceram[52]. Estas forças conservadoras tiveram na Human Rights Watch e na pessoa de um dos seus directores, José Miguel Vivanco, um aliado precioso. Vivanco desempenhou com caricata desenvoltura o papel de idiota útil das forças que mais violações de direitos humanos cometeram na história do país. Este serviço prestado a estas forças e à ala mais reaccionária do imperialismo norte-americano constitui o grau zero da credibilidade da luta pelos direitos humanos por parte desta organização norte-americana e constitui um insulto cruel a tantos activistas de direitos humanos que pagaram com a vida a coragem de os defender nas frentes de luta social, bem longe do conforto dos escritórios de Nova Iorque.

Democracia e diferença etnocultural
A Colômbia é um dos países latino-americanos onde, sobretudo depois da Constituição de 1991, se fizeram progressos significativos no reconhecimento da diversidade e da diferença etnocultural. Para isso contribuiu a força organizativa dos povos indígenas e afro-colombianos. A jurisprudência intercultural produzida pela Corte Constitucional na última década do século xx viria a

---

[52] Ver: http://www.semana.com/nacion/articulo/plebiscito-por-la-paz-juan-carlos-velez-revela-estrategia-y-financiadores-del-no/497938.

transformar-se num modelo para outros países. Infelizmente, tal como noutros países, a elevada concentração de terra e o modelo de desenvolvimento neo-extractivista fizeram com que as agressões às populações indígenas e afro-colombianas continuassem e até se agravassem em tempos mais recentes. Apesar do protagonismo político do movimento indígena e afro-colombiano nas últimas décadas, estes movimentos não tiveram a participação nas negociações de paz que seria de esperar. Daí a importância de dar a conhecer a sua reivindicação de participarem activamente na construção da paz democrática, o processo que agora se inicia.

Assim, as organizações indígenas reunidas em Bosa (território ancestral do Pueblo Mhuisqa), em 14 de Outubro de 2016, aprovaram uma declaração notável pelo seu âmbito e merece citação parcial:

"Resoluções do IX Congresso Nacional dos Povos Indígenas:
- REAFIRMAMOS o nosso compromisso e a nossa aposta de construção da paz, no exercício do direito à Autonomia e à Autodeterminação, com base nas Leis de Origem e nos princípios que nos regem.
- ADOPTAMOS o Acordo Final de Paz de Havana nos nossos territórios e declaramo-los Territórios de Paz.
- REAFIRMAMOS a Mobilização Indígena e Social como estratégia de resistência para propiciar o diálogo e as transformações sociais e políticas necessárias com o propósito de voltar a encher de esperança o país e de preparar o caminho para construir uma sociedade inclusiva e com justiça social.
- EXIGIMOS a participação do Movimento Indígena no Pacto Nacional proposto pelo Governo, para defender, com as grandes maiorias vítimas do conflito armado, as lutas históricas que, como Povos, temos levado a cabo pelas mudanças políticas e sociais, assim como pela pacificação dos nossos territórios. Os anteriores pactos das elites geraram mais violência, perpetuando as estruturas de poder dominantes.

- RETOMAMOS o Conselho Nacional Indígena de Paz (CONIP) como instância própria dos Povos Indígenas para exercer influência nas questões relacionadas com a Paz e nos temas específicos das nações indígenas.
- POSICIONAMOS a Comissão Étnica para a Paz e a Defesa dos Direitos Territoriais como instância autónoma e de auto-representação dos Povos Étnicos para liderar os temas relacionados com a Paz e EXIGIMOS a constituição da Instância Especial de Alto Nível com Povos Étnicos para o Acompanhamento da Implementação do Acordo Final, tal como ficou estabelecido no Capítulo Étnico.
- CELEBRAMOS o anúncio da fase pública dos diálogos entre o Governo e o Exército de Libertação Nacional (ELN) confiantes de que estes permitirão consolidar a Paz completa, estável e duradoura que o nosso país reclama. Simultaneamente, EXIGIMOS a participação directa da Comissão Étnica neste processo."[53]

A este respeito, penso ser necessário fazer a seguinte advertência. No subcontinente, e muito particularmente na Colômbia, o reconhecimento da diferença etnocultural é uma dimensão da justiça territorial e esta, por sua vez, uma dimensão da justiça histórica. Não se trata de um problema exclusivamente cultural; trata-se de um problema de economia política. Nesse sentido, depois da Constituição de 1991, foi promulgada legislação que atribuiu territórios (resguardos) aos povos indígenas e afro-colombianos. Num país com uma concentração de terra tão elevada e num contexto em que a exploração dos recursos naturais se tornou tão central ao modelo de desenvolvimento (talvez melhor falar de crescimento), é de prever que as questões da justiça territorial assumam uma

[53] Ver: http://onic.org.co/comunicados-onic/1523-declaracion-politica-ix-congreso-nacional-de-los-pueblos-indigenas-de-la-organizacion-nacional-indigena-de-colombia-onic.

conflitualidade alta. Dois temas assumirão provavelmente uma acuidade especial. O primeiro tem que ver com os conflitos de terra hoje existentes. Ao contrário do que se pode pensar, tais conflitos não ocorrem apenas entre grandes proprietários/empresas multinacionais e camponeses, ocorrem também entre camponeses pobres mestiços, povos indígenas e povos afro-colombianos. Neste último caso, estamos perante "contradições no seio do povo" que exigirão formas robustas de democracia participativa para não se transformarem em conflitos violentos ou serem aproveitadas pelos grandes proprietários ou governo para bloquear a legítima reivindicação da justiça territorial.

O segundo tema tem que ver com o facto de as negociações de paz abordarem também questões com impacto na justiça territorial, como, por exemplo, a reforma agrária e as zonas de reserva campesinas. Estas questões acabarão por estar ligadas às suscitadas pelo primeiro tema e também aqui a democracia participativa desempenhará um papel importante, sobretudo devido ao seu carácter descentralizado e, portanto, à sua flexibilidade para se adaptar à imensa diversidade territorial, agrícola e cultural da Colômbia.

Democracia e diferença sexual
Igualmente, os movimentos de mulheres conseguiram vitórias importantes nas últimas décadas, mas a violência sexual continua e também elas foram durante muito tempo vítimas de violência, tanto nas zonas de conflito como fora delas. O seu interesse no processo de construção da paz democrática deve ser adequadamente acautelado.

Com este objectivo, cito o amplo *Manifiesto Político Mujeres por la Paz*, de 22 de Setembro de 2016, que contém, a certo passo, a seguinte declaração:

"Nós, mulheres de diversas origens, participantes na II Cimeira de Mulheres e Paz, declaramos:

- O nosso compromisso com a construção de um país onde todas as pessoas, sem distinção, possam usufruir dos nossos direitos, da nossa autonomia, expressando a sua opinião em completa liberdade, sem medo de ser violentadas nem de viver na angústia de um país em conflito.
- A nossa vontade de contribuir para um presente e um futuro em paz, que deixe para trás os actos de violência, unindo esforços para que as crianças e os jovens cresçam em paz e não no meio do sofrimento da guerra.
- O nosso reconhecimento dos saberes criativos das jovens e dos seus contributos para a implementação dos acordos e a transformação nas dinâmicas da paz, reconhecendo a sua voz e as suas acções na construção do país.
- Que é tempo de sarar as feridas, de transformar o ódio e a vingança em verdade, justiça, reparação e garantias de não repetição, de trocar a indiferença pelo compromisso com a justiça e a paz, de superar as diferenças que nos distanciam, não para as negar, mas, sim, para fortalecer a convivência democrática. É tempo de virar a página da guerra, não para a esquecer, mas, sim, para dar lugar à vida e à liberdade.
- A nossa objecção de consciência ao uso da força para a negação do outro e da outra e o nosso apoio ao desarmamento universal, banindo a violência e a militarização como forma de lidar com os conflitos públicos e privados, com especial ênfase na violência sexual e na eliminação de todas as formas de violência contra as mulheres.
- A nossa rejeição de qualquer recusa ou discriminação contra as mulheres devido ao exercício dos seus direitos, da sua autonomia económica, afectiva, reprodutiva, sexual, cultural, étnica e política.
- A nossa determinação e o nosso compromisso político em participar na implementação e no cumprimento do Acordo Final e decidi-los.

- Velar pelos direitos das mulheres nas regiões e pela defesa da integridade ambiental e cultural dos seus territórios, defendendo um modelo económico sustentável e que respeite os direitos da natureza e o bem viver das comunidades"[54].

O importante das declarações dos movimentos sociais, sejam eles de indígenas, afro-colombianos, camponeses pobres, mulheres, populações urbanas marginalizadas, é que eles tomam uma posição inequívoca a favor da paz democrática e contra a paz neoliberal. Os grupos sociais mais excluídos e discriminados sabem que serão eles os mais duramente golpeados pelas agressões que resultarem da paz neoliberal[55].

[54] A diversidade interna dos movimentos de mulheres, tantas vezes pouco valorizada, está bem presente no elenco das organizações subscritoras:
"Mulheres afrodescendentes, negras, *palanqueras*, indígenas, rom, mestiças, camponesas, rurais, urbanas, jovens, adultas, ex-combatentes da insurreição, lésbicas, bissexuais, transexuais, artistas, feministas, professoras e académicas, líderes sociais, comunitárias e políticas, exiladas, refugiadas e migrantes, vítimas, com diferentes limitações físicas, sindicalistas, ambientalistas, defensoras dos direitos humanos, mulheres em situação de prostituição e mulheres de todos os credos." http://www.cotidianomujer.org.uy/sitio/attachments/article/1537/ColombiaManifiesto.pdf.
[55] Ver a inquietante experiência comparada em Moreno (2004). No momento em que escrevo, recebo o perturbador comunicado da Asociación Nacional de Afrocolombianos Despalazados (AFRODES), bem elucidativo das armadilhas da paz neoliberal:
NIT: 830074556-1
NÓS, AFRO-COLOMBIANOS, CONTINUAMOS A SER MORTOS!
DENÚNCIA PÚBLICA:
A ASSOCIAÇÃO NACIONAL DE AFRO-COLOMBIANOS DESLOCADOS (AFRODES) DENUNCIA O ASSASSINATO DE UM PAI E DO SEU FILHO PELO GRUPO PARAMILITAR "OS GAITANISTAS" EM RIOSUCIO-CHOCO
Ainda que estejamos a avançar na implementação do acordo de paz, que devolve a esperança de poder viver num país sem guerra, onde haja justiça e respeito para todos, os paramilitares continuam com as suas acções criminosas contra os defensores dos direitos humanos sem que as autoridades tomem medidas concretas para

proteger a população civil. Juan De la Cruz Mosquera, de 54 anos, e o seu filho Moisés Mosquera Moreno, de 30 anos, foram assassinados pelos paramilitares "gaitanistas" em Riosucio-Choco, Comunidade de Caño Seco, no Rio Salaquí. Um crime que condenamos e que exigimos que não fique impune.
Juan De la Cruz Mosquera encontrava-se na situação de deslocado em Riosucio quando chegaram pessoas conhecidas e o convidaram a ir à Comunidade de Caño Seco, no Rio Salaquí, onde os paramilitares têm uma base de comando, que dista poucos quilómetros da base militar do exército. Quando lá chegou, pediram-lhe que chamasse o seu filho Moisés, que estava na Comunidade de Tamboral, porque precisavam de resolver uma questão com ele. Quando Moisés chegou, no sábado, 7 de Janeiro, foi imediatamente assassinado. O seu pai, que estava retido pelo grupo, ficou a saber da sua morte na segunda-feira, dia 9. Ao confrontá-los com essa notícia, foi assassinado por eles. Juan De la Cruz nasceu e viveu com a sua família no Rio Tamboral. Em 1997, aquando da Operação Génesis, para salvar a sua vida e a da sua família, fugiu para o Panamá. Viveu lá com a família vários anos, até serem repatriados contra a sua vontade, tendo sido obrigados a voltar para a sua comunidade.
Juan De la Cruz e o seu filho eram familiares de Marino Córdoba, presidente da AFRODES, a quem também assassinaram um filho no mesmo município no final do ano passado, actos que condenamos e em relação aos quais não se conhece nenhuma investigação. De la Cruz era pai de 10 filhos, um homem de fé, membro e pastor da Igreja Pentecostal, membro do Conselho Comunitário da Comunidade de Tamboral, líder comunitário e que trabalhava no campo como agricultor. Um homem que viu o conflito armado separar a sua família, enquanto ele se apegava à sua fé em Cristo e aos bons exemplos na sua comunidade.
A violência armada marcou a vida da Comunidade de Riosucio a partir de 1996, quando, na Operação Génesis, mais de vinte mil pessoas foram deslocadas, tendo muitas sido assassinadas. Parte dos seus habitantes foi espoliada das suas terras para facilitar as plantações para produção de óleo de palma, havendo muitos que ainda continuam deslocados. O município de Riosucio é um dos mais pobres do país, estando localizado a norte do departamento de Choco e sendo a sua principal actividade económica a agricultura, a exploração florestal e a pecuária. Antes da guerra, vivia-se em comunidade, partilhava-se sem medo e viajava-se sem restrições. Hoje, a sua população vive prisioneira do medo e sequestrada no seu próprio território, um acto que rejeitamos e que viola o direito internacional humanitário.
Desde 2015, a população e as organizações de direitos humanos têm observado um forte aumento na região de homens armados pertencentes ao grupo paramilitar "gaitanistas", tendo lá chegado depois de terem passado por todas as barreiras militares.

Democracia e modelo de desenvolvimento

Nas duas últimas décadas, voltou a dominar no continente um modelo de desenvolvimento capitalista assente na exploração dos recursos naturais. Digo "voltou" porque este foi o modelo que vigorou durante todo o período colonial. Mas não se trata do regresso ao passado. O modelo actual é novo pela intensidade sem precedentes da exploração dos recursos e pela diversidade dessa exploração que inclui minérios, petróleo, madeira, agricultura industrial, megaprojectos hidroelétricos e outros. Em face da sua relativa novidade, tem sido designado por neo-extractivismo. A sua emergência resultou do imenso impulso provocado pelo crescimento da China e pela especulação financeira sobre as *commodities*. Este modelo foi tão consensual entre as elites políticas do subcontinente na primeira década do milénio, que foi adoptado virtualmente por todos os governos, mesmo por aqueles que emergiam das lutas populares e assumiam uma postura nacionalista de perfil mais ou

---

O grupo paramilitar controla a população civil sem que nenhuma autoridade militar impeça as suas acções. Juan De la Cruz e o seu filho somam-se às dezenas de famílias assassinadas e desaparecidas na região, sem que a comunidade possa denunciar estes factos por medo de represálias, não sendo os factos investigados nem os responsáveis identificados, além de não se obter nenhuma resposta das autoridades.
A AFRODES exige que as autoridades competentes não deixem que estes actos fiquem impunes.
• Exigimos que a Procuradoria-Geral investigue, identifique e processe os responsáveis pelo assassinato de Juan De la Cruz e do seu filho Moisés Mosquera
• Exigimos ao Senhor Presidente Juan Manuel Santos que ordene às forças militares instaladas na região que cortem qualquer vínculo criminal existente com os grupos paramilitares e que garantam a segurança e a paz na região
• Exigimos às autoridades responsáveis que garantam a segurança dos familiares do pai assassinado e de todos os residentes da região
• Solicitamos às Nações Unidas, ao corpo diplomático na Colômbia e às organizações de direitos humanos que acompanhem as comunidades e condenem estas violações sistemáticas.
Bogotá, 10 de Janeiro de 2017.

menos vincadamente anti-imperialista. No melhor dos casos, este modelo possibilitou um alívio significativo da pobreza, mas teve enormes custos sociais e ambientais. Usurpação de terra, expulsão dos camponeses, povos indígenas e afrodescendentes dos seus territórios ancestrais, eliminação física dos líderes da resistência, contaminação das águas e das terras, assustadores aumentos de índices de cancro em populações rurais foram e são alguns dos efeitos mais negativos do neo-extractivismo. Além disso, este modelo revelou-se insustentável e, a partir da crise financeira de 2008 e do abrandamento do crescimento da China, começou a dar sinais de esgotamento e a crise instalou-se em todos os governos da região que adoptaram este modelo. Mas as consequências sociais e ambientais serão dificilmente reversíveis. Os países de desenvolvimento intermédio, como é o caso do Brasil, abandonaram o dinamismo do seu sector industrial, desindustrializaram-se e dificilmente poderão retomar o caminho da industrialização ecologicamente sustentável. Até agora não foram postas em prática as alternativas que têm vindo a ser propostas por importantes sectores e movimentos sociais. Pelo contrário, os governos procuram jogar com a diferenciação interna do modelo, por exemplo, dando prioridade à agricultura industrial no caso de se manter a baixa dos preços do petróleo. Por outro lado, abandonam o elemento nacionalista e redistributivo do período anterior e entregam a exploração dos recursos às empresas multinacionais e a gestão da economia aos ex-executivos das grandes empresas, sobretudo do capital financeiro (especialmente Goldman Sachs).

A paz neoliberal insere-se neste contexto e procura dar-lhe mais dinamismo, por exemplo, libertando mais terras para exploração multinacional. Ao contrário, a paz democrática parte do pressuposto de que a elevada concentração de terra sempre foi uma das razões centrais da violência na Colômbia e que por isso será impossível reconciliar a sociedade no pós-conflito se o modelo de desenvolvimento não for mudado e se não se abrir caminho para um processo de maior justiça territorial, como condição prévia para uma maior justiça social, histórica, etnocultural, sexual e ecológica. Esta é talvez a disjuntiva mais dilemática com que se enfrenta o processo de paz colombiano e os sinais não são muito animadores. A Colômbia é já hoje um dos países do mundo com maior concentração de terra. Segundo os dados disponíveis, actualmente "77% da terra está nas mãos de 13% dos proprietários, mas 3,6% destes têm 30% da terra. Em contrapartida, 80% dos pequenos agricultores possuem menos do que uma Unidade Agrícola Familiar (UAF), ou seja, trata-se de minifúndios. Apesar da falta de acesso à terra, 70% dos alimentos produzidos no país vêm de pequenos agricultores" (*Revista Semana*, 2012). De acordo com o Relatório sobre o Desenvolvimento Humano de 2011 do Programa das Nações Unidas para o Desenvolvimento: "Para o ano de 2009, o coeficiente de Gini das terras foi de 0,86. Isto indica que, comparado com o de outros países, a Colômbia regista uma das mais elevadas desigualdades na propriedade rural na América Latina e no mundo" (PNUD, 2011).

Segundo Danilo Urrea e Lyda Forero, a paz para que aponta o governo do Presidente Santos é a paz neoliberal e não a paz democrática. Segundo eles, "As iniciativas legislativas do governo de Juan Manuel Santos e as respectivas formas e mecanismos de espoliação são uma prova evidente desta realidade. Por exemplo, as Zonas de Interesse de Desenvolvimento Rural, Económico e Social (ZIDRES) permitem a entrega, sem limite de extensão, de terrenos baldios a pessoas colectivas nacionais ou estrangeiras a que é atribuído o controlo sobre o uso do território – principalmente na Altillanura ou em Magdalena Medio... Uma alternativa com base no grande capital, respeitando o modelo latifundiário existente desde os tempos coloniais, mas fazendo entrar no jogo o capital transnacional, para o que se considera necessário pacificar os territórios como garantia para atrair o investimento estrangeiro das empresas multinacionais. Implementa-se um modelo em que até se pode atribuir aos camponeses a posse da terra, mas a sua utilização, gestão e controlo são feitos em função da cadeia de produção definida pelas empresas multinacionais, o que acaba por determinar a acumulação de capital e implica a perda de direitos sobre o território a partir de novas formas e instrumentos de aprofundamento da espoliação. Nesta forma de territorialização do capital, o modelo de financeirização do campo desempenha um papel principal através das chamadas bolsas agrícolas e da recolonização rural por via do crédito" (Urrea e Forero, 2016).

Os dados estão lançados. As forças políticas e sociais que se movem pelo objectivo da paz democrática sabem qual é o roteiro. Está em aberto saber se terão força política para se guiarem por ele.

Democracia e diferença ética
Um dos temas mais complexos de um conflito armado é a natureza ética dos crimes cometidos. Não me refiro à intensidade ou quantidade dos crimes cometidos. Todos os cálculos publicados sobre a violência são unânimes em reconhecer que a maioria das violências (assassinatos e massacres) foi cometida pelos paramilitares e pelo exército e as mais atrozes e cruéis foram cometidas pelos paramilitares. Refiro-me antes à qualidade ética da motivação que está por detrás da violência. Nas negociações que conduziram ao fim do *apartheid*, a superioridade ética do ANC de Nelson Mandela (que a certa altura optou pela violência) em relação ao governo do *apartheid* foi reconhecida. No caso da Colômbia, a questão pode pôr-se sobretudo no confronto entre as acções dos guerrilheiros e as acções dos paramilitares, de empresários criminosos ou de mercenários. A via da luta armada para construir pela violência a sociedade socialista está hoje desacreditada e com boas razões. Em consequência, é hoje fácil condenar os jovens e as jovens que a partir dos anos de 1960 partiram para o monte e se juntaram à guerrilha, animados pelo ideal de lutar por uma sociedade mais justa. Esta facilidade é traiçoeira porque, em tempos de individualismo e de desertificação ideológica, leva à conclusão de que toda

a violência deve ser igualmente condenada ou absolvida e que não há diferença ética entre os agentes violentos. Não havendo diferença ética, não há diferença política e, portanto, em última análise, estamos perante violência comum. Esta ideia da despolitização das violências tem tido na Colômbia um argumento a seu favor, a ideia generalizada na opinião pública de que, com o tempo, os guerrilheiros perderam a ideologia e se transformaram em comuns narcotraficantes. Em entrevista à revista *La Silla Vacia*, em 4 de Janeiro de 2017, Alfredo Molano comenta a este respeito: "A opinião pública engana-se ao pensar que as FARC gerem o negócio dos cultivos ilícitos de uma ponta à outra, do campo até uma rua no Bronx. A função das FARC como movimento político está concentrada na cobrança de impostos aos cultivadores e aos intermediários locais. Não exporta nem entra no mercado internacional. Nem sequer está envolvida na venda a retalho na Colômbia. O próprio Acordo de Havana aceita isto"[56].

A questão de fundo é esta: haverá ou não diferença ética entre o rebelde que comete uma violência com uma motivação altruísta em nome de um ideal colectivo de justiça, ainda que equivocado, e o mercenário que comete a violência por dinheiro? A importância da resposta a esta questão tem menos que ver com a natureza do acerto de contas com o passado do que com a construção de uma sociedade mais inclusiva no futuro. Vejamos.

Democracia e renovação política
Uma das mais promissoras facetas do Acordo de Paz é o caminho que abre para a conversão dos guerrilheiros em actores políticos. Em meu entender, esta pode ser uma ocasião para renovar o sistema político, tornando-o mais diverso e mais inclusivo. Para isso, porém, é necessário que se realizem três condições. A primeira é

---

[56] Ver: http://lasillavacia.com/historia/si-las-farc-insisten-en-los-viejos-esquemas-los-habran-emboscado-59215.

uma profunda reforma do sistema político e eleitoral que permita dar voz e peso aos ganhos de diversidade e de inclusão. A segunda é que os guerrilheiros se dêem conta de que o mundo mudou muito desde que saíram para o monte. Muitas das razões que os levaram a tomar essa decisão estão infelizmente vigentes, mas as estratégias, os discursos, os mecanismos, os meios, as alianças para lutar pela sua erradicação serão hoje muito diferentes e não menos complexos. Vai ser necessária muita desaprendizagem para abrir espaço para novas aprendizagens. A terceira razão é que os novos actores políticos têm de ser reconhecidos pela sociedade colombiana como actores políticos de pleno direito. Para isso, é fundamental que não sejam vistos como criminosos comuns arrependidos. Daí a necessidade de se reconhecer tão fortemente o seu equívoco quanto de reconhecer que o fizeram por amor do que julgavam ser o ideal do bem comum dos colombianos.

 Tenho afirmado que a Colômbia pode ser o único país latino-americano a dar uma boa notícia ao mundo na segunda década do novo milénio, a notícia de que é possível resolver pacificamente os conflitos sociais e políticos, mesmo os de mais longa duração, e de que de tal resolução pode emergir uma sociedade mais justa e mais democrática. Trata-se, afinal, de uma aposta cujo desfecho está nas mãos dos colombianos e das colombianas.

PARTE III
AS ESQUERDAS

CAPÍTULO 12
O FÓRUM SOCIAL MUNDIAL E O FUTURO DA DEMOCRACIA E DAS ESQUERDAS

Das utopias realistas às alternativas
O Fórum Social Mundial (FSM) foi criado em 2001 em Porto Alegre e desde então tem reunido regularmente em diferentes países[57]. É um dos pilares do movimento global que começou a questionar a globalização neoliberal que tem vindo a afirmar-se como expressão do triunfo histórico e definitivo do capitalismo. Ao pôr em questão esta pretensão da globalização neoliberal, o FSM constituiu-se como movimento de protesto e formulação de alternativas, apresentando-se, desde o início, como um tipo de globalização alternativa e contra-hegemónica, baseada na articulação entre lutas locais, nacionais e globais, conduzidas por movimentos sociais e organizações não-governamentais, unidos pela convicção de que um outro mundo é possível. Esta ideia sintetiza a aspiração, por parte de um conjunto de grupos sociais subalternos extremamente diversificados, a uma sociedade social, política e culturalmente mais justa, liberta das formas de exclusão, de exploração, de opressão, de discriminação e de destruição ambiental, que caracterizam o capitalismo em geral e que a globalização neoliberal tem contribuído para agravar.

A globalização neoliberal não é um fenómeno completamente novo, dado que o capitalismo foi global desde o início. Mas ela coloca, de facto, novos problemas no que respeita às estratégias de resistência e à formulação de alternativas, não apenas devido ao fracasso das que guiaram, no passado, as lutas anticapitalistas, mas também porque, pela primeira vez na história ocidental moderna,

---

[57] Analiso em detalhe o processo do FSM em Santos (2005).

o capitalismo se apresenta como um modelo civilizacional global, que subordina praticamente todos os aspectos da vida social à lei do valor. Confrontar este modelo, em todas as suas dimensões, constitui um novo desafio, não só em termos de organização e de acção, mas também em termos da escala e dos tipos de acção colectiva e de estratégia política, e ainda em termos das formas e dos processos de conhecimento que devem orientar as práticas emancipatórias. O FSM é a expressão das exigências, das dimensões e da novidade desse desafio.

O Fórum Social Mundial (FSM) é, assim, um fenómeno social e político novo. O facto de ter antecedentes não diminui a sua novidade, antes pelo contrário. O FSM não é um evento nem é uma mera sucessão de eventos, embora procure dramatizar as reuniões formais que promove. Não é uma conferência académica, embora para ele convirjam os contributos de muitos investigadores. Não é um partido ou uma internacional de partidos, apesar de nele participarem militantes e activistas de muitos partidos de todo o mundo. Não é uma organização não-governamental ou uma confederação de organizações não-governamentais, muito embora a sua concepção e organização devam bastante às organizações não-governamentais. Não é um movimento social, apesar de muitas vezes se autodesignar como o movimento dos movimentos. Embora se apresente enquanto agente da transformação social, o FSM rejeita a noção de um sujeito histórico e não atribui prioridade a qualquer actor social específico nesse processo de transformação social. Não assume uma ideologia claramente definida, tanto naquilo que rejeita como naquilo que defende. Considerando que o FSM se autoconcebe enquanto luta contra a globalização neoliberal, será essa uma luta contra uma forma de capitalismo ou contra o capitalismo em geral? Tendo em conta que o FSM se encara como sendo uma luta contra a discriminação, a exclusão e a opressão, será que o sucesso dessa luta pressupõe um horizonte pós-capitalista, socialista e anarquista, ou, pelo contrário, pressupõe que nenhum horizonte seja especificamente definido? Atendendo a que a ampla maioria das pessoas que participam no FSM se identifica como apoiante de uma política de esquerda, quantas definições de "esquerda" cabem no FSM? E o que pensar daqueles que recusam ser definidos como de esquerda ou de direita por considerarem que esta dicotomia é um particularismo nortecêntrico ou ocidentalcêntrico, e procuram definições políticas alternativas? As lutas sociais que encontram expressão no FSM não se ajustam adequadamente a nenhuma das vias de transformação social sancionadas pela modernidade ocidental: reforma e revolução. Além do consenso sobre a não-violência, as suas formas de luta são extremamente diversas e estão distribuídas num contínuo entre o pólo da institucionalidade e o pólo da insurreição. Mesmo o conceito de não-violência está aberto às interpretações mais díspares. Finalmente, o FSM não está estruturado de acordo com qualquer dos modelos de organização política moderna, seja ele o do centralismo democrático, o da democracia representativa ou o da democracia participativa. Ninguém o representa ou está autorizado a falar e, muito menos, a tomar decisões em seu nome, ainda que ele seja concebido como um fórum que facilita as decisões dos movimentos e das organizações que nele participam.[58]

É possível sustentar que estas características não são novas, na medida em que estão associadas ao que se convencionou chamar "novos movimentos sociais". A verdade, porém, é que estes movimentos, quer sejam locais, nacionais ou globais, são temáticos. Os temas, enquanto campos de confrontação política directa, obrigam à definição – e, por conseguinte, à polarização – quer no que respeita às estratégias ou tácticas, quer no que concerne às formas de organização ou formas de luta. Os temas operam, portanto, simultaneamente como atracção e como repulsão. Ora, o que é

---

[58] Para uma melhor compreensão do carácter político e dos objectivos do Fórum Social Mundial, ver a Carta de Princípios, em http://www.forumsocialmundial.org.br.

novo no FSM é o facto de ser inclusivo, no que diz respeito quer à sua escala, quer à sua temática. O que é novo é o todo que ele constitui, não as partes que o compõem. O FSM é global na forma como acolhe os movimentos locais, nacionais e globais, e no facto de ser intertemático e até transtemático. Dado que os factores convencionais de atracção e de repulsão não operam no âmbito do FSM, isto significa que, ou ele desenvolve outros factores fortes de atracção e de repulsão, ou funciona sem eles, e consegue até extrair a sua força do facto de os mesmos estarem ausentes. Por outras palavras, o "movimento dos movimentos" não é apenas mais um movimento. É um movimento diferente.

O problema com os novos movimentos sociais é que, a fim de lhes fazermos justiça, precisamos de uma nova teoria social e de novos conceitos analíticos. Posto que nem a primeira, nem os segundos, emergem facilmente da inércia das disciplinas, é considerável o risco de que esses novos movimentos venham a ser subteorizados e desvalorizados. O risco é tanto mais sério quanto o facto de o FSM, dado o seu alcance e a sua diversidade interna, desafiar não só as teorias políticas dominantes, como também as várias disciplinas das ciências sociais convencionais, e ainda a ideia de que o conhecimento científico é o único produtor de racionalidade política e social. Dito de outra maneira, o FSM levanta não só questões analíticas e teóricas, mas também questões epistemológicas. Isto mesmo é expresso na ideia, amplamente partilhada pelos participantes do FSM, de que não haverá justiça social global sem justiça cognitiva global. Mas o desafio colocado pelo FSM tem ainda mais outra dimensão. Além das questões teóricas, analíticas e epistemológicas, ele suscita uma nova questão política: pretende realizar a utopia num mundo desprovido de utopias. Esta vontade utópica exprime-se da seguinte forma: "outro mundo é possível". Aquilo em que se aposta não é tanto um mundo utópico, mas um mundo que permita as utopias.

Ernst Bloch disse que "as utopias têm o seu horário" (1995: 479). As concepções e desejos de uma vida e de uma sociedade melhores, presentes desde sempre na história humana, variam quanto à forma e ao conteúdo de acordo com o tempo e o espaço. Exprimem as tendências e latências de uma dada época e de uma dada sociedade. Constituem uma consciência antecipatória que se manifesta através da ampliação dos sinais ou traços das realidades emergentes. É, pois, apropriado perguntar: tem o FSM uma dimensão utópica? E, se tem, qual o seu horário?

O FSM é o conjunto das iniciativas de intercâmbio transnacional entre movimentos sociais, organizações não-governamentais (ONG), e os seus conhecimentos e práticas das lutas sociais locais, nacionais e globais, levadas a cabo em conformidade com a Carta de Princípios de Porto Alegre contra as formas de exclusão e de inclusão, de discriminação e de igualdade, de universalismo e de particularismo, de imposição cultural e de relativismo, produzidas ou permitidas pela fase actual do capitalismo conhecida como globalização neoliberal.

A dimensão utópica do FSM consiste em proclamar a existência de alternativas à globalização neoliberal. Como afirma Franz Hinkelammert, vivemos num tempo de utopias conservadoras cujo carácter utópico reside na sua negação radical de alternativas à realidade do presente. A possibilidade de alternativas é desacreditada precisamente por ser utópica, idealista, irrealista. Todas as utopias conservadoras são sustentadas por uma lógica política baseada num único critério de eficácia que rapidamente se torna num critério ético supremo. Segundo esse critério, só tem valor o que é eficaz. Qualquer outro critério ético é desvalorizado como ineficaz. O neoliberalismo é uma dessas utopias conservadoras para as quais o único critério de eficácia é o mercado ou as leis do mercado. O seu carácter utópico radica na promessa de que a sua realização ou aplicação totais elimina todas as outras utopias. Segundo Hinkelammert, "esta ideologia extrai do seu furioso anti-utopismo a promessa utópica de um novo mundo. A tese básica é: quem destrói a utopia realiza-a" (2002: 278). O que distingue as utopias conservadoras das utopias críticas é o facto de as primeiras se identificarem com a realidade presente e de descobrirem a sua dimensão utópica na radicalização ou na realização completa do presente. Além disso, não concebem os problemas ou dificuldades da realidade presente como consequência das deficiências ou dos limites do critério de eficácia, mas como resultado do facto de a aplicação desse critério não ter sido suficientemente completa. Para a utopia conservadora do neoliberalismo, se há desemprego e exclusão social, se há fome e pandemias na periferia do sistema mundial, isso não é o efeito das deficiências ou dos limites das leis do mercado. É antes o resultado do facto de essas leis ainda não terem sido plenamente aplicadas. O horizonte das utopias conservadoras é, assim, um horizonte fechado, um fim da história.

Este é o contexto em que a dimensão utópica do FSM deve ser entendida. O FSM significa a reemergência de uma utopia crítica, isto é, a crítica radical da realidade presente e o desejo de uma sociedade melhor. Isto acontece, no entanto, num contexto em que a utopia antiutópica do neoliberalismo é esmagadoramente dominante. Daí, a especificidade do conteúdo utópico desta nova utopia crítica, quando comparado com o das utopias críticas que prevaleceram no final do século XIX e no início do século XX. À utopia antiutópica do neoliberalismo – assente em dois pressupostos: a pretensão do controlo total sobre a realidade presente através de saberes e de poderes extremamente eficazes; e a rejeição radical de alternativas ao *statu quo* –, o FSM contrapõe a ideia de que a totalidade do controlo (como saber ou como poder) é uma ilusão e de que há razões credíveis para defender a possibilidade de alternativas. Daí a natureza aberta, ou, se se preferir, vaga, das alternativas propostas. Num contexto em que a utopia conservadora prevalece em absoluto, é mais importante afirmar a possibilidade de alternativas do que defini-las. A dimensão utópica do FSM consiste em afirmar a possibilidade de uma globalização contra-hegemónica. Por outras palavras, a utopia do FSM afirma-se mais como negatividade (a definição daquilo que critica) do que como positividade (a definição daquilo a que aspira).

A especificidade do FSM como utopia crítica tem mais outra explicação. O FSM é a primeira utopia crítica de século XXI e visa romper com a tradição das utopias críticas da modernidade ocidental, muitas delas transformadas em utopias conservadoras: as que partiram da reivindicação de alternativas utópicas e que acabaram a negar as alternativas sob o pretexto de que estava em curso a realização da utopia. A abertura da dimensão utópica do FSM corresponde à tentativa de escapar a esta perversão. Para o FSM, a reivindicação de alternativas é plural, quer na forma da reivindicação, quer no conteúdo das alternativas. A afirmação de alternativas vai de par com a afirmação de que existem alternativas às alternativas. O outro mundo possível é um desejo utópico que integra vários mundos possíveis. O outro mundo possível pode ser muitas coisas, mas nunca um mundo sem alternativa.

A utopia do FSM é uma utopia radicalmente democrática. É a única utopia realista depois de um século de utopias conservadoras, algumas delas o resultado de utopias críticas pervertidas. Este projecto utópico, baseado na negação do presente em vez de assentar na definição do futuro, concentrado nos processos de intercâmbio entre os movimentos e não na avaliação e hierarquização do conteúdo político destes, é o mais importante factor de coesão do FSM. Ajuda a maximizar o que une e a minimizar o que divide, a celebrar o intercâmbio em vez da disputa pelo poder, a ser uma presença forte em vez de ter simplesmente uma agenda. Este projecto utópico, que é também um projecto ético, privilegia o discurso ético, bem evidente na Carta de Princípios do FSM, orientado para reunir consensos que superem as clivagens ideológicas e políticas entre os movimentos e as organizações que o compõem. Os movimentos e organizações colocam entre parênteses as clivagens que os dividem, tanto quanto for necessário para afirmar a possibilidade de uma globalização contra-hegemónica.

A natureza desta utopia tem sido a mais adequada para o objectivo inicial do FSM: afirmar a existência de uma globalização contra-hegemónica. Isto não é uma utopia vaga. É antes uma utopia que encerra em si mesma a concretização adequada a esta fase de construção da globalização contra-hegemónica. Está ainda por saber se a natureza desta utopia é a mais adequada para guiar os próximos passos, caso haja novos passos. Uma vez que a globalização contra-hegemónica esteja consolidada, e que se torne credível a ideia de que outro mundo é possível, poderemos realizar esta ideia com o mesmo nível de democracia radical que ajudou a formulá-la?

As alternativas
Como referi acima, a utopia crítica do FSM contém um desequilíbrio entre expectativas negativas (aquilo que é rejeitado) e expectativas positivas (aquilo que é proposto como alternativa). Reconhecendo esse desequilíbrio, os organizadores do FSM têm vindo a sublinhar desde o início a necessidade de formular alternativas concretas à globalização neoliberal. Este apelo tem sido feito por cima e além da clivagem quanto à natureza do FSM (espaço ou movimento?). A ideia é que, apesar de as propostas terem origem em organizações ou redes concretas, elas se tornam num património comum destinado a ser assumido por todos os movimentos e organizações que se sintam motivados a subscrevê-las e a lutar pela sua implementação. É aqui que reside o potencial de articulação em rede que o FSM contém.

Contrariamente ao que os grandes meios de comunicação têm vindo a sugerir, no FSM a preocupação com as alternativas concretas é central. Desde o seu início que o FSM tem sido não só uma "fábrica de ideias", mas também uma "máquina de propostas". Uma vez que se consolide a ideia de uma globalização alternativa à globalização hegemónica, a força política do FSM ou dos movimentos que o integram depende da sua capacidade de formular propostas credíveis e de gerar iniciativa política suficiente para as fazer penetrar, de modo mais ou menos confrontacional, nas agendas políticas dos governos nacionais e das agências multilaterais. Em meados de 2001, o Comité Organizador do FSM difundiu junto dos movimentos e organizações, dos coordenadores dos cinco temas principais, bem como dos oradores convidados, a recomendação de que as intervenções e os debates no segundo FSM focassem propostas concretas. A palavra de ordem era: "devemos ser mais propositivos". Surgiram centenas de propostas. A sua grande maioria foi apresentada e discutida nas "oficinas" autogeridas. Nas edições seguintes do FSM, a focagem nas propostas concretas, e nas lutas travadas à sua volta, permaneceu central. As propostas tratavam de uma enorme variedade de temas. Como exemplo, o tema das transformações económicas e institucionais cobria, entre muitos outros, os seguintes tópicos: a reforma ou a eliminação das instituições financeiras multilaterais; a reforma das Nações Unidas; impostos e outros controlos sobre as transacções financeiras internacionais, do tipo da Taxa Tobin; eliminação dos paraísos fiscais e do sigilo bancário; responsabilidade criminal das multinacionais; cancelamento da dívida do Terceiro Mundo; mecanismos que garantam preços melhores para o cabaz de produtos exportados para o mercado mundial pelos países em vias de desenvolvimento, estabilizando os valores das matérias-primas e criando reservas de produtos que regulem o mercado; soberania alimentar; subtracção de todos os serviços de interesse geral à alçada do Acordo Geral sobre o Comércio de Serviços; abolição dos direitos de propriedade intelectual pelo menos em algumas áreas da actividade comercial; reforma agrária e acesso à terra; formas colectivas de propriedade da terra; protecção das florestas; a água como um bem comum e as lutas contra a privatização da água; moratória sobre novas barragens.

A concepção, a complexidade e o detalhe técnico de boa parte das propostas eram de qualidade mais elevada do que a de muitas propostas – de sentido contrário, claro – apresentadas pelas instituições da globalização neoliberal. Daí em diante, o desafio consistiria em forçar a entrada dessas propostas nas agendas políticas dos diferentes Estados e das agências multilaterais, quer para serem discutidas, quer para aumentar os custos políticos decorrentes da rejeição da sua discussão. Era um desafio a longo prazo, visto que, para tais propostas se tornarem parte das agendas políticas, seria preciso transformar as instituições políticas nacionais e transnacionais. Muitas dessas transformações institucionais ocorreriam apenas na base de lutas não-institucionais. Iriam exigir rebelião, acção directa não-violenta, mas muitas vezes ilegal.

Sem surpresa, o apelo a propostas concretas desencadeou um debate interessante sobre os princípios que as poderiam sustentar. François Houtart vinha já propondo uma série de recomendações estratégicas que poderiam fortalecer a coerência entre as diferentes propostas, evitando assim que o FSM se transforme num supermercado de alternativas. Segundo ele, "há uma necessidade de coerência nas propostas e de uma ampla visão das alternativas" (2001). Sugeriu então, como guia, que se pensasse nas alternativas a três níveis: 1) em termos de "reconstrução das utopias", não no sentido de ideais impossíveis, mas no sentido de objectivos mobilizadores; 2) em termos de alternativas a médio prazo, isto é, de resultados prováveis de lutas sociais prolongadas e difíceis contra o próprio sistema capitalista; 3) em termos de alternativas a curto prazo: as que são realizáveis dentro de um futuro previsível e que podem ser mobilizadoras, mesmo que os objectivos sejam limitados.

Além disso, Houtart sublinhava a importância da construção de uma estratégia na luta contra a globalização do capital, e fez uma lista dos principais elementos dessa estratégia: 1) deslegitimar a "lógica" do sistema capitalista; 2) construir a convergência entre esforços e redes para operarem contra o sistema; 3) formular alternativas nos três níveis acima mencionados: utopias, médio e curto prazo; 4) encontrar fórmulas de expressão política; 5) não permitir a marginalização através de caracterizações como "movimentos folclóricos" ou "violentos". Também salientou três critérios para se escolher os temas e acções sobre os quais importaria concentrar os esforços: 1) a necessidade de ter em conta a sensibilidade popular contemporânea a certos temas; 2) a importância de fazer conexões com os "acontecimentos do momento"; 3) a necessidade de abordar temas que já tenham sido preparados aprofundadamente por grupos específicos e que possam conduzir a alternativas concretas.

Outros participantes preocuparam-se mais com os princípios políticos prioritários que devem comandar não só a formulação de propostas, mas também os processos políticos e os combates por elas. Vandana Shiva, por exemplo, defendeu a ideia de que, ao manter vivo o compromisso com a democracia de alta intensidade – a que ela chamou "o movimento da democracia viva" –, as pessoas estariam a criar e a sustentar um mundo alternativo:

"A democracia viva tem que ver com a vida, em todos os níveis vitais, e com as decisões e liberdades relacionadas com a vida quotidiana – os alimentos que comemos, a roupa que vestimos, a água que bebemos. Não tem que ver apenas com eleições e com votações de três em três, de quatro em quatro, ou de cinco em cinco anos. É uma democracia permanentemente vibrante" (Shiva, 2002).

Seguindo a mesma linha, apresentei estas "Quinze Teses para o Aprofundamento da Democracia" (posteriormente reformuladas no terceiro FSM):

1. *A luta pela democracia deve ser uma luta pela demodiversidade.*
Tal como há biodiversidade e ela deve ser defendida, também há demodiversidade e também ela deve ser defendida. Assim, não há apenas uma forma de democracia, a democracia liberal representativa. Há outras: directa, participativa, deliberativa, intercultural, comunal, etc.

Fora do mundo e da cultura ocidentais há outras formas de democracia que devem ser valorizadas, como, por exemplo, o governo autónomo das comunidades indígenas das Américas, da Índia, da Austrália e da Nova Zelândia, e o governo das autoridades tradicionais em África ou dos *panchayats* na Índia. Não se trata de aceitar criticamente qualquer destas formas de democracia, mas antes de tornar possível a sua inclusão nos debates sobre o aprofundamento e radicalização da democracia.

2. *Há que desenvolver critérios transculturais que permitam identificar diferentes formas de democracia e as permitam hierarquizar segundo a qualidade de vida colectiva e individual que proporcionam.*

São democráticos os sistemas de interacção pública ou privada que visam transformar relações de poder em relações de autoridade partilhada. A autoridade partilhada assenta na dupla lógica de reciprocidade entre o princípio da igualdade e o princípio do reconhecimento da diferença: temos o direito a ser iguais quando a diferença nos inferioriza; temos o direito a ser diferentes quando a igualdade nos descaracteriza.

Isto significa que o âmbito da democracia é potencialmente muito mais vasto do que aquele que conhecemos. E que há graus diferentes de democraticidade. Em verdade, não há democracia, há democratização.

3. *As democracias devem ser hierarquizadas segundo a intensidade dos processos de autoridade partilhada e da reciprocidade do reconhecimento.*

Quanto mais partilhada é a autoridade, mais participativa é a democracia. Quanto mais rica é a reciprocidade e mais rico o reconhecimento, mais directa é a democracia. Segundo estes critérios, devemos distinguir entre democracias de alta intensidade e democracias de baixa intensidade.

4. *A democracia representativa tende a ser uma democracia de baixa intensidade.*

Isto é assim porque a democracia representativa, ao definir de modo restritivo o espaço público, deixa intactas muitas relações de poder que não transforma em autoridade partilhada; ao assentar em ideias de igualdade formal e não real, não garante a realização das condições que a tornam possível; ao contrapor em abstracto cidadania e identidade, reconhece sub-repticiamente a diferença a partir de uma diferença dominante (classista, colonial, étnica, racial, sexual, religiosa) que é transformada em norma – a identidade dominante –, com base na qual são fixados os limites em que as outras diferenças podem ser exercidas, reconhecidas ou toleradas.

A baixa intensidade desta democracia resulta em que se as exigências do capitalismo forem tais que exijam cada vez maiores restrições ao jogo democrático, esta forma de democracia tem poucas condições de resistir. A rendição aparece sob várias formas: a banalização das diferenças políticas e a personalização das lideranças; a privatização dos processos eleitorais pelo financiamento das campanhas; a mediatização da política; a distância entre representantes e representados; a corrupção; o aumento do abstencionismo.

A democracia de baixa intensidade impõe-nos uma dupla tarefa: denunciá-la como tal; propor alternativas que permitam aumentar a sua intensidade. Num contexto de democracia de baixa intensidade, a tarefa mais importante é democratizar a democracia.

5. Em muitas sociedades a democracia representativa é mesmo de baixíssima intensidade.

A democracia é de baixíssima intensidade quando não promove nenhuma redistribuição social. Isto ocorre com o desmantelamento das políticas públicas, com a conversão das políticas sociais em medidas compensatórias, residuais e estigmatizantes e com o regresso da filantropia, enquanto forma de solidariedade não fundada em direitos.

São as sociedades em que as desigualdades sociais e a hierarquização das diferenças atingem níveis tão elevados que os grupos sociais dominantes (económicos, étnicos, religiosos, etc.) se constituem em poderes fácticos que assumem direito de veto sobre as aspirações democráticas mínimas das maiorias ou das minorias. Neste caso, as relações sociais são dominadas por assimetrias tais de poder, que configuram uma situação de fascismo social. As sociedades em que tais assimetrias prevalecem são politicamente democráticas e socialmente fascistas.

6. Estão a emergir formas contra-hegemónicas de democracia de alta intensidade.
Através dos Estados mais desenvolvidos e das agências multilaterais, a globalização neoliberal está a impor aos países periféricos formas de democracia de baixa ou baixíssima intensidade. Mas a imposição não ocorre sem resistências. Estão a emergir formas de democracia de alta intensidade. As classes populares, os grupos sociais oprimidos, fragilizados, marginalizados, estão hoje em muitas partes do mundo a promover formas de democracia participativa. Trata-se de formas de democracia de alta intensidade que assentam na participação activa e constantemente renovada das populações e através das quais procuram resistir contra as desigualdades sociais, o colonialismo, o sexismo, o racismo, a destruição ambiental.

Estas iniciativas têm sido até agora de âmbito local. Alguns exemplos: a gestão municipal através do orçamento participativo em Porto Alegre e em muitas outras cidades do Brasil, da América Latina e da Europa; as comunidades de paz da Colômbia com destaque para a de São José de Apartadó; as formas de planeamento descentralizado nos Estados de Kerala e Bengala Ocidental na Índia.

7. O potencial das formas democráticas de alta intensidade a nível local é enorme, mas não devemos deixar de reconhecer os seus limites.
O limite mais evidente das democracias de alta intensidade locais é precisamente o facto de terem um âmbito local e, portanto,

não poderem, por si só, contribuir para confrontar o carácter antidemocrático do poder político, social e cultural exercido a nível nacional e a nível global. Estes limites não são inelutáveis e devem ser enfrentados. Há que caminhar para formas de democracia de alta intensidade, tanto a nível local, como a nível nacional e global, promovendo articulações entre os diferentes níveis.

A nível local, a democracia participativa deve aprofundar-se através de uma complementaridade tensa e crítica com a democracia representativa. Esta complementaridade será sempre o resultado de um processo político cujas primeiras fases não são de complementaridade e sim de confrontação. As articulações podem começar a nível local, mas têm potencial para atingir o nível nacional.

A nível nacional, a articulação entre formas de democracia participativa e democracia representativa devem ser aprofundadas de modo a não se tornarem numa armadilha que legitima o Estado para continuar a conduzir os negócios do capitalismo, no interesse do capitalismo como se esse fosse o interesse de todos. Nunca como hoje o Estado esteve sujeito a um maciço processo de privatização. Muita da retórica sobre o valor da sociedade civil é um discurso para justificar o desmantelamento do Estado. Por isso, as tarefas fundamentais são: a reforma democrática do Estado; e o controlo público do Estado através da criação de esferas públicas não-estatais.

8. *A prazo, a democracia participativa local não se sustenta sem a democracia participativa a nível nacional e nenhuma destas, sem a democracia participativa a nível global*.

A democracia de alta intensidade local ou mesmo nacional não é sustentável se não se desenvolverem formas de democracia global. Não faz sentido hoje falar de sociedade civil global porque não há nenhum mecanismo global que garanta os direitos cívicos dos cidadãos. Mas, se se quiser falar de sociedade civil global, então é necessário distinguir entre sociedade civil global liberal, que se alimenta da globalização neoliberal, e sociedade civil global emancipatória, que promove a globalização contra-hegemónica, a globalização solidária de que o Fórum Social Mundial é uma eloquente expressão.

É preciso criar uma nova institucionalidade democrática a nível mundial, uma Nações Unidas dos Povos, que refunde a Organização das Nações Unidas tal como hoje a conhecemos. É preciso eliminar ou então transformar radicalmente as instituições que hoje são responsáveis pelo bloqueamento da democracia global ou mesmo nacional, tal como o Banco Mundial ou o FMI. Em todas as suas escalas ou dimensões, mas muito particularmente na escala ou dimensão global, a democracia é uma exigência envolvente que não se confina ao sistema político e que não existe sem redistribuição social. É necessário organizar acções colectivas globais e criar instituições igualmente globais que possibilitem uma redistribuição global social mínima e imediata, como, por exemplo, o perdão da dívida dos países periféricos e o imposto Tobin.

9. *Não há democracia sem condições de democracia.*
É necessário lutar contra a perversão da democracia. A democracia que nasceu como governo do povo é hoje, muitas vezes, usada como governo contra o povo. O que foi o símbolo máximo da soberania popular é hoje a expressão da perda da soberania (por exemplo, quando a democracia se transforma numa imposição do Banco Mundial).

No contexto actual, falar de condições de democracia implica falar de radicalização da democracia. A democracia que existe na grande maioria dos países é apenas falsa porque é insuficiente. Há que levar a democracia a sério. E para a levar a sério é preciso radicalizá-la. A radicalização da democracia dá-se por duas vias. A primeira é o aprofundamento da partilha de autoridade e do respeito da diferença nos domínios sociais em que a regra democrática é já reconhecida. Por exemplo, o orçamento participativo é uma forma de aprofundamento da democracia municipal pré-existente.

A segunda via consiste em a estender a um número cada vez maior de domínios da vida social. O capitalismo aceitou a democracia na medida em que a reduziu a um domínio específico da vida pública, a que chamou o espaço político. Todas as outras áreas da vida social foram deixadas fora do controlo democrático: no espaço da produção, na sociedade de consumo, na vida comunitária, nas relações internacionais. Foi assim que as sociedades capitalistas se constituíram em sociedades em que há pequenas ilhas de democracia num mar de despotismo. Radicalizar a democracia é transformá-la num princípio potencialmente regulador de todas as relações sociais.

Não creio que nas sociedades capitalistas seja possível estender este princípio a todas as relações. Temos, pois, de, em nome da democracia, ir pensando num mundo pós-capitalista e agindo no sentido de o tornar possível. Deixado a si mesmo, o capitalismo só conduz a mais capitalismo e a capitalismo cada vez mais excludente e violento.

10. *A imaginação democrática tem hoje no Fórum Social Mundial uma expressão eloquente, mas apenas emergente. O seu desenvolvimento exige condições.*

O Fórum Social Mundial e os fóruns regionais, temáticos e nacionais devem transformar-se na forma mais desenvolvida da nossa imaginação democrática. Mas, para alimentar essa imaginação, o processo do FSM tem ele próprio de cuidar das condições da sua ampliação e democratização. Distingo duas:

1. Depois do 11 de Setembro de 2001, a (des)ordem internacional protagonizada pelos EUA pretende criminalizar as manifestações que designam como antiglobalizaçãoo e que nós designamos como globalização solidária, alternativa. Aliás, o objectivo é criminalizar todas as acções de protesto das organizações e movimentos

populares. É preciso empreender lutas locais/nacionais/globais contra essa criminalização. Neste sentido, foi importante que o Fórum das Autoridades Locais de 2002 tenha declarado que as cidades nele reunidas se comprometem a defender o direito às manifestações públicas e pacíficas contra a globalização neoliberal.

2. A rede de organizações que se congregam no FSM são movimentos da mais diversa índole que lutam por uma sociedade mais democrática. Para que essa luta seja consequente, as organizações têm elas próprias de ser inteira e intensamente democráticas. E essa democracia deve ser dupla, internamente no seio de cada organização ou movimento; e nas relações entre movimentos e entre organizações. É preciso lutar contra o hegemonismo, o sectarismo e o fraccionalismo.

11. *A luta pela democracia de alta intensidade começa nas forças sociais que lutam por ela.*

Do processo do FSM fazem parte muitas organizações não-governamentais envolvidas em parcerias com o Estado. Por outro lado, muitas organizações dos países do Sul vivem na dependência financeira das organizações dos países do Norte. Para que a democracia de alta intensidade não fique à porta das organizações, é necessário que essas relações sejam transparentes e sujeitas ao controlo dos membros ou dos públicos-alvo. As parcerias e os convénios têm de ser democraticamente construídos e há que tomar medidas para que as dependências financeiras não se transformem numa forma de submissão antidemocrática.

12. *A autodemocracia é um dos mais importantes desafios que o processo do Fórum Social Mundial enfrenta.*

O FSM não pode estar satisfeito com o seu actual nível democrático. É necessário democratizá-lo em termos do seu âmbito territorial. África e a Ásia continuam em grande medida ausentes, apesar do enorme progresso conseguido, no caso da Ásia, com a realização do quarto FSM em Mumbai em Janeiro de 2004. Mas a democratização tem de envolver também a diversidade temática e a estrutura organizativa. A organização do FSM de 2005 assenta numa forma mais democrática de construção do programa, uma vez que é feita através de uma ampla consulta às organizações e movimentos. Não é impensável que durante a realização dos fóruns se experimente com formas de democracia participativa mais intensas: plebiscitos, consultas, votações electrónicas.

13. *Não há justiça social global sem justiça cognitiva global.*
Por mais que se democratizem as práticas sociais, elas nunca se democratizam o suficiente se o conhecimento que as orienta não for ele próprio democratizado. A repressão antidemocrática inclui sempre a desqualificação do conhecimento e dos saberes daqueles que são reprimidos. Não há democracia sem educação popular. Não há democracia das práticas sem democracia dos saberes.

14. *A imaginação democrática e os processos de democratização têm de incluir a democratização das subjectividades.*
A democracia de baixa intensidade é hoje conduzida por não--democratas, se não mesmo, por antidemocratas. Só os democratas constroem a democracia e só a democracia constrói subjectividades democráticas. A democracia não tem um sujeito histórico único definido *a priori*. Na luta pela democracia de alta intensidade são sujeitos todos os que se recusam a ser objectos, ou seja, a ser reduzidos à condição de súbditos.

15. *Se o socialismo tem hoje um nome, ele só pode ser o de democracia sem fim.*
A justificação desta tese está no conjunto das teses precedentes. Todas elas são para discutir, aprovar, modificar, ampliar nos locais de trabalho, nas cidades e aldeias, nas famílias e organizações. Visam dar o mínimo de coordenação ao movimento por uma

globalização alternativa a caminho de uma sociedade mais justa e menos discriminatória. A luta contra o capitalismo global tem de vir de cada vez mais lados, feita de lutas muito diversas orientadas por um princípio comum: democracia sem fim para que o capitalismo tenha fim.

Pensar as esquerdas depois do FSM

A grande maioria dos movimentos e organizações que têm dinamizado o Fórum Social Mundial considera-se de esquerda, ainda que divirja muito sobre o que significa ser de esquerda nos nossos dias. Estas divergências reflectem-se nos debates havidos no Fórum, tanto sobre questões organizativas, como sobre questões de teoria e de acção políticas. Neste capítulo proponho-me uma indagação inversa: o impacto do Fórum no pensamento e na prática de esquerda. Esta indagação não pode deixar de ter algo de especulativo. Não obstante, é possível identificar alguns dos problemas da esquerda evidenciados pelo FSM e algumas das soluções tornadas possíveis ou mais credíveis em função da experiência do FSM. Pela sua própria natureza, o FSM não tem uma linha oficial sobre o seu próprio impacto no futuro da esquerda e creio mesmo que muitos movimentos e organizações nele envolvidos estão pouco preocupados com isso. O que apresento a seguir é uma reflexão pessoal a partir da experiência do FSM.

A relação fantasmática entre teoria e prática

O FSM permitiu revelar que a distância entre as práticas da esquerda e as teorias clássicas da esquerda é hoje maior do que nunca. Obviamente, o FSM não está só neste domínio, como resulta evidente das experiências políticas na região onde o FSM emergiu, a América Latina. Do EZLN em Chiapas à eleição de Lula no Brasil, dos *piqueteros* argentinos ao MST, do movimento indígena da Bolívia e do Equador à Frente Amplo do Uruguai, às sucessivas vitórias eleitorais de Hugo Chávez e à eleição de Evo Morales, da luta continental contra a ALCA[59] ao projecto alternativo de integração regional protagonizado por Hugo Chávez deparamo-nos com práticas políticas que, em geral, se reconhecem de esquerda mas que ou não foram previstas pelas principais tradições teóricas da esquerda ou estão mesmo em contradição com elas. Enquanto evento internacional, e ponto de encontro de tantas práticas de resistência e de tantos projectos de sociedade alternativa, o FSM deu uma nova dimensão a esta cegueira recíproca – da prática em relação à teoria e da teoria em relação à prática – e criou as condições para sobre ela se fazer uma reflexão mais aberta e mais aprofundada. É isso o que me proponho.

Da cegueira da teoria resulta a invisibilidade da prática e, portanto, a sua subteorização, enquanto da cegueira da prática resulta a irrelevância da teoria. A cegueira da teoria está visível no modo como os partidos convencionais da esquerda e os intelectuais ao seu serviço têm insistido em não dar conta da existência do FSM ou em minimizar o seu significado. Por sua vez, a cegueira da prática está patente no desprezo pela riquíssima tradição teórica da esquerda por parte de muitos activistas do FSM e no desinteresse militante em a prosseguir e renovar. Deste desencontro recíproco decorre, do lado da prática, uma oscilação extremada entre o espontaneísmo revolucionário e o possibilismo autocensurado e inócuo e, do lado da teoria, uma oscilação, igualmente extremada, entre o afã reconstrutivo *post-factum* e a indiferença arrogante ante tudo o que não cabe nela.

Nestas condições, a relação teoria/prática, sem deixar de existir, assume características inéditas. Por um lado, a teoria deixa de estar ao serviço das práticas futuras que ela contém em potência para legitimar (ou não) práticas passadas que emergiram além dela. Desta maneira, o pensamento de vanguarda continua a designar-se de vanguarda mas vai na retaguarda da prática. Deixa de ser orientação

---

[59] Área de Livre Comércio das Américas.

para ser ratificação de êxitos obtidos à revelia ou confirmação de fracassos pré-anunciados. Por outro lado, a prática autojustifica-se com recurso a uma *bricolage* teórica colada às necessidades da hora constituída por conceitos e linguagens heterogéneos que, do ponto de vista da teoria, não passam de racionalizações ou exercícios de retórica oportunísticos. Do ponto de vista da teoria, a *bricolage* teórica nunca é teoria. Do ponto de vista da prática, a teorização *a posteriori* é parasitismo.

Desta relação fantasmática entre teoria e prática decorrem três factos políticos decisivos para compreender a situação actual da esquerda, todos eles postos em evidência pelo processo do FSM.

O primeiro facto é que nunca foi tão grande a discrepância entre as certezas de curto prazo e as incertezas de médio e longo prazo. Domina, assim, um tacticismo que tanto pode ser revolucionário como reformista, como até estar além desta dicotomia. Este tacticismo tem sido condicionado pelas metamorfoses do adversário da esquerda. Nas três últimas décadas, o capitalismo neoliberal tem vindo a impor a sujeição das relações sociais à lei do valor a um extremo até há pouco impensável: da mercantilização da cultura, do lazer, da solidariedade e da própria auto-estima à redução ou eliminação das interacções não-mercantis na base das quais foi construído o Estado social moderno (educação, saúde, segurança social). O agravamento brutal da exploração e da exclusão e, consequentemente, das desigualdades sociais através do desmantelamento de mecanismos jurídicos e políticos de regulação, que até há pouco pareciam irreversíveis, confere às lutas de resistência um carácter de urgência que permite convergências amplas nos alvos de curto prazo (das privatizações selvagens ao bloqueio da Organização Mundial do Comércio ou do FTAA), sem que nelas se tenha de clarificar se a luta é contra o capitalismo em geral em nome do socialismo ou de outro futuro pós-capitalista, ou, pelo contrário, contra *este* capitalismo em nome de outro de rosto mais humano.

Esta ocultação não é um problema novo. Pelo contrário, atravessou a esquerda durante todo o séc. xx. Assume, no entanto, agora uma acuidade nova. O ímpeto do capitalismo neoliberal é de tal modo avassalador, que pode passar por parecer uma luta contra ele o que não é mais do que conivência com ele. Por outro lado, a incerteza do longo prazo tem agora uma nova dimensão: é não se ter a certeza de que há sequer longo prazo. Ou seja, a incerteza do longo prazo é de tal ordem, que deixou de organizar os conflitos dentro da esquerda. Em face disto, o curto prazo alonga-se e é à volta das certezas e urgências do curto prazo que as polarizações políticas concretas ocorrem. A descredibilização do longo prazo se, por um lado, favorece o tacticismo, por outro, impede que as polarizações sobre o perfil do longo prazo interfiram com as polarizações do curto prazo. Permite uma abertura total ao futuro sobre o qual são fáceis os consensos. Se até há pouco eram fortes os dissensos sobre o longo prazo, sendo as energias de convergência concentradas no curto prazo, hoje, com a descredibilização do longo prazo, os dissensos fortes deslocam-se para o curto prazo, no qual há certezas e as certezas, por serem diferentes para diferentes grupos, são a base de dissensos fortes.

A crescente incerteza e abertura do longo prazo tem uma trajectória longa no pensamento de esquerda. Está expressa na passagem da certeza do futuro socialista como resultado científico do desenvolvimento das forças produtivas, em Marx, para a dicotomia socialismo ou barbárie, formulada por Rosa Luxemburgo, para as diferentes concepções de socialismo, a partir da cisão do movimento operário, no início da Primeira Guerra Mundial, e, depois de muitas passagens intermédias, para a ideia de que "um outro mundo é possível" que preside ao Fórum Social Mundial.

O longo prazo foi sempre o horizonte forte da esquerda. No passado, quanto maior foi a diferença desse horizonte em relação às paisagens do capitalismo do presente, mais radical foi a concepção da via para o atingir. Daí surgiu a clivagem entre revolução e reforma. Hoje em dia esta clivagem sofre uma erosão paralela à do longo prazo. Ela continua a existir, mas deixou de ter a consistência e as consequências que tinha. É um significante relativamente solto e sujeito a apropriações contraditórias. Há processos reformistas que parecem revolucionários (Hugo Chávez na Venezuela) e processos revolucionários que parecem reformistas (Zapatistas no México) e ainda processos reformistas que não parecem sequer reformistas (Governo do Partido dos Trabalhadores no Brasil, 2002-2006).

O segundo facto que decorre da relação fantasmática entre a teoria e a prática é a impossibilidade de um balanço consensual sobre o desempenho da esquerda. Se para alguns a esquerda sofre de um refluxo da luta de classes desde os anos de 1970, para outros este período foi um período rico de inovação e de criatividade no qual a esquerda se renovou através de novas lutas, novas formas de acção colectiva, novos objectivos políticos. Houve refluxo, sim, mas das formas clássicas de organização e de acção política e foi graças a esse refluxo que surgiram novas formas de organização e de acção política. Para os que defendem a ideia do refluxo geral, o balanço é negativo e as supostas novidades resultam de deslocamentos das lutas de objectivos principais (a luta de classes no âmbito da produção) para objectivos secundários (identitários, culturais, em suma, no âmbito da reprodução social). Trata-se de cedências ao adversário por mais radicais que sejam os discursos de ruptura. Para os que defendem a ideia da inovação e da criatividade, o balanço é positivo porque se romperam dogmatismos bloqueadores, se ampliaram as formas de acção colectiva e as bases sociais que as sustentam e ainda, e sobretudo, porque as lutas, pela sua forma e o seu âmbito, permitiram revelar novas vulnerabilidades do adversário. Entre os participantes no FSM, domina a segunda posição, mas a primeira, a ideia do refluxo geral, é visível na participação de algumas organizações (sobretudo sindicais), uma participação à beira do desespero, com uma consciência infeliz dos sonhos mínimos que a história permitiu realizar.

Nesta disputa sobre o balanço dos últimos trinta anos, ambas as posições recorrem à falácia dos passados hipotéticos, quer para mostrar que, se a aposta na luta de classes se tivesse mantido, os resultados teriam sido melhores, quer para mostrar, pelo contrário, que, sem as novas lutas, os resultados teriam sido piores.

O terceiro facto decorrente da relação fantasmática entre teoria e prática é o novo extremismo teórico. Trata-se de polarizações simultaneamente muito mais vastas e muito mais inconsequentes do que as que caracterizaram as disputas teóricas da esquerda até há trinta anos. Ao contrário destas últimas, as polarizações actuais não estão directamente vinculadas a formas organizativas e estratégicas políticas concretas. Comparadas com as mais recentes, as posições extremas do passado parecem hoje menos distantes entre si, e, no entanto, da opção entre elas resultavam consequências bem mais concretas na vida das organizações, dos militantes e das sociedades das que hoje ocorrem. São três as dimensões principais do actual extremismo teórico.

Sobre os sujeitos da transformação social, a polarização é entre uma subjectividade histórica bem delimitada, a classe operária e seus aliados, por um lado, e subjectividades indeterminadas e sem limites, por outro, sejam elas, todos os oprimidos, "pessoas comuns, portanto, rebeldes" (Subcomandante Marcos)[60], ou a *multitude* (Hardt e Negri, 2000)[61]. Até há trinta anos, a polarização ocorria "apenas" na delimitação da classe operária (a vanguarda industrial *versus* sectores retrógrados), na definição dos aliados, fossem eles os camponeses ou a pequena burguesia, na passagem da "classe em si" para a "classe para si", etc.

---

[60] "Somos mujeres y hombres, niños y ancianos bastante comunes, es decir, rebeldes, inconformes, incómodos, soñadores" (Subcomandante Marcos, *La Jornada*, 4 Agosto 1999).

[61] "Somos todos comunistas", proclamou Michael Hardt na sua intervenção no Fórum Social Mundial em 2005.

No que respeita aos objectivos da luta social, a polarização é entre a tomada do poder e a recusa total do conceito de poder, ou seja, entre o estatismo que, de uma forma ou outra, sempre dominou a esquerda e o antiestatismo mais radical, bem expresso na posição de John Holloway de que é possível transformar o mundo sem tomar o poder (Holloway, 2002). Até há trinta anos, a polarização dava-se em redor dos meios para tomar o poder (luta armada ou acção pacífica directa *versus* luta institucional) e da natureza e objectivos do exercício do poder depois de tomado (democracia popular/ditadura do proletariado *versus* democracia participativa//representativa).

No domínio da organização, a polarização é entre a organização centralizada sob a forma de partido e a ausência total de centralismo e mesmo de organização que não seja a que espontaneamente surge no decorrer da acção colectiva, por iniciativa dos próprios actores no seu conjunto. Até há trinta anos, a polarização ocorria entre partidos comunistas e partidos socialistas, entre partido único e sistema multipartidário, a respeito da relação partido/massas ou a respeito da forma organizativa do partido operário (centralismo democrático *versus* descentralização e direito de tendência).

Estamos, pois, perante polarizações de um outro tipo, entre novas e mais extremadas posições. Não significa que as anteriores tenham desaparecido. Apenas perderam a exclusividade e a centralidade que tinham. As novas polarizações não deixam de ter consequências no seio da esquerda; mas estas são certamente mais difusas que as das polarizações dos períodos anteriores. Isto deve-se a dois factores. Por um lado, a já referida relação fantasmática entre a teoria e a prática faz com que esta última fique relativamente imunizada em relação às polarizações teóricas ou faça delas um consumo selectivo e instrumental. Por outro lado, os actores em posições extremas não disputam as mesmas bases sociais, não se mobilizam pelos mesmos objectivos de luta, não militam nas mesmas organizações e nem sequer em organizações rivais, pelo que os confrontos no seio da esquerda se parecem mais com as vidas paralelas da esquerda. Estas disjunções têm, no entanto, uma consequência importante: tornam difícil a aceitação da pluralidade e da diversidade e impossível a conversão delas em motor de novas formas de luta, de novas coligações e articulações. É uma consequência importante, sobretudo tendo em vista que as posições extremas nas novas polarizações extravasam do universo da cultura de esquerda *tout court*. Estamos perante universos culturais, simbólicos e linguísticos muito distantes e sem um procedimento de tradução entre eles não será possível conseguir inteligibilidade recíproca. Se, de um lado, se fala de luta de classes, correlação de forças, sociedade, Estado, reforma, revolução, do outro, fala-se de amor, dignidade, solidariedade, comunidade, rebeldia, espiritualidade, emoções e afectos, transformação das subjectividades, "um mundo onde caibam todos os mundos". Trata-se, pois, de uma fractura cultural e também de uma fractura epistemológica.[62] Estas fracturas têm uma base sociológica na emergência de actores colectivos provenientes de culturas subalternas, indígenas, feministas, asiáticas, africanas e afro-americanas, que durante todo o século XX foram ignoradas, quando não hostilizadas pela esquerda clássica eurocêntrica.

Em face deste último aspecto da relação fantasmática entre teoria e prática (extremismo teórico), pode legitimamente perguntar-se: como foi possível o FSM? Em minha opinião, este extremismo teórico virulento, mas inconsequente, veio perdendo contacto com as aspirações e as opções práticas dos activistas na acção política concreta. Entre esta e o extremismo teórico foi-se criando um vazio, uma *terra nullius*, onde se foi acumulando uma vontade difusa de juntar forças para resistir à avalanche do neoliberalismo e de admitir que tal seria possível sem ter de resolver todos os debates políticos pendentes. Por assim dizer, a urgência da acção virou-se

---

[62] Referindo-se aos Zapatistas, Ana Esther Ceceña fala precisamente de uma "nova epistemologia libertária" (2004: 11). Eu falo da emergência de epistemologias do Sul.

contra a pureza da teoria. O FSM é o resultado desse *Zeitgeist* da esquerda, ou melhor, das esquerdas no final do século XX, início do século XXI.

A esquerda do séc. XXI: pluralidades despolarizadas
Significa o FSM que é possível uma síntese entre os novos/velhos extremismos da esquerda? Obviamente não. Como referi atrás, tal síntese, não só não é possível, como se fosse, seria indesejável. A busca de uma síntese requer a ideia de uma totalidade que reconduz a diversidade à unidade. Ora, o FSM é eloquente em mostrar que nenhuma totalidade pode conter a inesgotável diversidade das práticas e teorias da esquerda mundial actual. Em vez de síntese, propõe-nos a busca de *pluralidades despolarizadas*. Trata-se de inverter uma tradição fortemente enraizada na esquerda, assente na ideia de que politizar as diferenças equivale a polarizá-las. Ao contrário, o FSM abre a possibilidade para que a politização se passe a dar por via da despolarização. Consiste em dar prioridade à construção de coligações e articulações para *práticas* colectivas concretas e discutir as diferenças teóricas no âmbito exclusivo dessa construção. O objectivo é fazer do reconhecimento das diferenças um factor de agregação e de inclusão ao retirar-lhes a possibilidade de inviabilizarem acções colectivas, criando assim um contexto de disputa política em que o reconhecimento das diferenças vai de par com a celebração e o aproveitamento das semelhanças. Por outras palavras, trata-se de criar contextos de debate em que a pulsão da união e da semelhança tenha a mesma intensidade que a pulsão da separação e da diferença. As acções colectivas pautadas por pluralidades despolarizadas suscitam uma nova concepção de "unidade de acção", na medida em que a unidade deixa de ser a expressão de uma vontade monolítica para passar a ser o ponto de encontro mais ou menos amplo e duradouro de uma pluralidade das vontades.

A concepção de pluralidades despolarizadas contraria todos os automatismos de disputa política no seio da esquerda. Não será por isso fácil de aplicar. A favor da sua aplicação militam dois factos importantes. O primeiro é a actual predominância do curto prazo sobre o longo prazo, que referi acima, com a consequência de que o longo prazo nunca condicionou tão pouco o curto prazo como hoje. No passado, enquanto o longo prazo foi o grande factor de polarização política no seio da esquerda, o curto prazo – sempre que foi concebido com alguma autonomia em relação ao longo prazo – desempenhou um papel despolarizador (a velha distinção entre táctica e estratégia). Em face disto, o tacticismo que decorre da predominância actual do curto prazo pode facilitar o acordo em dar prioridade às acções colectivas concretas para, no contexto delas, e só no contexto delas, discutir a pluralidade e a diversidade. No curto prazo, todas as acções revolucionárias são potencialmente reformistas e todas as acções reformistas podem vir a fugir ao controlo dos reformistas. A concentração nas certezas e urgências do curto prazo não implica, assim, apenas a negligência do longo prazo, implica também que este seja concebido com uma abertura suficiente para incluir consensos difusos e silêncios cúmplices. A indefinição do longo prazo pode ser propiciadora da despolarização.

O outro facto favorável à construção de pluralidades despolarizadas é o reconhecimento, hoje evidente depois do levantamento dos Zapatistas e do Fórum Social Mundial, de que a esquerda é multicultural. Isto implica que as diferenças que a dividem extravasem os termos políticos em que foram formuladas no passado. Subjacente a elas estão diferenças culturais que uma emergente esquerda global não pode deixar de reconhecer, já que não faria sentido lutar pelo reconhecimento e respeito das diferenças culturais "lá fora", na sociedade, e não as reconhecer nem respeitar "em casa", no interior das organizações e movimentos. Está assim criado um contexto para se agir no pressuposto de que as diferenças não se eliminam por via de resoluções políticas, havendo antes que conviver com elas e fazer delas um factor de enriquecimento e de força colectivos.

Trata-se agora de analisar com algum detalhe os campos e os procedimentos da construção de pluralidades despolarizadas. O objectivo é apontar para novos paradigmas de acção transformadora e progressista pautados pelo princípio operativo das pluralidades despolarizadas.

A construção de pluralidades despolarizadas é levada a cabo por sujeitos colectivos envolvidos em acções colectivas ou disponíveis para elas. A prioridade conferida à participação em acções colectivas, por via de articulação ou coligação, permite suspender a questão abstracta do sujeito da acção, na medida em que, se há acções em curso, há sujeitos em curso. A presença de sujeitos concretos não anula a questão do sujeito abstracto, seja ele a classe operária, o partido, o povo, a humanidade ou as pessoas comuns, mas impede que ela interfira de modo decisivo na concepção ou no desenrolar da acção colectiva, já que esta nunca é produto de sujeitos abstractos. Dar prioridade à participação em acções colectivas concretas significa o seguinte:

1. As disputas teóricas devem ter lugar no contexto das acções colectivas concretas.
2. Cada sujeito participante (movimento, organização, campanha, etc.) prescinde de assumir que as únicas acções colectivas importantes ou correctas são as concebidas ou executadas exclusivamente por si. Num contexto em que os mecanismos de exploração, exclusão e opressão se multiplicam e intensificam torna-se particularmente importante não desperdiçar nenhuma experiência social de resistência por parte dos explorados, excluídos ou oprimidos e seus aliados.
3. Sempre que um dado sujeito colectivo tenha de pôr em causa a sua participação numa acção colectiva, o abandono deve ser feito de maneira que enfraqueça o mínimo possível a posição dos sujeitos que permanecem envolvidos na acção.

4. Porque a resistência nunca tem lugar em abstracto, as acções colectivas transformadoras começam sempre por ocorrer no terreno e nos termos de conflitos estabelecidos pelos opressores. O êxito das acções colectivas mede-se pela capacidade da acção colectiva para mudar o terreno e os termos do conflito no decorrer da luta. Por sua vez, é este êxito que mede a correcção das posições teóricas assumidas. A concepção pragmática da correcção teórica cria a disponibilidade para a despolarização das pluralidades enquanto a acção ocorre.

São três as dimensões mais importantes da construção das pluralidades despolarizadas no seio de acções colectivas transformadoras: despolarização pela intensificação da comunicação e inteligibilidade recíprocas; despolarização pela busca de formas organizativas inclusivas; despolarização por via da concentração em questões produtivas. Sobre as duas primeiras faço uma referência breve. Analisarei com mais detalhe a despolarização pela concentração em questões produtivas.

Despolarização pelo incremento da inteligibilidade recíproca
Esta forma de despolarização é aquela em que a contribuição do FSM é mais consistente. O FSM tem sido um ponto de encontro de movimentos e organizações de todo o mundo e, em muitos casos, as relações que se estabelecem perduram além dos eventos e vão-se traduzindo em articulações cada vez mais consistentes de acção transformadora global. Os avanços que foi possível concretizar nos últimos anos são particularmente notáveis em algumas áreas: a luta contra a dívida externa e o comércio livre predador; as agendas feministas transcontinentais; os movimentos camponeses, nomeadamente através da Via Campesina; os movimentos indígenas, sobretudo nas Américas. Como referi atrás, a diversidade das articulações, do perfil sociológico, político e cultural dos movimentos e organizações, e ainda das tradições de resistência torna impossível

e, se possível, indesejável uma teoria geral que dê coerência global à riqueza dos encontros e das iniciativas. Inspirado na experiência do FSM, tenho vindo a propor no meu trabalho a substituição da busca da teoria geral pela elaboração consequente de procedimentos de tradução intercultural e interpolítica que permitam aprofundar a inteligibilidade mútua, sem pôr em causa a autonomia dos movimentos e organizações em presença. O procedimento da tradução, ao mesmo tempo que salvaguarda e até aprofunda a diversidade, permite fazer dela um factor de aproximação intergrupal e de enriquecimento da acção colectiva.[63]

Despolarização pela busca de formas organizativas inclusivas
Neste domínio, o papel do FSM tem sido o de mostrar que a vontade de acção colectiva manifestada nas dezenas de foros realizados nos últimos anos só pode ter concretização mediante novas formas de organização e de articulação política. As formas de que a esquerda tem tradicionalmente disposto – partidos generalistas nacionais e movimentos locais sectoriais – são insuficientes em si mesmas, mas são sobretudo deficientes em face das culturas políticas exclusivistas e excludentes que geraram. Como referi acima, em muitos países, a colaboração entre partidos e movimentos sociais tem estado bloqueada pela presença de dois fundamentalismos opostos e simétricos, ambos fortemente enraizados: o fundamentalismo antimovimento por parte dos partidos e o fundamentalismo antipartido por parte dos movimentos sociais. Acresce que qualquer destas formas organizativas foi desenhada em função de objectivos e contextos específicos, nacionais ou locais, gerais ou temáticos. Não é fácil com base nelas, e sobretudo com base na cultura política de que elas são produto, fundar novas exigências e novos activismos, articulações intertemáticas (entre feministas, operários, camponeses, ecologistas, indígenas, *gays* e lésbicas,

[63] Sobre a tradução intercultural, ver Santos (2006).

pacifistas, activistas de direitos humanos, etc., etc.) e multiescalares (local, nacional, regional e global).

A própria organização do FSM e dos diferentes foros em que se tem desdobrado é já uma inovação notável e os limites e dificuldades que sempre teve são mais produto do seu êxito do que do seu fracasso. O que está em causa é o desenho e concretização de acções colectivas tornadas possíveis e urgentes por acção do FSM para as quais são necessárias novas formas organizativas que maximizem a democracia interna, garantam a eficácia ao nível das diferentes escalas de intervenção, respeitem a diversidade, sejam sustentáveis e permitam a acumulação de energia e de memória colectiva anticapitalista. Tais formas organizativas devem ser diferentes consoante os objectivos em causa: do simples intercâmbio de informações e de experiências ao planeamento e execução de acções colectivas globais, envolvendo diferentes movimentos e organizações em diferentes continentes, operando em contextos políticos e culturais muito distintos e dispondo de meios muito desiguais. Como combinar autonomia com trabalho em comum? Como garantir a igualdade e o respeito pela diferença quando são distintos e muito desiguais os recursos de que dispõem os diferentes participantes? Como articular agendas próprias, contextualizadas localmente e legitimadas por bases sociais bem definidas com novas iniciativas transnacionais ou translocais, formuladas em linguagens diferentes, cuja articulação com as agendas próprias não é evidente nem transparente para todos os membros da organização? Como assumir e medir os riscos da inovação, da organização e da acção em contextos por vezes tão difíceis e com equilíbrios internos tão precários? Como saber se o que se ganha com o novo activismo compensa as perdas no velho activismo? Qual é o impacto da alteração de escala ou de objectivo temático na transparência e prestação de contas da organização perante os seus membros e público-alvo?

O grande mérito do FSM foi o de pôr esta questão na agenda das forças sociais interessadas na transformação emancipatória das sociedades e do mundo e na concretização de acções colectivas concebidas no âmbito do FSM, mas a executar além dele. Tenho para mim que a relação entre partidos políticos, movimentos sociais e organizações não-governamentais tem de mudar radicalmente para que não se frustrem as expectativas criadas pelo processo do FSM[64].

Despolarização pela concentração em questões produtivas
São produtivas as questões cuja discussão tem consequências directas na concepção e desenrolar da acção colectiva e nas condições em que ela tem lugar. Todas as outras são questões improdutivas e estas, sem serem necessariamente negligenciadas, devem ser deixadas num nível de indecisão ou estado de suspensão que crie abertura para diferentes respostas. Muitas das questões que apaixonaram a esquerda no passado e conduziram às mais conhecidas polarizações não passam hoje este teste e devem, por isso, considerar-se improdutivas. A experiência do FSM, nomeadamente no que respeita às clivagens políticas no interior do Fórum, permite-nos identificar algumas questões produtivas e outras improdutivas. Quanto a estas últimas, saliento as seguintes.

Questões improdutivas

1. *A questão do socialismo*, ou seja, a questão do modelo de sociedade que sucederá ao capitalismo. Esta questão sofreu um impacto avassalador com a queda do Muro de Berlim. Se antes se podia considerar produtiva na medida em que o futuro socialista estava na agenda política, pelo menos em alguns países, e podia, portanto,

---

[64] Wainwright (2003: 196-200) chama a atenção para experiências recentes de enriquecimento mútuo entre partidos e movimentos e para a emergência de novas organizações híbridas de movimentos/partidos. Sobre este tema e, em geral, sobre os desafios da esquerda no século XXI, veja-se Harnecker (2006: 289 e ss.); Rodríguez-Garavito et al. (2004).

ter consequências práticas, ao nível da acção colectiva, tal não é o caso hoje. Como questão improdutiva, deve deixar-se num nível de indecisão cuja formulação mais eloquente é a ideia de que "um outro mundo é possível". Esta formulação permite separar a crítica radical do presente e a luta por um horizonte pós-capitalista ou anticapitalista – uma e outra constitutivas das acções colectivas – do compromisso com um modelo específico de sociedade futura.

2. *Reformismo ou revolução*. Esta questão suscita várias questões produtivas que serão referidas adiante, mas, em si mesma, é improdutiva, pois as condições em que a opção reforma/revolução se transformou num campo decisivo de luta política não vigoram mais. Tratava-se então de uma opção de princípio entre meios legais e meios ilegais de tomada do poder e, consequentemente, entre uma tomada gradual e pacífica e uma tomada abrupta e potencialmente violenta. Em qualquer dos casos, a tomada de poder visava a construção da sociedade socialista e era, de facto, a pré-condição dela. A verdade é que nenhuma das estratégias logrou atingir os seus objectivos e, com isto, a oposição entre elas transformou-se em cumplicidade. Quando lograram tomar o poder ou foi para gerir o capitalismo ou para construir sociedades que só com muita complacência se podiam considerar socialistas. Uma outra cumplicidade entre os dois princípios é que historicamente eles existiram sempre em complementaridade um com outro. Por um lado, a revolução foi sempre o acto fundador de um novo ciclo de reformismo, já que os primeiros actos dos revolucionários, como bem ilustram os bolcheviques, foi impedir novas revoluções, legislando o reformismo como única opção futura. Por outro lado, o reformismo só teve credibilidade enquanto existiu a alternativa revolucionária. É por isso que a queda do Muro de Berlim significou tanto o fim da revolução como o fim do reformismo, pelo menos nas formas em que os conhecemos ao longo do curto século xx. Acresce que, em face disto e das transformações do capitalismo

nos últimos trinta anos, os dois termos da dicotomia sofreram uma evolução semântica tão drástica, que os torna pouco fiáveis como princípios orientadores da luta social. Neste último período, o reformismo tem vindo a ser objecto de um ataque brutal por parte das forças políticas ao serviço do capitalismo global, um ataque que começou por recorrer a meios ilegais (o derrube do governo de Salvador Allende, no Chile em 1973) para, com a viragem para o neoliberalismo, na década de 1980, recorrer aos meios "legais" do ajustamento estrutural ("austeridade"), da dívida externa, da privatização, da desregulação e da liberalização do comércio. Em face disto, o reformismo está hoje reduzido a uma miniatura caricatural do que foi, como ilustram os casos da Inglaterra de Tony Blair, da África do Sul de Thabo Mbkie, do Brasil de Lula. Por sua vez, a revolução, que começou por simbolizar uma concepção maximalista de tomada de poder, acabou por evoluir semanticamente para concepções de recusa da tomada de poder, se não mesmo de recusa radical da ideia do poder, como ilustra a interpretação altamente polémica do zapatismo por parte de John Holloway (2002). Entre os extremos da tomada do poder e da extinção total deste, houve, ao longo do século XX, muitas concepções intermédias centradas na ideia de transformação do poder, como ilustram, desde muito cedo, as concepções não leninistas de revolução por parte dos austro-marxistas[65].

Por todas estas razões, não penso que seja produtivo discutir entre reforma e revolução. Pelo seu passado, ela é polarizadora. Pelo seu presente e o futuro próximo, é inconsequente. Enquanto não surgem outros termos, proponho que esta questão seja deixada num estado de suspensão que, neste caso, significa aceitar que as lutas sociais nunca são essencialmente reformistas ou revolucionárias. Podem eventualmente assumir uma ou outra característica

---

[65] Ver Adler (1922) e Bauer (1924). Sobre as contribuições dos austro-marxistas, em geral, veja-se Bottomore e Goode (1978).

pelas consequências que têm (umas intencionais, outras não), em articulação com outras lutas sociais e em função da resistência das forças que se lhes opõem. Ou seja, a suspensão reside aqui em transformar a reforma e a revolução, de princípios de orientação para as acções futuras, em princípios de avaliação das acções passadas. O FSM aponta para as vantagens de tal suspensão.

3. *O Estado: objectivo principal ou objectivo irrelevante*. Relacionada com a questão anterior, há uma outra que considero improdutiva e que consiste em discutir se o Estado é relevante ou irrelevante para uma política de esquerda e, consequentemente, se o Estado deve ou não ser um objecto de lutas sociais. A opção é entre lutas sociais que tenham por objectivo o poder do Estado nas suas múltiplas formas e níveis e lutas sociais que tenham por objectivo exclusivo os poderes que circulam na sociedade civil e determinam as desigualdades, exclusões e opressões. Não se trata de decidir se o Estado deve ser defendido ou atacado, mas antes de decidir se as lutas sociais devem ter outros objectivos que não o de defender ou atacar o Estado. Também esta questão se pode desdobrar em algumas questões produtivas, como mostrarei adiante, mas, em si mesma, é uma questão improdutiva. Relacionada com ela estão a questão, aflorada atrás, sobre se o poder se deve tomar ou extinguir, e a questão sobre se o Estado é um aliado ou um inimigo dos movimentos sociais emancipatórios (uma das clivagens do FSM).

A improdutividade da questão da relevância ou irrelevância do Estado reside em que o Estado capitalista moderno não existe fora da relação com a sociedade civil. Os dois, longe de serem exteriores um ao outro, são as duas faces da *grundnorm*, ou seja, da relação política fundamental nas sociedades capitalistas. Doutra perspectiva, os três pilares da regulação social moderna são o Estado, o mercado e a comunidade (Santos, 1995: 1-5; 2002b: 1-4), não sendo possível conceber qualquer deles fora da relação com os outros. Finalmente, sendo o Estado uma relação social e, portanto, histórica, a sua relevância ou irrelevância não pode ser estabelecida independentemente do resultado das lutas sociais que no passado o tiveram por objecto. Para neutralizar o seu potencial de polarização, sugiro o seguinte nível de indecisão ou estado de suspensão: as lutas sociais podem ter por objecto privilegiado o poder do Estado ou os poderes que constituem a sociedade civil, mas, em qualquer dos casos, os poderes não privilegiados estão sempre presentes, afectam os resultados das lutas e são afectados por elas.

Questões produtivas

Igualmente à luz da experiência do FSM, passo agora a dar alguns exemplos de questões produtivas, ou seja, de questões de cuja discussão pode resultar a despolarização das pluralidades que hoje constituem o pensamento e a acção de esquerda.

1. *O Estado como aliado ou como inimigo.* Ao contrário do que sucede com a questão improdutiva da relevância ou irrelevância do Estado, esta questão é produtiva porque, precisamente, não assume a relevância do Estado de modo abstracto. Dá-lhe um sentido político específico. As transformações por que passou o Estado ao longo de todo o século XX, quer nos países centrais, quer nos países libertados do colonialismo, e o papel contraditório que desempenhou nos processos de transformação social dão consistência histórica e prática a esta questão. As experiências de luta social, de partidos e movimentos sociais nos diferentes países é muito diversificada e muito rica a este respeito, não parecendo ser susceptível de poder ser reduzida a um princípio ou receita geral.

O Fórum Social Mundial foi uma eloquente manifestação desta riqueza das lutas sociais, pois nele se congregaram movimentos e associações com as mais diversas experiências de relacionamento com o Estado. A possibilidade de se construir neste domínio uma pluralidade despolarizada funda-se, precisamente, no facto de a maioria dos movimentos e associações se recusar a tomar uma posição rígida e de princípio no seu relacionamento com o Estado. As suas experiências de luta mostram que o Estado, sendo por vezes inimigo, pode ser também, sobretudo nos países periféricos e semiperiféricos, um aliado precioso, por exemplo, na luta contra as imposições transnacionais. Se nalgumas situações se justifica a confrontação com o Estado, noutras é aconselhável a colaboração. E noutras ainda é apropriado uma combinação das duas, de que é exemplo a estratégia do Movimento dos Trabalhadores Rurais Sem Terra (MST) no Brasil, uma estratégia que podemos designar como cooperação autónoma e confrontacional. A opção por um certo tipo de relacionamento com o Estado depende de uma multiplicidade de factores: história e dimensão do movimento ou organização, tipo de regime político, tradições nacionais ou locais de luta social, nível de complexidade das demandas medido pelo tipo e número de dimensões que envolve (sociais, políticas, culturais, étnicas, religiosas), tipo e orientação da opinião pública, contexto internacional. O factor mais importante é talvez a estrutura das oportunidades: oportunidades políticas (as maiores ou menores fracturas na base social e política da acção do Estado; a maior ou menor permeabilidade à contestação social e à oposição política; o nível de exclusão social e política dos grupos sociais em luta), oportunidades institucionais (maior ou menor penetração e funcionalidade da administração pública, maior ou menor acessibilidade, independência e eficácia do sistema judicial, legalismo ou discricionariedade na actuação das forças repressivas, policiais e militares) e oportunidades ideológicas (sensibilidade da opinião pública, relação entre política e ética ou religião, critérios que definem os limites da tolerância e do que é negociável).

A concepção do Estado como uma relação social contraditória cria a possibilidade de discussões contextualizadas sobre a posição a adoptar face ao Estado por parte de um certo partido, organização ou movimento, numa determinada área social, num país e num momento histórico concretos. Permite ainda avaliar comparativamente posições diferentes assumidas por diferentes partidos, organizações ou movimentos em diferentes áreas de intervenção ou em diferentes países ou momentos históricos. Daqui resulta a possibilidade do reconhecimento da existência de diferentes estratégias, todas elas contextuais e não isentas de riscos e, sobretudo, nenhuma delas susceptível de se transformar em princípio geral. Nisto consiste a pluralidade despolarizada.

2. *Lutas locais, nacionais e globais.* A questão da prioridade relativa das acções colectivas locais, nacionais e globais é hoje largamente debatida e também aqui a diversidade das práticas de esquerda é enorme. Ela está presente nas opções políticas da grande maioria das organizações e movimentos que participam no FSM. É certo que a tradição teórica da esquerda foi moldada na escala nacional. As lutas locais foram tradicionalmente consideradas menores ou então consideradas embriões de lutas nacionais, em detrimento dos objectivos internacionalistas. Por sua vez, as vicissitudes do internacionalismo foram prova da prioridade das lutas e dos interesses nacionais. Foi a escala nacional que presidiu à formação dos partidos de esquerda e dos sindicatos e continuou a estruturar o seu activismo até hoje.

Na segunda metade do século XX, sobretudo a partir da década de 1970, a emergência dos novos movimentos sociais fez com que a escala local das lutas sociais assumisse um relevo que não tinha tido até então. A tradição organizativa da esquerda impediu que se explorasse ao máximo o potencial emancipatório da articulação entre lutas locais e nacionais. Os processos de construção do African National Congress (ANC), na África do Sul, e do Partido dos Trabalhadores (PT), no Brasil, foram talvez aqueles em que tal articulação foi conseguida com mais êxito. A partir da década de 1990, sobretudo com o levantamento zapatista em 1994, as manifestações de Seattle em 1999 e o Fórum Social Mundial em 2001, a possibilidade de articulações entre lutas locais, nacionais e globais adquiriu uma credibilidade sem precedentes. Por outro lado, o campo das experiências concretas de lutas em diferentes escalas ampliou-se enormemente e com isso tornou possível debates contextualizados sobre as diferentes escalas de acção colectiva, suas vantagens relativas, exigências organizativas e possibilidades de articulação. Esse debate está hoje em curso no FSM e é um dos mais produtivos, sobretudo no que respeita aos instrumentos específicos de articulação entre diferentes escalas de acção.

No Fórum Social Mundial juntaram-se movimentos sociais e organizações com diferentes concepções sobre a prioridade relativa das diferentes escalas de acção. Sendo o FSM, em si mesmo, uma acção colectiva de escala global, muitos dos movimentos e organizações que têm participado nele tiveram antes apenas experiências de lutas locais e nacionais. Apesar de todos verem no Fórum a possibilidade de ampliar as suas escalas de acção, atribuem, como vimos, prioridades muito diferentes às diferentes escalas de acção. Se para alguns a escala global de luta será cada vez mais importante à medida que se aprofunda a luta contra a globalização, para outros, o FSM é apenas um ponto de encontro ou um acontecimento cultural, certamente útil, mas sem alterar o princípio básico de que as "verdadeiras lutas", aquelas que são realmente importantes para o bem-estar das populações, continuam a ser travadas ao nível local e nacional. Há ainda outros movimentos e organizações que articulam sistematicamente na sua prática as escalas local e nacional e global (o MST, por exemplo, e, fora do FSM, os zapatistas). Mas como referi, para a larga maioria dos movimentos, mesmo que cada prática política concreta seja organizada em função de uma dada escala, todas as outras terão de ser envolvidas como condição de sucesso. As questões produtivas neste domínio incidem sobre o modo como este envolvimento deve ocorrer.

A riqueza das experiências de luta social a este respeito é, assim, enorme e torna possíveis debates contextualizados e, por isso, produtivos. A possibilidade da emergência de pluralidades despolarizadas neste domínio decorre do facto de, à luz da experiência recente, fazer cada vez menos sentido dar prioridade absoluta ou abstracta a qualquer das escalas de acção, abrindo-se assim o espaço para valorizar a coexistência de lutas sociais em diferentes escalas e as articulações de geometria variável entre elas. A decisão que determina a escala a privilegiar é uma decisão política que deve ser tomada em conformidade com condições políticas concretas.

3. *Acção institucional, acção directa, desobediência civil.* Ao contrário da questão da opção entre reforma e revolução, a questão da opção entre acção institucional e acção directa ou do recurso à desobediência civil é uma questão produtiva na medida em que pode ser discutida em contextos práticos de acção colectiva. Trata-se de saber se nas condições concretas em que uma dada luta ou acção colectiva é levada a cabo é de privilegiar o uso de meios legais, o trabalho político ou jurídico no seio das instituições e o diálogo com os detentores do poder ou, pelo contrário, a ilegalidade e a confrontação com as instituições do Estado. No caso da acção directa há que distinguir entre acção violenta e acção não violenta, e, no caso da acção violenta, entre violência contra alvos humanos e alvos não--humanos (propriedade)[66]. No caso da acção institucional, há que distinguir entre acção institucional no âmbito do poder do Estado (nacional ou local) e acção institucional no âmbito de poderes

---

[66] O tema da violência esteve fora dos debates da esquerda do mundo capitalista desenvolvido na segunda metade do século xx. Regressou no início da década de 2000 em consequência do brutal ataque às Torres Gémeas de Nova Iorque em 11 de Setembro de 2001 e das reacções que provocou. Discutem-se o conceito, os tipos, os graus, a legitimidade, a eficácia e a oportunidade da violência. Quando se fala da violência da acção directa dos movimentos tem-se normalmente em mente um conceito restrito de violência, a violência física. Já a violência contra a qual eles lutam pode ser física, simbólica, estrutural, psicológica, etc. O recurso à violência numa dada acção directa pode decorrer do plano original da acção ou surgir como resposta à repressão violenta por parte do Estado, através das forças policiais ou militares.

paralelos, nomeadamente através da criação de institucionalidades paralelas, que evitam a confrontação directa com o Estado ou têm lugar em regiões não penetradas pelo Estado. A institucionalidade paralela é um tipo híbrido de acção colectiva no qual se combinam elementos da acção directa e elementos da acção institucional. As instituições de poder local autónomo criadas pelos zapatistas em Chiapas (*caracoles, juntas de buen gobierno*) e as formas de governo nos *assentamentos* do MST são formas de institucionalidade paralela[67]. Os dois cursos de acção (directa ou institucional) têm custos e benefícios que só em contextos concretos podem ser avaliados e, obviamente, exigem tipos diferentes de organização e de mobilização. O que em geral se pode dizer de um outro tipo de acção colectiva não é suficiente para decidir discussões contextualizadas sobre eles. O contexto não se restringe às condições imediatas da acção, mas envolve também as condições envolventes, no fundo, os mesmos factores que condicionam o relacionamento com o Estado, referidos acima. A acção institucional tende a aproveitar melhor as contradições do poder e as fracturas entre as elites, mas está sujeita à cooptação e ao esvaziamento das conquistas, além de lhe ser difícil manter altos níveis de mobilização, nomeadamente devido à disjunção entre o ritmo da colectivização das reivindicações e dos protestos, por um lado, e o ritmo judicial ou legislativo, por outro. A acção directa tende a explorar melhor as ineficiências

---

[67] Em contextos revolucionários ou pré-revolucionários, as formas de poder paralelo ou poder dual assumem características específicas. Foi o caso da Rússia entre Fevereiro e Outubro de 1917 em que existiram em paralelo o Governo Provisório e os sovietes (Lenine, 1978: 17 e ss.; Trótski, 1950: 251 e ss.). Têm sido também analisados os casos da Alemanha (Broué, 1971: 161 e ss.), Espanha (Broué e Témime, 1961: 103 e ss.), América Latina (Mercado, 1974) e Portugal (Santos, 1990: 29 e ss.). Em tempos recentes, o caso mais notório é o da Venezuela, onde o governo de Hugo Chávez, confrontado com a inércia ou bloqueio da administração pública, criou as *missiones* para poder tornar acessíveis às classes populares serviços públicos básicos (educação, saúde, alimentação subsidiada).

do sistema de poder e a fragilidade da sua legitimação social, mas tem dificuldade em formular alternativas credíveis e está sujeita à repressão que, sendo excessiva, pode comprometer a mobilização ou até mesmo a organização. Enquanto a acção institucional tende a apelar à articulação com partidos, sempre que eles existam, a acção directa tende a ser hostil a tais articulações.

A desobediência civil (individual e colectiva) é uma forma de acção directa não violenta com um longo passado (Thoreau, Tolstói, Gandhi, Einstein, Bertrand Russel, Martin Luther King, etc.) e volta a ser muito discutida na sequência do FSM[68]. Um dos movimentos com algum protagonismo no contexto europeu são os *tute bianche*, que, a partir de 2001, se passaram a autodesignar como Movimento dos Desobedientes (*Disubbedienti*). A "nova" desobediência civil é uma combinação de várias tradições de acção directa: anarquismo, cristianismo radical de base, comunitarismo, Comuna de Paris, socialismo utópico. Mas em relação a elas contém algumas novidades, como, por exemplo, o seu carácter performativo, o recurso aos *media*, a manipulação dos símbolos. A respeito da desobediência civil tem-se gerado um debate vivo que considero produtivo. Ele decorre fundamentalmente de dois factores. Por um lado, a passagem da revolução para a rebeldia significou a substituição da ideia da ruptura total com a sociedade existente pela ideia de rupturas parciais, precisamente as que decorrem das acções de desobediência civil[69]. Por outro lado, os movimentos e organizações que participam no FSM actuam em países com diferentes regimes políticos e diferentes culturas políticas e estas diferenças condicionam de modo decisivo os debates sobre a legitimidade, a oportunidade e a eficácia da desobediência civil. Por exemplo, um

---

[68] Um bom resumo do debate pode ser lido em Buey (2005: 211-264).
[69] Isto não significa que os movimentos que recorrem à desobediência civil aceitem a legitimidade global da ordem estabelecida. Significa apenas que a resistência contra ela não é concebida como uma resistência ilegal global.

dos debates é sobre se nas sociedades liberais democráticas, onde é permitida a resistência legal, é legítima a desobediência civil colectiva. Este debate tem levado a um outro sobre a qualidade e os limites da democracia. Por um lado, há regimes políticos formalmente democráticos, mas com tantas limitações à expressão e organização da oposição, que o conflito democrático e a resistência legal estão, na prática, banidos. São as democracias de baixa e baixíssima intensidade. Por outro lado, mesmo em democracias mais credíveis, sob o pretexto da luta contra o terrorismo, têm vindo a ser promulgadas legislações tão restritivas das liberdades fundamentais, que se fala da emergência de um novo Estado de excepção[70]. No quadro deste, tornam-se cada vez mais limitadas as possibilidades de resistência legal, o que, por sua vez, leva a reavaliar o papel e a legitimidade da resistência ilegal.

A possibilidade de despolarização a respeito da opção pela legalidade ou ilegalidade das acções de resistência quando se toma como unidade de análise o mundo em toda a sua diversidade política e cultural (o que, além do mais, envolve diferentes concepções de legalidade e de violência) está, mais uma vez, fundada na riqueza das lutas políticas de esquerda dos últimos trinta anos. Essa riqueza esteve condensada de maneira eloquente, sobretudo na primeira década do século XXI, no Fórum Social Mundial. A Carta de Princípios contém, no entanto, uma limitação importante: a exclusão de movimentos e organizações que advoguem a luta armada como forma de acção política. Isto significa que está excluída a acção directa violenta contra pessoas.

O FSM congrega movimentos e organizações com experiências muito diversas neste domínio. Se muitos privilegiam acções institucionais, outros tantos privilegiam acções directas. Mas o mais significativo, em termos de potencial despolarizador, é a experiência de muitos movimentos e organizações que, em diferentes lutas

[70] Ver Agamben (2004).

ou em diferentes momentos da mesma luta, recorrem a ambos os tipos de acção, como, de novo, é exemplo eloquente o MST: acção directa contra a propriedade (ocupações) e acção institucional (legalização dos assentamentos e participação financeira do Estado na gestão destes). Apesar de não estar fisicamente presente no Fórum, o EZLN abriu um horizonte de possibilidades convergente neste domínio e exerce hoje uma influência forte, ainda que não muito conhecida, nos movimentos, sobretudo, latino-americanos. Nas lutas do EZLN são discerníveis momentos de acção directa violenta (levantamento de 1994), acção directa não-violenta (marcha de Chiapas à Cidade do México em 2001), acção institucional (acordo de Santo Andrés, *lobbying* no congresso mexicano) e de acção institucional paralela (*caracoles, juntas de buen gobierno*). Uma vez criadas as condições para avaliações sistemáticas, esta vastíssima experiência tem todas as condições para dar credibilidade à formação de pluralidades despolarizadas.

4. *Lutas pela igualdade e lutas pelo respeito da diferença.* A questão da prioridade relativa das lutas pela igualdade e das lutas pelo respeito da diferença está presente nas lutas da esquerda desde finais do século XIX e início do século XX, com os primeiros movimentos feministas, e teve novo impulso a partir dos anos de 1950 e de 1960 com o movimento dos direitos cívicos dos afro-americanos nos EUA. Mas podemos dizer que até às décadas de 1970 e 1980 foi uma questão marginal nos debates da esquerda. A partir de então adquiriu alguma centralidade, para o que muito contribuíram os novos movimentos feministas, os movimentos indígenas, os movimentos LGBT, e os movimentos de afrodescendentes nas Américas e na Europa. Organizados na base de identidades discriminadas, estes movimentos vieram contestar a concepção de igualdade que presidira às lutas sociais dos períodos anteriores, uma concepção centrada na ideia de classe (operariado e campesinato), de base económica e hostil ao reconhecimento de diferenças politicamente

significativas entre as classes populares. Os movimentos identitários sem, em geral, contestar a importância das desigualdades de classe, vieram reivindicar a importância política das desigualdades assentes na raça, na etnia, no sexo e na orientação sexual. Segundo eles, o princípio da igualdade tende a homogeneizar as diferenças e, portanto, a ocultar as hierarquias que se estabelecem no seio delas. Estas hierarquias traduzem-se em discriminações que afectam de modo irreversível as oportunidades de realização pessoal e social dos discriminados. Com base exclusiva no princípio da igualdade, estes não logram mais que uma inclusão social subordinada, descaracterizadora. Para que assim não seja, é necessário que, além da igualdade, se considere o reconhecimento da diferença como um princípio de emancipação social.

A articulação entre os princípios da igualdade e do reconhecimento da diferença não é tarefa fácil. Mas também neste domínio a diversidade das lutas sociais nos últimos trinta anos torna possível a formação de pluralidades despolarizadas. Há certamente posições extremas que recusam a validade de um dos princípios ou que, mesmo reconhecendo a validade de ambos, dão prioridade total e em abstracto a um deles. A maioria dos movimentos, no entanto, procura encontrar formas concretas de articulação entre os dois princípios, ainda que dando prioridade a um deles. Isto é visível no movimento sindical, fundado no princípio da igualdade, com a crescente sensibilidade para o reconhecimento da importância das discriminações étnicas e sexuais e a disponibilidade para articulações com movimentos identitários em lutas concretas. É igualmente visível nos movimentos identitários, sobretudo no movimento feminista, com o crescente reconhecimento e politização das diferenças de classe existentes no interior do movimento.

Também neste campo estão criadas condições para a formação de pluralidades despolarizadas e, mais uma vez, o FSM oferece-se como um vasto espaço no qual se geram oportunidades para a construção de articulações e coligações entre movimentos com concepções diferentes de emancipação social. O interconhecimento é uma condição necessária do reconhecimento recíproco. Os avanços neste domínio estão a permitir que a discussão sobre os dois princípios de emancipação não ocorra em abstracto e entre posições radicais e antes entre opções concretas na configuração de lutas concretas que comprometem os movimentos, sem os obrigar a mudanças de fundo nas suas concepções culturais filosóficas ou políticas fundamentais.

CAPÍTULO 13
CATORZE CARTAS ÀS ESQUERDAS

Primeira Carta às Esquerdas
Ideias básicas para um recomeço das esquerdas
(Agosto 2011)
Não ponho em causa que haja um futuro para as esquerdas, mas o seu futuro não vai ser uma continuação linear do seu passado. Definir o que têm em comum equivale a responder à pergunta: o que é a esquerda? A esquerda é um conjunto de posições políticas que partilham o ideal de que os humanos têm todos o mesmo valor, e são o valor mais alto. Esse ideal é posto em causa sempre que há relações sociais de poder desigual, isto é, de dominação. Neste caso, alguns indivíduos ou grupos satisfazem algumas das suas necessidades, transformando outros indivíduos ou grupos em meios para os seus fins. O capitalismo não é a única fonte de dominação, mas é uma fonte importante.

Os diferentes entendimentos deste ideal levaram a diferentes clivagens. As principais resultaram de respostas opostas às seguintes perguntas. Poderá o capitalismo ser reformado de modo a melhorar a sorte dos dominados, ou tal só é possível além do capitalismo? A luta social deve ser conduzida por uma classe (a classe operária) ou por diferentes classes ou grupos sociais? Deve ser conduzida dentro das instituições democráticas ou fora delas? O Estado é, ele próprio, uma relação de dominação, ou pode ser mobilizado para combater as relações de dominação? As respostas opostas a estas perguntas estiveram na origem de violentas clivagens. Em nome da esquerda cometeram-se atrocidades contra a esquerda; mas, no seu conjunto, as esquerdas dominaram o século XX (apesar do nazismo, do fascismo e do colonialismo) e o mundo tornou-se mais livre e mais igual graças a elas. Este curto século de todas as esquerdas terminou com a queda do Muro de Berlim. Os últimos trinta anos foram, por um lado, uma gestão de ruínas e de inércias e, por outro, a emergência de novas lutas contra a dominação, com outros actores e linguagens que as esquerdas não puderam entender. Entretanto, livre das esquerdas, o capitalismo voltou a mostrar a sua vocação anti-social. Voltou a ser urgente reconstruir as esquerdas para evitar a barbárie.

Como recomeçar? Pela aceitação das seguintes ideias. Primeiro, o mundo diversificou-se e a diversidade instalou-se no interior de cada país. A compreensão do mundo é muito mais ampla que a compreensão ocidental do mundo; não há internacionalismo sem interculturalismo. Segundo, o capitalismo concebe a democracia como um instrumento de acumulação; se for preciso, redu-la à irrelevância e, se encontrar outro instrumento mais eficiente, dispensa--a (o caso da China). A defesa da democracia de alta intensidade é a grande bandeira das esquerdas. Terceiro, o capitalismo é amoral e não entende o conceito de dignidade humana; a defesa desta é uma luta contra o capitalismo e nunca com o capitalismo (no capitalismo, mesmo as esmolas só existem como relações públicas). Quarto, a experiência do mundo mostra que há inúmeras realidades não capitalistas, guiadas pela reciprocidade e pelo cooperativismo, à espera de serem valorizadas como o futuro dentro do presente. Quinto, o século passado revelou que a relação dos humanos com a natureza é uma relação de dominação contra a qual há que lutar; o crescimento económico não é infinito. Sexto, a propriedade privada só é um bem social se for uma entre várias formas de propriedade e se todas forem protegidas; há bens comuns da humanidade (como a água e o ar). Sétimo, o curto século das esquerdas foi suficiente para criar um espírito igualitário entre os humanos que sobressai em todos os inquéritos; este é um património das esquerdas que estas têm vindo a dilapidar. Oitavo, o capitalismo precisa de outras formas de dominação para florescer, do racismo ao sexismo e à guerra e todas devem ser combatidas. Nono, o Estado é um animal estranho, meio anjo meio monstro, mas, sem ele, muitos outros monstros andariam à solta, insaciáveis à cata de anjos indefesos. Melhor Estado, sempre; menos Estado, nunca.

Com estas ideias, vão continuar a ser várias as esquerdas, mas já não é provável que se matem umas às outras e é possível que se unam para travar a barbárie que se aproxima.

Segunda Carta às Esquerdas
Ante o neoliberalismo
(Setembro 2011)

A democracia política pressupõe a existência do Estado. Os problemas que vivemos hoje na Europa mostram que não há democracia europeia porque não há Estado europeu. E porque muitas prerrogativas soberanas foram transferidas para instituições europeias, as democracias nacionais são hoje menos robustas porque os Estados nacionais são pós-soberanos. Os défices democráticos nacionais e o défice democrático europeu alimentam-se uns aos outros e todos se agravam por, entretanto, as instituições europeias terem decidido transferir para os mercados financeiros (isto é, para meia dúzia de grandes investidores, à frente dos quais o Deutsche Bank) parte das prerrogativas transferidas para elas pelos Estados nacionais. Ao cidadão comum será hoje fácil concluir (lamentavelmente só hoje) que foi uma trama bem urdida para incapacitar os Estados europeus no desempenho das suas funções de protecção dos cidadãos contra riscos colectivos e de promoção do bem-estar social. Esta trama neoliberal tem vindo a ser urdida em todo o mundo, e a Europa só teve o privilégio de ser "tramada" à europeia. Vejamos como aconteceu.

Está em curso um processo global de desorganização do Estado democrático. A organização deste tipo de Estado baseia-se em três funções: a função de confiança, por via da qual o Estado protege os cidadãos contra forças estrangeiras, crimes e riscos colectivos; a função de legitimidade, através da qual o Estado garante a promoção do bem-estar; e a função de acumulação, com a qual o Estado garante a reprodução do capital a troco de recursos (tributação, controlo de sectores estratégicos) que lhe permitam desempenhar as duas outras funções.

Os neoliberais pretendem desorganizar o Estado democrático através da inculcação na opinião pública da suposta necessidade de várias transições. Primeira: da responsabilidade colectiva para a responsabilidade individual. Segundo os neoliberais, as expectativas da vida dos cidadãos derivam do que eles fazem por si e não do que a sociedade pode fazer por eles. Tem êxito na vida quem toma boas decisões ou tem sorte e fracassa quem toma más decisões ou tem pouca sorte. As condições diferenciadas do nascimento ou do país não devem ser significativamente alteradas pelo Estado. Segunda: da acção do Estado baseada na tributação para a acção do Estado baseada no crédito. A lógica distributiva da tributação permite ao Estado expandir-se à custa dos rendimentos mais altos, o que, segundo os neoliberais, é injusto, enquanto a lógica distributiva do crédito obriga o Estado a conter-se e a pagar o devido a quem lhe empresta. Esta transição garante a asfixia financeira do Estado, a única medida eficaz contra as políticas sociais. Terceira: do reconhecimento da existência de bens públicos (educação, saúde) e interesses estratégicos (água, telecomunicações, correios) a serem zelados pelo Estado para a ideia de que cada intervenção do Estado em área potencialmente rendível é uma limitação ilegítima das oportunidades de lucro privado. Quarta: do princípio da primazia do Estado para o princípio da primazia da sociedade civil e do mercado. O Estado é sempre ineficiente e autoritário. A força coercitiva do Estado é hostil ao consenso e à coordenação dos interesses e limita a liberdade dos empresários que são quem cria riqueza (dos trabalhadores não há menção). A lógica imperativa do governo deve ser substituída na medida do possível pela lógica cooperativa de governança entre interesses sectoriais, entre os quais o do Estado. Quinta: dos direitos sociais para os apoios em situações extremas de pobreza ou incapacidade e para a filantropia. O Estado social exagerou na solidariedade entre cidadãos e transformou a desiguldade social num mal quando, de facto, é um bem. Entre quem dá esmola e quem a recebe não há igualdade possível, um é sujeito da caridade e o outro é objecto dela.

   Perante este perturbador receituário neoliberal, é difícil imaginar que as esquerdas não estejam de acordo sobre o princípio "melhor Estado, sempre; menos Estado, nunca" e que disso não tirem consequências.

Terceira Carta às Esquerdas
A urgência de esquerdas reflexivas
(Dezembro 2011)

Quando estão no poder, as esquerdas não têm tempo para reflectir sobre as transformações que ocorrem nas sociedades e quando o fazem é sempre por reacção a qualquer acontecimento que perturbe o exercício do poder. A resposta é sempre defensiva. Quando não estão no poder, dividem-se internamente para definir quem vai ser o líder nas próximas eleições, e as reflexões e análises ficam vinculadas a esse objectivo. Esta indisponibilidade para reflexão, se foi sempre perniciosa, é agora suicida. Por duas razões. A direita tem à sua disposição todos os intelectuais orgânicos do capital financeiro, das associações empresariais, das instituições multilaterais, dos *think tanks*, dos *lobbistas*, os quais lhe fornecem diariamente dados e interpretações que não são sempre faltos de rigor e sempre interpretam a realidade de modo a levar a água ao seu moinho. Pelo contrário, as esquerdas estão desprovidas de instrumentos de reflexão abertos aos não militantes e, internamente, a reflexão segue a linha estéril das facções. Circula hoje no mundo uma imensidão de informações e análises que poderiam ter uma importância decisiva para repensar e refundar as esquerdas depois do duplo colapso da social-democracia e do socialismo real. O desequilíbrio entre as esquerdas e a direita no que respeita ao conhecimento estratégico do mundo é hoje maior que nunca.

A segunda razão é que as novas mobilizações e militâncias políticas por causas historicamente pertencentes às esquerdas estão a ser feitas sem nenhuma referência a elas (salvo talvez à tradição anarquista) e muitas vezes em oposição a elas. Isto não pode deixar de suscitar uma profunda reflexão. Está a ser feita? Tenho razões para crer que não e a prova está nas tentativas de cooptar, ensinar, minimizar, ignorar a nova militância. Proponho algumas linhas de reflexão. A primeira diz respeito à polarização social que está a emergir das enormes desigualdades sociais. Vivemos um tempo que tem algumas semelhanças com o das revoluções democráticas que avassalaram a Europa em 1848. A polarização social era enorme porque o operariado (então uma classe jovem) dependia do trabalho para sobreviver mas (ao contrário dos pais e avós) o trabalho não dependia dele, dependia de quem o dava ou retirava a seu bel-prazer, o patrão; se trabalhasse, os salários eram tão baixos e a jornada tão longa, que a saúde perigava e a família vivia sempre à beira da fome; se fosse despedido, não tinha nenhum suporte excepto o de alguma economia solidária ou do recurso ao crime. Não admira que, nessas revoluções, as duas bandeiras de luta tenham sido o direito ao trabalho e o direito a uma jornada de trabalho mais curta. 150 anos depois, a situação não é totalmente a mesma mas as bandeiras continuam a ser actuais. E talvez o sejam hoje mais do que o eram há 30 anos. As revoluções foram sangrentas e falharam, mas os próprios governos conservadores que se seguiram tiveram de fazer concessões para que a questão social não descambasse em catástrofe. A que distância estamos nós da catástrofe? Por enquanto, a mobilização contra a escandalosa desigualdade social (semelhante à de 1848) é pacífica e tem um forte pendor moralista-denunciador. Não mete medo ao sistema financeiro-democrático. Quem pode garantir que assim continue? A direita está preparada para a resposta repressiva a qualquer alteração que se torne ameaçadora. Quais são os planos das esquerdas? Vão voltar a dividir-se como no passado, umas tomando a posição da repressão e outras, a da luta contra a repressão?

    A segunda linha de reflexão tem igualmente muito que ver com as revoluções de 1848 e consiste em como voltar a conectar a democracia com as aspirações e as decisões dos cidadãos. Das palavras de ordem de 1848, sobressaíam liberalismo e democracia. Liberalismo significava governo republicano, separação entre Estado e religião, liberdade de imprensa; democracia significava sufrágio "universal" para os homens. Neste domínio, muito se avançou nos últimos 150 anos. No entanto, as conquistas têm vindo a ser postas em causa nos últimos 30 anos e nos últimos tempos a democracia mais parece uma casa fechada, ocupada por um grupo de extraterrestres que decide democraticamente pelos seus interesses e ditatorialmente pelos interesses das grandes maiorias. Um regime misto, uma democradura. O Movimento dos Indignados e do *Occupy* recusam a expropriação da democracia e optam por tomar decisões por consenso nas sua assembleias. São loucos ou são um sinal das exigências que vêm aí? As esquerdas já terão pensado que se não se sentirem confortáveis com formas de democracia de alta intensidade (no interior dos partidos e na república) esse será o sinal de que devem retirar-se ou refundar-se?

Quarta Carta às Esquerdas
Colonialismo, democracia e esquerdas
(Janeiro 2012)

As divisões históricas entre as esquerdas foram justificadas por uma imponente construção ideológica mas, na verdade, a sua sustentabilidade prática – ou seja, a credibilidade das propostas políticas que lhes permitiram colher adeptos – assentou em três factores: o colonialismo, que permitiu a deslocação da acumulação primitiva de capital (por despossessão violenta, com incontável sacrifício humano, muitas vezes ilegal mas sempre impune) para fora dos países capitalistas centrais onde se travavam as lutas sociais consideradas decisivas; a emergência de capitalismos nacionais com características tão diferenciadas (capitalismo de Estado, corporativo, liberal, social-democrático), que davam credibilidade à ideia de que haveria várias alternativas para superar o capitalismo; e, finalmente, as transformações que as lutas socias foram operando na democracia liberal, permitindo alguma redistribuição social e separando, até certo ponto, o mercado das mercadorias (dos valores que têm preço e se compram e se vendem) do mercado das convicções (das opções e dos valores políticos que, não tendo preço, não se compram nem se vendem). Se para algumas esquerdas tal separação era um facto novo, para outras era um ludíbrio perigoso.

Os últimos anos alteraram tão profundamente qualquer destes factores, que nada será como dantes para as esquerdas tal como as conhecemos. No que respeita ao colonialismo, as mudanças radicais são de dois tipos. Por um lado, a acumulação de capital por despossessão violenta voltou às ex-metrópoles (furtos de salários e pensões; transferências ilegais de fundos colectivos para resgatar bancos privados; impunidade total do gangsterismo financeiro), pelo que uma luta de tipo anticolonial terá de ser agora travada também nas metrópoles, uma luta que, como sabemos, nunca se pautou pelas cortesias parlamentares. Por outro lado, apesar de o neocolonialismo (a continuação de relações de tipo colonial entre as ex-colónias e as ex-metrópoles ou seus substitutos, caso dos EUA) ter permitido que a acumulação por despossessão no mundo ex-colonial tenha prosseguido até hoje, parte deste está a assumir um novo protagonismo (Índia, Brasil, África do Sul, e o caso especial da China, humilhada pelo imperialismo ocidental durante o século XIX) e a tal ponto, que não sabemos se haverá no futuro novas metrópoles e, por implicação, novas colónias.

Quanto aos capitalismos nacionais, o seu fim parece traçado pela máquina trituradora do neoliberalismo. É certo que na América Latina e na China parecem emergir novas versões de dominação capitalista, mas intrigantemente todas elas se prevalecem das oportunidades que o neoliberalismo lhes confere. Ora, 2011 provou que a esquerda e o neoliberalismo são incompatíveis. Basta ver como as cotações bolsistas sobem na exacta medida em que aumenta a desigualdade social e se destrói a protecção social. Quanto tempo levarão as esquerdas a tirar as consequências?

Finalmente, a democracia liberal agoniza sob o peso dos poderes fácticos (máfias, maçonaria, Opus Dei, transnacionais, FMI, Banco Mundial) e da impunidade da corrupção, do abuso do poder e do tráfico de influências. O resultado é a fusão crescente entre o mercado político das ideias e o mercado económico dos interesses. Está tudo à venda e só não se vende mais porque não há quem compre. Nos últimos cinquenta anos, as esquerdas (todas elas) deram um contributo fundamental para que a democracia liberal tivesse alguma credibilidade junto das classes populares e os conflitos sociais pudessem ser resolvidos em paz. Sendo certo que a direita só se interessa pela democracia na medida em que esta serve os seus interesses, as esquerdas são hoje a grande garantia do resgate da democracia. Estarão à altura da tarefa? Terão a coragem de refundar a democracia além do liberalismo? Uma democracia robusta contra a antidemocracia, que combine a democracia representativa com a democracia participativa e a democracia directa? Uma democracia anticapitalista ante um capitalismo cada vez mais antidemocrático?

Quinta Carta às Esquerdas
Democratizar, desmercantilizar, descolonizar
(Abril 2012)

Porque é que a actual crise do capitalismo fortalece quem a causou? Porque é que a racionalidade da "solução" da crise assenta nas previsões que faz e não nas consequências que quase sempre as desmentem? Porque é que está a ser tão fácil ao Estado trocar o bem-estar dos cidadãos pelo bem-estar dos bancos? Porque é que a grande maioria dos cidadãos assiste ao seu empobrecimento como se fosse inevitável e ao enriquecimento escandaloso de poucos como se fosse necessário para a sua situação não piorar ainda mais? Porque é que a estabilidade dos mercados financeiros só é possível à custa da instabilidade da vida da grande maioria da população? Porque é que os capitalistas individualmente são, em geral, gente de bem e o capitalismo, no seu todo, é amoral? Porque é que o crescimento económico é hoje a panaceia para todos os males da economia e da sociedade sem que se pergunte se os custos sociais e ambientais são ou não sustentáveis? Porque é que Malcolm X estava cheio de razão quando advertiu: "se não tiverdes cuidado, os jornais convencer-vos-ão de que a culpa dos problemas sociais é dos oprimidos, e não de quem os oprime"? Porque é que as críticas que as esquerdas fazem ao neoliberalismo entram nos noticiários com a mesma rapidez e irrelevância com que saem? Porque é que as alternativas escasseiam no momento em que são mais necessárias?

Estas questões devem estar na agenda de reflexão política das esquerdas sob pena de, a prazo, serem remetidas ao museu das felicidades passadas. Isso não seria grave se esse facto não significasse, como significa, o fim da felicidade futura das classes populares. A reflexão deve começar por aí: o neoliberalismo é, antes de tudo, uma cultura de medo, de sofrimento e de morte para as grandes maiorias; não se combate com eficácia se não se lhe opuser uma cultura de esperança, de felicidade e de vida. A dificuldade que as esquerdas têm em se assumirem como portadoras desta outra cultura decorre de terem caído durante demasiado tempo na armadilha com que as direitas sempre se mantiveram no poder: reduzir a realidade ao que existe, por mais injusta e cruel que seja, para que a esperança das maiorias pareça irreal. O medo na espera mata a esperança na felicidade. Contra esta armadilha é preciso partir da ideia de que a realidade é a soma do que existe e de tudo o que nela é emergente como possibilidade e como luta pela sua concretização. Se não souberem detectar as emergências, as esquerdas submergem ou vão para o museu, o que dá no mesmo.

Este é o novo ponto de partida das esquerdas, a nova base comum que lhes permitirá depois divergir fraternalmente nas respostas que derem às perguntas que formulei. Uma vez ampliada a realidade sobre que se deve actuar politicamente, as propostas das esquerdas devem ser credivelmente percebidas pelas grandes maiorias como prova de que é possível lutar contra a suposta fatalidade do medo, do sofrimento e da morte em nome do direito à esperança, à felicidade e à vida. Essa luta deve ser conduzida por três palavras-guia: democratizar, desmercantilizar, descolonizar. Democratizar a própria democracia, já que a actual se deixou sequestrar por poderes antidemocráticos. É preciso tornar evidente que uma decisão democraticamente tomada não pode ser destruída no dia seguinte por uma agência de *rating* ou por uma baixa de cotação nas bolsas (como pode vir a acontecer proximamente em França). Desmercantilizar significa mostrar que usamos, produzimos e trocamos mercadorias, mas que não somos mercadorias nem aceitamos relacionar-nos com os outros e com a natureza como se fossem apenas mercadorias. Somos cidadãos antes de sermos empreendedores ou consumidores e para o sermos é imperativo que nem tudo se compre e nem tudo se venda, que haja bens públicos e bens comuns como a água, a saúde, a educação. Descolonizar significa erradicar das relações sociais a autorização para dominar os outros sob o pretexto de que são inferiores: porque são mulheres, porque têm uma cor de pele diferente, ou porque pertencem a uma religião estranha.

Sexta Carta às Esquerdas
À esquerda do possível
(Maio 2012)

Historicamente, as esquerdas dividiram-se sobre os modelos de socialismo e as vias para os realizar. Não estando o socialismo, por agora, na agenda política – mesmo na América Latina a discussão sobre o socialismo do século XXI perde fôlego –, as esquerdas parecem dividir-se sobre os modelos de capitalismo. À primeira vista, esta divisão faz pouco sentido pois, por um lado, há neste momento um modelo global de capitalismo, de longe hegemónico, dominado pela lógica do capital financeiro, assente na busca do máximo lucro no mais curto espaço de tempo, quaisquer que sejam os custos sociais ou o grau de destruição da natureza. Por outro lado, a disputa por modelos de capitalismo deveria ser mais uma disputa entre as direitas do que entre as esquerdas. De facto, assim não é. Apesar da sua globalidade, o modelo de capitalismo agora dominante assume características distintas em diferentes países e regiões do mundo e as esquerdas têm um interesse vital em as discutir, não só porque estão em causa as condições de vida, aqui e agora, das classes populares que são o suporte político das esquerdas, como também porque a luta por horizontes pós-capitalistas – de que algumas esquerdas ainda não desistiram, e bem – dependerá muito do capitalismo real de que se partir.

Sendo global o capitalismo, a análise dos diferentes contextos deve ter em mente que eles, apesar das suas diferenças, são parte do mesmo texto. Assim sendo, é perturbadora a disjunção actual entre as esquerdas europeias e as esquerdas de outros continentes, nomeadamente as esquerdas latino-americanas. Enquanto as esquerdas europeias parecem estar de acordo em que o crescimento é a solução para todos os males da Europa, as esquerdas latino-americanas estão profundamente divididas sobre o crescimento e o modelo de desenvolvimento em que este assenta. Vejamos o contraste. As esquerdas europeias parecem ter descoberto que a aposta no crescimento económico é o que as distingue das direitas, apostadas na consolidação orçamental e na austeridade. O crescimento significa emprego e este, a melhoria das condições de vida das maiorias. Não problematizar o crescimento implica a ideia de que qualquer crescimento é bom. É uma ideia suicida para as esquerdas. Por um lado, as direitas facilmente a aceitam (como já estão a aceitar, por estarem convencidas de que será o *seu* tipo de crescimento a prevalecer). Por outro lado, significa um retrocesso histórico grave em relação aos avanços das lutas ecológicas das últimas décadas, em que algumas esquerdas tiveram um papel determinante. Ou seja, omite-se que o modelo de crescimento dominante é insustentável. Em pleno período preparatório da Conferência da ONU Rio+20, não se fala de sustentabilidade, não se questiona o conceito de economia verde mesmo que, além da cor das notas de dólar, seja difícil imaginar um capitalismo verde.

Em contraste, na América Latina as esquerdas estão polarizadas como nunca sobre o modelo de crescimento e de desenvolvimento. A voracidade da China, o consumo digital sedento de metais raros e a especulação financeira sobre a terra, as matérias-primas e os bens alimentares estão a provocar uma corrida sem precedentes aos recursos naturais: exploração mineira de larga escala e a céu aberto, exploração petrolífera, expansão da fronteira agrícola. O crescimento económico que esta corrida propicia choca com o aumento exponencial da dívida socioambiental: apropriação e contaminação da água, expulsão de muitos milhares de camponeses pobres e de povos indígenas das suas terras ancestrais, desflorestação, destruição da biodiversidade, ruína de modos de vida e de economias que até agora garantiram a sustentabilidade. Confrontadas com esta contradição, uma parte das esquerdas opta pela oportunidade extractivista, desde que os rendimentos que ela gera sejam canalizados para reduzir a pobreza e construir infra-estruturas. A outra parte vê no novo extractivismo a fase mais recente da condenação colonial da América Latina a ser exportadora de natureza para os centros imperiais que saqueiam as imensas riquezas e destroem os modos de vida e as culturas dos povos. A confrontação é tão intensa, que põe em causa a estabilidade política de países como a Bolívia ou o Equador.

O contraste entre as esquerdas europeias e latino-americanas reside em que só as primeiras subscreveram incondicionalmente o "pacto colonial", segundo o qual os avanços do capitalismo valem por si, mesmo que tenham sido (e continuem a ser) obtidos à custa da opressão colonial dos povos extra-europeus. Nada de novo na frente ocidental enquanto for possível fazer o *outsourcing* da miséria humana e da destruição da natureza.

Para superar este contraste e iniciar a construção de alianças transcontinentais seriam necessárias duas condições. As esquerdas europeias deveriam pôr em causa o consenso do crescimento que, ou é falso, ou significa uma cumplicidade repugnante com uma demasiado longa injustiça histórica. Deveriam discutir a questão da insustentabilidade, pôr em causa o mito do crescimento infinito e a ideia da inesgotável disponibilidade da natureza em que assenta, assumir que os crescentes custos socioambientais do capitalismo não são superáveis com imaginárias economias verdes, defender que a prosperidade e a felicidade da sociedade depende menos do crescimento do que da justiça social e da racionalidade ambiental, ter a coragem de afirmar que a luta pela redução da pobreza é uma burla para disfarçar a luta que não se quer travar contra a concentração da riqueza.

Por sua vez, as esquerdas latino-americanas deveriam discutir as antinomias entre o curto e o longo prazo, ter em mente que o futuro das rendas diferenciais geradas actualmente pela exploração dos recursos naturais está nas mãos de umas poucas empresas multinacionais e que, no final deste ciclo extractivista, os países podem estar mais pobres e dependentes do que nunca, reconhecer que o nacionalismo extractivista garante ao Estado receitas que podem ter uma importante utilidade social se, em parte pelo menos, forem utilizadas para financiar uma política da transição, que deve começar desde já, do extractivismo predador para uma economia plural em que o extractivismo só seja útil na medida em que for indispensável.

As condições para políticas de convergência global são exigentes, mas não são impossíveis e apontam para opções que não devem ser descartadas sob pretexto de serem políticas do impossível. A questão não está em ter de optar pela política do possível contra a política do impossível. Está em saber estar sempre no lado esquerdo do possível.

Sétima Carta às Esquerdas
A mudança de paradigma
(Junho 2012)
A que esquerdas me dirijo? Aos partidos e movimentos sociais que lutam contra o capitalismo, o colonialismo, o racismo, o sexismo e a homofobia, e a todos os cidadãos que não se consideram organizados, mas partilham dos objectivos e aspirações daqueles que se organizam para lutar contra tais objectivos. É um público muito vasto, sobretudo porque inclui aqueles que têm práticas de esquerda sem se considerarem de esquerda. E, no entanto, parece tão pequeno. Nas últimas semanas, as esquerdas tiveram a oportunidade de vivenciar a riqueza global das alternativas que oferecem e de identificar bem as forças de direita a que se opõem. Infelizmente, essa oportunidade foi desperdiçada. Na Europa, as esquerdas estavam avassaladas pelas crises e urgências do imediato e, noutros continentes, os *media* ocultaram o que de novo e de esquerda pairava no ar.

Refiro-me à Conferência da ONU Rio+20 e à Cúpula dos Povos que se realizaram no Rio de Janeiro. A primeira realizou-se na Barra da Tijuca e a segunda no Aterro do Flamengo. Eram poucos os quilómetros que as separavam, mas havia um vasto oceano de distância política entre elas. Na Barra, estavam os governos e a sociedade civil bem-comportada, incluindo as empresas multinacionais que cozinhavam os discursos e organizavam o cerco aos negociadores oficiais. Na Barra, a direita mundial deu um espectáculo macabro de arrogância e de cinismo ante os desafios incontornáveis da sustentabilidade da vida no planeta. Nenhum compromisso obrigatório para reduzir os gases do efeito estufa, nenhuma responsabilidade diferenciada para os países que mais têm poluído, nenhum fundo para o desenvolvimento sustentável, nenhum direito de acesso universal à saúde, nenhuma quebra de patentes farmacêuticas em situações de emergência e de pandemias. Em vez disso, a economia verde, o cavalo de Tróia para o capital financeiro passar a gerir os bens globais e os serviços que a natureza nos presta gratuitamente. Qualquer cidadão menos poluído entende que não é vendendo natureza que a podemos defender e não acredita que os problemas do capitalismo se possam resolver com mais capitalismo. Mas foi isso o que os *media* levaram ao mundo.

Ao contrário, a Cúpula dos Povos foi a expressão da riqueza do pensamento e das práticas que os movimentos sociais de todo o mundo estão a levar a cabo para permitir que as gerações vindouras usufruam do planeta em condições pelo menos iguais às de que dispomos. Milhares de pessoas, centenas de eventos, um conjunto inabarcável de práticas e de propostas de sustentabilidade. Alguns exemplos: defesa dos espaços públicos nas cidades que priorizem o pedestre, o convívio social, a vida associativa, com gestão democrática e participação popular, transportes colectivos, hortas comunitárias e praças sensoriais; economia cooperativa e solidária; soberania alimentar, agricultura familiar e educação para a alimentação sem produtos agro-tóxicos; novo paradigma de produção-consumo que fortaleça as economias locais articuladas translocalmente; substituição do PIB por indicadores que incluam a economia do cuidado, a saúde colectiva, a sociedade decente e a prosperidade não assente no consumo compulsivo; mudança na matriz energética baseada nas energias renováveis descentralizadas; substituição do conceito de capital natural pelo de natureza como sujeito de direitos; defesa de bens comuns, como a água e a biodiversidade, que apenas permitem direitos de uso temporários; garantia do direito à terra e ao território das populações camponesas e indígenas; democratização dos meios de comunicação; tributação penalizante das actividades extractivas e industriais contaminantes; direito à saúde sexual e reprodutiva das mulheres; reforma democrática do Estado que elimine a pandemia da corrupção e trave a transformação em curso do Estado protector em Estado predador; transferências de tecnologia que atenuem a dívida ecológica.

Se as esquerdas quiserem ter futuro, têm de adoptar o futuro que está contido nestas propostas e transformá-las em políticas públicas.

Oitava Carta às Esquerdas:
Os direitos humanos: as últimas trincheiras
(Agosto 2012)
Quem poderia imaginar há uns anos que partidos e governos considerados progressistas ou de esquerda abandonassem a defesa dos mais básicos direitos humanos, por exemplo, o direito à vida, ao trabalho e à liberdade de expressão e de associação, em nome dos imperativos do "desenvolvimento"? Acaso não foi por via da defesa desses direitos que granjearam o apoio popular e chegaram ao poder? Que se passa para que o poder, uma vez conquistado, se vire tão fácil e violentamente contra quem lutou para que ele fosse poder? Por que razão, sendo um poder das maiorias mais pobres, é exercido em favor das minorias mais ricas? Porque é que, neste domínio, é cada vez mais difícil distinguir entre os países do Norte e os países do Sul?

Os factos
Nos últimos anos, os partidos socialistas de vários países europeus (Grécia, Portugal e Espanha) mostraram que podiam zelar tão bem pelos interesses dos credores e especuladores internacionais quanto qualquer partido de direita, não parecendo nada anormal que os direitos dos trabalhadores fossem expostos às cotações das bolsas de valores e, portanto, devorados por elas. Na África do Sul, a polícia ao serviço do governo do ANC, que lutou contra o *apartheid* em nome das maiorias negras, mata 34 mineiros em greve para defender os interesses de uma empresa mineira inglesa. Bem perto, em Moçambique, o governo da Frelimo, que conduziu a luta contra o colonialismo português, atrai o investimento das empresas extractivistas com a isenção de impostos e a oferta da docilidade (a bem ou a mal) das populações que estão a ser afectadas pela mineração a céu aberto. Na Índia, o governo do partido do Congresso, que lutou contra o colonialismo inglês, faz concessões de terras a empresas nacionais e estrangeiras e ordena a expulsão de milhares

e milhares de camponeses pobres, destruindo os seus meios de subsistência e provocando um enfrentamento armado. Na Bolívia, o governo de Evo Morales, um indígena levado ao poder pelo movimento indígena, impõe, sem consulta prévia e com uma sucessão rocambolesca de medidas e contramedidas, a construção de uma auto-estrada em território indígena (Parque Nacional TIPNIS) para escoar recursos naturais. No Equador, o governo de Rafael Correa, que corajosamente concede asilo político a Julian Assange, acaba de ser condenado pela Corte Interamericana de Direitos Humanos por não ter garantido os direitos do povo indígena Sarayaku em luta contra a exploração de petróleo nos seus territórios. E já em Maio de 2003 a Comissão tinha solicitado ao Equador medidas cautelares a favor do povo Sarayaku que não foram atendidas.

Em 2011, a Comissão Interamericana de Direitos Humanos (CIDH) solicita ao Brasil, mediante uma medida cautelar, que suspenda imediatamente a construção da barragem de Belo Monte (que, quando pronta, será a terceira maior do mundo) até que sejam adequadamente consultados os povos indígenas por ela afectados. O Brasil protesta contra a decisão, retira o seu embaixador da Organização dos Estados Americanos (OEA), suspende o pagamento da sua cota anual à OEA, retira o seu candidato à CIDH e toma a iniciativa de criar um grupo de trabalho para propor a reforma da CIDH no sentido de diminuir os seus poderes de questionar os governos sobre violações de direitos humanos. Curiosamente, a suspensão da construção da barragem acaba agora de ser decretada pelo Tribunal Regional Federal da 1ª Região (Brasília) com base na falta de estudos de impacto ambiental.

Os riscos
Para responder às questões com que comecei esta carta vejamos o que há de comum entre todos estes casos. Todas as violações de direitos humanos estão relacionadas com o neoliberalismo, a versão mais anti-social do capitalismo nos últimos cinquenta anos.

No Norte, o neoliberalismo impõe a austeridade às grandes maiorias e o resgate dos banqueiros, substituindo a protecção social dos cidadãos pela protecção social do capital financeiro. No Sul, o neoliberalismo impõe a sua avidez pelos recursos naturais, sejam eles os minérios, o petróleo, o gás natural, a água ou a agro-indústria. Os territórios passam a ser terra e as populações que nelas habitam, obstáculos ao desenvolvimento que é necessário remover quanto mais rápido melhor. Para o capitalismo extractivista a única regulação verdadeiramente aceitável é a auto-regulação, a qual inclui, quase sempre, a auto-regulação da corrupção dos governos. As Honduras oferecem neste momento um dos mais extremos exemplos de auto-regulação da actividade mineira onde tudo se passa entre a Fundação Hondurenha de Responsabilidade Social Empresarial (FUNDAHRSE) e a embaixada do Canadá. Sim, o Canadá, que há vinte anos parecia ser uma força benévola nas relações internacionais e hoje é um dos mais agressivos promotores do imperialismo mineiro.

Quando a democracia concluir que não é compatível com este tipo de capitalismo e decidir resistir-lhe, pode ser demasiado tarde. É que, entretanto, pode o capitalismo ter já concluído que a democracia não é compatível com ele.

O que fazer?
Ao contrário do que pretende o neoliberalismo, o mundo só é o que é porque nós queremos. Pode ser de outra maneira se a tal nos propusermos. A situação é de tal modo grave, que é necessário tomar medidas urgentes mesmo que sejam pequenos passos. Essas medidas variam de país para país e de continente para continente, ainda que a articulação entre elas, quando possível, seja indispensável. No continente americano a medida mais urgente é travar o passo à reforma da CIDH em curso. Nessa reforma estão particularmente activos quatro países com quem sou solidário em múltiplos aspectos da sua governação, o Brasil, o Equador, a Venezuela e a

Argentina. Mas no caso da reforma da CIDH estou firmemente ao lado dos que lutam contra a iniciativa destes governos e pela manutenção do estatuto actual da CIDH. Não deixa de ser irónico que os governos de direita, que mais hostilizam o sistema interamericano de direitos humanos, como é o caso da Colômbia, assistam deleitados ao serviço que os governos progressistas objectivamente lhes estão a prestar.

O meu primeiro apelo é aos governos brasileiro, equatoriano, venezuelano e argentino para que abandonem o projecto da reforma. E o apelo é especialmente dirigido ao Brasil dada a influência que tem na região. Se tiverem uma visão política de longo prazo, não lhes será difícil concluir que serão eles e as forças sociais que os têm apoiado quem, no futuro, mais pode vir a beneficiar do prestígio e da eficácia do sistema interamericano de direitos humanos. Aliás, a Argentina deve à CIDH e à Corte a doutrina que permitiu levar à justiça os crimes de violação dos direitos humanos cometidos pela ditadura, o que muito acertadamente se converteu numa bandeira dos governos Kirchner na política dos direitos humanos.

Mas porque a cegueira do curto prazo pode prevalecer, apelo também a todos os activistas de direitos humanos do continente e a todos os movimentos e organizações sociais – que viram no Fórum Social Mundial e na luta continental contra a ALCA a força da esperança organizada – que se juntem na luta contra a reforma da CIDH em curso. Sabemos que o sistema interamericano de direitos humanos está longe de ser perfeito, quando mais não seja porque os dois países mais poderosos da região nem sequer subscreveram a Convenção Americana de Direitos Humanos (EUA e Canadá). Também sabemos que, no passado, tanto a Comissão como a Corte revelaram debilidades e selectividades politicamente enviesadas. Mas também sabemos que o sistema e as suas instituições têm vindo a fortalecer-se, actuando com mais independência e ganhando prestígio através da eficácia com que têm condenado muitas violações de direitos humanos. Desde os anos de 1970 e 1980, em que a Comissão levou a cabo missões em países como o Chile, a Argentina e a Guatemala e publicou relatórios denunciando as violações cometidas pelas ditaduras militares, até às missões e denúncias depois do golpe de Estado das Honduras em 2009; para não falar nas reiteradas solicitações para o encerramento do centro de detenção de Guantánamo. Por sua vez, a recente decisão da Corte no caso "Povo Indígena Kichwa de Sarayaku *versus* Equador", de 27 de Julho passado, é um marco histórico de direito internacional, não só a nível do continente, como a nível mundial. Tal como a sentença "Atala Riffo y niñas *versus* Chile" envolvendo a discriminação em razão da orientação sexual. E como esquecer a intervenção da CIDH sobre a violência doméstica no Brasil que conduziu à promulgação da Lei Maria da Penha?

Os dados estão lançados. À revelia da CIDH e com fortes limitações na participação das organizações de direitos humanos, o Conselho Permanente da OEA prepara um conjunto de recomendações para serem apresentadas para aprovação na Assembleia Geral Extraordinária, o mais tardar até Março de 2013 (até 30 de Setembro, os Estados apresentarão as suas propostas). Do que se sabe, todas as recomendações vão no sentido de limitar o poder da CIDH para interpelar os Estados em matéria de violação de direitos humanos. Por exemplo: dedicar mais recursos à promoção dos direitos humanos e menos à investigação de violações; encurtar de tal modo os prazos de investigação, que tornam impossível uma análise cuidada; eliminar do relatório anual a referência a países cuja situação dos direitos humanos merece atenção especial; limitar a emissão e extensão de medidas cautelares; acabar com o relatório anual sobre a liberdade de expressão; impedir pronunciamentos sobre violações que pairam como ameaças mas ainda não foram concretizadas.

Cabe agora aos activistas de direitos humanos e a todos os cidadãos preocupados com o futuro da democracia no continente travar este processo.

Nona Carta às Esquerdas
Ante a conjuntura: as esquerdas europeias
(Fevereiro 2013)

2013 na Europa será um desastre no plano social e imprevisível no plano político. Conseguirão os governos europeus criar a estabilidade que lhes permita terminar o mandato ou ocorrerão crises políticas que obriguem a convocar eleições antecipadas? Digamos que cada uma destas hipóteses tem 50% de probabilidade de se realizar. Assim sendo, é necessário que os cidadãos tenham a certeza de que a instabilidade política que possa surgir é o preço a pagar para que surja uma alternativa de poder e não apenas uma alternância no poder. Poderão as esquerdas construir tal alternativa? Sim, mas só se se transformarem e se unirem, o que é exigir muito em pouco tempo.

Ofereço o meu contributo para a configuração de tal alternativa. Primeiro, as esquerdas devem centrar-se no bem-estar dos cidadãos e não nas possíveis reacções dos credores. A história mostra que o capital financeiro e as instituições multilaterais (FMI, BCE, BM, Comissão Europeia) só são rígidas na medida em que as circunstâncias não as forçarem a ser flexíveis. Segundo, o que historicamente une as esquerdas é a defesa do Estado social forte: educação pública obrigatória gratuita; serviço nacional de saúde tendencialmente gratuito; segurança social sustentável com sistema de pensões assente no princípio da repartição e não no de capitalização; bens estratégicos ou monopólios naturais (água, correios) nacionalizados.

As diferenças entre as esquerdas são importantes, mas não ofuscam esta convergência de base e foi ela que sempre determinou as preferências eleitorais das classes populares. É certo que a direita também contribuiu para o Estado social (basta lembrar Bismarck na Prússia), mas fê-lo sempre pressionada pelas esquerdas e recuou sempre que essa pressão baixou, como é o caso, desde 1983, na Europa. A defesa do Estado social forte deve ser a prioridade das prioridades e, portanto, deve condicionar todas as outras.

O Estado social não é sustentável sem desenvolvimento. Neste sentido haverá divergências sobre o peso da ecologia, da ciência ou da flexissegurança no trabalho, mas o acordo de fundo sobre o desenvolvimento é inequívoco e esta é, portanto, a segunda prioridade a unir as esquerdas, já que, como a salvaguarda do Estado social é prioritária, tudo tem de ser feito para garantir o investimento e a criação de emprego.

E aqui entra a terceira prioridade que deverá unir as esquerdas. Se para garantir o Estado social e o desenvolvimento é preciso renegociar com a *troika* e os restantes credores, então tal renegociação tem de ser feita com determinação. Ou seja, a hierarquia das prioridades torna claro que não é o Estado social que se deve adaptar às condições da *troika*, mas, ao contrário, que devem ser estas a adaptar-se à prioridade em manter o Estado social. Esta é uma mensagem que tanto os cidadãos como os credores entenderão bem, ainda que por razões diferentes.

Para que a unidade assim criada entre as esquerdas tenha êxito político, há que considerar três factores: risco, credibilidade e oportunidade. Quanto ao risco, é importante mostrar que os riscos não são superiores aos que os cidadãos europeus já estão a correr: os do Sul, empobrecer acorrentados à condição de periferia, fornecendo mão-de-obra barata à Europa desenvolvida; e todos em geral, perda progressiva de direitos em nome da austeridade, aumento do desemprego, privatizações, democracias reféns do capital financeiro. O risco da alternativa é um risco calculado destinado a pôr à prova a convicção com que o projecto europeu está a ser salvaguardado.

A credibilidade reside, por um lado, na convicção e na seriedade com que se formular a alternativa e no apoio democrático com que ela contar e, por outro lado, no facto de o país ter mostrado que é capaz de fazer sacrifícios de boa-fé (Grécia, Irlanda e Portugal são exemplo disto). Apenas não aceita sacrifícios impostos de má-fé, sacrifícios impostos como máximos apenas para abrir caminho para outros maiores. A oportunidade está aí para ser aproveitada.

A indignação generalizada e expressa maciçamente nas ruas, praças, redes sociais, centros de saúde e de estudos, entre outros espaços, não se plasmou num bloqueio social à altura dos desafios presentes. O actual contexto de crise requer uma nova política de frentes populares à escala local, estatal e europeia, formadas por uma pluralidade heterogénea de sujeitos, movimentos sociais, ONG, universidades, instituições públicas, governos, entre outros actores que, unidos na sua diversidade, sejam capazes, mediante formas de organização, articulação e acção flexíveis, de lograr uma unidade firme de acção e propósitos.

O objectivo é unir as forças das esquerdas em alianças democráticas estruturalmente semelhantes às que constituíram a base das frentes antifascistas do período entre guerras, com o qual existem semelhanças perturbadoras. Menciono apenas duas: a profunda crise financeira e económica e as desanimadoras patologias da representação (crise generalizada dos partidos políticos e sua incapacidade para representar os interesses das classes populares) e da participação (o sentimento de que votar não muda nada). O perigo do fascismo social e seus efeitos, cada vez mais sentidos, torna necessária a formação de frentes capazes de lutar contra a ameaça fascista e mobilizar as energias democráticas adormecidas da sociedade. No início do século XXI, estas frentes devem emergir de baixo, de uma politização mais articulada com a indignação que flui nas ruas.

Esperar sem esperança é a pior maldição que pode cair sobre um povo. A esperança não se inventa, constrói-se com inconformismo, rebeldia competente e alternativas realistas à situação presente.

Décima Carta às Esquerdas
Democracia ou capitalismo?
(Dezembro 2013)

No início do terceiro milénio as esquerdas debatem-se com dois desafios principais: a relação entre democracia e capitalismo; o crescimento económico infinito (capitalista ou socialista) como indicador básico de desenvolvimento e de progresso. Nesta carta, centro-me no primeiro desafio.

Ao contrário do que o senso comum dos últimos cinquenta anos nos pode fazer pensar, a relação entre democracia e capitalismo foi sempre uma relação tensa, se não mesmo de contradição. Foi-o certamente nos países periféricos do sistema mundial, o que durante muito tempo foi chamado Terceiro Mundo e hoje se designa por Sul Global. Mas mesmo nos países centrais ou desenvolvidos a mesma tensão e contradição esteve sempre presente. Basta lembrar os longos anos do nazismo e do fascismo.

Uma análise mais detalhada das relações entre capitalismo e democracia obrigaria a distinguir entre diferentes tipos de capitalismo e sua dominância em diferentes períodos e regiões do mundo e entre diferentes tipos e graus de intensidade de democracia. Nesta carta concebo o capitalismo sob a sua forma geral de modo de produção e faço referência ao tipo que tem vindo a dominar nas últimas décadas, o capitalismo financeiro. No que respeita à democracia centro-me na democracia representativa, tal como foi teorizada pelo liberalismo.

O capitalismo só se sente seguro se governado por quem tem capital ou se identifica com as suas "necessidades", enquanto a democracia é idealmente o governo das maiorias que nem têm capital nem razões para se identificar com as "necessidades" do capitalismo, bem pelo contrário. O conflito é, no fundo, um conflito de classes, pois as classes que se identificam com as necessidades do capitalismo (basicamente a burguesia) são minoritárias em relação às classes (classes médias, trabalhadores e classes populares em geral) que têm outros interesses cuja satisfação colide com as necessidades do capitalismo.

Sendo um conflito de classes, afirma-se social e politicamente como um conflito distributivo: por um lado, a pulsão para a acumulação e concentração da riqueza por parte dos capitalistas e, por outro, a reivindicação da redistribuição da riqueza criada em boa parte pelos trabalhadores e suas famílias. A burguesia teve sempre pavor de que as maiorias pobres tomassem o poder e usou o poder político que as revoluções do século XIX lhe concederam para impedir que tal ocorresse. Concebeu a democracia liberal de modo a garantir isso mesmo através de medidas que mudaram no tempo, mas mantiveram o objectivo: restrições ao sufrágio, primazia absoluta do direito de propriedade individual, sistema político e eleitoral com múltiplas válvulas de segurança, repressão violenta de actividade política fora das instituições, corrupção dos políticos, legalização dos lóbis. E sempre que a democracia se mostrou disfuncional, manteve-se aberta à possibilidade do recurso à ditadura, o que aconteceu muitas vezes.

No imediato pós-Segunda Guerra Mundial muito poucos países tinham democracia, vastas regiões do mundo estavam sujeitas ao colonialismo europeu que servira para consolidar o capitalismo euro-norte-americano, a Europa estava devastada por mais uma guerra provocada pela supremacia alemã, e no Leste consolidava-se o regime comunista que se via como alternativa ao capitalismo e à democracia liberal.

Foi neste contexto que surgiu na Europa mais desenvolvida o chamado capitalismo democrático, um sistema de economia política assente na ideia de que, para ser compatível com a democracia, o capitalismo deveria ser fortemente regulado, o que implicava a nacionalização de sectores-chave da economia, a tributação progressiva, a imposição da negociação colectiva e até, como aconteceu na então Alemanha Ocidental, a participação dos trabalhadores na gestão das empresas. No plano científico, Keynes representava então a ortodoxia económica e Hayek, a dissidência. No plano político, os direitos económicos e sociais (direitos do trabalho, educação, saúde e segurança social garantidos pelo Estado) foram o instrumento privilegiado para estabilizar as expectativas dos cidadãos e as defender das flutuações constantes e imprevisíveis dos "sinais dos mercados".

Esta mudança alterava os termos do conflito distributivo, mas não o eliminava. Pelo contrário, tinha todas as condições para o acirrar logo que abrandasse o crescimento económico que se seguiu nas três décadas seguintes. E assim sucedeu. Desde 1970, os Estados centrais têm vindo a gerir o conflito entre as exigências dos cidadãos e as exigências do capital, recorrendo a um conjunto de soluções que gradualmente foram dando mais poder ao capital. Primeiro, foi a inflação (1970-1980), depois, a luta contra a inflação acompanhada do aumento do desemprego e do ataque ao poder dos sindicatos (1980-), uma medida complementada com o endividamento do Estado em resultado da luta do capital contra a tributação, da estagnação económica e do aumento das despesas sociais decorrentes do aumento do desemprego (meados de 1980-) e, logo depois, com o endividamento das famílias, seduzidas pelas facilidades de crédito concedidas por um sector financeiro finalmente livre de regulações estatais, para iludir o colapso das expectativas a respeito do consumo, educação e habitação (meados de 1990-).

Até que a engenharia das soluções fictícias chegou ao fim com a crise de 2008 e se tornou claro quem tinha ganho o conflito distributivo: o capital. Prova disso: a conversão da dívida privada em dívida pública, o disparar das desigualdades sociais e o assalto final às expectativas de vida digna da maioria (os trabalhadores, os pensionistas, os desempregados, os imigrantes, os jovens em busca de emprego,) para garantir as expectativas de rendibilidade da minoria (o capital financeiro e seus agentes). A democracia perdeu a batalha e só não perderá a guerra se as maiorias perderem o medo, se se revoltarem dentro e fora das instituições e forçarem o capital a voltar a ter medo, como sucedeu há sessenta anos.

Nos países do Sul Global que dispõem de recursos naturais a situação é, por agora, diferente. Nalguns casos, como por exemplo em vários países da América Latina, pode até dizer-se que a democracia está a vencer o duelo com o capitalismo e não é por acaso que em países como a Venezuela e o Equador se tenha começado a discutir o tema do socialismo do século XXI, mesmo que a realidade esteja longe dos discursos. Há muitas razões para tal, mas talvez a principal tenha sido a conversão da China ao neoliberalismo, o que provocou, sobretudo a partir da primeira década do século XXI, uma nova corrida aos recursos naturais.

O capital financeiro encontrou aí e na especulação com produtos alimentares uma fonte extraordinária de rendibilidade. Isto tornou possível que governos progressistas, entretanto chegados ao poder no seguimento das lutas e dos movimentos sociais das décadas anteriores, pudessem proceder a uma redistribuição da riqueza muito significativa e, em alguns países, sem precedente.

Por esta via, a democracia ganhou uma nova legitimação no imaginário popular. Mas por sua própria natureza, a redistribuição de riqueza não pôs em causa o modelo de acumulação assente na exploração intensiva dos recursos naturais e antes o intensificou. Isto esteve na origem de conflitos, que se têm vindo a agravar, com os grupos socias ligados à terra e aos territórios onde se encontram os recursos naturais, os povos indígenas e os camponeses.

Nos países do Sul Global com recursos naturais, mas sem democracia digna do nome, o *boom* dos recursos não trouxe consigo nenhum ímpeto para a democracia, apesar de, em teoria, a mais fácil resolução do conflito distributivo facilitar a solução democrática e vice-versa. A verdade é que o capitalismo extractivista obtém melhores condições de rendibilidade em sistemas políticos ditatoriais ou de democracia de baixíssima intensidade (sistemas de quase-partido-único) em que é mais fácil a corrupção das elites, através do seu envolvimento na privatização das concessões e das rendas extractivistas. Não é, pois, de esperar nenhuma profissão de fé na democracia por parte do capitalismo extractivista, até porque, sendo global, não reconhece problemas de legitimidade política.

Por sua vez, a reivindicação da redistribuição da riqueza por parte das maiorias não chega a ser ouvida, por falta de canais democráticos e por não poder contar com a solidariedade das restritas classes médias urbanas que vão recebendo as migalhas do rendimento extractivista. As populações mais directamente afectadas pelo extractivismo são os camponeses em cujas terras estão a jazidas de minérios ou onde se pretende implantar a nova economia de plantação, agro-industrial. São expulsas das suas terras e sujeitas ao exílio interno. Sempre que resistem, são violentamente reprimidas e a sua resistência é tratada como um caso de polícia. Nestes países, o conflito distributivo não chega sequer a existir como problema político.

Desta análise conclui-se que o futuro da democracia actualmente posto em causa na Europa do Sul é a manifestação de um problema muito mais vasto que está a aflorar em diferentes formas nas várias regiões do mundo. Mas, formulado assim, o problema pode ocultar uma incerteza bem maior do que a que expressa. Não se trata apenas de questionar o futuro da democracia. Trata-se também de questionar a democracia do futuro.

A democracia liberal foi historicamente derrotada pelo capitalismo e não me parece que a derrota seja reversível. Portanto, não há que ter esperança em que o capitalismo volte a ter medo da democracia liberal, se alguma vez teve. Esta última sobreviverá na medida em que o capitalismo global se puder servir dela. A luta daqueles e daquelas que vêem na derrota da democracia liberal a emergência de um mundo repugnantemente injusto e descontroladamente violento tem de se centrar na busca de uma concepção de democracia mais robusta cuja marca genética seja o anticapitalismo.

Depois de um século de lutas populares que fizeram entrar o ideal democrático no imaginário da emancipação social, seria um erro político grave desperdiçar essa experiência e assumir que a luta anticapitalista tem de ser também uma luta antidemocrática. Pelo contrário, é preciso converter o ideal democrático numa realidade radical que não se renda ao capitalismo. E como o capitalismo não exerce o seu domínio senão servindo-se de outras formas de opressão, nomeadamente, do colonialismo e do patriarcado, tal democracia radical, além de anticapitalista, tem de ser também anticolonialista e antipatriarcal.

Pode chamar-se revolução democrática ou democracia revolucionária – o nome pouco importa –, mas é necessariamente uma democracia pós-liberal, que não aceita ser descaracterizada para se acomodar às exigências do capitalismo. Pelo contrário, assenta em dois princípios: o aprofundamento da democracia só é possível à custa do capitalismo; em caso de conflito entre capitalismo e democracia é a democracia real que deve prevalecer.

Décima Primeira Carta às Esquerdas
Ecologia ou extractivismo?
(Dezembro 2013)

Na décima carta às esquerdas afirmei que as esquerdas se debatem no início do terceiro milénio com dois desafios principais: a relação entre democracia e capitalismo; o crescimento económico infinito (capitalista ou socialista) como indicador básico de desenvolvimento e de progresso. Nesta carta, centro-me no segundo desafio.

Antes da crise financeira, a Europa era a região do mundo onde os movimentos ambientalistas e ecológicos tinham mais visibilidade política e onde a narrativa da necessidade de complementar o pacto social com o pacto natural parecia ter uma grande aceitação pública. Surpreendentemente ou não, com o eclodir da crise, tanto estes movimentos como esta narrativa desapareceram da cena política e as forças políticas que mais directamente se opõem à austeridade financeira reclamam crescimento económico como única solução e só excepcionalmente fazem uma ressalva algo cerimonial à responsabilidade ambiental e à sustentabilidade. E, de facto, os investimentos públicos em energias renováveis foram os primeiros a ser sacrificados às políticas de ajustamento estrutural.

Ora, o modelo de crescimento que estava em vigor antes da crise era o alvo principal da crítica dos movimentos ambientalistas e ecológicos precisamente por ser insustentável e produzir mudanças climáticas que, segundo os dados da ONU, seriam irreversíveis a muito curto prazo, segundo alguns, a partir de 2015. Este desaparecimento rápido da narrativa ecológica mostra que o capitalismo tem precedência, não só sobre a democracia, como também sobre a ecologia e o ambientalismo.

Ora, é hoje evidente que, no limiar do século XXI, o desenvolvimento capitalista toca os limites de carga do planeta Terra. Em meses recentes, diversos recordes de perigo climático foram ultrapassados nos EUA, na Índia, no Ártico, e os fenómenos climáticos extremos repetem-se com cada vez maior frequência e gravidade. Aí estão as secas, as inundações, a crise alimentar, a especulação com produtos agrícolas, a escassez crescente de água potável, o desvio de terrenos agrícolas para os agro-combustíveis, o desmatamento das florestas. Paulatinamente, vai-se constatando que os factores de crise estão cada vez mais articulados e são afinal manifestações da mesma crise, a qual, pelas suas dimensões, se apresenta como crise civilizatória.

Tudo está ligado: a crise alimentar, a crise ambiental, a crise energética, a especulação financeira sobre as *commodities* e recursos naturais, a grilagem e a concentração de terra, a expansão desordenada da fronteira agrícola, a voracidade da exploração dos recursos naturais, a escassez de água potável e a privatização da água, a violência no campo, a expulsão de populações das suas terras ancestrais para abrir caminho a grandes infra-estruturas e megaprojectos, as doenças induzidas pelo meio ambiente degradado, dramaticamente evidentes na incidência de cancro mais elevada em certas zonas rurais do que em zonas urbanas, os organismos geneticamente modificados, os consumos de agro-tóxicos, etc. A Conferência das Nações Unidas sobre o Desenvolvimento Sustentável realizada em Junho de 2012, Rio+20, foi um fracasso rotundo devido à cumplicidade mal disfarçada entre as elites do Norte Global e as dos países emergentes para dar prioridade aos lucros das suas empresas à custa do futuro da humanidade.

Em vários países da América Latina a valorização internacional dos recursos financeiros permitiu uma negociação de novo tipo entre democracia e capitalismo. O fim (aparente) da fatalidade da troca desigual (as matérias-primas sempre menos valorizadas que os produtos manufacturados), que acorrentara os países da periferia do sistema mundial ao desenvolvimento dependente, permitiu que as forças progressistas, antes vistas como "inimigas do desenvolvimento", se libertassem desse fardo histórico, transformando o *boom* numa ocasião única para realizar políticas sociais e redistribuição do rendimento. As oligarquias e, nalguns países, sectores avançados da burguesia industrial e financeira altamente internacionalizados perderam boa parte do poder político governamental, mas em troca viram aumentado o seu poder económico. Os países mudaram sociológica e politicamente a ponto de alguns analistas verem neles a emergência de um novo regime de acumulação, mais nacionalista e estatista, o neodesenvolvimentismo, tendo como base o neo-extractivismo.

Seja como for, este neo-extractivismo tem na sua base a exploração intensiva dos recursos naturais e, portanto, levanta o problema dos limites ecológicos (para não falar nos limites sociais e políticos) desta nova (velha) fase do capitalismo. Isto é tanto mais preocupante quanto é certo que este modelo de "desenvolvimento" é flexível na distribuição social, mas rígido na sua estrutura de acumulação. As locomotivas da mineração, do petróleo, do gás natural, da fronteira agrícola são cada vez mais potentes e tudo o que lhes surge no caminho e impede o trajeto tende a ser trucidado enquanto obstáculo ao desenvolvimento. O seu poder político cresce mais do que o seu poder económico, a redistribuição social de rendimento confere-lhes uma legitimidade política que o modelo de desenvolvimento anterior nunca teve, ou só teve em condições de ditadura.

De tão atractivas, estas locomotivas são exímias em transformar os sinais cada vez mais perturbadores do imenso débito ambiental e social que criam num custo inevitável do "progresso". Por outro lado, privilegiam uma temporalidade que é afim à dos governos: o *boom* dos recursos não dura sempre, e, por isso, há que aproveitá-lo ao máximo no mais curto espaço de tempo. O brilho do curto prazo ofusca as sombras do longo prazo. Enquanto o *boom* configurar um jogo de soma positiva, quem se lhe interpõe no caminho é visto como ecologista infantil, ou camponês improdutivo ou indígena atrasado, e é muitas vezes objecto de suspeição enquanto "populações facilmente manipuláveis por ONG sabe se lá ao serviço de quem".

Nestas condições, torna-se difícil acionar princípios de precaução ou lógicas de longo prazo. Que se passará quando o *boom* dos recursos terminar? Quando for evidente que o investimento nos recursos naturais não foi devidamente compensado com o investimento em recursos humanos? Quando não houver dinheiro para políticas compensatórias generosas e o empobrecimento súbito criar um ressentimento difícil de gerir em democracia? Quando os níveis de doenças ambientais forem inaceitáveis e sobrecarregarem os sistemas públicos de saúde a ponto de os tornar insustentáveis? Quando a contaminação das águas, o empobrecimento das terras e a destruição das florestas forem irreversíveis? Quando as populações indígenas, quilombolas e ribeirinhas expulsas das suas terras cometerem suicídios colectivos ou deambularem pelas periferias de cidades reclamando um direito à cidade que lhes será sempre negado?

Estas perguntas são consideradas pela ideologia económica e política dominante cenários distópicos exagerados ou irrelevantes, fruto do pensamento crítico treinado para maus augúrios. Em suma, um pensamento muito pouco convincente e de nenhuma atracção para os grandes *media*.

Neste contexto, só é possível perturbar o automatismo político e económico deste modelo mediante a acção de movimentos e organizações sociais, suficientemente corajosos para darem a conhecer o lado destrutivo deste modelo sistematicamente ocultado, dramatizarem a sua negatividade e forçarem a entrada desta denúncia na agenda política. A articulação entre os diferentes factores de crise deverá levar urgentemente à articulação entre os movimentos sociais que lutam contra eles. É um processo lento em que o peso da história de cada movimento conta mais que o que devia, mas são já visíveis articulações entre lutas pelos direitos humanos, soberania alimentar, contra os agro-tóxicos, contra os transgénicos, contra a impunidade da violência no campo, contra a especulação financeira com produtos alimentares, pela reforma agrária, direitos da natureza, direitos ambientais, direitos indígenas e quilombolas, direito à cidade, direito à saúde, economia solidária, agro-ecologia, taxação das transacções financeiras internacionais, educação popular, saúde colectiva, regulação dos mercados financeiros, etc.

Tal como acontece com a democracia, só uma consciência e uma acção ecológica robusta, anticapitalista, pode fazer frente com êxito à voragem do capitalismo extractivista. Ao "ecologismo dos ricos" é preciso contrapor o "ecologismo dos pobres" assente numa economia política não dominada pelo fetichismo do crescimento infinito e do consumismo individualista, e antes baseada nas ideias de reciprocidade, solidariedade, complementaridade vigentes tanto nas relações entre humanos como nas relações entre humanos e a natureza.

Décima Segunda Carta às Esquerdas
O significado da onda Podemos
(Novembro 2014)

Os países do sul da Europa são social e politicamente muito diferentes, mas estão a sofrer o impacto da mesma política equivocada imposta pela Europa Central e do Norte, via União Europeia (UE), com resultados desiguais mas convergentes. Trata-se, em geral, de congelar a posição periférica destes países no continente, sujeitando-os a um endividamento injusto na sua desproporção, provocando activamente a incapacitação do Estado e dos serviços públicos, causando o empobrecimento abrupto das classes médias, privando-os dos jovens e do investimento na educação e na investigação, sem os quais não é possível sair do estatuto periférico. Espanha, Grécia e Portugal são tragédias paradigmáticas.

Apesar de todas as sondagens revelarem um alto nível de insatisfação e até revolta perante este estado de coisas (muitas vezes expressas nas ruas e nas praças), a resposta política tem sido difícil de formular. Os partidos de esquerda tradicionais não oferecem soluções: os partidos comunistas propõem a saída da UE, mas os riscos que tal saída envolve afasta as maiorias; os partidos socialistas desacreditaram-se, em maior ou menor grau, por terem sido executores da política austeritária. Criou-se um vazio que só lentamente se vai preenchendo. Na Grécia, o Syriza, nascido como frente em 2004, reinventou-se como partido em 2012 para responder à crise, e preencheu o vazio. Pode ganhar as próximas eleições. Em Portugal, o Bloco de Esquerda (BE), nascido quatro anos antes do Syriza, não se soube reinventar para responder à crise, e o vazio permanece. Na Espanha, o novo partido Podemos constitui a maior inovação política na Europa desde o fim da Guerra Fria e, ao contrário do Syriza e do BE, não são visíveis nele traços da Guerra Fria.

Para entender o Podemos, é preciso recuar ao Fórum Social Mundial, aos governos progressistas que emergiram na América Latina na década de 2000, aos movimentos sociais e aos processos constituintes que levaram esses governos ao poder, às experiências de democracia participativa, sobretudo a nível local, em muitas cidades latino-americanas a partir da experiência pioneira de Porto Alegre e, finalmente, à Primavera Árabe. Em suma, o Podemos é o resultado de uma aprendizagem a partir do Sul que permitiu canalizar criativamente a indignação nas ruas de Espanha. É um partido de tipo novo, um partido-movimento, ou melhor, um movimento-partido assente nas seguintes ideias: as pessoas não estão fartas da política, mas sim *desta* política; a esmagadora maioria dos cidadãos não se mobiliza politicamente nem sai à rua para se manifestar, mas está cheia de raiva em casa e simpatiza com quem se manifesta; o activismo político é importante, mas a política tem de ser feita com a participação dos cidadãos; ser membro da classe política é algo sempre transitório e tal qualidade não permite que se ganhe mais que o salário médio do país; a Internet permite formas de interacção que não existiam antes; os membros eleitos para os parlamentos não inventam temas ou posições, veiculam os que provêm das discussões nas estruturas de base; a política partidária tem de ter rostos, mas não é feita de rostos; a transparência e a prestação de contas têm de ser totais; o partido é um serviço dos cidadãos para os cidadãos e por isso deve ser financiado por estes e não por empresas interessadas em capturar o Estado e esvaziar a democracia; ser de esquerda é um ponto de chegada e não um ponto de partida e, portanto, prova-se nos factos. Exemplo: quem na Europa é a favor da Parceria Transatlântica para o Investimento e Comércio não é de esquerda, mesmo que militante de um partido de esquerda. Este tratado visa os mesmos objectivos que a Área de Livre Comércio das Américas, vulgo ALCA, proposta por Bill Clinton em 1994 e engavetada em 2005, em resultado do vigoroso movimento de protesto popular que mobilizou as forças progressistas de todo o continente.

Em suma, o código genético do Podemos reside em aplicar à vida interna dos partidos a mesma ideia de complementaridade entre democracia participativa e democracia representativa que deve orientar a gestão do sistema político em geral. Convém salientar que o Podemos é uma versão particularmente feliz e potencialmente mais eficaz de inovações políticas que têm surgido em diferentes partes do mundo, tendo por pano de fundo o inconformismo perante o esvaziamento da democracia representativa provocado pela corrupção e pela captura dos partidos de governo pelo capital. Em Itália, surgiu em 2009 o Movimento Cinco Estrelas, liderado por Beppe Grillo, com fortes críticas aos partidos políticos e defendendo práticas de democracia participativa. Teve um êxito eleitoral fulgurante, mas as suas posições radicais contra a política criam grande perplexidade quanto ao tipo de renovação política que propõe. Em 2012, foi criado na Índia o Partido Aam Admi (partido do homem comum, conhecido pela sigla em inglês AAP). Este partido, de inspiração gandhiana e centrado na luta contra a corrupção e na democracia participativa, toma como impulso originário o facto de o homem comum (e a mulher comum, como acrescentaram as mulheres que se filiaram no partido) não ser ouvido nem tomado em conta pelos políticos instalados. Um ano depois da sua fundação tornou-se no segundo partido mais votado para a assembleia legislativa de Deli.

É possível uma onda Podemos que alastre a outros países? As condições variam muito de país para país. Por outro lado, o Podemos não é uma receita, é uma orientação política geral no sentido de aproximar a política dos cidadãos e de mostrar que tal aproximação nunca será possível se a actividade política se circunscrever a votar de quatro em quatro anos em políticos que se apropriam dos mandatos e os usam para fins próprios.

Curiosamente, na Inglaterra acaba de ser criado um partido, Left Unity, directamente inspirado pelas ideias que subjazem ao Syriza e ao Podemos. Em Portugal, a onda Podemos é bem necessária, dado o vazio a que me referi acima. Portugal não tem a mesma tradição de activismo que a Espanha. Em Portugal, Podemos será um partido diferente e, neste momento, terá pouca repercussão. Portugal vive o momento Costa. Em face dos fracos resultados do Partido Socialista (PS) nas últimas eleições para o Parlamento Europeu, António Costa, presidente da Câmara de Lisboa, disputou com êxito a liderança a secretário-geral do partido, eleito no último congresso. A disputa tomou a forma de eleições primárias abertas a militantes e simpatizantes do partido. As eleições foram muito participadas e mostraram o que disse atrás: a distância dos cidadãos é só em relação à política do costume, sem horizonte de mudança em face de uma situação socioeconómica intolerável e injusta. O momento Costa faz com que a onda Podemos em Portugal se destine sobretudo a preparar o futuro: para colaborar com o PS, caso este esteja interessado numa política de esquerda; ou para ser uma alternativa, caso o PS se descredibilize, o que fatalmente ocorrerá se ele se aliar à direita.

Será possível que a onda Podemos chegue à América Latina, como que devolvendo ao continente a inspiração que recebeu deste e da sua brilhante primeira década do século XXI? Certamente seria importante que isso ocorresse nos dois grandes países governados por forças conservadoras, México e Colômbia. Nestes países, os esforços para formular e dar credibilidade a uma nova política de esquerda não conseguiram até agora furar o bloqueio da política oligárquica tradicional. No caso do México, há que referir tentativas tão diversas quanto La Otra Campaña, por iniciativa do Exército Zapatista de Libertação Nacional, ou o movimento político aglutinado em redor de López Obrador, e, no caso da Colômbia, o Polo Democrático e todas as vicissitudes por que passou até hoje (pólo democrático independente, pólo democrático alternativo).

Nos países onde as forças progressistas conseguiram grandes vitórias na primeira década do século XXI e onde os partidos de governo foram, eles próprios, emanação de lutas populares recentes, poderá pensar-se que a onda Podemos teve aqui a sua fonte e por isso nada de novo pode fazer acontecer. Refiro-me ao Partido dos Trabalhadores (PT) no Brasil, ao Movimiento al Socialismo (MAS) na Bolívia, à Alianza Pais no Equador e ao Partido Socialista Unido (PSUV) na Venezuela. Trata-se de realidades políticas muito distintas, mas parecem ter duas características em comum: procuraram dar voz política às classes populares em grande medida oprimidas pelas classes dominantes, ainda que concebam as classes populares não como colectivos, mas antes como grupos de indivíduos pobres; tiveram êxito político e o exercício do poder de governo pode estar a descaracterizar a marca de origem (seja por via do caudilhismo, da corrupção, ou da rendição aos imperativos do desenvolvimento neoliberal, etc.). O desgaste político é maior nuns do que noutros, apesar das vitórias recentes, algumas delas retumbantes (caso do MAS nas eleições de 2014). Nestes países, tal como, de resto, nos dois outros países com governos de centro-esquerda assentes em partidos mais antigos, a Argentina e o Chile, a onda Podemos, se vier a ter alguma relevância, tenderá a assumir duas formas: reformas profundas no interior destes partidos (mais urgentemente reclamadas no PT do que nos outros partidos); criação de novos partidos-movimento animados pela mesma dinâmica interna de democracia participativa na formulação das políticas e na escolha dos líderes.

Como o caso do indiano AAP mostra, o impulso político que subjaz ao Podemos não é um fenómeno da Europa do Sul/América Latina. Pode aparecer sob outras formas noutros continentes e contextos. Um pouco por toda a parte, 25 anos depois da queda do Muro de Berlim, os cidadãos e as cidadãs que acreditaram na promessa da democracia, anunciada ao mundo como o fim da história, estão a chegar à conclusão de que a democracia representativa liberal atingiu o seu grau zero, minada por dentro por forças antidemocráticas, velhas e novas oligarquias com poder económico para capturar o sistema político e o Estado e os pôr ao serviço dos seus interesses. Nunca como hoje se tornou tão evidente que vivemos em sociedades politicamente democráticas, mas socialmente fascistas. A onda Podemos é uma metáfora para todas as iniciativas que tentam uma solução política progressista para o pântano em que nos encontramos, uma solução que não passe por rupturas políticas abruptas e potencialmente violentas.

Os EUA são neste momento um dos países do mundo onde o grau zero da democracia é mais evidente. E certamente o país do mundo onde a retórica da governação democrática é mais grosseiramente desmentida pela realidade política plutocrática e cleptocrática. Depois que o Tribunal Supremo permitiu que as empresas financiassem os partidos e as campanhas como qualquer cidadão, e, portanto, anonimamente, a democracia recebeu o seu golpe final. As agendas das grandes empresas passaram a controlar totalmente a agenda política: da mercantilização total da vida ao fim dos poucos serviços públicos de qualidade; da eliminação da protecção do meio ambiente e dos consumidores à neutralização da oposição sindical; da transformação da universidade num espaço de arrendamento para serviços empresariais à conversão dos professores em trabalhadores precários e dos estudantes em consumidores endividados para toda a vida; da submissão, nunca como hoje tão estrita, da política externa aos interesses do capital financeiro global à incessante promoção da guerra para alimentar o complexo industrial-securitário-militar. Em face disso, não surpreende que muitos dos norte-americanos inconformados com o *statu quo* tenham começado a ler ou a reler Marx e Lenine. Encontram nestes autores a explicação convincente do estado de coisas a que chegou a sociedade norte-americana. Não os seguem na busca de alternativas, de ideias para refundar a política democrática do país, pois conhecem os catastróficos resultados políticos da prática leninista (e trotskista, convém não esquecer). Surpreendentemente, combinam essas leituras com a da *Democracia na América* de Alexis de Tocqueville e a sua apologia da democracia participativa e comunitária nos EUA das primeiras décadas do século XIX.

É aí que vão buscar a inspiração para a refundação da democracia nos EUA, a partir da complementaridade intrínseca entre democracia representativa e democracia participativa. Sem o saberem, são portadores da energia política vital que a onda Podemos transporta.

Décima Terceira Carta às Esquerdas
As esquerdas: pactos, Constituição e hegemonia
(Janeiro 2016)

O futuro da esquerda não é mais difícil de prever que qualquer outro facto social. A melhor maneira de o abordar é fazer o que designo por sociologia das emergências. Consiste em dar atenção especial a alguns sinais do presente por ver neles tendências, embriões do que pode vir a ser decisivo no futuro. Neste texto, dou especial atenção a um facto que, por ser incomum, pode sinalizar algo de novo e importante. Refiro-me aos pactos entre diferentes partidos de esquerda. A família das esquerdas não tem uma forte tradição de pactos. Alguns ramos desta família têm mais tradição de pactos com a direita do que com outros ramos da família. Dir-se-ia que as divergências internas na família das esquerdas são parte do seu código genético, tão constantes têm sido ao longo dos últimos duzentos anos. Por razões óbvias, as divergências têm sido mais extensas ou mais notórias em democracia. A polarização vai por vezes a ponto de um ramo da família não reconhecer sequer que o outro ramo pertence à mesma família. Pelo contrário, em períodos de ditadura têm sido frequentes os entendimentos ainda que terminem mal termina o período ditatorial. À luz desta história, merece uma reflexão o facto de em tempos recentes termos vindo a assistir a um movimento pactista entre diferentes ramos das esquerdas em países democráticos. A Europa do Sul é um bom exemplo: a unidade em volta do Syriza na Grécia apesar de todas as vicissitudes e dificuldades; o governo liderado pelo Partido Socialista em Portugal com o apoio do Partido Comunista e do Bloco de Esquerda no rescaldo das eleições de 4 de Outubro de 2015; alguns governos autonómicos em Espanha, saídos das eleições de 2015 e, no momento em que escrevo, a discussão sobre a possibilidade de um pacto a nível nacional entre o Partido Socialista, Podemos e outros partidos de esquerda em resultado das eleições legislativas de 6 de Dezembro de 2015. Há sinais de que noutros espaços da

Europa e na América Latina possam vir a surgir num futuro próximo pactos semelhantes. Duas questões se impõem. Porquê este impulso pactista em democracia? Qual a sua sustentabilidade?

A primeira pergunta tem uma resposta plausível. No caso da Europa do Sul, a agressividade da direita (tanto a nacional, como a que veste a pele das "instituições europeias") no poder nos últimos cinco anos foi tão devastadora para os direitos de cidadania e para a credibilidade do regime democrático, que as forças de esquerda começam a estar convencidas de que as novas ditaduras do século XXI vão surgir sob a forma de democracias de baixíssima intensidade. Serão ditaduras que se apresentam como ditamoles ou democraduras, a governabilidade possível ante a iminência do suposto caos nos tempos difíceis que vivemos, o resultado técnico dos imperativos do mercado e da crise que explica tudo sem precisar de ser, ela própria, explicada. O pacto resulta de uma leitura política de que o que está em causa é a sobrevivência de uma democracia digna do nome e de que as divergências sobre o que tal significa têm agora menos premência do que salvar o que a direita ainda não conseguiu destruir.

A segunda pergunta é mais difícil de responder. Como dizia Espinosa, as pessoas (e eu diria também as sociedades) regem-se por duas emoções fundamentais, o medo e a esperança. O equilíbrio entre elas é complexo, mas sem uma delas não sobreviveríamos. O medo domina quando as expectativas de futuro são negativas ("isto está mau, mas o futuro pode ser pior"); por sua vez a esperança domina quando as expectativas de futuro são positivas ou quando, pelo menos, o inconformismo com a suposta fatalidade das expectativas negativas é amplamente partilhado. Trinta anos depois do assalto global aos direitos dos trabalhadores; da promoção da desigualdade social e do egoísmo como máximas virtudes sociais; do saque sem precedentes dos recursos naturais e da expulsão de populações inteiras dos seus territórios e da destruição ambiental que isso significa; do fomentar da guerra e do terrorismo para criar Estados falhados e tornar as sociedades indefesas perante a espoliação; da imposição mais ou menos negociada de tratados de livre comércio totalmente controlados pelos interesses das empresas multinacionais; da supremacia total do capital financeiro sobre o capital produtivo e sobre a vida das pessoas e das comunidades; depois de tudo isto, combinado com a defesa hipócrita da democracia liberal, é plausível concluir que o neoliberalismo é uma máquina imensa de produção de expectativas negativas para que as classes populares não saibam as verdadeiras razões do seu sofrimento, se conformem com o pouco que ainda têm e sejam paralisadas pelo pavor de o perder.

O movimento pactista no interior das esquerdas é o produto de um tempo, o nosso, de predomínio absoluto do medo sobre a esperança. Significará isto que os governos saídos dos pactos serão vítimas do seu êxito? O êxito dos governos pactados à esquerda irá traduzir-se na atenuação do medo e no devolver de alguma esperança às classes populares, ao mostrar, por via de uma governação pragmática e inteligente, que o direito a ter direitos é uma conquista civilizacional irreversível. Será que, no momento em que voltar a luzir a esperança, as divergências voltarão à superfície e os pactos serão deitados ao lixo? Se tal acontecer, isso será fatal para as classes populares que rapidamente voltarão ao silenciado desalento perante um fatalismo cruel, tão violento para as grandes maiorias quanto benévolo para as pequeníssimas minorias. Mas será também fatal para as esquerdas no seu conjunto porque ficará demonstrado durante algumas décadas que as esquerdas são boas para remendar o passado, mas não para construir o futuro. Para que tal não aconteça, dois tipos de medida têm de ser levadas a cabo durante a vigência dos pactos. Duas medidas que não se impõem pela urgência da governação corrente e que, por isso, têm de resultar de vontade política bem determinada. Chamo às duas medidas: Constituição e hegemonia.

A *Constituição* é o conjunto de reformas constitucionais ou infraconstitucionais que reestruturam o sistema político e as instituições de maneira a prepará-los para possíveis embates com a ditamole e o projecto de democracia de baixíssima intensidade que ela traz consigo. Consoante os países, as reformas serão diferentes como serão diferentes os mecanismos utilizados. Se nalguns casos é possível reformar a Constituição com base nos parlamentos, noutros será necessário convocar Assembleias Constituintes originárias dado que os parlamentos seriam o obstáculo maior a qualquer reforma constitucional. Pode também acontecer que, num certo contexto, a "reforma" mais importante seja a defesa activa da Constituição existente mediante uma renovada pedagogia constitucional em todas as áreas de governação. Mas haverá algo comum a todas as reformas: tornar o sistema eleitoral mais representativo e mais transparente; reforçar a democracia representativa com a democracia participativa. Os mais influentes teóricos liberais da democracia representativa reconheceram (e recomendaram) a coexistência ambígua entre duas ideias (contraditórias) que garantem a estabilidade democrática: por um lado, a crença dos cidadãos de que têm capacidade e competência para intervir e participar activamente na política; por outro, um exercício passivo dessa competência e dessa capacidade mediante a confiança nas elites governantes. Em tempos recentes, e como mostram os protestos que abalaram muitos países a partir de 2011, a confiança nas elites tem vindo a deteriorar-se sem que, no entanto, o sistema político (pelo seu desenho ou pela sua prática) permita aos cidadãos recuperar a sua capacidade e competência para intervir activamente na vida política. Sistemas eleitorais enviesados, partidocracia, corrupção, crises financeiras manipuladas, eis algumas das razões para a dupla crise de representação ("não nos representam") e de participação ("não merece a pena votar, são todos iguais e nenhum cumpre o que promete"). As reformas constitucionais visarão um duplo objectivo: tornar a democracia representativa mais representativa, passe o pleonasmo; complementar a democracia representativa com a democracia participativa. De tais reformas resultará que a formação da agenda política e o controlo do desempenho das políticas públicas deixam de ser um monopólio dos partidos e passam a ser partilhados pelos partidos e por cidadãos independentes organizados democraticamente para o efeito.

O segundo conjunto de reformas é o que designo por hegemonia. *Hegemonia* é o conjunto de ideias sobre a sociedade e interpretações do mundo e da vida que, por serem altamente partilhadas, inclusivamente pelos grupos sociais que são prejudicados por elas, permitem que as elites políticas, ao apelarem para tais ideias e interpretações, governem mais por consenso do que por coerção, mesmo quando governam contra os interesses objectivos de grupos sociais maioritários. A ideia de que os pobres são pobres por culpa própria é hegemónica quando é defendida não apenas pelos ricos, mas também pelos pobres e pelas classes populares em geral. Nesse caso são, por exemplo, menores os custos políticos das medidas que visam eliminar ou restringir drasticamente o rendimento social de inserção. A luta pela hegemonia das ideias de sociedade que sustentam o pacto entre as esquerdas é fundamental para a sobrevivência e consistência dele. Essa luta trava-se na educação formal e informal, na comunicação social, na investigação científica, na actividade cultural, nas organizações sociais, na opinião pública e na opinião publicada. Através dela, constroem novos sentidos e critérios de avaliação da vida social e da acção política que tornam mais difícil a contra-reforma dos ramos reaccionários da direita, os primeiros a irromper num momento de fragilidade do pacto. Para que esta luta tenha êxito é preciso impulsionar políticas que, a olho nu, são menos urgentes e menos compensadoras. Se tal não ocorrer, a esperança não sobreviverá ao medo.

Décima Quarta Carta às Esquerdas
Manifesto incompleto
(Junho 2016)

1. *No seu processo de refundação, as esquerdas devem partir de uma leitura rigorosa do tempo presente.* Está a consolidar-se globalmente um regime de acumulação capitalista que assenta na financeirização do capital, na concentração da riqueza, na exploração intensiva dos recursos naturais, na redução ou eliminação dos direitos sociais, qualquer que seja o grau de inclusão social que permitem. Este regime de acumulação torna mais evidente do que nunca que a acumulação primitiva violenta e ilegal é parte constitutiva do seu dinamismo. Correspondentemente, a articulação que sempre existiu entre capitalismo, colonialismo (racismo, colonialismo interno, etc.) e patriarcado (sexismo, violência sexual, etc.) é hoje particularmente insidiosa. Este regime de acumulação está em rota de colisão com a democracia, mesmo com a democracia de baixa intensidade que é característica das sociedades capitalistas, colonialistas e patriarcais. Daí o fortalecimento de pulsões fascistas.

Temos de distinguir dois tipos de fascismo, o social e o político. O fascismo social ocorre ao nível das relações sociais sempre que a parte mais forte nessas relações tem um poder tão superior ao da parte mais fraca, que lhe permite dispor de um direito não oficial de veto sobre os desejos, as necessidades ou as aspirações de vida digna da parte mais fraca. Este direito despótico de veto faz com que a parte mais fraca não possa realisticamente invocar eficazmente nenhuma protecção jurídica para lutar contra a opressão. A mulher vítima de violência doméstica, o trabalhador sujeito a condições análogas ao trabalho escravo, o jovem afro-brasileiro das periferias das grandes cidades, vivem muitas vezes em situação de fascismo social. Vivemos em sociedades que são politicamente democráticas e socialmente fascistas. Quanto mais se restringirem os direitos sociais e económicos e quanto menos eficaz for a acção judicial contra as violações dos direitos existentes, maior é o campo do fascismo social.

O fascismo político é um regime político ditatorial nacionalista, racista, sexista, xenófobo. Em certas circunstâncias pode ser a solução preferida pelas classes dominantes quando a prática democrática afecta significativamente os seus interesses. Em sociedades de matriz colonial, o fascismo político pode ser uma tentação sempre que a senzala se aproxima demasiado da Casa Grande. As classes trabalhadoras podem também ser seduzidas pela proposta fascista quando se sentem ameaçadas no seu nível de vida por grupos sociais colocados abaixo deles, sobretudo se estes forem estrangeiros ou de cor escura ou mais escura. Até agora, a memória social das atrocidades cometidas nas guerras europeias do século XX e das ditaduras latino-americanas da segunda metade do século XX tem mantido o fascismo político fora da agenda política. Por sua vez, a convivência da democracia política com o fascismo social tem tornado dispensável o recurso ao fascismo político. É, no entanto, perturbador que, enquanto movimento opositor, o fascismo político tem vindo a ganhar peso tanto na Europa como nas Américas e também na Índia. Na Europa tem muito que ver com o racismo, a imigração, os refugiados e a xenofobia. Na América Latina pode ser o reverso do fracasso das políticas de esquerda da última década, combinado com os sempre presentes racismo, colonialismo interno e sexismo. Uma vez frustradas as expectativas de mobilidade social ascendente criadas entre as classes populares pelos governos democráticos de esquerda, a frustração pode plasmar-se numa opção política pelo fascismo, sobretudo se a frustração for vivida muito intensamente, se for acirrada pelos *media* reaccionários, se houver à mão bodes expiatórios, sejam eles estrangeiros ou estratos sociais historicamente vítimas de racismo e de sexismo. O crescimento dos movimentos fascistas é funcional aos governos de direita reaccionária na medida em que lhe permite legitimar mais autoritarismo e mais cortes nos direitos sociais e económicos, mais criminalização do protesto social em nome da defesa da democracia.

2. *A esquerda vai certamente continuar a ser uma pluralidade de esquerdas, mas a pluralidade tem de saber ultrapassar a fragmentação e articular-se no respeito da diferença ainda que maximizando convergências e minimizando divergências.* O fortalecimento do fascismo social com fachada política democrática vai exigir um esforço adicional na busca de consensos que permitam um novo tipo de frente democrática, mas com a mesma abrangência das frentes populares na Europa dos anos de 1930 ante a ameaça do fascismo enquanto regime político (e não "apenas" enquanto regime social como acontece actualmente). É trágico que, em tempos recentes, tenha sido mais fácil a forças importantes de esquerda (em geral, de orientação social-democrática ou de centro-esquerda) realizar alianças com forças de direita do que com outras forças de esquerda. Mas as dificuldades na concretização de articulações de esquerda não são, em geral, da responsabilidade de apenas um sector da esquerda. Infelizmente, o sectarismo tem-se distribuído generosamente. As teses seguintes falam de esquerda no singular para designar o campo de consensos práticos que devem subjazer às alianças entre as esquerdas.

3. *A refundação da esquerda exige uma refundação da política concebida enquanto teoria e prática do exercício e da transformação do poder em seu sentido mais amplo.* O poder é sempre expressão de relações desiguais que permitem a quem o tem representar o mundo como seu e transformá-lo de acordo com as suas necessidades, interesses e aspirações, seja esse mundo a família, a empresa, a comunidade, a escola, o mercado, a cidadania, o globo terrestre. O poder só é democrático quando é exercido para ampliar e aprofundar a democracia. No seu sentido mais amplo, a democracia é todo o processo de transformação de relações desiguais de poder em relações de autoridade partilhada. Por isso não há sociedades democráticas; há sociedades que, quando governadas pela esquerda, estão em

processo de democratização e, quando governadas pela direita, em processo de fascistização. Governar à esquerda é ampliar a democracia tanto nas relações políticas como nas relações sociais. Governar à direita é restringir a democracia nessas mesmas relações.

4. *Tanto na oposição como no poder, a esquerda deve manter a coerência entre os meios e os fins.* Não há fins honrosos quando os meios para os obter são vergonhosos. A mesma coerência é exigida entre estar na oposição e estar no governo. Nas sociedades dominadas pelo capitalismo, o colonialismo e o patriarcado, a zona de conforto da esquerda é a oposição. Quando no governo, o desconforto do poder exercido na sociedade tem de ser o espelho do poder do desconforto no interior da esquerda. Quando confortável no governo, a esquerda engana quem nela confia e engana-se ao confiar em quem nunca deveria.

5. *Nas condições actuais, governar à esquerda significa governar contra a corrente, isto é, governar sem dominar os parâmetros gerais do poder que domina nas relações económicas, sociais, políticas, culturais e internacionais.* É um governo que, para não ser frágil, tem de ser duplamente forte: seguro nas raízes e musculado nas asas. É um governo que para ser sustentável não pode apoiar-se apenas nas instituições políticas e jurídicas. Deve saber relacionar-se organicamente com os movimentos e organizações sociais e mesmo com a acção directa e pacífica dos cidadãos e cidadãs. Deve sobretudo saber que as novas forças de direita procurarão essa mesma relação, pelo que a mobilização social e a acção directa não são monopólio da esquerda. Pelo contrário, podem ser as armas mais eficazes contra a esquerda. Por isso, a esquerda suicida-se sempre que desperdiça ou negligencia a confiança que em si depositam os movimentos e as organizações sociais. A confiança fortalece-se com a proximidade solidária assente no respeito da autonomia; enfraquece-se com a distância arrogante e a voracidade do controlo.

6. *No Brasil, o actual regime político não permite que se governe de modo coerente à esquerda.* A prioridade da esquerda deve ser a

reforma política e não o regressar ao governo a todo o custo ou o mais rápido possível. Não merece a pena ter ganhos a curto prazo se eles rapidamente se transformam em perdas de longo prazo. A reforma política pode exigir a convocação de uma assembleia constituinte originária. Tal exigência terá de enfrentar a poderosa contra-reforma liderada pelo sistema judicial e pelos *media*. A reforma política deve ser orientada para permitir uma revolução cultural e social que, a prazo, a sustente e a defenda da persistente contra-reforma política.

7. *A reforma política deve ser orientada por três ideias*: a democracia representativa perdeu a capacidade de se defender das forças antidemocráticas; para que a democracia prevaleça é necessário inventar novas institucionalidades que permitam articular, nas diferentes escalas de governação, a democracia representativa e a democracia participativa; em sociedades dominadas por relações capitalistas, colonialistas e patriarcais, a democracia, tal como a esquerda, está sempre em risco; só uma vigilante economia de cuidado lhes permite sobreviver e florescer.

8. *Ao contrário do que aconteceu no tempo em que havia uma separação clara entre ditadura e democracia, as forças antidemocráticas têm hoje meios de ganhar influência dentro dos partidos democráticos, inclusive dos que se designam de esquerda.* No actual contexto, são antidemocráticas as forças que apenas respeitam a democracia na medida em que ela respeita os seus interesses económicos ou outros, não admitindo que tais interesses possam ser reconfigurados ou afectados negativamente em resultado da competição democrática, nomeadamente quando esta procura atender a interesses de outros grupos ou classes sociais. A debilidade da democracia representativa reside na facilidade com que hoje minorias sociais se convertem em maiorias políticas e, paralelamente, na facilidade com que maiorias sociais se convertem em minorias políticas.

9. *Articular a democracia representativa com a democracia participativa pressupõe refundar o sistema político.* A articulação da democracia

representativa (os cidadãos elegem os decisores políticos) com a democracia participativa (os cidadãos e as comunidades organizam-se para tomar decisões políticas) exigirá uma refundação do sistema político no seu conjunto (novas instituições, por exemplo, um quarto órgão de soberania vocacionado para o controlo cidadão das políticas públicas que o afectam directamente a cidadania) e não apenas do regime político (sistema de partidos, sistema eleitoral, etc.). Pressupõe que os cidadãos se possam organizar por outras formas que não os partidos para intervir ativamente na política, via eleições ou referendos. Pressupõe que os partidos políticos de esquerda existentes sejam refundados de modo que eles próprios sejam internamente organizados por via de articulações entre democracia representativa e democracia participativa (assembleias e/ou círculos de cidadãos e cidadãs simpatizantes). Esta última deve ter um papel central em três áreas: definição da agenda política; selecção de candidatos aos órgãos da democracia representativa; vigilância sobre cumprimento dos termos dos mandatos. Os novos partidos terão a forma de partido-movimento e saberão viver com o facto de não terem o monopólio da representação política. Não há cidadãos despolitizados; há cidadãos que não se deixam politizar pelas formas dominantes de politização, sejam elas partidos ou movimentos da sociedade civil organizada. A esmagadora maioria dos cidadãos não tem condições para aderir a partidos ou participar em movimentos ou interesse em o fazer. Mas quando vem para a rua só surpreende as elites políticas que perderam o contacto com "as bases".

10. *Dado que a democracia representativa está muito mais consolidada que a democracia participativa, a articulação entre as duas terá sempre de ter presente esse desequilíbrio.* O pior que pode acontecer à democracia participativa é ter todos os defeitos da democracia representativa e nenhuma das suas virtudes.

11. *A reforma política não vale por si.* O seu objectivo é facilitar a revolução democrática nas relações económicas, sociais, culturais

e internacionais. Por sua vez, essa revolução tem por objectivo diminuir gradual e sustentadamente as relações de poder desigual e as consequentes injustiças provocadas pelas três formas de dominação moderna: capitalismo, colonialismo e patriarcado. Estas três formas de dominação operam articuladamente. Tanto o colonialismo como o patriarcado existiram muito antes do capitalismo moderno, mas foram profundamente reconfigurados por este para servir os objectivos da expansão do capitalismo. O patriarcado foi reconfigurado para desvalorizar o trabalho das mulheres na família e na reconstituição da força de trabalho. Apesar de ser um trabalho eminentemente produtivo porque produz a própria vida e foi falsamente concebido como trabalho reprodutivo. Essa desvalorização abriu o caminho para a desvalorização do trabalho assalariado das mulheres. O patriarcado continua vigente apesar de todas as lutas e conquistas dos movimentos feministas e de mulheres. Por sua vez, o colonialismo, assente na inferioridade natural de certos grupos humanos, foi crucial para justificar a pilhagem e a despossessão, o genocídio e a escravatura em que assentou a chamada acumulação primitiva. Acontece que essas formas de acumulação capitalista particularmente violenta, longe de corresponder a uma fase do desenvolvimento capitalista, é um componente constitutivo deste. Por isso, o fim do colonialismo histórico não significou o fim do colonialismo enquanto forma de sociabilidade e continua hoje vigente nas formas de colonialismo interno, discriminação racial, violência policial, trabalho escravo, etc. O patriarcado e o colonialismo são os factores que alimentam e reproduzem o fascismo social nas sociedades que o capitalismo vê interessadamente como politicamente democráticas. Nas condições actuais em que domina a forma mais anti-social de capitalismo (o capitalismo financeiro), a dominação capitalista mais do que nunca exige a dominação colonialista e sexista. É por isso que as conquistas contra a discriminação racial ou sexual são tão prontamente revertidas quando necessário.

12. *O drama das lutas contra a dominação da época moderna foi o terem-se centrado numa das formas de dominação, negligenciando ou mesmo negando a existência das outras formas.* Assim, a esquerda política tem sido no seu melhor anticapitalista, mas quase sempre racista e sexista. Não podemos esquecer que a social-democracia europeia, que permitiu regular o capitalismo e criar sociedades mais justas através da universalização dos direitos sociais e económicos, foi tornada possível pela exploração violenta das colónias europeias e, mais tarde, pela subordinação neocolonialista do mundo não europeu. A fragilidade e a reversibilidade das conquistas sociais residem em que as formas de dominação negadas minam por dentro as conquistas contra a dominação reconhecida. Assim, uma luta de esquerda orientada para dar um rosto mais humano ao capitalismo, mas que despreze a existência de racismo, de colonialismo e de sexismo, pode não só causar imenso sofrimento humano, como pode acabar fortalecendo o capitalismo que quis controlar e deixar-se derrotar ingloriamente por ele.

Isto explica em parte que os governos progressistas da América Latina da última década tenham tão facilmente minimizado os "danos colaterais" da exploração desenfreada dos recursos naturais causada pelo consenso das *commodities* e aparentemente nem se tenham dado conta de que o neo-extractivismo representava a continuidade mais directa com o colonialismo histórico contra o qual sempre se manifestaram. Tais danos envolveram a expulsão de camponeses e indígenas das suas terras e territórios ancestrais, o assassinato de líderes sociais por sicários a mando de empresários sem escrúpulos e num contexto de total impunidade, expansão da fronteira agrícola além de toda a responsabilidade ambiental, o envenenamento de populações do campo sujeitas à pulverização aérea de herbicidas e pesticidas, alguns deles proibidos internacionalmente. Tudo isto aparentemente mereceu a pena apenas porque a alma da esquerda era bem pequena. A política de esquerda tem de ser conjuntamente anticapitalista, anticolonialista e anti-sexista, sob pena de não merecer nenhum destes atributos.

13. *Obviamente, as diferentes lutas sociais não podem lutar todas contra as diferentes formas de dominação da mesma maneira e ao mesmo tempo.* O facto de as três formas de dominação não poderem, em geral, reproduzir-se isoladamente umas das outras não significa que em certos contextos a luta contra uma delas não esteja mais próxima ou seja mais urgente. O importante é que, por exemplo, ao conduzir uma luta contra o colonialismo se tenha presente nas bandeiras e articulações de luta que a dominação colonialista não existe sem a dominação capitalista e sexista.

14. *A esquerda do futuro tem de ser intercultural e de se organizar com base na prioridade da articulação das lutas contra as diferentes dominações como condição necessária da eficácia das lutas.* Como as diferentes tradições de luta criaram as culturas oposicionais específicas (histórias fundadoras, narrativas e linguagens próprias, bandeiras específicas de luta agregadora), a articulação entre lutas/movimentos/organizações envolverá em maior ou menor medida algum trabalho de tradução intercultural.

15. *A interculturalidade irá introduzir na agenda política duas formas dominação-satélite que fornecem ao capitalismo, ao colonialismo e ao patriarcado o óleo que lhes permite funcionar com maior legitimidade social: a dominação da natureza e a dominação causada pelo conhecimento académico dominante nas nossas universidades e centros de pesquisa.* Com isto, duas outras dimensões de injustiça se tornarão visíveis: a injustiça ecológica e a injustiça cognitiva. Somadas às restantes, estas duas formas de injustiça obrigarão a uma revolução cultural e cognitiva com impacto específico nas políticas de saúde e de educação. Será então tão possível valorizar os conhecimentos populares nascidos na luta contra a dominação como deixar de festejar como heróis da nossa história homens brancos responsáveis por genocídios, tráfico de escravos, roubo de terras. No plano teórico, o marxismo, que continua a ser tão importante para analisar as sociedades do nosso tempo, terá de ser descolonizado e despatriarcalizado para nos poder ajudar a imaginar e a desejar uma sociedade mais justa e mais digna de que nos está dada a viver no tempo presente.

CAPÍTULO 14
A DEMOCRACIA BRASILEIRA NA ENCRUZILHADA

Um fantasma assombra o Brasil. As conquistas sociais e democráticas dos últimos quinze anos, que pareciam tão sólidas, desfazem-se no ar, e as organizações sociais e políticas que as promoveram parecem tão desarmadas, que resulta difícil imaginar que alguma vez tivessem tido força. Contra quem foram obtidas essas conquistas? Quem eram os seus opositores ou inimigos? Aparentemente, essas conquistas não enfraqueceram os poderes económicos, sociais e políticos conservadores, desde sempre dominantes, a que se opunham, pois de outro modo não se compreende a renovada agressividade e avassaladora razia com que estes poderes pretendem varrer da memória dos Brasileiros e Brasileiras esse passado afinal tão recente. Numa sociedade tão desigual e tão discriminatória como o Brasil, serão possíveis medidas que aumentem a inclusão social e a participação democrática das maiorias sem afectar negativamente os interesses das classes dominantes que sempre promoveram a exclusão, a discriminação e o autoritarismo?

A perplexidade é enorme e ameaça ser paralisante durante algum tempo, por quatro razões principais.

A conjuntura eleitoral
A primeira é o golpe institucional com que se deu início ao retrocesso social e político. A destituição da Presidente Dilma Rousseff abriu um processo duplamente hostil a uma reflexão aprofundada do que se passou e à recomposição das forças que podiam resistir ao retrocesso. Por um lado, abriu um processo eleitoral que, como qualquer processo eleitoral, obriga a privilegiar o pensamento táctico da conquista do poder e desencoraja uma problematização da natureza desse poder, uma problematização que, no caso

concreto, devia incluir questionamento do porquê da perda do poder no período anterior ao golpe. Por outro lado, tratou-se de um golpe continuado que se transmutou numa perseguição judicial ao principal arquitecto e símbolo das conquistas sociais e políticas do período anterior, o ex-presidente Lula da Silva. Dadas as grotescas irregularidades processuais e a selectividade política da sanha persecutória, as energias democráticas, antigolpistas centraram-se, e bem, na defesa da dignidade cidadã de Lula da Silva e, no período mais recente, na defesa do seu direito a ser candidato nas próximas eleições. Também por esta razão, o espírito do tempo fez economizar outras problematizações do passado e do presente.

O Brasil profundo

A segunda razão para esta perplexidade potencialmente paralisante tem que ver com a invisibilidade e mesmo ausência, no actual contexto do Brasil profundo, da grande maioria pobre, negra, indígena, jovem, vivendo nas favelas, apodrecendo nas masmorras, uma maioria que não tem acesso nem ao discurso político e mediático hegemónico nem ao discurso paralelo das redes sociais. Tem, quando muito, acesso ao discurso das igrejas que a acolhe apenas para ratificar e legitimar a sua ausência. Esta maioria viveu com muito mais ambivalência o período anterior ao golpe do que a classe política que o protagonizou pode imaginar. Esta maioria sentiu-se muitas vezes vítima da negligência, descaso, displicência e mesmo arrogância de quem se dizia defendê-la em nome dos mega-projectos hidroeléctricos e mineiros, do agro-negócio, dos eventos desportivos megalómanos que a expulsavam das suas terras ancestrais, contaminavam as suas águas, destruíam as suas florestas, assassinavam os seus líderes e os seus jovens, vítimas de ódio racial, removiam as famílias das suas humildes habitações para periferias distantes e recusavam reconhecer a sua história e a sua cultura. Essa maioria sentia que os benefícios reais que por via das políticas sociais lhe chegavam eram conseguidos com enormes custos humanos e ambientais que não eram oficialmente reconhecidos. Sentia, sobretudo, que a sua voz não estava incluída nos números que falavam a seu respeito e a respeito do seu progresso. Talvez por isso estará com dificuldades em se dar conta de que, daqui em diante, será muito pior.

A intervenção imperial
A terceira razão da perplexidade tem que ver com a resistência dos democratas brasileiros, e sobretudo das forças de esquerda, a dar o peso devido à interferência do imperialismo norte-americano. A interferência dos EUA no continente ao longo do século XX está hoje bem documentada e teve sempre por objectivo eliminar governos e governantes eleitos democraticamente que os dirigentes norte-americanos considerassem potencialmente hostis aos interesses das empresas norte-americanas. A luta contra o comunismo, o narcotráfico, o terrorismo, o esquerdismo foram os sucessivos pretextos utilizados para justificar as intervenções, mas o objectivo foi sempre o mesmo. As intervenções correspondem a uma opção estratégica de longa duração e, por isso, não dependem de quem ocupa a Casa Branca. Afinal, não foi Donald Trump mas Barack Obama quem emitiu a desconcertante ordem executiva declarando a Venezuela "uma ameaça não usual e extraordinária à segurança nacional" dos EUA. Tradicionalmente, as intervenções assumiram várias formas, mas quando foi mesmo necessária a mudança de regime envolveram quase sempre no passado a intervenção militar e a instalação de ditaduras militares ou governos fantoches.

Tragicamente, os Brasileiros aprenderam (quando aprenderam) que sem essa intervenção não teria sido possível a ditadura militar de 1964. Foi uma aprendizagem que lhes custou caro. A resistência ocorreu, teve êxito, e nos últimos trinta e tal anos o Brasil viveu um período de relativo florescimento democrático, ainda que mantendo muitas das exclusões causadas pela combinação fatal entre capitalismo (desigualdade social), colonialismo (discriminação racial) e patriarcado (discriminação sexual). Uma combinação complexa de factores, entre os quais a aparente reorientação do imperialismo para o Médio Oriente, o surgimento na primeira década do novo milénio de vários governos progressistas com mais ou menos veementes discursos anti-imperialistas (Venezuela, Argentina, Bolívia, Equador) e a promoção da democracia pelas agências internacionais dominadas pelos EUA (por exemplo, o Banco Mundial) criaram a ilusão de que os governos do subcontinente podiam daqui em diante governar-se por conta própria sem dar particular atenção ao Big Brother do Norte. Esta ilusão está a criar uma perigosa zona de invisibilidade e desatenção que é tanto mais grave quanto os meios de intervenção imperial mudaram entretanto e são hoje muito mais diversificados e insidiosos. Em vez de promoverem ditaduras, apresentam-se como "promovendo a democracia", uma democracia esvaziada de qualquer potencial popular, de inclusão social ou de prioridade do interesse nacional. Trata-se de uma democracia que se afirma como libertária, inimiga da intervenção do Estado, obediente às exigências do mercado, ou seja, do capital, por via dos sectores dirigentes do capital (hoje, o sector financeiro), e sobretudo aberta à pilhagem das riquezas naturais do país por parte das empresas norte-americanas, o mesmo objectivo de sempre.

No plano concreto, a intervenção tem três pilares principais. Por um lado, intervenção na opinião pública e nos protestos sociais através de instituições, organizações da sociedade civil, bem articuladas com as redes sociais, financiadas pelos EUA, quer por via das agências do Estado (Congresso, Departamento de Estado, CIA, USAID), quer por via das fundações criadas pelos grandes bilionários norte-americanos, com particular destaque para os irmãos Koch, um autêntico potentado económico. As teias criadas por estas instituições estão bem descritas por Lee Fang do *The Intercept* em trabalho de jornalismo de pesquisa publicado em 11 de Agosto de 2017 (https://theintercept.com/2017/08/11/esfera-de--influencia-como-os-libertarios-americanos-estao-reinventando--a-politica-latino-americana).

Lee Fang descreve a extensão da Rede Atlas e a sua ligação ao Movimento Brasil Livre que promoveu activamente o *impeachment* da Presidente Dilma Rousseff. Aí se escreve: "A rede é extensa, contando atualmente com parcerias com 450 *think tanks* em todo o mundo. A Atlas afirma ter gasto mais de US$ 5 milhões com os seus parceiros apenas em 2016. Ao longo dos anos, a Atlas e as suas fundações caritativas associadas realizaram centenas de doações para *think tanks* conservadores e defensores do livre mercado na América Latina, inclusive a rede que apoiou o Movimento Brasil Livre (MBL)." E mais adiante, "O cenário político do qual surgiu o MBL é uma novidade no Brasil. Havia no máximo três *think tanks* libertários em actividade no país dez anos atrás, segundo Hélio Beltrão, um ex-executivo de um fundo de investimentos de alto risco que agora dirige o Instituto Mises, uma organização sem fins lucrativos que recebeu o nome do filósofo libertário Ludwig von Mises. Ele diz que, com o apoio da Atlas, agora existem cerca de 30 institutos agindo e colaborando entre si no Brasil, como o Estudantes pela Liberdade e o MBL.

'É como um time de futebol; a defesa é a academia, e os políticos são os atacantes. E já marcámos alguns gols', diz Beltrão, referindo-se ao *impeachment* de Dilma. O meio de campo seria 'o pessoal da cultura', aqueles que formam a opinião pública. Beltrão explica que a rede de *think tanks* está pressionando pela privatização dos Correios, que ele descreve como 'uma fruta pronta para ser colhida' e que pode conduzir a uma onda de reformas mais abrangentes em favor do livre mercado. Muitos partidos conservadores brasileiros acolheram os activistas libertários quando estes demonstraram que eram capazes de mobilizar centenas de milhares de pessoas nos protestos contra Dilma, mas ainda não adoptaram as teorias da 'economia do lado da oferta'. Fernando Schüler, académico e colunista associado ao Instituto Millenium – outro *think tank* da Atlas no Brasil – tem uma outra abordagem. 'O Brasil tem 17 mil sindicatos pagos com dinheiro público. Um dia de salário por ano vai para os sindicatos, que são completamente controlados pela esquerda', diz. A única maneira de reverter a tendência socialista seria superá-la no jogo de manobras políticas. 'Com a tecnologia, as pessoas poderiam participar directamente, organizando – no WhatsApp, Facebook e YouTube – uma espécie de manifestação pública de baixo custo', acrescenta, descrevendo a forma de mobilização de protestos dos libertários contra políticos de esquerda." Quem estiver atento às redes sociais sabe bem o que isto significa.

Como referi, este é apenas um dos pilares da intervenção imperial. O segundo pilar é a intervenção no processo político mediante o financiamento de partidos que veiculam os interesses económicos do capital em geral e das empresas multinacionais em especial. Por vezes, as igrejas, sobretudo evangélicas, são fortemente mobilizadas para veicular financiamentos.

O terceiro pilar é a intervenção no sistema judicial. Devo esclarecer à partida que esta intervenção não explica por inteiro o comportamento recente do poder judiciário no Brasil em tempos recentes. Há muito outros factores a considerar, da formação nas faculdades de direito, à sua origem de classe, e à organização institucional e organizacional (carreiras, disciplina interna, salários, etc.). A intervenção imperial no sector é apenas um factor, embora seja um factor de crescente importância em alguns países. O investimento norte-americano no sistema judicial como instrumento de intervenção imperial intensificou-se dramaticamente depois da queda do Muro de Berlim e a Rússia foi a grande "beneficiária" dessa intervenção, aparentemente sem grande sucesso. No subcontinente, a intervenção centrou-se na Colômbia, mas foram feitos investimentos significativos em alguns países, por exemplo, no Brasil nos últimos dez anos[71]. Trata-se de uma intervenção que visa

---

[71] Boaventura de Sousa Santos e Maurício Garcia Villegas (orgs.) (2001), *El caleidoscopio de las justicias en Colombia*, Volume I. Bogotá: Ediciones Uniandes, Siglo del Hombre, Capítulo 3 "Derecho y democracia: la reforma global de la justicia",

criar estruturas de acusação agressivas, bem equipadas e impregnadas de uma ideologia de independência judiciária orientada para a defesa prioritária do princípio da liberdade (em detrimento do princípio da igualdade) e da defesa absoluta da propriedade privada. Pretende-se deste modo incutir a ideia de que esta é a única ideologia judiciária legítima porque é a única não política (as afinidades com a ideologia da "escola sem partido" são evidentes).

Que o imperialismo não se equivoca sobre o que está em jogo no actual drama judicial resulta bem evidente no comentário do seu porta-voz talvez mais fiável, o *Wall Street Journal*, em artigo da colunista habitual para o continente. Escreve-se em 4 de Fevereiro de 2018 em artigo intitulado "A condenação de Lula é uma vitória para o Brasil": "O mercado financeiro do Brasil disparou em Janeiro quando um tribunal de recurso confirmou a condenação por suborno do ex-presidente Luíz Inácio Lula da Silva. A euforia dos investidores levou ao máximo a referência Ibovespa, chegando aos 5.3% na semana que acabou em 26 de Janeiro. O mercado delirou, uma vez que a decisão faz aumentar as hipóteses de Lula da Silva não ser candidato às eleições presidenciais marcadas para 7 de Outubro, não regressando assim ao Palácio Presidencial com o seu pernicioso populismo. Mas há outra, e mais profunda razão pela qual a decisão é uma boa notícia para o Brasil: ela é sinal de que o judiciário está a ficar mais independente e o estado de direito está a atingir maturidade. Trata-se de um desenvolvimento para a economia bem maior do que qualquer descoberta de petróleo ou fenomenal cultura de soja." Depois de referir a comunicação do advogado brasileiro Geanluca Lorenzon, não por coincidência membro do Instituto Mises do Brasil, um texto apresentado no Cato

---

179-184. Ver também Boaventura de Sousa Santos (2009), *Sociología Jurídica Crítica. Para un nuevo sentido común en el derecho*. Madrid: Trotta, Capítulo 7 "Derecho y democracia: la reforma global de la justicia", 454-505. Apesar de os títulos dos dois capítulos serem iguais, trata-se de dois textos muito diferentes.

Institute, *think tank* conservador norte-americano, ainda menos por coincidência, conclui: "O estado de direito no Brasil ainda precisa de muito trabalho. Mas se o supremo tribunal se cingir aos factos neste caso, isso será sinal de um novo padrão de independência e profissionalismo judicial que não deve ser ignorado."

No caso da intervenção imperial, a perplexidade paralisante do tempo presente reside na dificuldade das forças democráticas, sobretudo de esquerda, em valorizarem devidamente o poder desta intervenção. Quando o fazem (raramente), tendem a cair no pólo oposto e a atribuir-lhe uma importância de tal maneira determinante, que pode levar ao desânimo ou mesmo à desistência, uma das formas (a mais económica) de que o imperialismo dispõe para realizar os seus objectivos.

Resistência e alternativa
Finalmente, a quarta razão da perplexidade potencialmente paralisante do momento consiste na dificuldade das forças democráticas, sobretudo de esquerda, em organizarem uma estratégia de resistência e de alternativa eficaz e com credibilidade, tendo em vista o contexto dominado pelos três factores acima referidos. Em tese geral, deveria falar igualmente neste contexto das forças democráticas de direita, ou seja, forças que reconhecem o campo democrático como o único legítimo para dirimir conflitos políticos. A tragédia actual do Brasil é que essas forças não podem ser hoje consideradas parceiras fiáveis de uma luta por uma democracia minimamente credível, uma democracia que se saiba defender de sucessivos golpes institucionais, os quais, pela sua frequência, configuram a ideia de golpe continuado, por analogia com o conceito de crime continuado. E não podem ser parceiras fiáveis por causa de todas as conivências, por acção e por omissão, que revelaram com as forças golpistas, tanto nacionais como internacionais. Em face disto, penso que a sorte da democracia brasileira está hoje nas mãos das esquerdas brasileiras.

Os desafios

São dois os desafios. O primeiro desafio tem algo de dilemático porque implica agir como se a democracia estivesse a funcionar com mínima consistência, sabendo de antemão que não está. A democracia funciona segundo a lógica de processos certos para a obtenção de resultados incertos. A constituição regulamentar de partidos, os sistemas e as leis eleitorais, o funcionamento de instâncias de controlo dos processos de disputa política, a liberdade de expressão, o acesso à informação e à comunicação, tudo isto são processos que devem funcionar com grande regularidade e certeza para que os resultados da disputa eleitoral sejam incertos, ou seja, para que possa ganhar A ou B, para não se saber de antemão o resultado, independentemente do comportamento dos eleitores, enfim, para não se poder ganhar sempre nem perder sempre. Ora temos vindo a assistir, em tempos recentes, não só no Brasil como noutros países, não só no Sul Global como no Norte Global, à crescente incerteza dos processos democráticos, devido à manipulação a que estes processos são sujeitos pelos monopólios mediáticos, pelo financiamento extremamente desigual das campanhas eleitorais e pela corrupção em geral. A incerteza dos processos é promovida para conseguir resultados certos, ou seja, a vitória dos candidatos apoiados. Esta inversão da relação entre processos e resultados é fatal para o futuro da democracia.

O problema mais grave do Brasil neste momento é que esta inversão está a ocorrer noutras instituições do regime democrático, nomeadamente no sistema judicial. O desenvolvimento concreto da Operação Lava-Jato e das operações satélites está a revelar que a certeza dos processos, que é garantida pelo respeito de boa-fé pelas regras processuais (criminais, civis, administrativas, etc.), está a ser comprometida por procedimentos discricionários que não são corrigidos nem nas instâncias de recurso nem nas instâncias disciplinares. O objectivo desta crescente incerteza dos processos visa, tal como na democracia, conseguir a certeza dos resultados, no caso, a condenação de um acusado de alto perfil que o império e as elites conservadoras nacionais querem varrer da luta política e apagar da memória democrática do país.

A gravidade desta dupla inversão entre certeza de processos e incerteza de resultados é particularmente grave pela seguinte razão. Em períodos de mais intensa disputa política, a luta institucional transforma-se frequentemente numa luta entre instituições. Por exemplo, entre decisões do poder executivo e do poder legislativo ou entre qualquer deles e as decisões do poder judicial. Nessas situações, quer instâncias moderadoras quer formas de acomodação tendem a ter lugar para permitir a continuidade dos processos democráticos. O que sucede quando todas as instituições do poder democrático embarcam na mesma inversão entre processos e resultados e coincidem na busca dos mesmos resultados? Haverá ainda espaço para falar de democracia, ou ter-se-á esta transformado numa inércia grotesca no formato e fatal nos resultados? Penso que todas as forças genuinamente democráticas devem meditar nestas perguntas e dar-lhes resposta colectiva.

As forças de esquerda terão de lutar pela democracia neste contexto adverso. Nestas condições, pode ser difícil confiar exclusivamente na luta institucional. Provavelmente terá de recorrer à luta extra-institucional pacífica como estratégia complementar. Aliás, esta tem sido a estratégia da direita golpista, só que, no caso desta, não há compromisso com a não-violência. Pelo contrário, a violência está nos manuais da provocação contra-revolucionária. Para as forças de esquerda, o recurso à luta extra-institucional exige uma articulação permanente com os movimentos sociais e todas as organizações populares. Neste contexto, descurar esta articulação permanente ou mantê-la apenas instrumental e oportunisticamente para fins e em momentos eleitorais será uma estratégia suicida.

Este desafio é suficientemente exigente. Mas ainda há um outro, e não menos exigente. As forças de esquerda têm estado tradicionalmente fragmentadas, divididas por múltiplas diferenças, por vezes tão profundas que implicam transformar forças de esquerdas rivais em inimigos principais. Por razões que se explicam pelo passado, mas que serão suicidas num futuro caracterizado pelo perigo da sobrevivência da democracia, as esquerdas não têm sabido distinguir entre diferenças reais e pragmáticas, susceptíveis de acomodação e negociação, e diferenças ideológicas que, por vezes, assumem a forma de cismas dogmáticos muito próximos dos que no passado dividiram as religiões e levaram a lutas fratricidas.

O capítulo seguinte, ao colocar as esquerdas brasileiras num contexto internacional mais amplo, pretende ser um contributo para que este último desafio seja enfrentado com sucesso, na certeza de que, se o não for, a democracia acabará por soçobrar. Nesse caso, as forças de esquerda serão as primeiras vítimas, e todas por igual, independentemente das divisões que agora as tornam tão diferentes.

CAPÍTULO 15
UNIDADE DAS ESQUERDAS: QUANDO, COMO, ONDE E PORQUÊ?

Introdução
Tenho escrito muito sobre as esquerdas, o seu passado e o seu futuro.[72]

Tenho preferência pelas questões de fundo, coloco-me sempre numa perspectiva de médio e longo prazo e evito entrar nas conjunturas do momento. Neste capítulo sigo uma perspectiva diferente: centro-me na análise da conjuntura de alguns países, e é a partir dela que coloco questões de fundo e me movo para escalas temporais de médio e longo prazo. Para a edição brasileira escrevi uma longa introdução sobre a encruzilhada em que, na minha opinião, se encontra a democracia brasileira.

Dada a natureza da reflexão e análise feitas neste capítulo, muito do que está escrito nele (concluído em início de Fevereiro de 2018) não terá nenhuma actualidade dentro de meses ou mesmo semanas. A utilidade dele pode estar precisamente nisso, no facto de proporcionar uma análise retrospectiva da actualidade política e do modo como ela nos confronta quando não sabemos como se

---

[72] Ver Boaventura de Sousa Santos: "Una izquierda con futuro", en Rodríguez Garavito, C., et al., *La nueva izquierda en América Latina. Sus orígenes y trayectoria futura*, Bogotá: Norma, pp. 437-457 (2005); Democracia *al borde del caos. Ensayo contra la autoflagelación*, Bogotá: Siglo del Hombre y Siglo XXI (2014); *A difícil democracia. Reinventar as Esquerdas*, São Paulo: Boitempo (2016); *La difícil democracia. Una mirada desde la periferia europea*, Madrid: Akal (2016); *Democracia y transformación social*, Bogotá/Ciudad de México: Siglo del Hombre Editores/Siglo XXI Editores (2017); *Pneumatóforo. Escritos políticos (1981-2018)*, Coimbra: Almedina (no prelo); Com José Manuel Mendes, *Demodiversidade: imaginar novas possibilidades democráticas*, Coimbra: Almedina/Edições 70 (2017).

vai desenrolar. E também pode contribuir para ilustrar a humildade com que as análises devem ser feitas e a distância crítica com que devem ser recebidas. Talvez este capítulo possa ser lido como uma análise não conjuntural da conjuntura.

À partida devo tornar claro o que entendo por esquerda. Esquerda é o conjunto de teorias e práticas transformadoras que, ao longo dos últimos cento e cinquenta anos, resistiram à expansão do capitalismo e ao tipo de relações económicas, sociais, políticas e culturais que ele gera, e que assim procederam na crença da possibilidade de um futuro pós-capitalista, de uma sociedade alternativa, mais justa, porque orientada para a satisfação das necessidades reais das populações, e mais livre, porque centrada na realização das condições do efectivo exercício da liberdade.

Num mundo cada vez mais interdependente tenho vindo a insistir na necessidade de aprendizagens globais. Nenhum país, cultura ou continente pode hoje arrogar-se o privilégio de ter encontrado a melhor solução para os problemas com que o mundo se confronta e muito menos o direito de a impor a outros países, culturas ou continentes. A alternativa está nas aprendizagens globais sem perder de vista os contextos e as necessidades específicas de cada um. Tenho vindo a defender as epistemologias do Sul como uma das vias para promover tais aprendizagens e de o fazer a partir das experiências dos grupos sociais que sofrem nos diferentes países a exclusão e a discriminação causadas pelo capitalismo, colonialismo e patriarcado. Ora, as necessidades e aspirações de tais grupos sociais devem ser a referência privilegiada das forças de esquerda em todo o mundo, sendo as aprendizagens globais um instrumento precioso nesse sentido. Acontece que as forças de esquerda têm uma enorme dificuldade em conhecer as experiências de outras forças de esquerda noutros países e em se dispor a aprender com elas. Nem estão interessadas em conhecer profundamente as realidades políticas doutros países nem tão-pouco dão a atenção devida ao contexto internacional e às forças económicas e políticas que o dominam. O desaparecimento analítico das múltiplas faces do imperialismo são prova disso. Além disso, tendem a ser pouco sensíveis à diversidade cultural e política do mundo.

Que as forças de esquerda do Norte Global (Europa e América do Norte) sejam eurocêntricas não é novidade para ninguém. O que talvez seja menos conhecido é que a maior parte das forças de esquerda do Sul Global é igualmente eurocêntrica nas referências culturais que subjazem às suas análises. Basta ter em conta as atitudes racistas de muitas forças de esquerda da América Latina em relação aos povos indígenas e afrodescendentes.

Com o seu objectivo muito limitado de analisar a conjuntura das forças de esquerda em alguns países, este capítulo pretende aumentar o interconhecimento entre elas e sugerir possibilidades de se articularem tanto nacional como internacionalmente.

O novo interregno
Estamos num interregno. O mundo que o neoliberalismo criou em 1989 com a queda do Muro de Berlim terminou com a primeira fase da crise financeira (2008-2011) e ainda não se definiu o novo mundo que se lhe vai seguir. O mundo pós-1989 teve duas agendas que tiveram um impacto decisivo nas políticas de esquerda um pouco em todo o mundo. A agenda explícita foi o fim definitivo do socialismo enquanto sistema social, económico e político liderado pelo Estado. A agenda implícita consistiu no fim de qualquer sistema social, económico e político liderado pelo Estado. Esta agenda implícita foi muito mais importante que a explícita, porque o socialismo de Estado estava já agonizante e, desde 1978, procurava reconstruir-se na China enquanto capitalismo de Estado no seguimento das reformas promovidas por Deng Xiaoping. O efeito mais directo do fim do socialismo de tipo soviético na esquerda foi o ter desarmado momentaneamente os partidos comunistas, alguns deles há muito já distanciados da experiência soviética. A agenda implícita foi a que verdadeiramente contou; por isso,

teve de ocorrer de maneira silenciosa e insidiosa, sem queda de muros.

Na fase que até então tinha caracterizado o capitalismo dominante, a alternativa social ao socialismo de tipo soviético eram os direitos económicos e sociais universais de que beneficiavam sobretudo aqueles que, não tendo privilégios, só tinham o direito e os direitos para se defenderem do despotismo económico e político para que tendia o capitalismo sujeito exclusivamente à lógica do mercado. A forma mais avançada desta alternativa tinha sido a social-democracia europeia do pós-guerra, que aliás no seu começo, no início do século XX, também se desdobrara numa agenda explícita (socialismo democrático) e numa agenda implícita (capitalismo com alguma compatibilidade com a democracia e a inclusão social mínima que ela pressupunha). Depois de 1945, rapidamente se mostrou que a agenda implícita era a única agenda. Desde então as esquerdas dividiram-se entre as que continuavam a defender uma solução socialista (mais ou menos distante do modelo soviético) e as que, por mais que se proclamassem socialistas, apenas queriam regular o capitalismo e controlar os seus "excessos".

Depois de 1989, e tal como acontecera no início do século, a agenda implícita continuou durante algum tempo implícita, apesar de ser já a única em vigor. Foi-se tornando evidente que ambas as esquerdas do período anterior saíram derrotadas. Por isso se assistiu, depois de 1989, à difusão sem precedentes da ideia da crise da social-democracia, muitas vezes articulada com a ideia da impossibilidade ou inviabilidade da social-democracia. A secundá-la, a ortodoxia neoliberal doutrinava sobre o carácter predador ou, pelo menos, ineficiente do Estado e da regulação estatal, sem os quais não era possível garantir a efectividade dos direitos económicos e sociais.

O desarme da esquerda social-democrática durante algum tempo foi disfarçado pela nova articulação das formas de dominação que vigoram no mundo desde o século XVII: capitalismo, colonialismo (racismo, monoculturalismo, etc.) e o patriarcado (sexismo, divisão arbitrária entre trabalho produtivo e trabalho reprodutivo, ou seja, entre trabalho pago e trabalho não-pago). As reivindicações sociais orientaram-se para as agendas ditas pós-materiais, os direitos culturais ou de quarta geração. Estas reivindicações eram genuínas e denunciavam modos de opressão e de discriminação repugnantes. Mas o modo como foram orientadas fez crer aos agentes políticos que as mobilizaram (movimentos sociais, ONG, novos partidos) que as podiam levar a cabo com êxito sem tocar no terceiro eixo da dominação, o capitalismo. Houve mesmo uma negligência do que se foi chamando política de classe (distribuição) em favor das políticas de raça e sexo (reconhecimento). Essa convicção provou-se fatal no momento em que o regime pós-1989 caiu. A dominação capitalista, reforçada pela legitimidade que criou nestes anos, virou-se facilmente contra as conquistas anti-racistas e anti-sexistas na busca incessante de maior acumulação e exploração. E estas, desprovidas da vontade anticapitalista ou separadas das lutas anticapitalistas, estão a sentir muitas dificuldades para resistir.

Nestes anos de interregno resulta evidente que a agenda implícita visava dar total prioridade ao princípio do mercado na regulação das sociedades modernas em detrimento do princípio do Estado e da comunidade. No início do século XX, o princípio da comunidade fora secundarizado em favor da rivalidade que então se instalou entre os princípios do Estado e do mercado. A relação entre ambos foi sempre muito tensa e contraditória. A social-democracia e os direitos económicos e sociais significaram momentos de trégua nos conflitos mais agudos entre os dois princípios. Esses conflitos não eram resultado de meras oposições teóricas. Resultavam das lutas sociais das classes trabalhadoras que procuravam encontrar no Estado o refúgio mínimo contra as desigualdades e os despotismos gerados pelo princípio de mercado. A partir de

1989, o neoliberalismo encontrou o clima político adequado para impor o princípio do mercado, contrapondo a sua lógica à lógica do princípio do Estado, entretanto colocado à defesa.

A globalização neoliberal, a desregulação, a privatização, os tratados de livre comércio, o papel inflacionado do Banco Mundial e do FMI foram sendo executados paulatinamente para erodir o princípio do Estado, quer retirando-o da regulação social, quer convertendo esta numa outra forma de regulação mercantil. Para isso, foi necessária uma desvirtuação radical mas silenciosa da democracia. Esta, que no melhor dos casos fora encarregada de gerir as tensões entre o princípio do Estado e o princípio do mercado, passou a ser usada para legitimar a superioridade do princípio do mercado e, no processo, transformar-se ela própria num mercado (corrupção endémica, lobbies, financiamento de partidos, etc.). O objectivo era que o Estado passasse de Estado capitalista-com-contradições a Estado capitalista-sem-contradições. As contradições passariam a ser exteriorizadas para a sociedade, crises sociais a serem resolvidas como questões de polícia e não como questões políticas.

A grande maioria das forças de esquerda aceitou esta viragem; pouca resistência lhe ofereceu quando não se tornou cúmplice activa dela, o que aconteceu sobretudo na Europa. Na última fase deste período, alguns países da América Latina protagonizaram uma resistência significativa e tão significativa que não pode ser neutralizada pela monotonia das relações económicas promovidas pelo neoliberalismo global, nem resultou apenas dos erros próprios cometidos pelos governos progressistas. Envolveu a intervenção forte do imperialismo norte-americano, que na primeira década de 2000 tinha aliviado a pressão sobre os países latino-americanos por estar profundamente envolvido no Médio Oriente. Venezuela, Brasil e Argentina são talvez os casos mais emblemáticos desta situação. O imperialismo norte-americano entretanto mudou de rosto e de táctica, em vez de impor ditaduras por via da CIA e forças militares, promove e financia iniciativas de "democracia-amiga-do mercado" através de organizações não-governamentais libertárias e evangélicas e de desenvolvimento local, protestos, na medida do possível pacíficos, mas com *slogans* ofensivos para as personalidades, os princípios e as políticas de esquerda. Em situações mais tensas, pode financiar acções violentas que depois, com a cumplicidade dos *media* nacionais e internacionais, são atribuídas aos governos hostis, ou seja, governos hostis aos interesses norte-americanos. Tudo isto tutelado e financiado pela CIA, a embaixada norte-americana no país e o Departamento de Estado dos EUA.

Vivemos, pois, um período de interregno. Não sei se este interregno gera fenómenos mórbidos como o interregno famosamente analisado por Gramsci. Mas tem certamente assumido características profundamente dissonantes entre si. Nos últimos cinco anos, a actividade política em diferentes países e regiões do mundo adquiriu facetas e traduziu-se em manifestações surpreendentes ou desconcertantes. Eis uma selecção possível: o agravamento sem precedentes da desigualdade social; a intensificação da dominação capitalista, colonialista (racismo, xenofobia, islamofobia) e heteropatriarcal (sexismo) traduzida no que chamo fascismo social em suas diferentes formas (fascismo do *apartheid* social, fascismo contratual, fascismo territorial, fascismo financeiro, fascismo da insegurança); a reemergência do colonialismo interno na Europa com um país dominante, a Alemanha, a aproveitar-se da crise financeira para transformar os países do Sul numa espécie de protectorado informal, particularmente gritante no caso da Grécia; o golpe judiciário-parlamentar contra a Presidente Dilma Rousseff, um golpe continuado com o impedimento da candidatura de Lula da Silva às eleições presidenciais de 2018; a saída unilateral do Reino Unido da União Europeia; a renúncia às armas por parte da guerrilha colombiana e o início conturbado do processo de paz; o colapso ou crise grave do bipartidismo centrista em vários países, da França à Espanha, da Itália à Alemanha; a emergência de partidos de tipo novo a partir de movimentos sociais ou mobilizações antipolítica, como o Podemos na Espanha, Cinco Stelle na Itália, AAP na Índia; a constituição de um governo de esquerda em Portugal com base num entendimento sem precedentes entre diferentes partidos de esquerda; a eleição presidencial de homens de negócios bilionários com fraca ou nula experiência política apostados em destruir a protecção social que os Estados têm garantido às classes sociais mais vulneráveis, sejam eles Macri na Argentina ou Trump nos EUA; o ressurgimento da extrema-direita na Europa com o seu tradicional nacionalismo de direita, mas surpreendentemente portadora da agenda das políticas sociais que tinham sido abandonadas pela social-democracia, com a ressalva de agora valerem apenas para "nós" e não para "eles" (imigrantes, refugiados); a infiltração de comportamentos fascizantes em governos democraticamente eleitos, como, por exemplo, na Índia do BJP e do presidente Modi, nas Filipinas de Duterte, nos EUA de Trump, na Polónia de Kaczynski, na Hungria de Orban, na Rússia de Putin, na Turquia de Erdogan, no México de Peña Nieto; a intensificação do terrorismo jiadista que se proclama como islâmico; a maior visibilidade de manifestações de identidade nacional, de povos sem Estado, nacionalismos de direita na Suíça, e na Áustria, nacionalismos com fortes componentes de esquerda na Espanha (Catalunha mas também País Basco, Galiza e Andaluzia) e na Nova Zelândia, e nacionalismos dos povos indígenas das Américas que se recusam a ser encaixados na dicotomia esquerda/direita; o colapso por uma combinação de erros próprios e interferência grave do imperialismo norte-americano de governos progressistas que procuraram combinar desenvolvimento capitalista com a melhoria do nível de vida das classes populares, no Brasil, Argentina e Venezuela; a agressividade sem paralelo na gravidade e na impunidade da ocupação da Palestina pelo Estado colonial de Israel; as profundas transformações internas combinadas com estabilidade (pelo menos aparente) em países que durante muito tempo simbolizaram as mais avançadas conquistas das políticas de esquerda, da China ao Vietname e a Cuba.

O significado histórico deste interregno

Este elenco deixa de fora os problemas sociais, económicos e ecológicos que talvez mais preocupem os democratas em todo o mundo, tal como não menciona a violência familiar, urbana, rural ou a proliferação das guerras não-declaradas, embargos não declarados, o terrorismo e o terrorismo de Estado que estão a destruir povos inteiros (Palestina, Líbia, Síria, Afeganistão, Iémen) e a convivência pacífica em geral, a transformação do trabalho numa mercadoria como outra qualquer, os apelos ao consumismo, ao individualismo e à competitividade sem limites, ideologias com as quais muitas forças de esquerda têm sido tão complacentes ou aceitam como algo inevitável, o que dá no mesmo.

Neste sentido, este elenco é um elenco de sintomas e não de causas. Mesmo assim, serve-me para mostrar as características histórico-estruturais principais do interregno em que nos encontramos.

Embora o capitalismo seja um sistema globalizado desde o seu início, o âmbito e as características internas da globalização têm variado ao longo dos séculos. Para me reportar exclusivamente ao mundo contemporâneo, podemos dizer que desde 1860 o mundo se encontra num processo particularmente acelerado de interdependência global, um processo atravessado por contradições internas, como é próprio do capitalismo, muito desigual e com descontinuidades significativas. O conceito de interregno visa precisamente dar conta dos processos de ruptura e de transição. Os períodos de mais intensa globalização tendem a coincidir com períodos de grande rendibilidade do capital (ligada a grandes inovações tecnológicas) e com a hegemonia inequívoca (sobretudo económica mas também política e militar) de um país. A estes períodos têm-se seguido períodos de grande instabilidade política e económica e de crescente rivalidade entre países centrais.

O primeiro período de globalização contemporânea ocorreu entre 1860 e 1914. A Inglaterra foi o país hegemónico e a segunda revolução industrial e o colonialismo foram as suas características principais. A ele se seguiu um período de mais acentuada rivalidade entre países centrais de que resultaram duas guerras mundiais em que morreram 78 milhões de pessoas. O segundo período ocorreu entre 1944 e 1971. Os EUA foram o país hegemónico e as suas características principais foram a terceira revolução industrial (informática), a Guerra Fria e a co-existência de dois modelos de desenvolvimento (os modelos capitalista e socialista, ambos com várias versões), o fim do colonialismo, uma nova fase de imperialismo e neocolonialismo. Seguiu-se um período de acrescida rivalidade de que resultou o colapso do socialismo soviético e o fim da Guerra Fria. A partir de 1989 entrámos num terceiro período de globalização cuja crise está a dar azo ao interregno em que nos encontramos. Foi um período de dominação mais multilateral com a União Europeia e a China a disputarem a hegemonia dos EUA conquistada no período anterior. Caracterizou-se pela quarta revolução (a microelectrónica e, crescentemente, a genética e a robotização) e as suas características mais inovadoras foram, por um lado, submeter pela primeira vez virtualmente todo o mundo ao mesmo modelo de desenvolvimento hegemónico (o capitalismo na sua versão neoliberal) e, por outro, transformar a democracia liberal no único sistema político legítimo e impô-lo em todo o mundo.

A fase de interregno em que nos encontramos está relacionada com a evolução mais recente destas características. Todas as facetas desta fase estão vigentes, mas apresentam sinais de grande desestabilização. Uma maior rivalidade entre duas potências imperiais, os EUA e a China, cada um socorrendo-se de satélites importantes, a UE no caso dos EUA e a Rússia no caso da China; um desequilíbrio cada vez mais evidente entre o poderio militar dos EUA e o seu poder económico, com novas ameaças de guerra incluindo a guerra nuclear e uma corrida aos armamentos; a impossibilidade de reverter a globalização dada a profunda interdependência (bem evidente na crise do processo Brexit) combinada com a luta por novas condições de comércio dito livre no caso dos EUA; uma crise de rendibilidade do capital que provoca uma longa depressão (não resolvida depois da crise financeira de 2008 ainda em curso) e que se manifesta de duas formas principais: a degradação dos rendimentos salariais nos países centrais e semiperiféricos, combinada com um ataque global às classes médias (uma realidade que sociologicamente varia muito de país para país) e uma corrida sem precedentes aos chamados recursos naturais com as consequências fatais que cria para as populações camponesas e povos indígenas e para os já precários equilíbrios ecológicos.

Entre as características deste interregno duas são particularmente decisivas para as forças de esquerda e revelam bem a tensão em que se encontram entre a necessidade cada vez mais urgente de se unirem e as dificuldades novas e sem precedentes na satisfação sustentada de tal necessidade. Trata-se de duas pulsões contraditórias que vão em sentido contrário e que, em meu entender, só podem ser geridas através de uma cuidada gestão das escalas de tempo. Vejamos:

1 – No que respeita à universalização da democracia liberal as forças de esquerda devem partir da seguinte verificação. A democracia liberal nunca teve a capacidade de se defender dos antidemocratas e fascistas com os mais diversos disfarces; mas hoje o que mais surpreende não é essa incapacidade, são antes os processos de incapacitação movidos por uma força transnacional altamente poderosa e intrinsecamente antidemocrática, o neoliberalismo (capitalismo como civilização de mercado, de concentração e de ostentação da riqueza), cada vez mais geminado com o predomínio do capital financeiro global a que tenho chamado o "fascismo financeiro", e acompanhado por um cortejo impressionante de instituições transnacionais, lobistas e meios de comunicação social. Estes novos (de facto, velhos) inimigos da

democracia não a querem substituir pela ditadura. Em vez disso, buscam descaracterizá-la a ponto de ela se transformar na reprodutora mais dócil e na voz mais legitimadora dos seus interesses.

Esta verificação convoca com urgência a necessidade de as esquerdas se unirem para salvaguardar o único campo político em que hoje admitem lutar pelo poder, o campo democrático.

2 – Por sua vez, o ataque generalizado aos rendimentos salariais, às organizações operárias e às formas de concertação social com a consequente transformação das reivindicações sociais numa questão de polícia; a crise ambiental cada vez mais grave e irreversível agravada pela luta desesperada pelo acesso ao petróleo que envolve a destruição de países como o Iraque, a Síria e a Líbia e amanhã talvez o Irão e a Venezuela; o recrudescimento, para muitos e muitas surpreendente, do racismo e do sexismo e heterossexismo; todas estas características apontam para uma condição de irreversível contradição entre capitalismo e democracia, mesmo a democracia de baixa intensidade que a democracia liberal sempre foi.

Ora, sendo certo que as esquerdas estão há muito divididas entre as que acreditam na regeneração do capitalismo, de um capitalismo de rosto humano, e as esquerdas que estão convencidas de que o capitalismo é intrinsecamente desumano e por isso irresgatável, não será fácil imaginar que se unam de forma sustentada. Penso que uma sabedoria pragmática que saiba distinguir entre o curto e o longo prazo mas mantê-los os dois no debate pode ajudar a resolver esta tensão. Este texto está centrado no curto prazo, mas procura não perder de vista o médio e o longo prazo.

As forças de esquerda perante o novo interregno

O elenco de fenómenos, na aparência anómalos, que mencionei acima dá conta de que o movimento dominante de erosão da democracia está a ser contrariado por forças sociais de sinal político contrário, ainda que frequentemente baseadas nas mesmas bases sociais de classe. Sob a forma do populismo, novas e velhas forças de direita e de extrema-direita procuram criar refúgios onde podem defender a "sua" democracia e os seus direitos dos apetites de estranhos, sejam eles imigrantes, refugiados ou grupos sociais "inferiores", assim declarados por via da raça, etnia, sexo, sexualidade ou religião. Não defendem a ditadura; pelo contrário, declaram defender a democracia ao salientar o valor moral da vontade do povo, reservando para si, obviamente, o direito de definir quem faz parte do "povo". Como a vontade do povo é um imperativo ético que não se discute, a suposta defesa da democracia opera por via de práticas autoritárias e antidemocráticas. É esta a essência do populismo. Falar de populismo de esquerda é um dos mais perniciosos equívocos de alguma teoria política crítica dos últimos anos.

Por sua vez, novas e velhas forças políticas de esquerda propõem-se defender a democracia contra os limites e perversões da democracia representativa, liberal. É sobre elas que me debruço neste texto. Tais forças procuram democratizar a democracia, reforçando-a de modo a poder resistir aos instintos mais agressivos do neoliberalismo e do capital financeiro. Essa defesa tem assumido várias formas em diferentes contextos e regiões do mundo. As principais são as seguintes: emergência de novos partidos de esquerda e por vezes de partidos de tipo novo, com uma relação com a cidadania ou com movimentos populares diferente e mais intensa da que tem sido característica dos velhos partidos de esquerda; rupturas profundas no seio dos velhos partidos de esquerda, quer quanto a programas quer quanto a lideranças; surgimento de movimentos de cidadania ou de grupos sociais excluídos, alguns que perduram, outros efémeros, que se colocam fora da lógica da política partidária e, portanto, do marco da democracia liberal; protestos, marchas, greves em defesa de direitos económicos e sociais; adopção de processos de articulação entre a democracia representativa e a democracia participativa no interior dos partidos ou nos campos de gestão política em que intervêm, nomeadamente a nível municipal; reivindicação de revisões constitucionais ou de assembleias constituintes originárias para fortalecer as instituições democráticas e as blindar contra as acções dos seus inimigos; chamamento à necessidade de romper com as divisões do passado e procurar articulações entre as diferentes famílias de esquerda, de modo a tornar mais unitária e eficaz a luta contra as forças antidemocráticas.

Deste elenco é fácil concluir que este período de interregno está a provocar um forte questionamento das teorias e práticas de esquerda que vigoraram nos últimos cinquenta anos. O questionamento assume as formas mais diversas, mas, apesar disso, é possível identificar alguns traços comuns.

O primeiro é que o horizonte emancipatório deixou de ser o socialismo para ser a democracia, os direitos humanos, a dignidade, o pós-neoliberalismo, o pós-capitalismo, um horizonte simultaneamente mais vago e mais diverso. Acontece que, trinta anos depois da queda do Muro de Berlim, este horizonte está tão desacreditado quanto o horizonte socialista. A democracia liberal é hoje em muitos países uma imposição do imperialismo e os direitos humanos são evocados apenas para liquidar governos que resistem ao imperialismo.

Em segundo lugar, o tom das lutas e das reivindicações é, em geral, um tom defensivo, ou seja, no sentido de defender o que se conquistou, por pouco que tenha sido, em vez de lutar por reivindicações mais avançadas na confrontação com a ordem capitalista, colonialista e patriarcal vigente. Em vez das guerras de movimento e das guerras de posição, como Gramsci caracterizou as principais estratégias operárias, dominam guerras de trincheira, de linhas vermelhas que não podem ser ultrapassadas. As forças que não aceitam esta lógica defensiva correm o risco de arcar com a marginalização e a autonomia, que é tanto maior quanto mais circunscrita se apresenta no plano territorial ou social.

Terceiro, porque não foi totalmente proscrita, a democracia obriga a que as forças de esquerda se posicionem no quadro democrático, por mais que o regime democrático esteja desacreditado. Esse posicionamento poderia implicar a recusa em participar no jogo democrático, mas o custo é elevado quer se participe (nenhuma possibilidade de ganhar) quer não se participe (marginalização). Este dilema é particularmente sentido em períodos pré-eleitorais.

Entre as várias estratégias que mencionei acima, a que simultaneamente melhor ilustra as dificuldades em actuar politicamente em contexto defensivo e em transformar tais dificuldades em oportunidade para formular projectos alternativos de luta política são as propostas de articulação ou unidade entre as diferentes forças de esquerda. Acresce que estas propostas estão a ser discutidas em vários países onde em 2018 vão realizar-se eleições. Precisamente, os processos eleitorais constituem o máximo teste de viabilidade para estes tipos de proposta. Por todas estas razões, passo a centrar-me nelas, começando por mencionar um caso concreto a título de ilustração.

Duas notas prévias. A primeira pode formular-se sob a forma de duas interrogações. São de esquerda todas as forças políticas que se consideram como tal? A resposta a esta pergunta não é fácil uma vez que, além de certos princípios gerais (identificados nos livros que mencionei na nota 1), a caracterização de uma dada força política depende dos contextos específicos em que opera. Por exemplo, o Partido Democrático norte-americano é considerado de esquerda ou de centro-esquerda nos EUA, mas duvido que o seja em qualquer outro país. Historicamente, um dos mais acesos debates no seio da esquerda tem sido precisamente a definição do que se considera ser a esquerda. A segunda pergunta pode formular-se assim: como distinguir entre forças de esquerda e políticas de esquerda? Em princípio deveria pensar-se que o que faz uma força política ser de esquerda é defender e aplicar políticas de esquerda. Sabemos, no entanto, que a realidade é outra. Por exemplo, considero o partido grego Syriza um partido de esquerda mas com o mesmo grau de convicção penso que as políticas que tem vindo a aplicar na Grécia são de direita. Sendo assim, a segunda interrogação desdobra-se numa terceira: por quanto tempo e com que consistência se pode manter tal incongruência sem que deixe de ser legítimo pensar que a força de esquerda em causa deixou de o ser?

A segundo nota prévia tem que ver com a necessidade de analisar o novo impulso de articulação ou unidade entre as forças de esquerda à luz de outros impulsos do passado. O impulso actual deve ser interpretado como sinalizando a vontade de renovação das forças de esquerda ou o contrário? A verdade é que a renovação da esquerda tem sido sempre pensada, pelo menos desde 1914, a partir da desunião das esquerdas. Por seu lado, a unidade tem sido sempre tentada a partir da sonegação ou mesmo da recusa da renovação da esquerda e a justificação para tal tem estado sempre ligada ao perigo da ditadura. Será que o impulso de articulação ou unidade actual, ainda que motivado pelo perigo iminente do colapso da democracia, pode significar, ao contrário dos anteriores, uma vontade de renovação?

A articulação entre forças de esquerda. O caso português
O governo em funções em Portugal desde o final de 2015 é pioneiro em termos da articulação entre vários partidos de esquerda, um governo do Partido Socialista com apoio parlamentar dos dois partidos de esquerda, Bloco de Esquerda e Partido Comunista Português. É pouco conhecido internacionalmente, não só porque Portugal é um país pequeno, cujos processos políticos raramente fazem parte da actualidade política internacional, como e sobretudo por representar uma solução política que vai contra os interesses dos dois grandes inimigos globais da democracia que hoje dominam os *media* – o neoliberalismo e o capital financeiro global. Convém recapitular. Desde a Revolução de 25 de Abril de 1974, os portugueses votaram frequentemente na sua maioria em

partidos de esquerda, mas foram governados por partidos de direita ou pelo Partido Socialista sozinho ou coligado com partidos de direita. Os partidos de direita apresentavam-se a eleições sozinhos ou em coligação, enquanto os partidos de esquerda, na lógica de uma longa trajectória histórica, se apresentavam divididos por diferenças aparentemente inultrapassáveis. O mesmo aconteceu em Outubro de 2015. Só que nessa ocasião, num gesto de inovação política que ficará nos anais da democracia europeia, os três partidos de esquerda (Partido Socialista, Bloco de Esquerda e Partido Comunista Português) resolveram entrar em negociações para buscar uma articulação de incidência parlamentar que viabilizasse um governo de esquerda liderado por um desses partidos, o que teve mais votos, o Partido Socialista. Com negociações separadas entre este partido e os outros dois (tais as desconfianças recíprocas de partida), foi possível chegar a acordos de governação que viabilizaram um governo de esquerda sem precedentes na Europa das últimas décadas.

A inovação destes acordos consistiu em várias premissas: 1) os acordos eram limitados e pragmáticos, estavam centrados em menores denominadores comuns com o objectivo de possibilitar uma governação que travasse a continuação das políticas de empobrecimento dos portugueses que os partidos de direita neoliberal tinham vindo a aplicar no país; 2) os partidos mantinham ciosamente a sua identidade programática, as suas bandeiras, e tornavam claro que os acordos não as punham em risco, porque a resposta à conjuntura política não exigia que fossem consideradas, e muito menos abandonadas; 3) o governo deveria ter coerência e, para isso, deveria ser da responsabilidade de um só partido, e o apoio parlamentar garantiria a sua estabilidade; 4) os acordos seriam celebrados de boa-fé e seriam acompanhados e verificados regularmente pelas partes. Os textos dos acordos constituem modelos de contenção política e detalham até ao pormenor os termos acordados. Basicamente, as medidas acordadas tinham dois grandes objectivos políticos: parar o empobrecimento dos portugueses, repondo rendimentos dos trabalhadores e dos pensionistas na base da escala de rendimentos, e travar as privatizações, que, como todas as que ocorrem sob a égide do neoliberalismo e do capital financeiro global, são actos de privataria. Os acordos foram negociados com êxito e o governo tomou posse num ambiente politicamente hostil, por parte do Presidente da República de então, da Comissão Europeia e das agências financeiras, todos fiéis servidores da ortodoxia neoliberal. A pouco e pouco a política executada em cumprimento dos acordos foi dando resultados, para muitos, surpreendentes, e ao fim de algum tempo muitos dos detractores do governo tinham de se vergar perante os números do crescimento da economia, da descida da taxa de desemprego, da melhoria geral da imagem do país, finalmente ratificada pelas agências de notação de crédito, e com os títulos portugueses a passar do nível lixo para o nível investimento. O significado de tudo isto podia resumir-se no seguinte: realizando políticas opostas às receitas neoliberais obtêm-se os resultados que tais receitas sempre anunciam e nunca conseguem e isso é possível sem aumentar o sofrimento e o empobrecimento dos Portugueses. Antes, pelo contrário, reduzindo-os. De uma maneira muito mais directa, o significado desta inovação política é mostrar que o neoliberalismo é uma mentira, e que o seu único e verdadeiro objectivo é acelerar a todo o custo a concentração da riqueza sob a égide do capital financeiro global.

Obviamente, a direita neoliberal nacional e internacional está inconformada e tentará pôr fim a esta solução política, no que tem como aliada, por agora, a direita, que nunca se reviu nos "excessos" do neoliberalismo e quer voltar ao poder. A forma mais benevolente do inconformismo surge agora na forma de um aparente elogio, e que se formula assim: "esta solução política durará toda a presente legislatura". Para os mais avisados, isto significa estabilidade a prazo, como que dizendo às esquerdas (e aos portugueses que nelas se revêm) "era bom mas acabou-se". Compete a essas forças e aos

Portugueses contraporem a este dito o dito: "queremos mais", e actuarem em conformidade.

Qual o significado mais global desta inovação política? Onze teses para articulações limitadas entre forças políticas de esquerda
Neste domínio, como em muitos outros, não há lugar para cópias mecânicas de soluções. As esquerdas podem e devem aprender com as experiências globais, mas têm de encontrar as soluções que se adequem às suas condições e ao seu contexto. Há, aliás, factores que são únicos e facilitam soluções que noutros contextos são inviáveis ou, pelo menos, muito mais difíceis. Darei exemplos adiante. Com estas cautelas, a experiência portuguesa tem um significado que transcende o país, qualquer que seja o que venha a suceder no futuro. Esse significado pode resumir-se no seguinte.

Primeiro, as articulações entre partidos de esquerda podem ser de vários tipos, nomeadamente, podem resultar de acordos pré--eleitorais ou acordos pós-eleitorais; podem envolver participação no governo ou apenas apoio parlamentar. Sempre que os partidos partem de posições ideológicas muito diferentes, e se não houver outros factores que recomendem o contrário, é preferível optar por acordos pós-eleitorais (porque ocorrem depois de medir pesos relativos) e acordos de incidência parlamentar (porque minimizam os riscos dos parceiros minoritários e permitem que as divergências sejam mais visíveis e disponham de sistemas de alerta conhecidos dos cidadãos).

Segundo, as soluções políticas de risco pressupõem lideranças com visão política e capacidade para negociar. No caso português, todos os líderes envolvidos têm essa característica. Aliás, o Primeiro-Ministro tinha tentado pontualmente políticas de articulação de esquerda nos anos em que foi Presidente da Câmara de Lisboa. Mas a mais consistente articulação entre forças de esquerda foi protagonizada por Jorge Sampaio, também do Partido Socialista, enquanto Presidente da Câmara de Lisboa, e que viria a ser Presidente da República entre 1996 e 2006. E não podemos esquecer que o fundador do Partido Socialista português, o Dr. Mário Soares, na fase final da sua vida política, tinha advogado este tipo de políticas, algo que, por exemplo, é difícil imaginar em Espanha, onde o fundador do PSOE, Felipe González, se virou à direita com o passar dos anos e se manifestou sempre contra quaisquer entendimentos à esquerda.

Terceiro, as soluções inovadoras e de risco não podem sair apenas das cabeças dos líderes políticos. É necessário consultar as "bases" do partido e deixar-se mobilizar pelas inquietações e aspirações que manifestam.

Quarto, a articulação entre forças de esquerda só é possível quando é partilhada a vontade de não articular com outras forças, de direita ou centro-direita. Sem uma forte identidade de esquerda, o partido ou força de esquerda em que tal identidade for fraca será sempre um parceiro relutante, disponível para abandonar a coligação. A ideia de centro é hoje particularmente perigosa para a esquerda porque, como espectro político, se tem deslocado para a direita por pressão do neoliberalismo e do capital financeiro. O centro tende a ser centro-direita, mesmo quando afirma ser centro-esquerda. É crucial distinguir entre uma política moderada de esquerda e uma política de centro-esquerda. A primeira pode resultar de um acordo conjuntural entre forças de esquerda, enquanto a segunda é o resultado de articulações com a direita que pressupõem cumplicidades maiores que a descaracterizam como política de esquerda.

Neste domínio, a solução portuguesa oferece-se a uma reflexão mais aprofundada. Embora constitua uma articulação entre forças de esquerda e eu considere que configura uma política moderada de esquerda, a verdade é que contém, por acção ou por omissão, algumas opções que implicam cedências graves aos interesses que normalmente são defendidos pela direita. Por exemplo, no domínio do direito do trabalho e da saúde. Tudo leva a crer que o teste à vontade real em garantir a sustentabilidade da unidade das esquerdas está no que for decidido nestas áreas no futuro próximo.

Quinto, não há articulação ou unidade sem programa e sem sistemas de consulta e de alerta que avaliem regularmente o seu cumprimento. Passar cheques em branco a um qualquer líder político no seio de uma coligação de esquerda é um convite ao desastre.

Sexto, a articulação é tanto mais viável quanto mais partilhado for o diagnóstico de que estamos num período de lutas defensivas, um período em que a democracia, mesmo a de baixa intensidade, corre um sério risco de ser duradouramente sequestrada por forças antidemocráticas e fascizantes. Mesmo que a democracia não colapse totalmente, a actividade política oposicional das forças de esquerda no seu conjunto pode correr sérios riscos de ser fortemente limitada, se não mesmo ilegalizada.

Sétimo, a disputa eleitoral tem de ter mínima credibilidade. Para isso deve assentar num sistema eleitoral que garanta a certeza dos processos eleitorais, de modo que os resultados da disputa eleitoral sejam incertos.

Oitavo, a vontade de convergir nunca pode neutralizar a possibilidade de divergir. Consoante os contextos e as condições, pode ser tão fundamental convergir como divergir. Mesmo durante a vigência das coligações, as diferentes forças de esquerda devem manter canais de divergência construtiva. Quando ela deixar de ser construtiva significará que o fim da coligação está próximo.

Nono, num contexto mediático e comunicacional hostil às políticas de esquerda, num contexto em que as notícias falsas proliferam, as redes sociais podem potenciar a intriga e a desconfiança e os *soundbites* contam mais que conteúdos e argumentações, é decisivo que haja canais de comunicação constantes e eficazes entre os parceiros da coligação e que prontamente sejam esclarecidos equívocos.

Décimo, nunca esquecer os limites dos acordos, quer para não criar expectativas exageradas, quer para saber avançar para outros acordos ou para romper os existentes quando as condições permitirem políticas mais avançadas. No caso português, os detalhados acordos entre os três partidos revelam bem o carácter defensivo e limitado das políticas acordadas. Na União Europeia as imposições do neoliberalismo global são veiculadas no dia a dia pela Comissão e pelo Banco Central Europeu. A resposta dos partidos de esquerda portugueses deve ser avaliada à luz da violenta resposta destas instituições europeias às políticas iniciais do partido Syriza na Grécia. A solução portuguesa visou criar um espaço de manobra mínimo num contexto que prefigurava uma janela de oportunidade. Recorrendo a uma metáfora, a solução portuguesa permitiu à sociedade portuguesa respirar. Ora respirar não é o mesmo que florescer; é tão-só o mesmo que sobreviver.

Décimo primeiro, no contexto actual de asfixiante doutrinação neoliberal, a construção e implementação de alternativas, por mais limitadas, têm, quando realizadas com êxito, além do impacto concreto e benéfico na vida dos cidadãos, um efeito simbólico decisivo que consiste em desfazer o mito de que os partidos de esquerda-esquerda só servem para protestar e não sabem negociar e muito menos assumir as complexas responsabilidades da governação. Este mito foi alimentado pelas forças conservadoras ao longo de décadas com a cumplicidade dos grandes *media* e tem hoje a reforçá-lo o poder disciplinar global que o neoliberalismo adquiriu nas últimas décadas.

Alguns cenários incertos para a articulação das forças de esquerda
Em tempos recentes, a questão da articulação entre forças de esquerda tem sido discutida em diferentes países e os contextos em que a discussão tem ocorrido são reveladores dos muitos obstáculos que haveria que ultrapassar para que tal articulação fosse possível ou desejável. Em alguns casos torna-se mesmo claro que tais obstáculos são a curto ou médio prazo intransponíveis. As discussões tendem a ter lugar sobretudo em períodos pré-eleitorais.

Não tenho a pretensão de analisar em detalhe tais discussões. Limitar-me-ei a ilustrar os diferentes obstáculos e os bloqueios que os diferentes contextos revelam e, à luz deles, o que teria de mudar para que tal articulação fosse possível e desejável.

Analiso brevemente quatro desses contextos: Brasil, Colômbia, México e Espanha. Nos três primeiros países haverá eleições em 2018. Cada um destes países ilustra um obstáculo específico à construção de coligações que tornem possíveis governos de esquerda com programas de esquerda. Este exercício pode, aliás, ser feito com outros países, quer ele ilustre igualmente estes obstáculos quer ilustre outros obstáculos que, nesse caso, deverão então ser definidos. Se este exercício necessariamente colectivo for feito num número suficientemente grande de países em diferentes regiões do mundo, será possível ter uma ideia de conjunto dos obstáculos a ultrapassar e dos caminhos para o fazer. Com essa base seria possível imaginar uma nova internacional das esquerdas. Obviamente, em muitos países, os debates políticos não se formulam como debates entre esquerda e direita e, noutros, os próprios debates estão proibidos por regimes autoritários. No primeiro caso, poderiam estar interessadas na nova internacional forças políticas que lutam democraticamente contra o capitalismo, o colonialismo e o patriarcado sem se preocuparem com as etiquetas. Os nomes com que se designam as diferenças são menos importantes que as diferenças em si e os modos como se debatem. No segundo caso, poderiam estar interessadas na nova internacional as forças que clandestinamente lutam pela democracia.

Brasil: a fractura do desgaste da governação
O golpe judiciário-parlamentar da destituição da Presidente Rousseff e a Operação Lava-Jato, com o apoio activo do imperialismo norte-americano, tiveram por objectivo enfraquecer as forças de esquerda que tinham governado o país nos últimos treze anos, e conseguiram-no. E conseguiram-no com tanto zelo, que o Brasil

está a recuar a muito antes de 2003, quando teve início a primeira gestão do Presidente Lula da Silva. A caricatura do Brasil real em que o Congresso se transformou com o actual sistema eleitoral e a cada vez mais abusiva judicialização da política fazem com que o sistema político brasileiro tenha entrado em tal desequilíbrio, que configura uma situação de bifurcação: os próximos passos podem restabelecer a normalidade democrática ou, pelo contrário, aprofundar de modo irreversível a vertigem fascizante em que se encontra.

As principais forças de esquerda partidária no Brasil são o PT (Partido dos Trabalhadores), PDT (Partido Democrático Trabalhista), PSB (Partido Socialista Brasileiro), PCdoB (Partido Comunista do Brasil) e PSOL (Partido Socialismo e Liberdade). A agressividade com que o governo ilegítimo de Michel Temer tem vindo a desmantelar os ganhos de inclusão social dos últimos treze anos parece indicar que só com o rápido regresso da esquerda ao poder é possível estancar esta vertigem conservadora. Não se pode sequer confiar em que uma força de centro-direita, com alguma consciência social, possa inverter esse processo e resgatar alguns dos ganhos de inclusão social recentes. Tal força ou não existe ou não tem poder político para impor uma tal agenda. Entre muitas outras questões que a conjuntura brasileira suscita neste momento, menciono a que é relevante para a análise que me proponho neste texto. É possível a esquerda voltar ao poder no Brasil a curto prazo e, se for possível, em que condições é que tal é desejável? Para que a esquerda regresse ao poder, é necessária unidade ou a articulação entre vários partidos de esquerda?

Uma questão prévia à resposta a estas questões é a de saber como vai evoluir o entendimento entre as diferentes forças de direita. Neste domínio, o que distingue o Brasil de outros países analisados neste texto é a divisão entre as diferentes forças de direita. É possível que o seu instinto de poder as leve a um entendimento a curto prazo. De todo o modo, o que se passar com as forças de direita terá certamente um impacto nas forças de esquerda. Para responder às questões da unidade ou articulação entre as diferentes forças de esquerda, o primeiro factor a ter em conta é que a esquerda, através do PT, esteve no poder nos últimos treze anos, algo que não aconteceu em nenhum dos outros países. Não ponho aqui em causa que o PT é um partido de esquerda nem que muitas das políticas que levou a cabo eram políticas de esquerda. Como sabemos, foi um governo de aliança com partidos da direita, nomeadamente com o PMDB, a que pertence o actual presidente.

Para o tema de que trato são particularmente relevantes os seguintes factores. Primeiro, a governação do PT foi contestada por outros partidos de esquerda, precisamente por ser um governo de alianças com a direita. Segundo, no Brasil é particularmente importante considerar a força de movimentos populares, não filiados em nenhum partido de esquerda. Depois da crise política de 2015, formaram-se duas grandes frentes de movimentos populares, a Frente Brasil Popular e a Frente Povo sem Medo com sensibilidades de esquerda distintas, a primeira mais coincidente com o PT, a segunda mais aberta à ideia de alianças entre diferentes partidos de esquerda. Terceiro, as forças de direita (o governo ilegítimo, os grandes *media*, a fracção dominante do poder judiciário e o imperialismo norte-americano) estão apostadas em impedir por todos os meios (já vimos que esses meios não têm de ser democráticos) que a esquerda volte ao poder, pelo menos antes que o processo de contra-reforma esteja consolidado. Por exemplo, a reforma da previdência parece um objectivo difícil de atingir, mas isto pode ser uma das ilusões em que os períodos pré-leitorais são férteis.

Para a direita, o maior obstáculo com que se enfrenta esse desígnio é a candidatura do ex-presidente Lula, pois está convencida de que não há outros candidatos de esquerda que possam protagonizar uma candidatura ganhadora. Quarto, as políticas que os governos do PT levaram a cabo entre 2013 e 2016 permitiram criar a ilusão de que eram geradoras de uma grande conciliação nacional numa sociedade atravessada por clivagens profundas de classe, raça e sexo. Isso foi possível porque o contexto internacional permitiu um crescimento económico que fez com que 50 milhões de brasileiros ficassem menos pobres sem que os ricos deixassem de continuar a enriquecer. De facto, nestes anos, a desigualdade social agravou-se. Quando o contexto internacional mudou (a curva descendente do ciclo das *commodities*), este modelo entrou em crise. O modo como ela foi gerida mostrou tragicamente que não tinha havido conciliação. As classes dominantes e as forças políticas ao seu serviço apenas tinham elevado as suas expectativas de enriquecimento durante o período e tiveram poder suficiente para não as ver frustradas no novo contexto. Num contexto mais adverso para os seus interesses passaram ao enfrentamento mais radical, a situação presente. Isto significa que as políticas que foram a marca da governação PT, sobretudo nos primeiros dez anos, não têm nenhuma viabilidade no novo contexto. Aliás, os últimos anos do governo da Presidente Dilma Rousseff já foram anos pós-Lula. Com ou sem o Presidente Lula, se a esquerda voltar ao poder, o governo será caracteristicamente um governo pós-Lula.

Estes são, em meu entender, os principais factores que nos ajudam a contextualizar a eventual desejabilidade de articulação entre forças de esquerda (entre partidos e entre movimentos) e as dificuldades que ela pode enfrentar. Neste momento identificam-se duas posições. A primeira, defendida pela liderança do PT, preconiza a unidade de esquerda sob a hegemonia do PT. A segunda, defendida por outras forças de esquerda e por sectores do PT situados mais à esquerda, a unidade deve assentar em acordo entre diferentes forças de esquerda sem a hegemonia de nenhuma delas. Uma variante desta posição defende que as diferentes forças de esquerda devem num primeiro momento expressar livremente a sua pluralidade e diversidade (medir forças) e pactuar a unidade ou a articulação num segundo momento (segundo turno das eleições presidenciais ou alianças pós-eleitorais no novo Congresso).

A primeira posição conta com um candidato de luxo, Lula da Silva, que não cessa de subir nas sondagens. Mas, em Janeiro de 2018, o futuro político dele é incerto. Por outro lado, esta posição pode, no melhor dos casos, garantir que uma força de esquerda chegue ao poder, mas não pode garantir que, uma vez no poder, prossiga uma política de esquerda, ou seja, uma política que, mesmo moderada, não esteja refém de alianças com a direita que a descaracterizem. Aliás, dada a estranha natureza do sistema partidário brasileiro, pode ser possível que uma fracção centro-direita do PMDB se transfira para o PT e se apresente com o candidato Lula às eleições presidenciais, cativando, por exemplo, a vice-presidência. Neste caso, uma chapa PT aparentemente homogénea conteria uma significativa componente de centro-direita.

A segunda posição tem sido defendida dentro e fora do PT. Dentro do PT, o mais importante porta-voz desta posição é Tarso Genro, que foi um dos melhores ministros do governo de Lula da Silva, foi Governador do Estado do Rio Grande do Sul e prefeito de Porto Alegre no período áureo da articulação entre democracia representativa e democracia participativa (o orçamento participativo). Em declarações à imprensa em 14 de Janeiro afirma: "Defendo que os demais partidos de esquerda lancem seus candidatos e que Guilherme Boulos e Manuela D'Ávila [candidata do PCdoB] são novos quadros, importantes para a reconfiguração de uma nova frente política no futuro, capaz de hegemonizar um governo de centro-esquerda, de reformismo forte, como está ocorrendo ou tendendo a ocorrer em alguns países. Não se sabe até onde poderá ir a experiência portuguesa, por exemplo, e mesmo qual a sua durabilidade, mas se não ousarmos no sentido de compor uma esquerda plural, criativa e democrática, com um claro programa de transição de uma economia liberal rentista, para uma economia com altas taxas de crescimento e novas formas de inclusão social e produtiva, o futuro da esquerda será cada vez mais incerto e defensivo."
Curiosamente, do meu conhecimento esta é a primeira vez que um

líder político importante do Brasil se refere à articulação entre as forças de esquerda em Portugal como um caminho a ter em conta.

Esta segunda posição é, sem dúvida, a mais promissora, tanto mais que permite dar visibilidade ao único líder popular e de esquerda, além de Lula da Silva, que o Brasil conheceu nos últimos quarenta anos. Trata-se de Guilherme Boulos, jovem líder do MTST e da Frente Povo Sem Medo. Dado o desgaste da governação PT nos últimos anos e o golpe institucional que veio bloquear o processo democrático, a segunda posição, ao contrário da primeira, exclui quaisquer alianças com as forças de direita.

Em face disto, parece que as esquerdas brasileiras estão condenadas a articular-se se quiserem chegar ao poder para realizar um programa de esquerda. Para que tal suceda, pode ser necessário que as esquerdas estejam fora do poder mais tempo do que se imagina.

Colômbia: a fractura da luta armada sob a vigilância do império

A Colômbia é outro país latino-americano onde haverá eleições presidenciais em 2018 e onde a questão da articulação entre forças de esquerda se coloca com alguma acuidade. Tal como podia acontecer em Portugal e pode acontecer no Brasil, a falta de unidade pode significar que o país, qualquer que seja o sentido global do voto dos colombianos, continue a ser governado por uma direita, neste caso mais neoliberal, hostil ao processo de paz e totalmente subserviente aos interesses continentais do imperialismo norte-americano.

Entre os factores que podem inviabilizar ou condicionar fortemente a articulação entre forças de esquerda distingo dois: o processo de paz e a interferência do imperialismo norte-americano.

O processo de paz[73]. No momento em que escrevo (Fevereiro de 2018), o processo de paz está numa perturbadora encruzilhada.

---

[73] Em *Democracia y transformación social*, dedico a este tema um capítulo, intitulado "Colombia entre la paz neoliberal y la paz democrática".

Depois de referendado pelo Congresso (com modificações significativas em relação ao que tinha sido acordado em Havana ao fim de cinco anos de negociações), o acordo entre o Governo e as FARC (Forças Armadas Revolucionárias da Colômbia) começou a ser aplicado ao longo de 2017, e o que se pode dizer deste período é que não há muitas esperanças de que ele seja cabalmente cumprido. Aliás, a violência paramilitar contra líderes sociais aumentou ao longo do ano e, neste momento, mais de trinta ex-guerilheiros ou seus familiares foram assassinados, além de mais de uma centena de líderes sociais. Entretanto, iniciaram-se as negociações de paz entre o Governo e o ELN (Exército de Libertação Nacional da Colômbia), bloqueadas após a concretização de um cessar-fogo de três meses acordado entre as partes, que não logrou prolongar-se. Neste momento, o recurso aos extremos entre as partes é a via eleita para retomar o ritmo da Mesa de negociações. A campanha eleitoral constitui um mau momento para o diálogo ganhar espaço, o que indica que seguramente será necessário esperar até à tomada de posse do próximo Presidente para saber se a Mesa se mantém e em que condições.

O Acordo de Havana é um documento notável porque nele se identificam em detalhe parte das condições para uma paz democrática, ou seja, uma paz assente na eliminação das causas sociais, económicas e políticas que levaram ao conflito armado. O acordo é particularmente detalhado sobre a reforma política e a justiça transicional. Admitia-se que o pós-conflito colombiano surgia num período de crise global do neoliberalismo e que só teria alguma viabilidade de se transformar num genuíno processo de paz se, contra a corrente, fosse orientado para dar destaque às reformas para consolidar e ampliar a democracia, enfatizando a convivência democrática, e deixando de lado a democracia de baixa intensidade actualmente vigente. Depois da fársica narrativa neoliberal – uma farsa tão trágica para a maioria da população mundial – de que a democracia não tem condições, o pós-conflito só se transformaria num processo de paz se aceitasse discutir criativa e participativamente a questão das condições sociais, económicas e culturais da democracia.

Pode dizer-se que a paz democrática foi o projecto explícito que orientou as negociações. Mas subjacente a ele esteve sempre um projecto implícito que designei por paz neoliberal. Este projecto não pretendia nenhuma reforma política ou económica e apenas visava o desarme das forças de guerrilha para garantir o livre acesso à terra e aos territórios por parte do capitalismo agrário e minerador nacional e estrangeiro. Tudo parece indicar que este projecto implícito era afinal o único projecto viável para o Governo colombiano. Por sua vez, a direita mais conservadora manifestara-se sempre contra as negociações com a guerrilha, e a sua força ficou demonstrada nos resultados do referendo sobre o acordo da paz. Durante um ano assistimos a uma crescente demonização da guerrilha por parte das forças de direita, em certos sectores do Estado (Fiscalia) e por parte dos principais meios de comunicação. Esta bem orquestrada demonização visou retirar aos ex-guerrilheiros qualquer legitimidade para serem vistos pela sociedade como membros de uma organização política que não foi militarmente derrotada e que, como tal, deve ser bem-vinda na sociedade pela sua decisão de abandonar as armas e seguir a sua luta pelas vias políticas legais.

O imperialismo norte-americano. A Colômbia ocupa uma posição estratégica no continente. Quando analisamos a história do conflito armado na Colômbia, torna-se evidente a interferência constante do imperialismo norte-americano, e sempre no sentido de defender os interesses económicos das suas empresas (pense-se na tristemente célebre United Fruit Company), os interesses geoestratégicos do seu domínio continental e, obviamente, os interesses das oligarquias colombianas suas aliadas, umas mais dóceis que outras.

A Colômbia foi o único país latino-americano a enviar tropa para combater ao lado dos norte-americanos na Guerra da Coreia.

Foi a Colômbia que promoveu a expulsão de Cuba da Organização dos Estados Americanos (OEA) e, mais recentemente, foi a Colômbia que, na mesma organização, mais acerrimamente defendeu a expulsão da Venezuela. Sob o pretexto da luta contra o narcotráfico, o Plan Colombia, assinado por Bill Clinton em Julho de 2000, transformou a Colômbia no terceiro país do mundo a receber mais ajuda militar dos EUA (depois de Israel e Egipto) e no país com mais ajuda para treino militar directo pelos EUA.

Para os EUA, agora centrados na asfixia do regime bolivariano da Venezuela, é importante que a Colômbia continue a ser um aliado fiável para os seus desígnios no continente. É igualmente importante que as empresas multinacionais norte-americanas tenham acesso livre e pleno aos recursos naturais da Colômbia, um acesso que até agora foi limitado devido ao conflito armado. Para os EUA, o fim do conflito armado é a oportunidade para a Colômbia se entregar finalmente e sem limites ao neoliberalismo. Finalmente, para os EUA, é benéfico que o conflito armado continue, mesmo que sob outras formas, para que as forças armadas colombianas, o agente político mais próximo do império, continuem a ter um papel crucial nos processos políticos internos.

As forças de esquerda e o contexto eleitoral. A esquerda ou centro-esquerda colombiana está fragmentada em véspera de eleições legislativas e presidenciais. Para estas últimas as forças de esquerda apresentam os seguintes candidatos: Gustavo Petro, liderando uma proposta contra o sistema; Sergio Fajardo, um candidato de centro que alguns consideram de centro-esquerda; e dois candidatos de direita: Piedad Córdoba, uma candidata que faz por parecer próxima aos movimentos sociais, e Clara López, que apesar de figurar durante anos como líder da esquerda aparece como vice-presidente de Humberto de La Calle Lombana, candidato do Partido Liberal. O novo partido das FARC (Fuerza Alternativa Revolucionária del Común) atravessa um complexo processo de consolidação interna, próprio da transformação de grupo guerrilheiro em partido político.

Também apresentou um candidato próprio à presidência: o histórico líder da guerrilha, Rodrigo Londoño, conhecido por Timochenko. Pelo sistema concorrem três candidatos: Germán Vargas Lleras, Juan Carlos Pinzón, e o que for eleito na consulta acordada entre o Centro Democrático (Iván Duque), o pastranismo (Marta Lucía Ramírez) e Alejandro Ordoñez.

Nas actuais condições, corre-se o risco de as forças de esquerda diminuírem ou até perderem a representação parlamentar e de serem os dois candidatos de direita a disputar a segunda volta das eleições presidenciais. A ser assim, qualquer um deles, no máximo, aceita a paz neoliberal. E, pelo que foi propagandeado até agora, tão-pouco prosseguiriam o processo de paz iniciado com o ELN, pelo menos nas condições até agora acordadas.

Tradicionalmente, a esquerda colombiana tem vivido muito fragmentada. No passado, a grande clivagem foi entre a esquerda reformista (também internamente dividida) e a esquerda revolucionária, adepta de mudanças radicais por via da luta armada (também ela dividida entre várias tendências políticas, todas elas armadas). Poderia pensar-se que finalmente surgiu uma oportunidade histórica para a esquerda colombiana se unir, uma vez que a clivagem entre a esquerda reformista – legal – e a esquerda revolucionária – ilegal – quase desapareceu. Infelizmente, tal não parece ser o caso porque o modo como tem sido implementado o processo de paz permite vislumbrar que a clivagem afinal continua, agora motivada pela supremacia ideológica e, de uma forma perversa, com o estigma social e político com que estão a ser marcados os ex-guerrilheiros. Em vez de serem bem-vindos por terem abandonado as armas, são demonizados por todos os crimes que cometeram, como se os acordos de paz não tivessem ocorrido, como se nenhum crime tivesse sido cometido contra eles e como se eles fossem criminosos comuns, como se a mesma guerra que está a chegar ao fim não tivesse tido como fundamento crimes cometidos contra as populações rurais, base da guerrilha, como se os próprios insurgentes não fossem a expressão de uma causa política e, portanto, os seus delitos abrangidos pela categoria de delitos políticos, e não crimes comuns, como pretendem que pareçam. A direita formula esse estigma com o *slogan* de que os ex-guerrilheiros usurparão o campo democrático para impor o "castro-chavismo". O pós-conflito está a ser reconceptualizado como conflito por outros meios só aparentemente mais democráticos.

Nesta divisão da esquerda, as diferentes forças que a integram temem qualquer associação com as FARC, agora partido político. Ao fazerem-no, correm o risco de se colocar no campo da paz neoliberal e, portanto, no campo ideológico da direita. De uma forma ou outra, as forças de esquerda correm o risco de se render à lógica dos que clamam contra o "castro-chavismo". Se interiorizarem a ideia de que têm de "lavar" a imagem da esquerda, de a purificar, mesmo que para isso seja necessário retocá-la com cores de direita, isso será um caminho de desastre. Para fugir ao "inferno venezuelano", podem cair na mais diluída versão da social-democracia europeia. Se não se unirem, as diferentes forças de esquerda não poderão realizar um programa que honre o seu nome, mesmo que uma delas conquiste o poder. Tal como aconteceu no passado, pode mesmo acabar por se aliar com forças de direita.

Ao deixar-se armadilhar na opção entre política-como-dantes ou castro-chavismo, as forças de esquerda auto-excluem-se do campo em que seria possível a unidade com base num programa unitário de esquerda. Esse campo incluiria temas como os seguintes: a defesa do processo de paz entendida como paz democrática; a luta contra a enorme desigualdade social e os fascismos sociais que ela cria; a defesa dos processos populares de gestão de terras, de formas de economia solidária, sobretudo nas regiões mais afectadas pelo conflito armado; democratização da democracia, aprofundando-a e ampliando-a; reforma do Estado para o blindar contra a privatização das políticas públicas em consequência da corrupção e do abuso de poder; um distanciamento, mesmo que gradual, em relação aos desígnios do imperialismo. Para tudo isto seria necessário que o curto prazo fosse visto como parte do longo prazo, ou seja, seria necessário um horizonte político e uma visão de país que não se confina aos cálculos eleitorais do momento.

Os diferentes candidatos e candidatas têm vindo a salientar a necessidade de buscar entendimentos e alianças entre as forças de esquerda, ainda que, devido às suas predisposições ideológicas, história de cada uma das forças, rivalidades acumuladas, valorização das suas próprias forças e interpretação do momento que o país atravessa, não lograram alcançar acordo algum. No momento em que escrevo (fim de Fevereiro de 2018), esta divisão augura um mau resultado para cada uma destas forças nas eleições de congressistas no dia 11 de Março, mas talvez esses mesmos resultados evidenciem uma vez mais a sua debilidade, propiciando um acordo que lhes permita enfrentar as eleições presidenciais de Maio em melhores condições. Uma das candidatas, Clara López, em comunicação pública de 11 de Janeiro de 2018, identificava os pontos de convergência e de divergência entre as diferentes forças de esquerda e exortava-as a articularem-se e a negociarem uma agenda comum assente nas convergências, com vista a construir "uma grande coligação progressista". Apresentava um roteiro concreto no caminho da convergência:

> "1) Dentro da tradição pluralista das nossas diversas perspectivas políticas e sem abandonar as diferenças que caracterizam os nossos ideários, acordamos em convocar, de maneira conjunta, os nossos concidadãos a voltar a sonhar uma Colômbia em paz, de prosperidade partilhada, livre de corrupção e amiga da natureza.
>
> 2) Ao submetermo-nos a uma consulta interpartidista no próximo mês de Março, reconhecemos a liberdade de condução da candidatura que triunfe, dentro do programa aprovado por uma convenção do partido ou movimento dessa candidatura, com a participação dos outros sectores da consulta e seus aliados, que conformarão uma

coligação que se compromete a governar a Colômbia dentro do total compromisso com as instituições, a paz, a democracia, o respeito da diferença e a transformação social."

E conclui que estaria disposta a aceitar a fórmula de convergência que reunisse mais consenso. Se tal não fosse possível, seria candidata. Aparentemente, numa demonstração que o passado pesa mais que o futuro entre as esquerdas colombianas, haverá três listas de esquerda às próximas eleições legislativas de Março: a lista da FARC, a lista de Gustavo Petro e Clara López, e a lista do Polo Democrático liderada por Jorge Robledo. Avizinha-se a derrota, mais uma vez, e desta vez pode ser fatal para a presença da esquerda no Congresso. Impacto desta divisão nas eleições presidenciais que se seguirão dois meses depois?

México: a fractura entre a institucionalidade e a extra-institucionalidade

Se há país onde a democracia liberal está desacreditada, esse país é o México. Há muitos outros países em que a democracia é de baixíssima intensidade ou mesmo uma fachada, mas em que isso é amplamente reconhecido. Mas talvez pela sua história revolucionária e por durante décadas ter sido governado por um só partido, o PRI (ou PAN, partido de direita, entre 2000 e 2012), o México é um caso muito específico a este respeito. Combina um exuberante drama democrático, sobretudo em períodos eleitorais, com o reconhecimento público e notório de irregularidades, restrições e exclusões que o distanciam do país real. As críticas às práticas democráticas vigentes são talvez a forma mais genuína de vivência democrática no México. O drama mais democrático é o drama da falta de democracia. As recorrentes fraudes eleitorais, a altíssima criminalidade violenta contra cidadãos inocentes por parte do crime organizado associado a sectores do Estado, o sistema eleitoral excludente, a farsa da soberania nacional em face do servilismo em relação aos EUA, o abandono a que são sujeitos os povos indígenas, e a repressão militar a que são sujeitos sempre que resistem, tudo isto revela uma democracia de baixíssima intensidade. Apesar de tudo isto, as instituições constitucionais funcionam com a normalidade própria de um Estado de excepção normalizado.

Neste quadro, e para me limitar ao tema que aqui me interessa, o da articulação ou unidade entre forças de esquerda, a primeira questão é a de saber se há várias forças de esquerda no México. Faz parte do drama democrático do México que esta questão seja altamente controversa. Sabe-se que há várias forças de direita com vários candidatos presidenciais de direita. Sabe-se também que, tal como acontece noutros países, as forças de direita têm sido capazes de se unir sempre que se sentem ameaçadas por forças que consideram ser de esquerda. Onde estão as forças de esquerda?

Há que fazer uma primeira distinção que, aliás, só alguns aceitam, entre a esquerda institucional e a esquerda extra-institucional. A esquerda institucional são os partidos. Há partidos de esquerda no México? O único partido com presença nacional que se pode considerar de esquerda é o partido Morena, liderado por Andrés Lopez Obrador (conhecido por AMLO), várias vezes candidato à presidência da República e que nas eleições de 2012, tal como nas de 2006, terá sido provavelmente vítima de fraude eleitoral.

Dando alguma credibilidade ao dito que se ouve frequentemente, que o México está muito longe de Deus e muito próximo dos EUA, convém saber o que pensa o império a este respeito. E o império não tem dúvidas de que AMLO é o perigoso demagogo de esquerda, líder de um partido socialista que se recusa a ver os benefícios enormes que o neoliberalismo trouxe ao país depois do Tratado de Livre Comércio. Um dos principais porta-vozes do império, o *Wall Street Journal*, não tem dúvidas a este respeito e, na edição de 8 de Janeiro de 2018, considera pouco convincente a posição política mais moderada que AMLO tem vindo a defender, salientando sobretudo a luta contra a corrupção. Considera chocante que AMLO tenha proposto em Dezembro passado a amnistia para o crime organizado, e conclui duvidando que os eleitores mexicanos acreditem na recente moderação deste "demagogo esquerdista".

Concorde-se ou não com o diagnóstico do império, a verdade é que o império teme a eleição de AMLO. Como o império não faz este diagnóstico preocupado com o bem-estar dos Mexicanos, mas antes preocupado com a protecção dos seus interesses, e como considero que esses interesses são contrários aos interesses da grande maioria dos mexicanos, isso é suficiente para assumir que AMLO representa uma força de esquerda. Para o argumento que defendo é sobretudo importante saber se ele poderá levar a cabo um programa de esquerda no caso de ser eleito. Tenho vindo a defender que só uma ampla unidade entre forças de esquerda pode garantir tal objectivo. Esta mesma posição tem sido defendida no México, mesmo reconhecendo-se que, tal como acontece noutros países, as forças de esquerda têm tido uma forte tendência para polarizar as suas divergências, as quais muitas vezes expressam mais choques de personalidades do que choques programáticos. Infelizmente, não parece estar no horizonte de AMLO realizar articulações com outras forças de esquerda eventualmente existentes. Pelo contrário, o que se prefigura é, entre outras, uma coligação com um partido conservador, PES (Partido del Encuentro Social), um partido com forte componente religiosa evangélica, militantemente oposto à diversidade sexual, à protecção de minorias sexuais e à descriminalização do aborto. Algumas feministas têm-se insurgido contra a ideia de que os fins justificam os meios e que o importante é ganhar as eleições. Aceitam articulações, mas não a cedência em princípios e conquistas sociais em resultado de duras lutas.

Parece, pois, poder concluir-se que não se afigura possível, por agora pelo menos, uma articulação entre forças de esquerda institucionais no México. Mas, como disse atrás, uma das características mais específicas do drama democrático mexicano é ele não se poder entender sem a distinção entre esquerda institucional e a esquerda extra-institucional. Pelo menos desde 1994, a esquerda institucional mexicana vive assombrada pelo espectro da emergência de uma esquerda insubmissa e insurrecional, uma esquerda que se coloca fora do sistema das instituições democráticas precisamente por não as considerar democráticas. Refiro-me ao movimento zapatista do EZLN e ao seu levantamento em armas em Janeiro daquele ano. O levantamento que foi armado num breve período inicial de doze dias, em breve se transformou num vibrante movimento com forte implantação no sul do México, que progressivamente foi conquistando aderentes em todo o território mexicano e em diferentes países do mundo. Com grande criatividade discursiva, em que brilhou o Subcomandante Marcos, e com múltiplas iniciativas que foram dando visibilidade crescente ao movimento, os zapatistas têm vindo a defender uma alternativa anticapitalista, anticolonialista e antipatriarcal, assente na auto-organização dos grupos sociais oprimidos, uma organização construída de baixo para cima e governada democraticamente segundo o princípio de "mandar obedecendo" dos povos indígenas das montanhas de Chiapas. Ao longo dos anos, os zapatistas assumiram consistentemente esses princípios e foram surpreendendo o México e o mundo com novas formas de organização comunitária, ancoradas em princípios ancestrais, com iniciativas transformadoras de governo, de economia, de formação e de educação. Nesse processo, as mulheres foram assumindo um protagonismo crescente.

À medida que foi conquistando adeptos, a postura extra-institucional dos zapatistas começou a ser vista pela esquerda institucional como uma ameaça. A sua recusa em apoiar candidatos ou partidos de esquerda nos processos eleitorais foi considerada pela esquerda uma postura que favorecia a direita. Ao longo dos anos, as relações dos zapatistas com as instituições do Estado mexicano foram complexas e nem sempre de confrontação. Pouco tempo depois de terem abandonado as armas, os zapatistas entraram em negociações com o governo com o objectivo de ver reconhecidas as reivindicações dos povos indígenas. Em Fevereiro de 1996 foram assinados os acordos que ficaram conhecidos por Acuerdos de San Andrés, por terem sido assinados no povoado San Andrés Larrainzar de Chiapas. Tais acordos nunca foram cumpridos e isso passou a constituir para os zapatistas mais uma demonstração da falta de credibilidade das instituições ditas democráticas.

Em tempos recentes, uma nova iniciativa dos zapatistas voltou a surpreender os Mexicanos: a decisão de apresentar uma mulher indígena como candidata independente às próximas eleições presidenciais. Trata-se de Marichuy, que fundou e dirige a Calli Tecolhocuateca Tochan, "Casa de los Antepasados", em Tuxpan, Jalisco. Em 2001 foi uma das mulheres indígenas que, com a comandante Esther do EZLN, tomou a palavra no Congresso mexicano. Por iniciativa dos zapatistas e do Congresso Nacional Indígena, a proposta foi feita pelo Conselho Indígena de Governo. Em 15 de Outubro de 2017, Marichuy anunciava oficialmente a sua candidatura. Significava isto que a esquerda zapatista abandonara a via extra-institucional e passara a adoptar a institucional? Se isso acontecera, seria a proposta dos zapatistas uma proposta de esquerda que se podia vir a articular ou coligar com outras forças de esquerda?

Estas perguntas faziam sentido na fase inicial da candidatura quando se iniciou o movimento para recolher o número de assinaturas exigidas pelo Instituto Nacional Eleitoral para a apresentação de candidatos independentes. Tal movimento revelava a seriedade institucional do processo. Os zapatistas chegaram mesmo a ser acusados de se terem rendido ao "eleitoralismo" que tanto tinham criticado. A verdade é que o processo de recolha de assinaturas se iniciou com determinação. Era um esforço gigantesco, já que o número de assinaturas exigido era elevadíssimo, mais de 800 000 assinaturas. Em breve se verificou que as regras e exigências, mesmo que feitas de boa-fé, o que foi questionado, estavam concebidas para um México "oficial", muito diferente do México "profundo", onde a documentação e a infra-estrutura técnica (de fotocopiadoras a telemóveis) ou não existem ou não são facilmente disponíveis. Deste modo, o processo de recolha de assinaturas transformou-se em mais uma prova do carácter excludente e discriminatório do sistema eleitoral mexicano. Depois dos Acuerdos de San Andrés, esta era a segunda vez que as instituições do Estado mexicano revelavam o seu carácter não confiável, excludente e discriminatório. Também se deve ter em mente que a recolha das assinaturas pode estar a ser afectada por duas razões adicionais. Por um lado, as bases sociais do zapatismo e os seus simpatizantes foram socializadas para se distanciarem totalmente dos processos eleitorais. A recolha de assinaturas implica para eles alguma cedência. Por outro lado, alguns que simpatizam com a causa dos povos indígenas estão interessados em que a posição do candidato de esquerda "oficial" que apoiam seja fragilizada pela presença de uma candidatura à sua esquerda.

No momento em que escrevo, Marichuy continua a sua campanha, como campanha de denúncia do sistema político e institucional e de sensibilização para as causas dos "condenados da terra". Aproveitando um contexto político institucional por excelência, o contexto eleitoral, Marichuy vai fazendo a pedagogia dos temas e dos povos que estão excluídos do drama democrático do México. Só por isso, a candidatura de Marichuy não terá sido um fracasso.

De tudo se conclui que, por agora, pelo menos, não são possíveis amplos acordos entre as esquerdas no México. A esquerda institucional vai continuar dividida como antes e a fractura entre a esquerda institucional e a extra-institucional apenas se agrava.

Espanha: a fractura da identidade nacional
Em Espanha, a esquerda-esquerda passou em tempos recentes por um momento excepcionalmente auspicioso. No embalo do movimento dos indignados (mais conhecido em Espanha como 15M),

aproveitando a insatisfação dos espanhóis com um governo conservador maciçamente corrupto (PP, Partido Popular) e a falência de uma alternativa por parte do Partido Socialista (PSOE), ele próprio desgastado por uma governação refém do neoliberalismo, nasceu um novo partido de esquerda, o Podemos. Surgiu como uma fulguração política em 2014 e teve um êxito surpreendente nas primeiras eleições a que concorreu, elegendo cinco deputados no Parlamento Europeu. Além de ser um novo partido, era um partido de tipo novo, com uma relação orgânica com o movimento social de que emergira (o movimento dos indignados). Era também um partido novo por ser muito jovem toda a sua liderança. Anunciava-se o fim do bipartidismo, que emergiu com a transição para a democracia consagrada na Constituição de 1978, a alternância entre o PP e o PSOE, com o antigo Partido Comunista, mais tarde Izquierda Unida, reduzido a uma existência muito modesta.

Podemos foi a resposta daqueles e daquelas que no movimento dos indignados defendiam que o movimento das ruas e das praças devia prolongar-se no plano institucional, transformando-se em partido. Apesar de adoptar a luta institucional, Podemos apresentou-se como o partido anti-regime da transição (o pós-franquismo iniciado com a nova Constituição de 1978) com o argumento de que esse regime tinha dado origem a uma elite ou casta política e económica que desde então se expressava politicamente na alternância entre os dois partidos do regime (PP e PSOE), uma alternância sem alternativa. As posições iniciais do partido levaram alguns a pensar, erradamente a meu ver, que se estava perante um novo populismo de esquerda que opunha a casta ao povo. Dizia-se, aliás, que a dicotomia esquerda/direita não captava a novidade e a riqueza programática e organizacional do partido, que era necessária uma "nova" maneira de fazer política, oposta à "velha" política. Por se tratar de um partido novo, as bases organizativas do partido eram frágeis, mas essa fragilidade era compensada com o entusiasmo dos militantes e simpatizantes.

Os difíceis caminhos da articulação entre as esquerdas. Nestas condições, não era de esperar nenhuma aproximação ou articulação entre as esquerdas, nomeadamente com a Izquierda Unida e o PSOE. Aliás, a grande maioria dos adeptos do Podemos não considerava que o PSOE fosse um partido de esquerda em face das cedências que os sociais-democratas tinham feio ao neoliberalismo da UE. Estávamos em período de medir forças e esse processo era particularmente decisivo para o Podemos. As primeiras "medições" não poderiam ser melhores. No final de 2015, as sondagens de opinião mostravam que o Podemos, nascido em Janeiro de 2014, era o segundo partido nas intenções de voto dos Espanhóis, depois do PP e à frente do PSOE. As primeiras iniciativas de acordo eleitoral entre forças de esquerda vieram da Izquierda Unida, liderada por outro jovem, Alberto Garzón, depois das eleições autonómicas de 2015. Eram os primeiros sinais no sentido de unir as diferentes forças de esquerda com vista a conquistar o poder. Entretanto, o Podemos decidiu, por meio de consulta interna, que quaisquer acordos ou coligações com outras forças de esquerda deviam conter o nome Podemos. Assim foram surgindo os primeiros acordos a nível autonómico: "Compromís-Podemos-És el Moment" na Comunidade Valenciana, "Podemos-En Marea-ANOVA-EU" na Galiza e "En Comun Podem" na Catalunha. E a nível nacional surgiu a coligação "Unidos Podemos", antes das eleições legislativas de Junho de 2016, a que se juntou também o grupo ecologista Equo.

As eleições de 2016 foram o primeiro sinal de que o trajecto ascendente do Podemos não era algo irreversível. A campanha do Podemos foi toda orientada para ultrapassar o PSOE como grande partido de oposição. Esse objectivo ficou longe de ser obtido, tendo o PSOE obtido 22% dos votos e o Unidos Podemos apenas 13%. Depois da forte crispação inicial entre Podemos e PSOE, tinha havido algumas conversações entre os dois partidos no sentido de provocar a queda do governo conservador, mas nada foi concretizado. Os resultados das eleições foram também fracos para o PSOE, uma vez que se esperava que capitalizasse no desgaste da governação do PP. Em face disso, as divisões no interior do partido agravaram-se e Pedro Sánchez renunciou ao cargo de secretário-geral em Outubro de 2016, depois de ser derrotado num turbulento Comité Federal. Nesse mesmo mês, o PSOE possibilitava, por meio da abstenção, a investidura do novo governo do PP, liderado por Mariano Rajoy. A líder regional Susana Dias, discípula política de Felipe González, voltou a vincar a política centrista do partido e viabilizou por abstenção a investidura do novo governo do PP. Numa demonstração de enorme tenacidade política, Pedro Sánchez aproveitou as alterações estatutárias que previam a eleição directa do secretário-geral em eleições primárias e voltou a conquistar a liderança do partido no 39º Congresso do PSOE em Maio de 2017. As relações entre os dois partidos melhoraram significativamente quando Pedro Sánchez retomou a liderança do partido.

Sob a sempre presente influência do fundador do partido, Felipe González, uma forte corrente dentro do PSOE recusava como matéria de princípio qualquer aliança com o Podemos e, pelo contrário, defendia o entendimento com os partidos de direita (como Ciudadanos, um partido de direita liberal nascido na Catalunha e hoje presente no conjunto do Estado espanhol com o apoio de alguns sectores importantes dos *media* e de interesses económicos poderosos), de modo a garantir a continuação do pacto de governação e da política da alternância que vinha desde a Transição. Era a reprodução da política convencional da social-democracia europeia construída na Guerra Fria e que continuara depois da queda do Muro de Berlim, política a que, como vimos, o Partido Socialista português pôs fim no final de 2015. No entanto, o regresso de Pedro Sánchez revelava que a militância socialista estava dividida a este respeito, alguma por acreditar que sem uma unidade entre as forças de esquerda esta nunca mais voltaria ao poder, outra por pensar que sem uma viragem à esquerda que permitisse recuperar os votos que tinham feito crescer o Podemos o PSOE nunca mais poderia voltar ao poder.

Estavam criadas as condições para se reiniciarem as conversações de confluência entre o PSOE e o Podemos. Da parte do Podemos havia agora uma motivação muito mais intensa para uma articulação com toda a esquerda. Falava-se da solução portuguesa, reconhecia-se que as transições democráticas nos dois países tinham sido diferentes, mas considerava-se que para tentar mudar a política neoliberal europeia era crucial que a Espanha, a quinta maior economia da UE, passasse a ter um governo de esquerda. Pedro Sánchez teve vários encontros com o primeiro-ministro socialista português e consta que discutiram a coligação portuguesa. Da parte de Unidos Podemos havia contactos, quer com o Bloco de Esquerda quer com o Partido Comunista Português.

No novo ciclo de contactos entre o Podemos e o PSOE tratava-se de articular reformas políticas, construir acordos programáticos e, a prazo, promover um governo de esquerda que pusesse fim aos anos neoliberais e corruptos da governação PP. Os sinais facilitadores da confluência estavam dados e vinham de ambos os lados. O PSOE declarava que o Podemos era "um parceiro preferencial" ou que o grande objectivo era "um entendimento de esquerda no país".

A crise da Catalunha. Estávamos em Junho de 2017. Poucos meses depois, estala a crise da Catalunha, e as divergências entre os dois partidos em relação à Catalunha fizeram colapsar as conversações e o objectivo dos acordos de governação. Aliás, o desenrolar da crise mostrou que, apesar de se terem afastado, os dois partidos foram ambos negativamente afectados pelo modo como se posicionaram perante a crise.

Para os que não sabem o que é a crise da Catalunha, eis um breve resumo: A Catalunha tem uma identidade nacional forte e historicamente enraizada, tal como outras regiões de Espanha, nomeadamente, o País Basco, a Galiza; essa identidade foi muito reprimida pela ditadura franquista; depois da transição democrática em 1978, foi reconhecida a identidade catalã e a sua autonomia no âmbito do Estado espanhol; ao longo das últimas décadas, os catalães lutaram pelas vias institucionais para que o estatuto de autonomia fosse ampliado; em 2006 aceitaram o novo Estatuto de Autonomia pactuado com o governo central, mas esse estatuto foi anulado pelo Tribunal Constitucional; desde então, as relações entre Madrid e Barcelona crisparam-se; entretanto, o partido nacionalista e conservador que governara durante muito tempo a Catalunha, politicamente muito próximo do PP, passou a defender a independência como única via para a Catalunha ver reconhecida a sua identidade e vontade de autogoverno; o objectivo da independência passou então a ter dois braços políticos, um braço de direita e um braço de esquerda, sendo que neste último tinham militado republicanos que nunca se tinham reconhecido na monarquia borbónica (antepassados do actual rei), que no século XVIII derrotara os independentistas catalães; em 1 de Outubro o governo catalão realiza um referendo, considerado ilegal pelo Governo central de Madrid, para conhecer a vontade dos Catalães a respeito da independência; o Governo central tenta travar a realização do referendo pela via judicial e policial, mas, apesar das intimidações e repressões, o referendo realiza-se e a maioria dos que expressaram o seu voto votou a favor da independência; poucos dias depois o Governo da Catalunha declara unilateralmente a independência; o Governo de Madrid reage, accionando o artº 155 da Constituição, que declara o estado de emergência na Catalunha; suspende o governo autonómico, manda prender os dirigentes políticos e convoca eleições na Catalunha para 21 de Dezembro com o objectivo de eleger um novo governo; o líder do governo catalão, Carles Puigdemont, suspenso pelo Governo central da Madrid, exila-se na Bélgica e de Bruxelas procura o apoio dos países europeus para a causa catalã, apoio que é recusado; as eleições catalãs têm lugar e os partidos independentistas voltam a ganhar as eleições; tanto o PSOE como o Podemos (que se apresentou a eleições numa coligação de várias forças de esquerda designada Catalunya en Comú) saem derrotados nas eleições e a derrota do Podemos é particularmente preocupante para o partido pelas repercussões que pode ter fora da Catalunha; a coligação que governara antes a Catalunha (constituída por um partido de direita, o maior, e dois partidos de esquerda, um de esquerda moderada e outro de esquerda-esquerda) volta a posicionar-se para governar. No momento em que escrevo (15 de Janeiro), o futuro político da Catalunha é uma complexa incógnita.

Por que razão veio a crise da Catalunha bloquear um acordo entre as esquerdas considerado fundamental para pôr termo à governação conservadora, um objectivo partilhado pela maioria dos espanhóis? Afinal, ambos os partidos se manifestaram contra o referendo unilateralmente decidido pelos catalães e ambos os partidos defenderam a ideia de um Estado plurinacional com vista à constituição eventual de um Estado federal ou confederal; ambos os partidos se manifestaram contra a independência da Catalunha, mas o Podemos foi particularmente enfático em que esse objectivo devia ser construído consensualmente com os Catalães e não assentar em repressões judiciais e policiais. Defendeu o direito a decidir dos Catalães, baseado num referendo pactuado com o conjunto do Estado espanhol.

Mas as divergências entre os dois partidos agravaram-se entretanto. A crise da Catalunha levou o PSOE, ao contrário do Podemos, a recuar na defesa da plurinacionalidade do Estado espanhol. A plurinacionalidade (a Espanha como "nação de nações") tinha sido reconhecida no 39º Congresso do partido, que reelegeu Pedro Sánchez como secretário-geral. Posteriormente, porém, a plurinacionalidade foi eliminada como eixo central da proposta do partido de reforma constitucional. Os dois partidos divergiram fortemente no accionar do artº 155 da Constituição e na repressão jurídico-judicial em que este se traduziu. O PSOE manifestou-se a favor da declaração do estado de emergência e, de facto, acordou com o PP o accionar do dispositivo constitucional. Na perspectiva do Podemos, com esta decisão, o PSOE voltava a ser um dos partidos do regime contra o qual surgira o Podemos e, por isso, as negociações entre os dois partidos deviam ser suspensas. Da parte do PSOE o afastamento foi correspondente.

As esquerdas e a identidade nacional. Porque é que a crise da Catalunha pode ser particularmente negativa para o Podemos? Se nos restringirmos à Catalunha, os danos não parecem duradouros. A posição da aliança em que se integrava o Podemos era a posição aparentemente moderada do fortalecimento da autonomia pelas vias legais e constitucionais. Mas seria essa a posição das bases catalãs do partido? Estariam todas com o partido quando este afirmava o direito a decidir e ao mesmo tempo insistia que a independência não era uma boa solução, nem para a Catalunha nem para Espanha? Defender o direito a decidir não implicaria o dever de aceitar o que fosse decidido? Porquê insistir tanto na ilegalidade do referendo quando a esmagadora maioria dos catalães defendia o direito incondicional de decidir, ainda que estivessem divididos quase pela metade sobre o objectivo da independência?

Que havia divergências, isso tornou-se evidente quando o dirigente catalão do Podemos se declarou a favor de aceitar o resultado das eleições de Dezembro e, portanto, a independência, e foi prontamente demitido pela direcção nacional do partido. De todo o modo, em contextos de forte polarização é normal que os partidos que defendem posições mais moderadas sejam punidos pelos eleitores, mas essa situação não perdura quando a polarização se atenua, o que pode ocorrer se tivermos em mente que o independentismo não teve uma vitória esmagadora, antes pelo contrário, e que tanto o extremo da independência como o extremo do centralismo (o partido conservador Ciudadanos) foram os vencedores das eleições.

Se tivermos em consideração a Espanha no seu conjunto, a razão da vulnerabilidade acrescida do Podemos depois da crise da

Catalunha reside em que a identidade nacional na Espanha não é, ao contrário de outros países, uma bandeira inequivocamente de direita. É uma bandeira de muitos dos movimentos de cidadãos e cidadãs de esquerda que se coligaram com o Podemos nas diferentes regiões autonómicas. Para elas, era importante que o Podemos distinguisse entre legalidade e legitimidade no caso do referendo dos Catalães e estivesse inequivocamente ao lado dos catalães que desafiavam o centralismo conservador de Madrid para exercer o direito mais básico da democracia, o direito de votar. Só assim faria sentido que fosse considerada genuína a oposição do partido à declaração unilateral de independência em resultado do referendo de 1 de Outubro, uma declaração que, no entanto, foi imediatamente suspensa como sinal de oferta de diálogo e solicitação de mediação internacional. Ficou a dúvida nestas bases sobre de que lado estaria o Podemos em futuros confrontos de outras regiões com o centralismo de Madrid.

Terá a liderança do Podemos sido insensível à complexidade da questão da identidade nacional em Espanha? As novas lideranças da esquerda-esquerda europeia, não só na Espanha como noutros países, foram treinadas para desconfiar de todos os nacionalismos, uma vez que na Europa eles foram sempre conservadores e estiveram na origem dos maiores crimes. Foram igualmente treinadas para dar toda a prioridade às políticas de classe, ainda que nos períodos mais recentes complementadas com políticas antipatriarcais e anti-raciais. Acresce que na Catalunha a independência veio a ser empunhada como bandeira por uma direita que durante décadas tinha sido servil ao Governo central e, enquanto Governo autonómico, tinha aplicado com zelo as políticas neoliberais contra os trabalhadores catalães.

Qualquer destas duas vertentes do treino tem de ser reavaliada nos próximos tempos, não só em Espanha como em muitos outros países. Para isso, as esquerdas europeias têm de aprender com o Sul Global. No que respeita ao nacionalismo, este foi nos contextos coloniais extra-europeus um objectivo politicamente muito mais complexo. Foi a bandeira dos povos oprimidos entre os quais havia obviamente diferenças de classe, de etnia e outras. Daí que se tenha distinguido entre o nacionalismo dos fracos ou oprimidos e o nacionalismo dos fortes ou opressores. Mas, mesmo na Europa, essa complexidade existiu historicamente. Com referência à Galiza e às diferentes nações no interior do Estado espanhol, Xosé Manuel Beiras fala de "nacionalismos periféricos". A Andaluzia foi talvez o primeiro território da Europa a ser tratado como colónia depois da mal chamada Reconquista. As formas coloniais de administração e de concentração de terras foram experimentadas na Andaluzia antes de serem aplicadas no Novo Mundo, como têm insistido os estudiosos andaluzes. Daí, o conceito de colonialismo interno que tanto se pode aplicar em contexto latino-americano como em contexto europeu. As novas lideranças de esquerda europeia nunca puderam aprender nas escolas e nas universidades que a história dos seus países incluía colonialismo interno e que havia vários tipos de nacionalismo tanto no mundo como na própria Europa.

Por outro lado, no que respeita à prioridade da política de classe, deverá haver no futuro uma profunda reflexão. Tenho defendido que a dominação moderna é constituída desde o século XVI por três modos principais de dominação: o capitalismo, o colonialismo e o patriarcado. Desde as suas origens, estes três modos de dominação sempre actuaram articulados até hoje. As épocas e os contextos sociais de cada país distinguem-se pelo modo específico de articulação entre os diferentes modos de dominação que prevalece. O colonialismo não terminou com o fim do colonialismo histórico. Continua hoje sob outras formas, como o colonialismo interno, o racismo, a xenofobia e a islamofobia.

A luta contra a dominação tem igualmente de ser articulada e contemplar as três vertentes, mesmo que as ênfases e as urgências obriguem a dar mais prioridade a uma ou outra. Mas as três têm de estar sempre contempladas pela simples razão de que em certos contextos as lutas assumem versões mutantes. Por exemplo, uma reivindicação de classe pode afirmar-se sob a forma de reivindicação de identidade nacional, e vice-versa. Portanto, as forças políticas que têm êxito são as que estão mais atentas a este carácter mutante das lutas sociais. Penso que este terá sido o caso da Catalunha. Em Espanha, as identidades nacionais são transclassistas e não podem ser minimizadas pelas forças de esquerda por esse facto. Estas têm antes de lutar com as contradições para fazer funcionar o transclassismo a favor de uma política progressista que fortaleça as posições e os interesses das classes subalternas, populares. A crise da Catalunha revelou que a "questão nacional" de Espanha só se resolve com uma ruptura democrática com o regime actual, o que pressupõe uma nova Constituição.

O Unidos Podemos está muito a tempo de fazer a reflexão a este respeito e espero que o mesmo ocorra no PSOE. Se ela tiver lugar, voltará a ser possível pensar numa unidade entre as forças de esquerda consistente que inclua partidos e movimentos. Sem ela, as esquerdas espanholas nunca chegarão ao poder com um programa de esquerda, o que é mau para a Espanha e para a Europa.

Adenda sobre outros contextos

As questões tratadas neste texto estão presentes noutros contextos, ainda que com outros matizes e outras composições. Entre muitas outras condições que podem afectar a unidade das esquerdas em contextos pré-eleitorais, identifiquei algumas, vinculando-as a países específicos, tomando em conta que todas elas ocorrem num contexto comum, a virulência da governação fascizante neoliberal da direita conservadora que ilustrei com o caso de Portugal. As condições que considerei terem um valor explicativo especial em cada país foram: a fractura do desgaste da governação (Brasil), a fractura da luta armada sob a vigilância do império (Colômbia), a fractura entre a institucionalidade e a extra-institucionalidade (México), a fractura da identidade nacional (Espanha). Tratou-se de identificar condições dominantes, com plena consciência de que, além delas, estariam presentes outras. Por sua vez, qualquer destas condições analisadas pode estar presente noutros países e contextos e assumir configurações diferentes. Por exemplo, a fractura do desgaste da governação pode estar presente na Itália com o desgaste socioliberal do Partido Democrático que em parte está na origem da emergência e crescimento de um partido anti-sistema, a Cinco Stelle de Beppe Grillo. O mesmo se pode dizer da França, depois da desastrosa governação do Partido Socialista liderado por François Hollande, uma tentativa tardia de se submeter à ordem neoliberal. Ou do desgaste da longa governação do partido do Congresso na Índia, que levou à criação de outro partido identificado como sendo de esquerda, o AAP (partido do homem comum), tendo como lema central a luta contra a corrupção. Esse desgaste acabou por abrir o caminho à conquista do poder pelo BJP, liderado por Modi, um partido conservador fascizante que combina a subserviência ao credo neoliberal com a politização do Hinduísmo, transformando-o num instrumento de discriminação contra os muçulmanos. A fractura do desgaste da governação está também certamente presente em vários países africanos, sobretudo tendo em mente que têm sido submetidos com particular violência às imposições do neoliberalismo e do capital financeiro. É, por exemplo, o caso do ANC na África do Sul. O desgaste da governação tem levado ao surgimento de outras forças políticas, ao mesmo tempo que se agravam as divisões internas no ANC. Em parte pelas mesmas razões de contexto internacional, podemos ainda detectar o efeito do desgaste da governação em países como Moçambique e Angola, onde continuam a governar os partidos que lideraram as lutas de libertação contra o colonialismo português.

Por sua vez, a fractura da luta armada condiciona as possibilidades de articulação entre as forças de esquerda na Turquia (a questão curda), na Índia (os naxalitas) e nas Filipinas (as lutas étnicas e muçulmanas). O Sri Lanka foi durante muito tempo um país politicamente condicionado pela luta armada dos Tâmiles. A fractura da institucionalidade/extra-institucionalidade está presente na Tunísia, na Argentina, no Peru e faz emergir a distinção proposta pelos zapatistas entre *izquierda de abajo* e *izquierda de arriba*. Por último, a fractura da identidade nacional surge de formas muito distintas (discriminação racial, xenofobia, internamento indigno de refugiados, etc.) em muitos países da Europa devido à herança colonial, criando múltiplos obstáculos às articulações entre forças de esquerda. São, por exemplo, os casos da Alemanha, Inglaterra e Holanda. E o mesmo sucede com Bernie Sanders e outras forças de esquerda na sombra do partido democrático norte-americano, e a importância relativa que dão à discriminação e à violência policial contra a população afro-americana.

Deve ainda ter-se em mente que, por vezes, as condições aqui analisadas não afectam apenas as possibilidades de articulação entre forças de esquerda. Provocam divisões no interior da mesma força de esquerda, tornando ainda mais difícil qualquer política de alianças. É o caso do Partido Trabalhista inglês, que em tempos recentes sofreu uma forte convulsão interna de que ainda se não recuperou plenamente.

Conclusão
Frequentemente, apelamos para a necessidade de fazer análises concretas de situações concretas, mas a verdade é que raramente concretizamos. As diferentes forças de esquerda devem continuar a afirmar a sua diversidade e a analisar a sociedade com uma visão de médio e longo prazo. O tema abordado neste texto visa responder a um contexto específico, um contexto em que as forças de esquerda têm de ser simultaneamente mais humildes e mais ambiciosas. Têm de ser mais humildes, porque têm de operar num mundo onde o objectivo de construir um sistema globalmente alternativo ao capitalismo, ao colonialismo e ao patriarcado não está na agenda

política. Esta ausência cria um vazio que, por agora, só parece poder ser preenchido por alternativas locais e iniciativas que prefigurem uma sociedade alternativa. Mas têm de ser mais ambiciosas porque, tal como estão as coisas, só as esquerdas podem salvar a humanidade dos efeitos mais destrutivos e do imenso sofrimento humano decorrentes de uma catástrofe social e ambiental, que não parece estar longe.

Essa defesa consiste na defesa da dignidade humana e da dignidade da natureza por via da radicalização da democracia, uma democracia de alta intensidade, necessariamente pós-liberal. Será um processo histórico longo, caracterizado por dois princípios-guia: revolucionar a democracia e democratizar a revolução. Ao ponto a que chegámos no fim da nova (des)ordem neoliberal iniciada em 1989, é necessário começar com pequenos passos. O contexto é de fascismo social e político difuso. Mesmo assim, o processo de radicalização enfrenta duas grandes dificuldades.

A primeira é que tem de começar com a democracia liberal, mas não pode terminar nela. Tem de a levar a sério e envolver-se a fundo nela sem se deixar corromper por ela. Tem de a defender até ao ponto de convencer públicos amplos de que a democracia não pode ser defendida se não adoptar mecanismos e ampliar os campos democráticos muito além dos limites da democracia liberal. As esquerdas sempre se colocaram no avesso da democracia liberal para denunciar os limites, as mentiras e as exclusões ocultas pelo lado direito desta. Hoje sentem-se chamadas a actuar no lado direito da democracia liberal, mas sabem que estarão perdidas no momento em que perderem de vista as realidades do lado avesso.

A segunda dificuldade consiste em que as esquerdas têm de operar simultaneamente no curto e no longo prazo, o que vai contra toda a lógica da democracia liberal, uma lógica que foi demasiado interiorizada por muitas forças de esquerda. A razão por que se afirma com frequência e com alguma verdade que a direita identifica melhor os seus interesses do que a esquerda é porque, ao contrário da esquerda, a direita, tal como o capitalismo, só pode ver e só tem de ver o curto prazo e no curto prazo é sempre mais fácil identificar ganhos e perdas.

No final desta reflexão, talvez seja possível responder a uma intrigante questão: porque é que os partidos de esquerda, que durante décadas foram muito críticos da democracia liberal, são hoje os seus melhores e mais genuínos defensores? E porque o fazem no momento em que a falência da democracia liberal parece evidente? A resposta é esta. O neoliberalismo e o capital financeiro global são inimigos da democracia, seja ela de alta ou de baixa intensidade, e as forças de direita que optarem por seguir os ditames deles terão de optar cada vez mais por políticas antidemocráticas. Na medida em que a direita se consolidar no poder, a democracia será descaracterizada a tal ponto, que o novo regime político, ainda sem nome, será uma nova forma de ditadura sob fachada democrática. Ora, as esquerdas sempre estiveram na linha da frente da luta contra as ditaduras, e a luta antifascista foi o objectivo em que mais facilmente se coligaram. As esquerdas começaram a perceber que a democracia está a ser sequestrada por forças antidemocráticas e que quando isso ocorre o fascismo não está longe, se é que não está já entre nós. Esta sensação de perigo iminente é o que melhor explica a nova vontade de articulação entre as forças de esquerda.

E tal como os inimigos da democracia actuam globalmente, será crucial que as forças de esquerda se articulem não só no plano nacional como também globalmente. O socialismo como democracia sem fim poderia ser o lema de uma nova internacional das esquerdas. De todo o modo, a nova internacional, ao contrário das anteriores, não visaria criar nenhuma organização nem muito menos definir a linha política correcta. Visaria apenas criar um fórum no qual as esquerdas de todo o mundo pudessem aprender umas com as outras os tipos de obstáculo que surgem quando se procura articular lutas e juntar forças, em que contextos essa articulação pode ser desejável e quais os resultados quando tal articulação ou unidade não ocorre. Neste sentido, é possível acordar no *slogan*:

Esquerdas de todo o mundo, uni-vos!

EPÍLOGO
PARA LER EM 2050: UMA REFLEXÃO SOBRE A UTOPIA OU SOBRE A SOCIOLOGIA DAS AUSÊNCIAS DAS ESQUERDAS

Quando um dia se puder caracterizar a época em que vivemos, o espanto maior será que se viveu tudo sem antes nem depois, substituindo a causalidade pela simultaneidade, a história pela notícia, a memória pelo silêncio, o futuro pelo passado, o problema pela solução. Assim, as atrocidades puderam ser atribuídas às vítimas, os agressores foram condecorados pela sua coragem na luta contra as agressões, os ladrões foram juízes, os grandes decisores políticos puderam ter uma qualidade moral minúscula quando comparada com a enormidade das consequências das suas decisões. Foi uma época de excessos vividos como carências; a velocidade foi sempre menor do que devia ser; a destruição foi sempre justificada pela urgência em construir. O ouro foi o fundamento de tudo, mas estava fundado numa nuvem. Todos foram empreendedores até prova em contrário, mas a prova em contrário foi proibida pelas provas a favor. Houve inadaptados, mas a inadaptação mal se distinguia da adaptação, tantos foram os campos de concentração da heterodoxia dispersos pela cidade, pelos bares, pelas discotecas, pelo Facebook. A opinião pública passou a ser igual à privada de quem tinha poder para a publicitar. O insulto tornou-se no meio mais eficaz de um ignorante ser intelectualmente igual a um sábio. Desenvolveu-se o modo de as embalagens inventarem os seus próprios produtos e de não haver produtos além delas. Por isso, as paisagens converteram-se em pacotes turísticos e as fontes e nascentes tomaram a forma de garrafa. Mudaram os nomes às coisas para as coisas se esquecerem do que eram. Assim, desigualdade passou a chamar-se mérito; miséria, austeridade; hipocrisia, direitos humanos; guerra civil descontrolada, intervenção humanitária; guerra civil mitigada, democracia. A própria guerra passou a chamar-se paz para poder ser infinita. Também a Guernica passou a ser apenas um quadro de Picasso para não estorvar o futuro do eterno presente. Foi uma época que começou com uma catástrofe, mas que em breve conseguiu transformar catástrofes em entretenimento. Quando uma catástrofe a sério sobreveio, parecia apenas uma nova série.

Todas as épocas vivem com tensões, mas esta época passou a funcionar em permanente desequilíbrio, quer ao nível colectivo, quer ao nível individual. As virtudes foram cultivadas como vícios e os vícios como virtudes. O enaltecimento das virtudes ou da qualidade moral de alguém deixou de residir em qualquer critério de mérito próprio para passar a ser o simples reflexo do aviltamento, da degradação ou da negação das qualidades ou virtudes de outrem. Acreditava-se que a escuridão iluminava a luz, e não o contrário. Operavam três poderes em simultâneo, nenhum deles democrático: capitalismo, colonialismo e patriarcado; servidos por vários subpoderes, religiosos, mediáticos, geracionais, étnico-culturais, regionais. Curiosamente, não sendo nenhum democrático, eram o sustentáculo da democracia-realmente-existente. Eram tão fortes, que era difícil falar de qualquer deles sem incorrer na ira da censura, na diabolização da heterodoxia, na estigmatização da diferença. O capitalismo, que assentava nas trocas desiguais entre seres humanos supostamente iguais, disfarçava-se tão bem de realidade, que o próprio nome caiu em desuso. Os direitos dos trabalhadores eram considerados pouco mais que pretextos para não trabalhar. O colonialismo, que assentava na discriminação contra seres humanos que apenas eram iguais de modo diferente, tinha de ser aceite como algo tão natural como a preferência estética. As supostas vítimas de racismo e de xenofobia eram sempre provocadores antes de serem vítimas. Por sua vez, o patriarcado, que assentava na dominação das mulheres e na estigmatização das orientações não heterossexuais, tinha de ser aceite como algo tão natural como uma preferência moral sufragada por quase todos. Às mulheres, homossexuais e transexuais haveria que impor limites se elas e eles não soubessem manter-se nos seus limites. Nunca as leis gerais e universais foram tão impunemente violadas e selectivamente aplicadas, com tanto respeito aparente pela legalidade. O primado do direito vivia em ameno convívio com o primado da ilegalidade. Era normal desconstituir as Constituições em nome delas.

O extremismo mais radical foi o imobilismo e a estagnação. A voracidade das imagens e dos sons criava turbilhões estáticos. Viveram obcecados pelo tempo e pela falta de tempo. Foi uma época que conheceu a esperança, mas a certa altura achou-a muito exigente e cansativa. Preferiu, em geral, a resignação. Os inconformados com tal desistência tiveram de emigrar. Foram três os destinos que tomaram: iam para fora, onde a remuneração económica da resignação era melhor e por isso se confundia com a esperança; iam para dentro, onde a esperança vivia nas ruas da indignação ou morria na violência doméstica, na raiva silenciada das casas, das salas de espera das urgências, das prisões, e dos ansiolíticos e antidepressivos; o terceiro grupo ficava entre dentro e fora, em espera, onde a esperança e a falta dela alternavam como as luzes nos semáforos. Pareceu estar tudo à beira da explosão, mas nunca explodiu porque foi explodindo, e quem sofria com as explosões ou estava morto, ou era pobre, subdesenvolvido, velho, atrasado, ignorante, preguiçoso, inútil, louco – em qualquer caso, descartável. Era a grande maioria, mas uma insidiosa ilusão de óptica tornava-a invisível. Foi tão grande o medo da esperança, que a esperança acabou por ter medo de si própria e entregou os seus adeptos à confusão. Com o tempo, o povo transformou-se no maior problema, pelo simples facto de haver gente a mais. A grande questão passou a ser o que fazer de tanta gente que em nada contribuía para o bem-estar dos que o mereciam. A racionalidade foi tão levada a sério, que se preparou meticulosamente uma solução final para os que menos produziam, ou seja, os velhos. Para não violar os códigos ambientais, sempre que não foi possível eliminá-los, foram biodegradados. O êxito desta solução fez com que depois fosse aplicada a outras populações descartáveis, tais como os imigrantes.

A simultaneidade dos deuses com os humanos foi uma das conquistas mais fáceis da época. Para tal bastou comercializá-los e vendê-los nos três mercados celestiais existentes, o do futuro além da morte, o da caridade, e o da guerra. Surgiram muitas religiões, cada uma delas parecida com os defeitos atribuídos às religiões rivais, mas todas coincidiam em serem o que mais diziam não ser: mercado de emoções. As religiões eram mercados e os mercados eram religiões.

É estranho que uma época que começou como só tendo futuro (todas as catástrofes e atrocidades anteriores eram a prova da possibilidade de um novo futuro sem catástrofes nem atrocidades) tenha terminado como só tendo passado. Quando começou a ser excessivamente doloroso pensar o futuro, o único tempo disponível era tempo passado. Como nunca nenhum grande acontecimento histórico foi previsto, também esta época terminou de modo que colheu todos de surpresa. Apesar de ser geralmente aceite que o bem comum não podia deixar de assentar no luxuoso bem-estar de poucos e no miserável mal-estar das grandes maiorias, havia quem não estivesse de acordo com tal normalidade e se rebelasse. Os inconformados dividiam-se em três estratégias: tentar melhorar o que havia, tentar romper com o que havia, tentar não depender do que havia. Visto hoje, a tanta distância, era óbvio que as três estratégias deviam ser utilizadas articuladamente, ao modo da divisão de tarefas em qualquer trabalho complexo, uma espécie de divisão do trabalho do inconformismo. Mas, na época, tal não foi possível, porque os rebeldes não viam que, sendo produto da sociedade contra a qual lutavam, teriam de começar por se rebelar contra si próprios, transformando-se eles próprios antes de quererem transformar a sociedade. A sua cegueira fazia-os dividir-se a respeito do que os deveria unir e unir-se a respeito do que os devia dividir. Por isso, aconteceu o que aconteceu. Quão terrível foi está bem inscrito no modo como vamos tentando curar as feridas da carne e do espírito, ao mesmo tempo que reinventamos uma e outro. Porque teimamos, depois de tudo? Porque estamos a reaprender a alimentar-nos da erva daninha que a época passada mais radicalmente tentou erradicar, recorrendo para isso aos mais potentes e destrutivos herbicidas mentais – a utopia.

BIBLIOGRAFIA

Adler, Max (1922), *Die Staatsauffassung des Marxismus*. Viena: Verlag der Wiener Volksbuchhandlung.
Agamben, Giorgio (2004), *State of Exception*. Chicago: University of Chicago Press.
Alvarez, S.; Dagnino, E; Escobar, A. (1998), *Cultures of Politics, Politics of Cultures: Re-visioning Latin American Social Movements*. Boulder: Westview Press.
Avritzer, L. (2002), *Democracy and the Public Space in Latin America*. Princeton: Princeton University Press.
Bartel, Rebecca (2016), "Underestimating the force of the New Evangelicals in the public sphere: Lessons from Colombia, South America", in http://blogs.ssrc.org/tif/2016/11/15/underestimating-the-force-of-the-new-evangelicals-in-the-public-sphere-lessons-from-colombia-south-america/ (consultado em 7 de Janeiro de 2017).
Bauer, Otto (1924), *Die Nationalitätenfrage und die Sozialdemokratie* (2ª edição). Viena: Verlag der Wiener Volksbuchhandlung.
Bloch, Ernst (1995), *The Principle of Hope*. Cambridge, Mass.: MIT Press.
Bobbio, N. (1986), *O Futuro da Democracia*. São Paulo: Paz e Terra.
Bottomore, Tom; Goode, Patrick (orgs.) (1978), *Austro-Marxism*. Oxford: Oxford University Press.
Broué, Pierre (1971), *Révolution en Allemagne (1917-1923)*. Paris: Editions de Minuit.
Broué, Pierre; Témime, E. (1961), *La Révolution et la Guerre d'Espagne*. Paris: Editions de Minuit.
Buey, Francisco Fernández (2005), *Guía para una Globalización Alternativa: Otro Mundo Es Posible*. Barcelona: Byblos.
Ceceña, Ana Esther (2004), "Los Desafíos del Mundo en que Caben todos los Mundos y la Subversión del Saber Histórico de la Lucha", *Chiapas*, 16, 9-29.

Dahl, R. A. (1956), *A Preface to Democratic Theory*. Chicago: University of Chicago Press.

Dahl, R. A. (1971), *Polyarchy: Participation and Opposition*. New Haven: Yale University Press.

Dahl, R. A. (1991), *Democracy and its Critics*. New Haven: Yale University Press.

Downs, A. (1956), *An Economic Theory of Democracy*. Nova Iorque: Harper.

Fortuna, Carlos; Silva, Augusto Santos (orgs.) (2001), *Projecto e circunstância: culturas urbanas em Portugal*. Porto: Afrontamento.

Germani, G. (1971), *Política y sociedad en una época de transición; de la sociedad tradicional a la sociedad de masas*. Buenos Aires: Paidós.

Gomes, Conceição; Araújo, Raul (orgs.) (2012), *A luta pela relevância social e política: os tribunais judiciais em Angola – Luanda e Justiça: Pluralismo jurídico numa sociedade em transformação*, Volume II. Coimbra: Almedina.

Hardt, Michael; Negri, Antonio (2000), *Empire*. Cambridge, Mass.: Harvard University Press.

Harnecker, Marta (2006), *Haciendo Posible lo Imposible: la izquierda en el umbral del siglo XXI*. Caracas: Fondo Editorial Tropykos.

Hespanha, Pedro; Carapinheiro, Graça (orgs.) (2002), *Risco social e incerteza: pode o estado social recuar mais?* Porto: Afrontamento.

Hinkelammert, Franz (2002), *Crítica de la razón utópica*. Bilbau: Desclée de Brouwer.

Hobson, John (1902), *Imperialism: a Study*. Nova Iorque: James Pott & Company.

Holloway, John (2002), *Change the World without Taking the Power: the Meaning of Revolution Today*. Londres: Pluto Press.

Houtart, François (2001), "The Current State of Globalization", *ALAI, América Latina en Movimiento* of June 22, em http://alainet.org/active/show_text.php3?key=2372 (acedido em 19 de Março de 2003).

Huntington, S. P.; Harvard University. Center for International Affairs (1969), *Political order in changing societies*. New Haven: Yale University Press.

Huntington, Samuel (1991), *The Third Wave. Democratization in the Late Twentieth Century*. Oklaoma: University of Oklahoma Press.

Jelin, E.; Hershberg, E. (1996), *Constructing democracy: human rights, citizenship, and society in Latin America*. Boulder: Westview Press.

Kelsen, H. (1929), "Essência e Valor da Democracia", *A Democracia*. São Paulo: Martins Fontes.

Klug, Heinz (2000), *Constituting Democracy: Law, Globalism and South Africa's Political Reconstruction*. Nova Iorque e Cambridge: Cambridge University Press.

Lenine, Vladimir I. (1978), *Obras Escolhidas*. Lisboa: Avante, Vol. 2.

Lijphart, A. (1984), *Democracies. Patterns of Majoritarian and Consensus Government in Twenty-one Countries*. New Haven: Yale University Press.

MacPherson, C. B.; Canadian Broadcasting Corporation (1966), *The Real World of Democracy*. Nova Iorque; Oxford: Oxford University Press.

Meneses, Maria Paula; Lopes, Júlio (orgs.) (2012), *O direito por fora do direito: as instâncias extra-judiciais de resolução de conflitos em Luanda – Luanda e Justiça: Pluralismo jurídico numa sociedade em transformação*, Volume III. Coimbra: Almedina.

Mercado, Zavaleta (1974), *El Poder Dual en América Latina*. México: Siglo Veintiuno.

Michels, R. (1949), *Political Parties*. Glencoe: Free Press.

Molano, Alfredo (2015), "Fragmentos de la historia del conflicto armado (1920-2010)". Mesa de Conversaciones para el Acuerdo de Paz, Bogotá.

Moore, B. (1966), *Social Origins of Dictatorship and Democracy; Lord and Peasant in the Making of the Modern World*. Boston: Beacon Press.

Moreno, Javier Giraldo S. J. (1977), *La Teología frente a otra concepción del conocer*. Bogotá: Editorial Códice.

Moreno, Javier Giraldo S. J. (2004), *Búsqueda de verdad y justicia: seis experiencias en posconflicto*. Bogotá: CINEP.

Moreno, Javier Giraldo S. J. (2015), "Aportes sobre el origen del conflicto armado en Colombia, su persistencia y sus impactos", in https://www.centrodememoriahistorica.gov.co/descargas/comisionPaz2015/GiraldoJavier.pdf (consultado em 7 de Janeiro de 2017).

Nunes, João Arriscado; Gonçalves, Maria Eduarda (orgs.) (2002), *Enteados de Galileu? A semiperiferia no sistema mundial da ciência*. Porto: Afrontamento.

O'Donnell, G. A. (1973), *Modernization and Bureaucratic-authoritarianism. Studies in South American Politics.* Berkeley: Institute of International Studies, University of California.

O'Donnell, G.; Schmitter, F. C.; Whitehead, L. (1986), *Transitions from Authoritarian Rule: Prospects for Democracy.* Baltimore: Johns Hopkins University Press.

Pereira, João Martins (1976), *O socialismo, a transição e o caso português.* Lisboa: Edições Livraria Bertrand.

Programa de las Naciones Unidas para el Desarrollo (PNUD) (2011), *Informe Nacional de Desarrollo Humano 2011.* Bogotá, Colômbia: PNUD.

Przeworski, A. (1985), *Capitalism and Social Democracy.* Cambridge; Nova Iorque: Cambridge University Press.

Pureza, José Manuel; Ferreira, António Casimiro (orgs.) (2002), *A teia global: movimentos sociais e instituições.* Porto: Afrontamento.

Ramalho, Maria Irene; Ribeiro, António Sousa (orgs.) (2002), *Entre ser e estar: raízes, percursos e discursos da identidade.* Porto: Afrontamento.

Reis, José; Baganha, Maria Ioannis (orgs.) (2002), *A Economia em curso: contextos e mobilidades.* Porto: Afrontamento.

Revista Semana (2012), "Así es Colombia rural", in http://www.semana.com/especiales/articulo/asi-colombia-rural/255114-3 (consultado em 19 Janeiro 2017).

Rodríguez Garavito, César; Barrett, Patrick S.; Chavez, Daniel (orgs.) (2004), *La Nueva Izquierda en América Latina (sus orígenes y trayectoria futura).* Bogotá: Grupo Editorial Norma.

Rousseau, Jean-Jacques ([1762] 1989), *O contrato social.* Mem Martins: Publicações Europa-América.

Santos, Boaventura de Sousa (1974), *Law Against Law: Legal Reasoning in Pasargada Law.* Cuernavaca (México), CIDOC.

Santos, Boaventura de Sousa (1990), *O Estado e a Sociedade em Portugal (1974-1988).* Porto: Afrontamento.

Santos, Boaventura de Sousa (1994), *Pela Mão de Alice: O Social e o Político na Pós-Modernidade.* Porto: Afrontamento.

Santos, Boaventura de Sousa (1995), *Toward a New Common Sense: Law, Science and Politics in the Paradigmatic Transition.* Nova Iorque: Routledge.

Santos, Boaventura de Sousa (1997), "Por uma concepção multicultural de direitos humanos ", *Revista Crítica de Ciências Sociais*, 48, 11-32.

Santos, Boaventura de Sousa (1998), *Reinventar a democracia*. Lisboa: Gradiva.

Santos, Boaventura de Sousa (2002a), *Democracia e Participação: O Caso do Orçamento Participativo de Porto Alegre*. Porto: Afrontamento.

Santos, Boaventura de Sousa (2002b). *Toward a New Legal Common Sense: Law, Globalisation and Emancipation*. Londres: Butterworths.

Santos, Boaventura de Sousa (2005), *Fórum Social Mundial: Manual de Uso*. Porto: Afrontamento.

Santos, Boaventura de Sousa (2006a), *The Rise of the Global Left. The World Social Forum and Beyond*. Londres: Zed Books.

Santos, Boaventura de Sousa (2006b), *A gramática do tempo. Para uma nova cultura política*. Porto: Afrontamento.

Santos, Boaventura de Sousa (2009), *Sociología Jurídica Crítica. Para un nuevo sentido común en el derecho*. Madrid: Editorial Trotta/ILSA.

Santos, Boaventura de Sousa (2010), *Refundación del Estado en América Latina. Perspectivas desde una epistemología del Sur*. Bogotá: Siglo del Hombre Editores.

Santos, Boaventura de Sousa (2011), *Portugal: Ensaio contra a autoflagelação*. Coimbra: Almedina. Segunda edição aumentada em 2012.

Santos, Boaventura de Sousa (2013), *Pela mão de Alice. O social e o político na pós-modernidade (9ª ed. revista e aumentada)*. Coimbra: Almedina.

Santos, Boaventura de Sousa (2014a), *O direito dos oprimidos*. Coimbra: Editora Almedina.

Santos, Boaventura de Sousa (2014b), *Democracia al borde del caos. Ensayo contra la autoflagelación*. Cidade do México: Siglo XXI.

Santos, Boaventura de Sousa (2015), *A justiça popular em Cabo Verde*. Coimbra: Almedina.

Santos, Boaventura de Sousa (2016a), *A difícil democracia. Reinventar as Esquerdas*. São Paulo: Boitempo.

Santos, Boaventura de Sousa (2016b), *La difícil democracia. Una mirada desde la periferia europea*. Madrid: Akal.

Santos, Boaventura de Sousa (2017a), *As bifurcações da ordem: revolução, cidade, campo e indignação*. Coimbra: Almedina.

Santos, Boaventura de Sousa (2017b), *Democracia y transformación social*. Bogotá/Cidade do México: Siglo del Hombre Editores/Siglo XXI Editores.

Santos, Boaventura de Sousa (2018), *A diversidade jurídica do mundo*. Coimbra: Almedina (no prelo).

Santos, Boaventura de Sousa (2018), *Pneumatóforo. Escritos políticos (1981-2018)*. Coimbra: Almedina.

Santos, Boaventura de Sousa (org.) (1993), *Portugal – Um Retrato Singular*. Porto: Afrontamento.

Santos, Boaventura de Sousa (org.) (2001), *Globalização: fatalidade ou utopia?* Porto: Afrontamento.

Santos, Boaventura de Sousa (org.) (2003a), *Democratizar a democracia. Os caminhos da democracia participativa*. Porto: Afrontamento.

Santos, Boaventura de Sousa (org.) (2003b), *Produzir para viver: os caminhos da produção não capitalista*. Porto: Edições Afrontamento.

Santos, Boaventura de Sousa (org.) (2004a), *Reconhecer para libertar: os caminhos do cosmopolitismo multicultural*. Porto: Afrontamento.

Santos, Boaventura de Sousa (org.) (2004b), *Semear outras soluções: os caminhos da biodiversidade e dos conhecimentos rivais*. Porto: Afrontamento.

Santos, Boaventura de Sousa (org.) (2004c), *Trabalhar o mundo: os caminhos do novo internacionalismo operário*. Porto: Afrontamento.

Santos, Boaventura de Sousa (org.) (2008), *As vozes do mundo*. Porto: Afrontamento.

Santos, Boaventura de Sousa; Marques, Maria Manuel L.; Pedroso, João; Ferreira, Pedro (1996), *Os tribunais nas sociedades contemporâneas: o caso português*. Porto: Afrontamento.

Santos, Boaventura de Sousa; Gomes, Conceição (1998), *Macau: O Pequeníssimo Dragão*. Porto: Afrontamento.

Santos, Boaventura de Sousa; Villegas, Maurício García (orgs.) (2001), *El caleidoscopio de las justicias en Colombia*. Bogotá: Ediciones Uniandes, Siglo del Hombre, 2 volumes.

Santos, Boaventura de Sousa; Trindade, João Carlos (orgs.) (2003), *Conflito e transformação social: uma paisagem das justiças em Moçambique*. Porto: Afrontamento. 2 volumes.

Santos, Boaventura de Sousa; Van-Dúnem, José Octávio Serra (orgs.) (2012), *Sociedade e Estado em construção: desafios do direito e da democracia em Angola – Luanda e Justiça: Pluralismo jurídico numa sociedade em transformação*, Volume I. Coimbra: Almedina.

Santos, Boaventura de Sousa; Mendes, José Manuel (orgs.) (2017), *Demodiversidade: imaginar novas possibilidades democráticas*. Lisboa: Edições 70.

Schmitt, C. (1926), *The Crisis of Parliamentary Democracy*. Cambridge: MIT Press.

Schumpeter, J. A. (1942), *Capitalism, Socialism, and Democracy*. Nova Iorque; Londres: Harper & Brothers.

Sen, Amartya (1999), "Democracy as a Universal Value", *Journal of Democracy*, 10(3), 3-17.

Shiva, Vandana (2002), *The Living Democracy Movement: Alternatives to the Bankruptcy of Globalisation*. Library of Alternatives, World Social Forum, em http://www.forumsocialmundial.org.br/dinamic/eng_b_VandanaShiva.asp (acedido em 12 de Julho de 2002).

Stoer, Stephen; Cortesão, Luiza; Correia, José A. (orgs.) (2001), *Transnacionalização da educação: da crise da educação à "educação da crise"*. Porto: Afrontamento.

Trostsky, Leon (1950), *Histoire de la Révolution Russe*. Paris: Seuil, volume 1.

Urrea, Danilo e Forero, Lyda (2016), *Paz territorial y acaparamiento en Colombia*, in https://www.tni.org/es/art%C3%ADculo/paz-territorial-y-acaparamiento-en-colombia (consultado em 7 de Janeiro de 2017).

Wainwright, Hilary (2003). *Reclaim the State: Experiments in Popular Democracy*. Londres: Verso.

Wallerstein, Immanuel (2001), "Democracy, Capitalism and Transformation", Palestra em *Documenta 11*. Viena, 16 de Março.

Weber, Max ([1919] 1978), *Economy and Society*. Berkeley: University of California Press.

Wood, E. M. (1996), *Democracy Against Capitalism*. Cambridge, Reino Unido: Cambridge University Press.